KB027902

Generative Collaboration

RELEASING THE CREATIVE POWER OF COLLECTIVE INTELLIGENCE

실리콘밸리의 최고 기업은 어떻게 협업하는가

Robert B. Dilts 저 | 이성엽 역

한국어판 서문

◆

성공 요인 모델링 제2권
"실리콘밸리의 최고 기업은 어떻게 협업하는가"

성공 요인 모델링 제2권 "실리콘밸리의 최고 기업은 어떻게 협업하는가"의 한국판 서문을 작성하게 되어 매우 기쁘다. SFM(성공 요인 모델링)의 중요성과 성과를 한국에 소개한 나의 동료 이성엽 교수의 노력에 대해 매우 감사하게 생각한다.

우리의 세계는 빠르게 변하고 있다. 구세대와 신세대 모두 COVID-19라는 글로벌 팬데믹, 경제위기, 정치불안, 기후변화, 인구고령화 등과 같이 점점 복잡해지고 도전적인 과제에 직면하고 있으며, 이러한 문제들을 다루는 데 있어 개인의 지성과 에너지는 그 한계가 점점 더 뚜렷해지고 있다. 만약 우리가 어떤 큰 의미를 지닌 것을 성취하려면, 우리는 창조적이고 집단적으로 협력해야 할 것이 분명해 보인다.

집단지성은 팀, 그룹 또는 조직에서 사람들이 한 방향으로 잘 정렬되고 조정된 방식으로 생각하고 행동할 수 있는 능력과 관련이 있다. 수소와 산소가 결합해 물이라는 제3의 실체를 형성하는 것처럼, 집단지성은 분리된 개인을 응집성 있는 집단으로 변화시키고 부분의 단순 합보다 진정으로 더 큰 합을 만들어내는 팀을 만든다.

집단지성의 결실 중 하나는 생성적 협력generative collaboration이라고 알려진 것이다. 생성적 협업은 그룹 구성원 개개인의 능력 밖의 새롭고 놀라운 것을 창조하거나 만들고 발전시키기 위해 함께 일하는 사람들을 포함한다. 생성적 협업을 통해 개인은 자신의 능력을 최대한 활용할 수 있고, 자신이 가지고 있는 미처 깨닫지 못한 자원을 발견하고 적용할 수 있다. 그들은 서로에게서 새로운 아이디어와 자원을 끌어낸다. 따라서, 그룹 전체의 성과나 생산량은 개인이 혼자 일하고 있을 때보다 훨씬 더 크다.

일례로 COVID-19 사태 발생 직후 7일 만에 300여 명의 엔지니어와 의학 연구원들이 즉석으로 페이스북 그룹을 만들어 3D 프린팅 재료와 기타 접근하기 쉬운 아이템을 사용하여 오픈소스 인공호흡기를 설계하고 제작했다. 이러한 유형의 결합은 생성적 협업이 어떻게 신속하고 관련 있는 반응을 만들 수 있는지를 보여주는 좋은 예이다.

이 책은 팀 또는 그룹이 집단지성을 활용하여, 창의성과 천재성을 발산할 수 있는 적절한 수준의 응집력과 정렬에 이르도록 돕는 여러 도구와 전략을 제시한다. 이 책이 한국의 독자들에게 도움이 되기를 기대한다.

로버트 딜츠 Robert Dilts

2020년 10월

캘리포니아 주 산타크루즈 Santa Cruz**에서**

역자 서문

◆

어떻게 유치원 아이들은 MBA학생들로 구성된 팀, 변호사들로 구성된 팀을 이겼을까요?

노키아의 CEO 피터 스킬먼Peter Skillman은 MBA학생팀, 변호사, 공학자, 디자이너, 건축가 그리고 유치원생들 그룹을 대상으로 실험을 하였습니다. 시간 내 가장 높은 탑을 쌓는 게임이었는데 활용할 수 있는 소품으로 스파게티 20봉지, 투명테이프 1m, 노끈 1m, 일정한 사이즈의 마시멜로가 제공되었습니다. 인상적인 것은 게임의 내용보다 참가자들이었습니다. 어느 팀의 성과가 가장 좋았을까요? 그렇습니다. 설마? 라며 생각하신 것처럼 놀랍게도 유치원생들로 구성된 팀이 이겼습니다. 이 결과는 우연히 일어난 일이 아니었습니다. 같은 대상과 방법의 게임 실험을 수없이 반복한 결과 언제나 유치원생들로 구성된 팀의 성과가 가장 높았습니다. 실제 유치원생들이 쌓은 탑의 평균 높이는 66cm였는데, 이는 변호사팀의 평균보다 1.5배가 높고, MBA학생들로 구성된 팀들보다 평균 3배가 더 높은 결과였습니다. 많은 사람들은 이 결과를 선뜻 받아들이지 못합니다. 어떻게 지적 경험과 삶의 경험이 풍부한 MBA학생이나 변호사로 구성된 팀보다 유치원생들이 더 높은 성과를 낼 수 있다는 말인가?

*2017년 8월 Santa Cruz에서 열렸던 12일간의 SFM워크숍에서의 탑 쌓기 협업 실험 장면

같은 의문을 가지고 저를 포함한 SFM 생성적 협업 워크숍에 참여하기 위해 전세계에서 모인 코치와 컨설턴트들이 똑같은 실험을 해 보았습니다. 어느 팀도 탑의 높이를 66cm 이상 넘기지 못했습니다. 연구진은 이러한 결과는 아이들이 변호사나 MBA학생보다 더 똑똑해서가 아니라 더 지혜롭게 협동하기 때문이라고 분석합니다.

조직개발을 포함한 성인교육을 연구하는 사람으로서 개인의 역량 못지않게 팀 또는 조직의 역량에 대한 궁금증을 가지고 있습니다. 항상 올라오는 질문은 다음과 같았습니다. 왜 탁월한 개인이 모인 팀의 성과가 저조한가? 왜 평균연봉이 가장 높은 팀의 성적이 몸값이 떨어지는 선수들로 구성된 팀보다 못한가? 왜 1+1이 3이나 4가 되기도 하고, 또는 -2, -3으로 나오기도 하는가?

초지능화, 초연결성의 4차산업혁명은 이미 온 미래입니다. 개량된 알파고에게 3전 전패를 하고 눈물을 흘리던 커제의 모습을 TV중계를 통해 보았습니다. 그의 눈물을 통해 인류는 거대한 벽에 부딪혀 어떠한 희망도 찾을 수 없는 인간의 한계를 간접적으로 느낄 수 있었습니다. 알파고와 인간의 바둑대결은 수월성과 보편성을 화두로 진행되던 우리 교육의 정체성과 방향에 대한 혁명적인 패러다임 전환을 요구하는 세기적 상징이기도 했습니다. 이젠 학교교육과 기업교육 전 분야에 걸쳐 내용과 방법이 달라져야 합니다. 세계는 더 이상 답이 하나인 세상이 아니며, 어느 분야든 답을 찾아 나가는 여정에서 한 명의 천재에게 의존할 수 있는 시절이 아니기 때문입니다. 타인과의 나눔, 다른 조직과의 협업 없이는 어떠한 성취도 하기 힘든 초연결 세상에서 우리는 살고 있습니다. 이미 인류는 '자기 계발'이 아니라 '우리 계발'이 요구되는 미래에 와 있습니다.

우리는 나보다 현명하다!

소위 말하는 협업의 중요성은 이미 징조가 있었습니다. 2000년 이후 노벨상 수상자는 90% 이상이 공동 수상입니다. 1980년부터 살펴봐도 78.9%가 공동 수상입니다. 이는 '우리는 나보다 현명하다'는 것을 보여주는 상징입니다. 개인 간의 협업, 분야 간의 협업은 일상이 되고 있고, 개인의 경력개발조차 사다리를 타고 올라가는 것이 아니라 정글짐을 올라가는 복잡계가 되었습니다. 개인과 개인의 협업을 넘어 분야와 분야의 협업이 요구됩니다. 공학에선 인문학을 필요로 하고, 의학은 대체의학과 손잡아야 하며, 몸 공부는 마음 공부와 다르지 않는 지금입니다. 제가 몸담고 있는 대학도 기업과 협업하고 지역사회와 함께 하지 않으면 존재의 이유를 잃어버릴 수 있는 세상에 존재하고 있습니다. 이제는 대학이 직업훈련이 필요한 모든 이를 위한 연수원이 되고, 은발 세대들이 자리잡는 황혼의 캠퍼스가 될 준비를 해야 하는 시대정신을 외면하기 어려운 시간이기도 합니다.

NLP University와 딜츠 전략 그룹(DSG: Dilts Strategy Group)을 이끌고 있는 저자 로버트 딜츠 Roberts Dils는 NLP를 활용한 코칭, 컨설팅 분야의 세계 최고 전문가이자 글로벌 리더로서, 이러한 궁금함을 화두로 삼아 탁월한 성과를 나타내는 집단을 연구했습니다. (사)한국상담학회 분과 한국NLP상담학회에서는 2006년 저자를 초청해 양재동 교육문화회관에서 성공 요인 모델 분석이라는 SFM 1차 워크숍을 이틀간 진행했었습니다. 저자는 실리콘밸리 기업의 핵심 성공 요인에 대해 조사중이었고 당시엔 의식 리더십의 초기모델로서 리더의 4가지 역할과 4가지 역량이 분석된 정도였습니다. 12년이 지나 딜츠 전략 그룹은 지속적인 실리콘밸리 연구를 통해 우수한 조직과 개인의 성공 요인을 분석하여 2017년 의식 리더십을 마지막으로 오랜 기간의 연구결과를 발표했습니다. 이 책은 성공 요인 중 하나인 '생성적 협업'에 대한 연구를 담은 내용입니다.

저자는 연구결과를 집대성해 워크숍으로 성과를 공유하는 시간을 2015년부터 3년간 가졌었는데, 저는 2016년과 17년 여름방학 때 Santa Cruz를 방문하여 매해 20일 이상의 워크숍에 참여하여 조직개발, 협업하는 조직 만들기, 의식 리더 육성을 테마로 의견을 나누었습니다. 저자는 NLP를 활용한 기업교육프로그램 개발과 코칭 프로그램 개발에 탁월함을 보였고 그 산출물 중 하나가 바로 이 책입니다. 좋은 책을 독자들과 나눌 수 있어 기쁩니다.

인류를 구원할 수 있는 도구는 협업이다!

협업하는 사람은 조직 전체의 목표와 진행 상황을 정확히 알고 있어야 하며, 생태계 전체에 대한 깊은 이해가 필요합니다. 자기 분야에 대한 깊은 전문성을 가져야 하며, 다른 분야에 관해서도 상당 수준의 정보와 지식을 갖추어야 합니다. 소통과 공감을 통해 서로 다름을 연결하여 거대한 시너지를 창출할 수 있어야 하며, 충돌 상황이나 갈등 시 이를 지혜롭게 해결할 수 있는 휴먼스킬도 있어야 합니다. 놀랍게도 NLP는 인재육성 분야의 가장 효과적인 도구로 활용되고 있습니다. 국내에서 NLP는 상담분야에서 소개되었고 코칭 분야에서 응용되는 수준이나, 실제 NLP는 팀빌딩, 조직개발 등 인재육성의 전 분야에서 전방위적으로 활용되는 실용지식입니다. 이 책은 어떻게 NLP를 성인교육에 활용할 수 있는지를 보여주는 교과서라 할 수 있습니다.

특히 이 책의 중심테마인 성공 요인 모델은 제3세대 NLP를 기반으로 하고 있습니다. NLP가 개인상담 또는 코칭 분야에서 활용되는 도구로 알려져 있지만, 현재 NLP는 소위 HRD라고 통칭되는 인적자원개발분야에서 다양하게 활용되고 있습니다. 저자는 제3세대 NLP를 활용하면서 아서 쾨슬러Arthur Koestler의 홀론Holon과 홀라키Holarchies관점을 차용하고 있습니다. 쾨슬러는 살아 있는 유기체는 기본입자의 집합체가 아니라 아주 작은 전체sub-sub sholes 등으로 구성된 통합계층구조라고 이야기 합니다. 즉 독자적인 존재는 전체이며 동시에 다른 전체의 일부라는 것입니다. 전체원자는 전체분자의 일부이며, 전체분자는 전체세포의 일부이고, 전체세포는 전체유기체의 일부가 됩니다. 따라서 특정 개체는 모두 전체도 아니고 일부도 아니며 전체-일부인 홀론Holon이라는 관점입니다. 각각의 새로운 전체가 그 아래에 있는 부분을 초월하고 있습니다. 홀라키Holarchy에서 하위 수준이 존재하지 않는다면 그 이상의 수준은 완전히 표현될 수 없다는 의미를 내포하고 있기도 합니다. 따라서 하위 수준은 모든 상위 수준에 필요한 구성요소인 것입니다. 이는 켄 윌버Ken Wilber가 이야기하는 것처럼 우리 존재는 존재 자체로서 완전히 전체적인 존재이며 독립적인 존재임과 동시에 우리보다 더 큰 시스템의 일부라는 개념과 상응합니다. 이 책은 이러한 홀론과 홀라키 개념을 기반으로 하는 NLP제3세대 원리의 장(場, field) 관점에서 기술되고 있습니다. 이는 NLP초기 모델확립에 기여한 그레고리 베이트슨Gregory Bateson의 시스템적 관점이 발전한 것입니다. 이 책에서 논의되는 NLP를 활용한 생성적 협업generative collaboration은 이러한 사상적 배경을 기반으로 하고 있습니다.

지속가능한 성공의 창조는 시스템 모든 부분에 대한 의식과 균형의 문제다.

아쉬운 점이 있다면 NLP는 온몸으로 느끼며 공부해야 하는 것인데 책으로 기술하는 것은 이 책의 내용을 동료학습자들과 오감을 활용해 학습한 경험에 비추어 보면 분명 한계가 있습니다. '테스형 세상이 왜 이래?'라며 부르는 나훈아의 노래를 가사와 악보만 읽는 느낌이기 때문입니다. 기회가 되시면 성공 요인 모델링 워크숍에 참여하시길 권해드립니다.

이 책이 나오는 데 많은 분들이 기여하셨습니다. SFM이 한국에 도입될 수 있도록 후원해주시고 실제적인 과정개발에 헌신적으로 참여하신 퀀텀어웨이크닝스쿨의 최현정 대표님의 아낌없는 지원에 고마운 마음입니다. 2018년 박사과정 수업에서 함께 읽고 토론하며 제일 먼저 정보를 나눈 아주대학교 박사과정학생 이중한, 주충일, 최근영, 유소희, 정구영, 전사랑

등 박사과정 학생들의 공헌이 있었습니다. 이들과 함께 토론하고 실습하며 이 책의 가치는 물론 조직에서의 활용가능성을 확인할 수 있었습니다. 공역으로 책을 내겠다는 목표를 가지고 초벌번역까지 시도했는데 여러 가지 이유로 목표달성을 하지는 못했지만 이 책이 번역되는 마중물 역할을 하는 기여를 하였습니다. 제자들의 학문적 발전을 기대합니다. 국내 최초로 SFM워크숍에 참여한 12명의 마법사들과 이 내용을 우리나라 조직에 알리기 위해 과정참여와 강사훈련까지 받은 6명의 루트컨설팅의 임원진들께도 고마움이 큽니다. SFM의 가치를 단번에 알아보고 8일간의 강사훈련을 완전히 소화하고 기업교육용 프로그램으로 한국화 과정을 소명의식으로 진행해온 박우춘 대표님, 최성한 이사님, 임선예 박사님에게도 특별한 고마움을 나눕니다. COVID-19를 잘 이겨내고 SFM워크숍을 대한민국에 널리 알려주길 기대합니다. 번역과정에서 큰 힘을 나눠주신 퀀텀어웨이크닝스쿨 손민서 이사님의 역할이 매우 컸습니다. 특히 통역활동을 하시는 바쁜 활동 중에도 이 책의 번역과정에서 심도 있는 검토와 자문으로 많은 시간을 할애해 주셨습니다. 실제적인 책의 가치를 알아보시고 흔쾌히 번역출판을 결정해주신 박영사의 안상준 대표님과 박영스토리의 노현 대표님, 이선경 차장님께도 깊이 감사드립니다. 그리고 4회가 넘는 교정교열 작업에서 전문가는 어떻게 일하는지를 몸소 보여주신 조보나 편집자님의 공헌에도 고마운 마음 가득합니다. 이 책이 독자 여러분들께 조금이라도 도움이 되었으면 하는 마음입니다. 고맙습니다.

율곡관 5층 연구실에서 이성엽

헌사

◆

우선 이 책의 레이아웃 디자인과 훌륭한 일러스트레이션을 작업해준 안토니오 메자Antonio Meza에게 특별한 감사의 마음을 전한다. 그의 직관과, 창의력, 예술성은 우리가 이 작업을 진행하는 내내 우리에게 큰 도움이 됐다. 안토니오는 이 책이 출판되기까지 전반의 과정에 걸쳐 귀중한 조언자이자 파트너로 함께 했다. 특히 한 권의 긴 책으로 기획되었던 이 책을 세 파트로 분권한 것은 그의 아이디어였다.

이 책의 초안을 읽고, 우리에게 필요한 제안과 피드백을 해주기 위해 많은 노력과 시간을 쓴 글렌 베이컨Glenn Bacon, 미셸 딜츠Michael Dilts, 브누아 사라진Benoit sarazin에게, 그리고 이 책과 앞선 제1권을 전문적으로 교정해준 아만다 프로스트Amanda Frost에게 깊은 감사를 전한다.

그리고 이 책의 출간에 크게 기여한 것 중에 Success Factor Case Examples에 소개된 개인과 그룹, 조직의 사례들을 빠뜨릴 수 없다. CrossKnowledge의 공동 창립자인 스티브 피엘Steve Fiehl과 미셸 오하나Micheal Ohana, 파스칼 엘 그레블리Pascal El Grably, 헤리 고우샤욱스Herv Goudchaux, EDHEC의 스테판 크리산Stefan Crisan, 케이레츠Keiretsu 포럼의 설립자인 랜디 윌리엄스Randy Williams, Custom products Team의 척 듀덱Chuck Dudek, 데이브 레디스Dave Redys, 존 반스John Vance 그리고 마이크 멀서Mike Mercer에게 깊은 감사를 전한다. 평화봉사단의 드류 딜츠Drew Dilts와 그의 동료들. 그리고 줄리아 딜츠Julia Dilts와 Expedia의 알레한드로 모제이Alejandro Moxey에게 감사를 전한다. 결론의 마지막 부분에 집단지성에 대한 시를 써준 도로시 오거Dorothy Oger에게 특별한 감사의 마음을 표한다.

스티브 잡스Steve Jobs와 바니 펠Barney Pell, 신다나 터카테Cindana Turkatte, 마크 피즈패트릭Mark Fizpatrick, 사무엘 팔미사노Samuel Palmisano 그리고 월트 디즈니Walt Disney 같은 이 책에 영감과 사례를 제공해 준 여러 개인과 리더, 기업가들에게도 감사를 전한다.

아담 그랜트Adam Grant의 지혜와 업무의 중요성에 대한 연구 그리고 제임스 슈로위키James Surowiecki의 "군중의 지혜"에 대한 연구도 이 책의 몇 가지 주요 사상과 원칙 개발에 중요한 영향을 주었다.

또한 나와 함께 연구하며 이 책에 언급된 주요한 공적들을 함께 이뤄낸 많은 동료들에게 진심으로 감사드린다. 나열해 보면, Successful Genius and Conscious Leadership Mastermind groups을 설립한 미쉘Mitchell과 올가 스테브코Olga Stevko와 SFM Mindset Map에서 함께 연구한 마이클로스 페어Miklos (Mickey) Feher와 그의 저작물들, 로버트 맥도널드Robert McDonald와 그룹마인드Group Mind와 팀 정신Team Spirit에 대한 우리의 연구들, 스테판 길리간Stephen Gilligan과 생성적 변화Generative Change의 원칙과 실천에 대해 우리가 개발한 개념들, 안나 딜링Anne Deering과 줄리안 러셀Julian Russell 그리고 알파 리더십alpha leadership에 대한 우리의 연구 활동들, 브누아 사라진Benoit Sarazin과 파괴적 혁신disruptive innovation에 대해 우리가 한 연구, 이안 맥더모트Ian McDermott와 intentional fellowship에 대한 연구이다.

마지막으로 나의 동생 존 딜츠John Dilts에게 마음깊이 감사를 전한다. 생성적 협업에 대한 애정과 선구적인 기업계를 만들고자 하는 그의 열정은 SFM(성공 요인 모델: Success Factor Modeling, 이하 SFM)의 기초이자 정신적인 유산이 되었다.

서문

◆

SFM(성공 요인 모델링) 제1권의 서문에서 언급했듯이, 이 책 시리즈는 1999년에 나의 동생 존(이 책의 4장에서 프로파일링 됨)과 내가 Dilts Strategy Group을 설립하고 성공 요인 모델링 프로세스를 사용하여 우리의 첫 번째 모험을 시작하던 때 꾸었던 꿈을 실현한 것이다.

우리가 얻고자 했던 답에 대한 질문은 다음과 같다.

"밴처기업이나 팀, 기업가들이 사업을 성공적으로 하거나 평균적으로 혹은 부실하게 하는 데에는 어떤 차이점들이 존재하는가?", "성공적으로 사업을 시작하고 성장시키고 또 그것을 지속하게 하는 데에는 어떤 핵심성공 요인이 작용하는가?"

차세대 기업가들이 꿈을 실현하고 그들의 사업을 통해 더 나은 세상을 만들어가도록 우리가 발견한 많은 것들을 책의 제1권에 담았고 도입부에는 요약문을 실었다. 거기에는 열정, 비전, 미션, 엠비션과 역할에 대한 정의 그리고 우리가 '성공 써클'이라고 부르는 것을 구축하는 것까지 포함한다. 또한 열정과 비전에 기반한 기업을 시작할 때 필요로 하는 책무와 기술을 담았을 뿐 아니라 그 기쁨과 정신the spirit도 함께 담았다.

우리가 발견한 성공 요인 중에 '생성적 협업generative collaboration'이라 부르는 것이 있다. 성공한 개인들을 연구하면서 요즘 흔히 말하는 "독자적으로 어떤 의미를 창조해내는 사람은 아무도 없다"라는 이 말이 21세기의 성공에 대한 아주 정확한 표현임을 우리는 분명히 알게 되었다. 우리가 발견한 것은 바로 크게 성공을 이룬 사람들은 자신들의 꿈과 비전을 성취하기 위해 다른 사람들과 함께 창의적이고 생산적으로 일을 할 수 있는 사람들이었다는 것이다.

내 경력을 돌아봐도 이는 분명한 사실이었다. 나의 주요 업적들 모두 어떤 식이든 생성적 협업의 결과물이었다. 전체 시리즈처럼 이 책도 사실상 나와 안토니오 메자Antonio Meza의 명백한 창조적 협업으로 시작한 생성적 협업의 산물 그 자체이다.

감사의 글에서 나는, Successful Genius and Conscious Leadership Mastermind groups을 설립한 미쉘Mitchell과 올가 스테브코Olga Stevko와 SFM Mindset Map에서 함께 연구한 마이클로스 페허Miklos (Mickey) Feher와 그의 저작물들, 로버트 맥도널드Robert McDonald

와 그룹마인드Group Mind, 팀 스피릿Team Spirit에 대한 우리의 연구들, 스테판 길리간Stephen Gilligan과 일반적 변화generative change의 원칙과 실천에 대해 우리가 개발한 개념들, 안나 딜링Anne Deering, 줄리안 러셀Julian Russell 그리고 알파 리더십alpha leadership에 대한 우리 연구를 위한 활동들, 브누아 사라진Benoit Sarazin과 파괴적 혁신disruptive innovation에 대한 우리의 연구, 이안 맥더모트Ian McDermott와 intentional fellowship에 대한 연구 등 많은 사람들을 언급했다.

중요한 개발과 프로젝트를 진행하고 책을 쓰면서 매우 다양한 종류의 협업이 있었다. 나의 생성적 협업의 시작은 NLPNeruoLinguistic Programming를 탄생시킨 리차드 밴들러Richard Bandle와 존 그린더John Grinder와의 협업으로부터 시작됐다. NLP가 세계 곳곳에서 연구되고 교육되며 발전한 것은 밴들러와 그린더뿐만 아니라 스테판 길리간Stephen Giligan, 쥬디스 데로지에Judith DeLozier, 프랭크 푸세릭Frank Pucelik, 레슬리 레베우Leslie Lebeau 그리고 데이빗 골든David Gordon과 같은 NLP초기에 참여한 당시 학생들의 많은 집단지성과 생성적 협업의 결과였다.

초기 NLP 개발자 그룹과 관련된 토드 엡스타인Todd Epstein과의 공동 작업은 다이나믹 러닝Dynamic Learning 및 캘리포니아 산타크루즈California Santa Cruz에서의 NLP University 설립에 관한 작업에서 절정을 이루었다. NLP University의 창립은 토드의 아내인 테레사 엡스타인Teresa Epstein과 주디스 드 로지에Judith DeLozier와의 수년간의 협업을 통해 계속해서 발전해 왔다. 주디Judy와 나는 Systemic NLP의 두 권의 전문 사전과 NLP 책 「the Next Generation」을 공동 저술했다.

팀 홀봄Tim Hallbom과 수지 스미스Suzi Smith와의 협업은 NLP의 건강에 대한 많은 중요한 발전과 응용을 이끌어 냈으며, 이는 보건과 웰빙에 대한 우리의 책에 요약되어 있는데, 이는 우리가 경험한 것으로, 우리가 전 세계적으로 수행한 건강 인증 교육에 경험적으로 적용되었다.

나는 동료 로버트 맥도널드Robert McDonald와 협업하여 개인과 그룹의 영적spiritual 차원을 연구했다. 이것은 우리의 책 「정신의 도구tools of spirit」와 「그룹마인드와 팀 정신」에 관한 세미나의 결과로 이어졌다.

리차드 모스Richard Moss와 깊이 있는 코칭Depth Coaching에 관한 내용도 포함되어 있다. 구체적으로 말하면 미아 세갈Mia Segal과 펠든크라이스Feldenkrais 신체 활동 방법인 지노 보니손Gino Bonissone을 NLP와 통합하고, 대규모 조직에서 리더십과 혁신 연구를 포함했다. 그리고 내 아내 데보라 베이컨 딜츠Deborah Bacon Dilts와 개선한 정체성 코칭identity coaching의 프로세스 및 영웅의 여정Hero's Journey과 파이브리듬5Rhythms ® 무브먼트 실습을 통합하여 개발한 프로세스도 추가되었다.

이러한 각각의 생성적 협업은 서로의 삶에 중요한 공헌을 했으며, 공동 작업에 참여한 스스로를 성장시키고 확장시키는 데 중요한 역할을 했다. 이것이 이 책의 중요한 탐구 주제이기도 한, 더 큰 무언가에 대한 공헌을 통해 개인의 확장을 이루는 이중 동력이다. 나는 이 책에서 다른 사람들과의 상호작용을 통해 자신을 최고로 이끌어 내고 기여하는 원칙, 모델, 도구와 기술을 제시하고자 한다.

당신이 존과 내가 경험한 것처럼 흥미롭고 보람된 성공 요인 모델링과 생성적인 협업의 세계를 발견하기를 희망한다. 더 나은 세상을 만들기 위해 집단지성의 창의력을 발휘할 때 많은 성공과 만족을 얻을 수 있을 것이다.

로버트 딜츠 Robert Dilts

2016 년 5 월

캘리포니아 주 산타크루즈 Santa Cruz**에서**

차례

5장 역동적인 팀 만들기

6장 군중의 지혜 활성화하기

결론

소개

성공 요인 모델링의 개요

집단지성과 생성적 협업

우리가 스스로에게 질문해봐야 할 두 가지 질문이 있다. 첫 번째는 "나는 어디로 가고 있는가?" 두 번째는 "나는 누구와 함께 갈 것인가?"이다.

하워드 써먼Howard Thurman

명확한 목적은 당신이 앞으로 나아갈 때 당신을 단결시킬 것이며,
신념은 당신의 행동을 이끌 것이고,
목표는 당신의 에너지에 초점을 맞출 것이다.

케네스 H. 블랜차드Kenneth H. Blanchard

당신의 삶과 일에서 세상과 당신 모두에게 도움이 되는
열정을 따르는 것보다 더 위대한 일은 없다.

리차드 브랜슨Richard Branson

성공 요인 모델링 개요

Overview of Success Factor Modeling™

성공 요인 모델링은 "차이를 만드는 차이는 무엇인가?"라는 질문에 대한 탐험이다. 탁월한 성과, 보통의 성과, 저조한 성과 사이에서 차이를 만드는 성공 요인을 발견하는 과정인 것이다.

효과적인 모델은 자물쇠(전략적 도전과 목표)와 그것을 여는 열쇠(기술과 특정행동)를 제공한다.

이 시리즈의 1권에서 설명했듯이, 성공 요인 모델링은 개인과 조직을 성공적으로 지원하고 경영하는 데 있어 중대한 성공 요인을 파악하고, 이해하고, 적용하기 위해 동생 존 딜츠와 함께 개발한 방법론이다. 성공 요인 모델링은 성공한 개인이나 팀, 회사(기업)가 사용했던 비즈니스 관습이나 행동 기술을 가지고 결정적으로 중요한 패턴을 규명하고 분석하기에 적합한 원칙들, 그리고 고유한 차별점들을 기반으로 만든 것이다.

성공 요인 모델링 프로세스는 성공적인 기업가, 팀 및 비즈니스 리더가 공유하는 주요 특성 및 능력을 파악한 다음, 성공을 이루고 효과적 생산의 가능성을 크게 높이는 데 사용할 수 있는 특정 모델, 도구 및 기술을 정의하는 데 사용한다.

성공 요인 모델링은 성공적인 비즈니스, 프로젝트 및 벤처 기업을 조사하고 성과가 높은 개인 및 팀의 행동을 관찰함으로써 사람들과 조직이 성공의 특정 패턴을 만든 요소를 구별하고, 미래에 그 유산을 잘 활용하는 데 필요한 트렌드를 파악하도록 도울 수 있다. 이러한 요소들은 적절한 전략, 도구 및 지원을 제공함으로써 사람들의 일상 활동에서 '일체화' 될 수 있다.

성공 요인 모델링 프로세스의 강점 중 하나는 효과적인 비즈니스 특성과 핵심 행동 기술을 통합한 것이다. 행동 기술 모델링은 어떤 유형의 성공 또는 현저한 성과를 만들어내는 중요한 개인 및 대인 관계 프로세스를 관찰하고 그 관계지도를 그리는 것을 포함한다. 행동 모델링 프로세스의 목표는 개인이나 그룹이 원하는 응답이나 결과를 산출하기 위해 필요한 사고와 행동의 필수 요소를 식별하는 것이다. 즉, '차이를 만드는 차이'가 무엇인지 알아내는 것이다. 이것은 복잡한 수행이나 상호작용을 하여 작은 단위로 분해하여 어떤 식으로든 반복할 수 있게 하는 과정이다. 행동 모델링의 목적은 그러한 행동이 실용적 인지 또는 '모델'을 만들어 동기를 부여받은 사람이 그 성과의 일부 측면을 재현하거나 시뮬레이션하는 데 사용할 수 있다.

성공 요인 모델링은 다양한 삶의 상황에서 성공하기 위한 문을 여는 데 필요한 특정 키를 식별하는 것에 비유할 수 있다. 특정 '잠금'을 푸는 '열쇠'는 특정상황에서 제시된 문제와 제약 사항을 효과적으로 해결하는 데 필요한 행동과 해당 마인드 셋의 적절한 조합이다.

따라서 성공 요인 모델링 프로세스의 목표는 핵심결과에 도달하기 위해 맥락 내에서 선택된 모델링 요소를 적용하도록 만드는 것이다. 이를 위해 SFM은 다음 기본 템플릿을 적용한다.

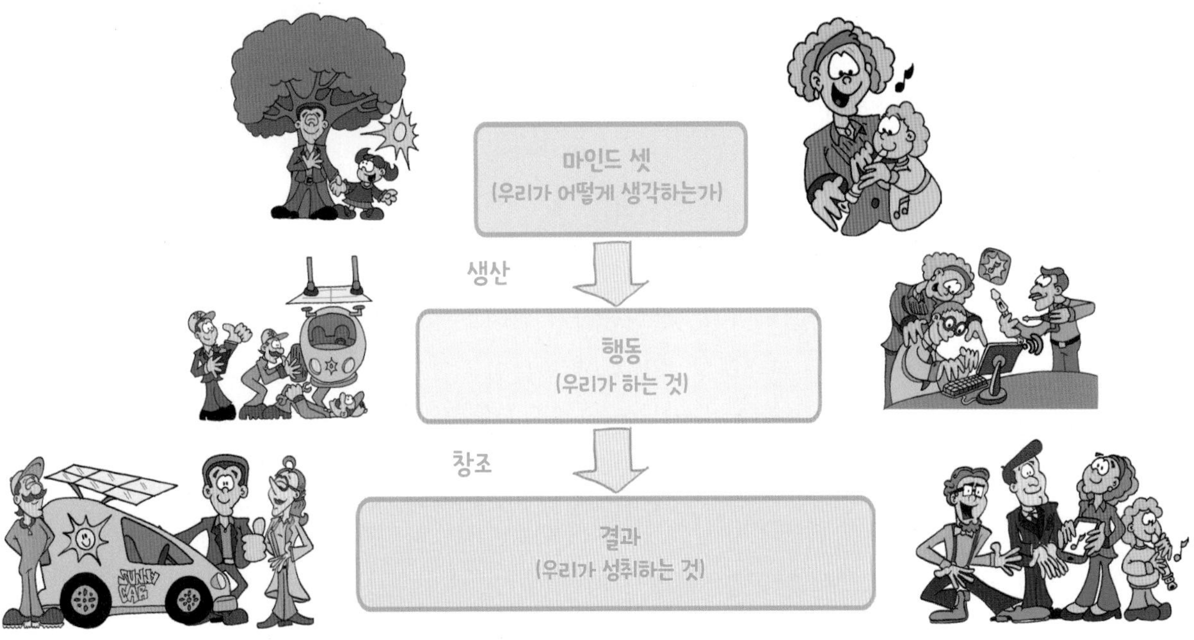

성공 요인 모델링의 기본 템플릿

우리의 내면 상태, 태도 그리고 사고 과정으로 구성된 마인드 셋mindset은 외부적인 행동을 만들어 낸다. 우리가 어떤 상황에서 무엇을 하고 어떤 행동을 취할 것인지를 결정하는 것은 우리의 마인드 셋이다. 이러한 행동들은 결과적으로 우리를 둘러싼 외부 세계에서 결과를 창조한다. 따라서 환경에서 원하는 결과를 달성하려면, 이를 위해 필요한 적절한 조치를 취하기 위해 적절한 마인드 셋이 필요하다.

우리가 원하는 결과를 얻기 위한 단계는 우리가 열려고 하는 '자물쇠'이다. 우리의 사고방식과 행동은 특정한 자물쇠를 열 수 있는 '열쇠'를 형성한다. 성공 요인 모델링의 목표는 진정성있고 지속 가능한 성공을 달성하는 데 필요한 '자물쇠'를 여는 적절한 '열쇠'를 찾는 것이다.

성공 요인의 핵심 수준

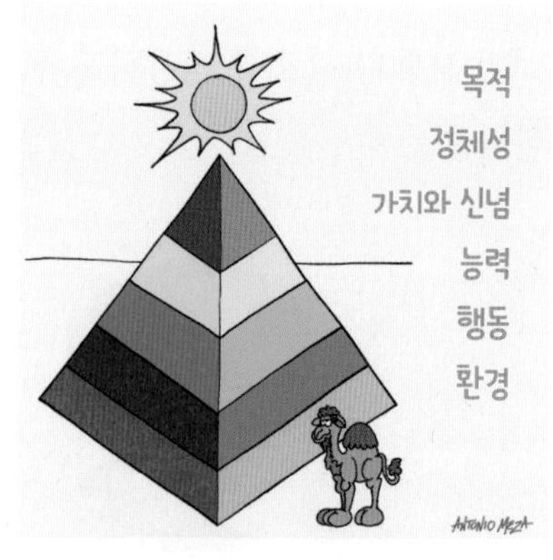

성공적인 성과와 관련된 '열쇠'를 구성하는 마인드 셋과 행동의 특성을 파악하고자 할 때, 성공 요인 모델링Success Factor Modeling 프로세스는 다음과 같은 다양한 수준의 요소를 고려해야 한다.

- **환경 요인**은 개인 및 조직이 반드시 인식하고 대응해야 하는 외부 기회 또는 제약 조건을 결정하는 요인이다. 그리고 여기에는 성공이 발생하는 장소에 대한 고려는 반드시 포함된다.
- **행동 요인**은 성공을 달성하기 위해 필요한 구체적인 행동단계와 관련되어 있다. 성공하기 위해서는 반드시 무엇을 완수하고 숙련해야 하는지가 포함된다.
- **능력**이란 성공으로 이끄는 정신지도, 계획 또는 전략을 구성하는 것을 말한다. 능력은 행동들이 어떻게 선택되고 검토되는지를 알려준다.
- **신념과 가치**는 특정 능력과 특정행동을 지원하

거나 금지시키는 강화를 제공한다. 또한 사람들이 특정 행동 계획을 취하는 이유와, 특정 행동을 하거나 또는 하지 않도록 이끄는 더 깊은 동기와 관련되어 있는 것이 신념과 가치이다.

- **정체성 요인**이란 사람들의 역할에 대한 느낌, 그리고 독특한 특징이 있는 성품과 관련되어 있다. 이 요인은 개인이나 그룹이 되고자 하는 자신을 인지하는 기능이다.
- **비전과 목적**은 자신의 일부가 속한 더 큰 시스템에 대한 사람들의 시각에 관한 것이다. 이 요인은 특정 행동 단계나 특정 경로, 계획이 누구를 위한 것이고 무엇을 위한 것인지를 포함한다.

위의 내용과 관련해서 이 시리즈의 첫 번째 책과 내가 쓴 다른 책에서 심도 있게 다루고 있다(From Coach to Awakener, 2003 및 NLP II The Next Generation, 2010 참조).

환경: 우리의 과수원 네트워크는 전체적으로 과수원 토양 상태의 건강함을 유지하고 강화하는, 지속 가능한 과일 재배 기술 공유에 중점을 두고 있다. 이것은 점진적으로 건강한 나무를 만들고 건강한 열매를 맺게 하며 사람을 건강하게 하는 방법이다.

행동: 우리의 활동은 주스 생산과 포장 및 유통을 포함하여 농장에서 고객에게까지 우리 주스가 도달하는 데 필요한 모든 것을 다룬다.

역량: 우리는 방부제가 없는 주스를 빠르고 깨끗한 방법으로 유통할 수 있도록 전기시스템이 완비된 트럭 군단을 조직하기 위한 혁신적인 시스템을 개발했다.

가치: 짐작했는가? 우리의 가치는 품질, 맛, 건강 및 생태이다. 이것들은 체계를 가지고 우리의 결정을 이끌어 낼 수 있게 한다.

정체성: 현대의 'Johnny Appleseed'는 건강의 측면에서 사과가 가지는 상징적 의미와 환경 보전을 위해 그들이 보여준 리더십과 그들이 했던 인도적이고 관대한 방식으로 잘 알려져 있다. 우리는 우리 스스로를 그러한 'Johnny Appleseed'와 같은 존재로 보고 있다.

목적: 또한 우리의 가치를 제공하고 최고의 사과 주스의 제공함으로써 사람들을 고무시키는 우리의 일을 통해 지역사회가 유익을 얻기 바란다.

에고와 소울

성공적인 성과와 결부된 결과, 특정행동, 마인드 셋을 검토함에 있어, 아더 코스틀러Arthur Koestler가 개인과 팀, 조직을 '홀론holon'으로 불렀다는 사실을 성공 요인 모델링에서도 역시 충분히 참작하도록 한다. 개인, 팀, 조직은 그들 자체로 전체이자 독립적인 시스템인 동시에 그들 내부에 존재하는 전체이자 독립적인 시스템이기도 한 것이다. 또 한편으로는 개인, 팀, 조직을 포함하며 그것을 넘어서는 더 큰 성공 시스템들의 부분이기도 하다.

하나의 개별적 전체로서 경험하는 우리 존재의 부분을 일반적으로 에고라고 하고, 홀론(더 큰 전체의 일부)으로서 경험하는 우리 존재의 부분은 소울이라 할 수 있겠다.

따라서 성공 요인 모델링은 우리의 삶과 동기가 정체성들의 이 두 상호보완적인 측면에 의해 추진되는 것으로 보고 있다. 즉, 이 두 상호보완적인 측면은 (1) 분리되고 독립적인 하나의 전체로서의 우리 존재로부터 모습을 드러내는 것들과 (2) 더 큰 전체(예: 가족, 업계, 지역 사회 등)의 일부분으로서 우리 존재에서 나오는 것들을 말한다. 하나의 개별적 전체로서 경험하는 우리 존재의 부분을 일반적으로 에고라고 하고, 홀론(더 큰 전체의 일부)으로서 경험하는 우리 존재의 부분은 소울이라 할 수 있겠다.

성공 요인 모델링의 관점에서 에고ego와 소울soul, 이 두 가지 측면은 건강하고 성공적인 존재에게 필수적인 것이다. 에고와 관련한 우리의 주요 질문은 의욕과 역할의 측면에서 스스로 달성하고자 하는 것에 관련된 것이다. "내가 창조하고자 하는 삶의 유형은 어떤 것입니까?", "원하는 삶을 창조하기 위해서 나는 어떤 유형의 사람이 되어야 할까요?" 이는 우리가 꾸는 꿈을 스스로 실행하는 것에 관한 것이다. 소울의 측면에서 할 수 있는 주요 질문은 우리가 부분으로 있는 더 큰 시스템을 위한 우리의 비전과 사명에 관한 것이다. "나를 뛰어넘는 나를 통해 세상에 창조하고자 하는 것이 무엇입니까?" 그리고 "그 비전이 드러나도록 하기 위해 나만이 할 수 있는 독특한 공헌은 어떤 것이 있을까요?"

SFM 접근법에서, 에고(분리된 전체로서의 한 사람의 자아)와 소울(더 큰 시스템의 일부인 홀론으로서의 우리들)의 이러한 구별은 다음 다이어그램에서 보여주는 것과 같이 다양한 성공 요인 레벨과 결합된다.

에고와 소울의 상호 보완적인 요소들은 성공 요인 각 레벨에 각기 다른 주안점을 끌어내는 경향이 있다. 에고는 포부, 역할 그리고 승인의 중요성, 전략, 환경에서의 잠재적 위험과 제약에 대한 적절한 대응reactions을 강조하는 반면 소울은 비전, 사명, 내적 동기, 그리고 사전에 주도하여 환경적 기회들의 이점을 취하는 데 필요한 감성 지능과 에너지의 활성화에 역점을 둔다.

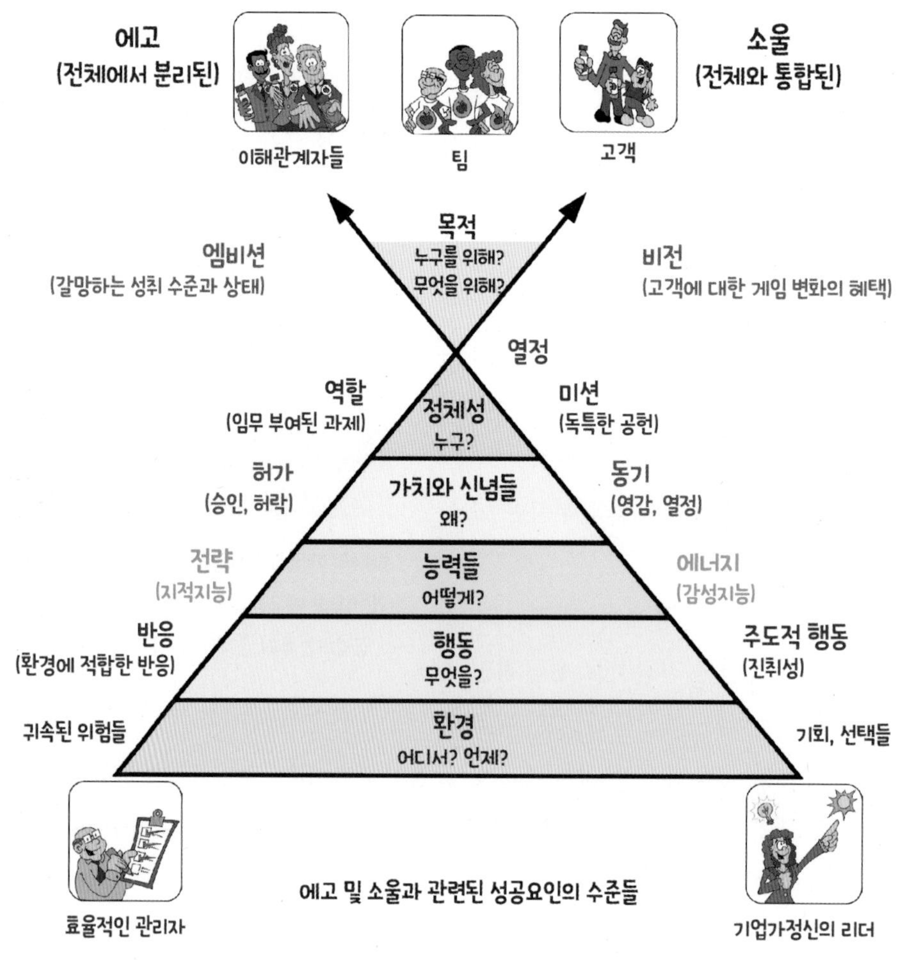

에고 및 소울과 관련된 성공요인의 수준들

성공 요인 모델링 연구는, 개인이나 팀, 조직의 가장 높은 수준의 성과는 에고와 소울과 관련된 성공 요인 레벨들이 균형을 이루고 잘 정렬되어 있고 통합되어 있을 때 발휘된다는 것을 보여준다. 자신의 비전과 사명, 엠비션ambition, 역할을 분명히 하고 잘 조정하는 것은 이 네가지가 균형과 통합에 이르도록 함에 있어 핵심적인 부분이다. 이 네 가지 지침은 성공한 기업가 정신의 토대이며 기업가로서 수행하는 프로젝트와 기업의 기반을 형성한다.

성공 요인 모델링의 주요 목적은 당신의 프로젝트, 기업, 사업을 성공에 이르도록 하는 데 필요한 핵심 기술과 요인들을 규명하고, 그러한 과정에서 꿈을 실현하고 세상이 더 나아지도록 만드는 데 있다.

그러나 더 깊은 차원에서 비전과 미션, 엠비션ambition과 역할은 우리의 몸과 마음을 통해 세상으로 가져오는 근본적인 생명력을 전부 표현한 것이다. 우리는 열정이라는 개인적인 감각을 통해서 이 근본적인 생명력과 연결된다는 것을 알고 있다.

열정, 비전, 미션, 엠비션과 역할의 역동성

열정

개인적인 열정passion은 기업가 정신의 기초이다. 이러한 의미에서 열정은 강렬함의 모체 혹은 무언가에 대한 강한 의욕이라 할 수 있다. 리차드 브랜슨Richard Branson이 주장하듯이 "삶을 알차고 치열하게 살고 싶다."는 표현이다. **열정**은 다음과 같은 질문과 관련된다.

기업가적 마인드 셋의 토대는 당신이 하는 일에 대한 개인적인 열정이다. 당신의 열정은 당신에게 성공적인 기업을 만드는 데 필요한 열의와 에너지 그리고 의사결정을 제공한다.

정말 하고 싶은 일은 무엇인가?

당신을 신나게 하는 게 무엇인가?

당신은 흥미롭고 매력적인 점을 어디에서 찾는가?

당신에게 열정과 에너지를 깊이 느끼도록 해주는 것은 무엇인가?

차세대 기업가 중 성공한 대부분의 기업은 자신들이 속한 더 큰 시스템에 바람직한 방식으로 혁신적이고 시장의 판도를 바꿀 다르고 새로운 것을 창조하려는 열정과 열망을 가지고 있다. 이 열정은 에고와 소울을 결합하고 또한 그들이 개인적·영적으로 성장하는 수단이 된다. 우리가 인터뷰한 차세대 기업가의 열정에 대한 사례는 다음과 같다.

- 평범한 문제를 가지고도 세계적인 솔루션 만들기
- 사회적 과제 해결
- 더 나은 세상을 향한 변화
- 틀에 갇혀 있지 않는 창의성과 사고력
- 자신과 다른 사람들의 성장 촉진
- 관계를 맺고 풍요롭게 개발하기
- 유용하면서 아름다운 무언가를 만들기

스티브 잡스는 세상에 긍정적인 변화를 가져 올 혁신적인 기술의 제품을 만들려는 열정으로 살았다.

차세대 기업가들이 실행하고 창조하고 있는 것에 대한 깊은 개인적인 열정은 위험을 감수하게끔 이끌고 직면한 도전들에 집중을 유지하게 한다. 그러한 열정은 가능할 것으로 꿈꿨던 것 너머로 그들을 밀어주고 그들이 가진 자신감과 스킬을 새로운 차원으로 성장시키게 한다. 높은 수준의 열망과 열의 없이는 성공적인 벤처 기업을 만들어내는 것은 사실상 불가능하다. 애플의 공동 설립자 스티브 잡스Steve Jobs의 말에 따르면:

사람들은 당신이 하고 있는 일에 큰 열정을 가져야 한다고 말하는데, 그 말은 전적으로 옳다. 그 이유는 일이 너무 힘들어서 그렇고 또 잘 안되면 이성적인 사람은 포기할 테니까 그렇다. 정말로 힘든 데다가 일정 기간을 버티면서 계속 다시 해야 한다. 그러므로 정말로 그 일을 좋아하지 않으면 그 일을 하는 데 재미를 못 느끼고 포기하게 될 것이다.

비전

'미래가 어떻게 될 것인지 또는 될 수 있을지에 대한 마음속 그림'은 비전vision을 가장 잘 정의한 표현이다. 어떤 면에서는 성공적인 기업가들의 창의적인 비전은 우리의 삶을 향상시키는 장기적인 가능성에 대해 상상하고 집중하는 능력과 관련이 있다. 그것은 '지금 현재'의 한계를 넘어서 보는 능력과 미래의 시나리오를 상상하는 능력을 포함한다. 또한 장기적인 목표의 설정과 유지 그리고 그에 대한 장기적인 계획과 전체적인 관점을 채택하는 능력과도 관련이 있다.

바니 펠은 "파워셋"에서 사람들이 컴퓨터에서 사용하는 "자연언어"를 통해 커뮤니케이션을 취하는 세상에 대한 비전을 갖게 됐다(SFM 1권 참조).

성공한 차세대 기업가 및 지도자가 가진 비전의 핵심 특징은 항상 자신(즉, 자신의 '소울soul'의 산물인)을 뛰어 넘어 더 확장하는 방향으로 나아간다는 것이다. 그것은 사람들이 더 보고 싶은 어떤 것 혹은 사람들이 속하고 싶은 어떤 세계를 창조하는 것에 관한 것이다. 따라서 기업가적 **비전**은 다음 질문에 대한 대답을 통해 찾을 수 있다.

자신을 뛰어 넘은 자신을 통해 이 세상에 창조하고 싶은 것은 무엇인가?

이 세상에서 더/덜 보고 싶은 것은 무엇인가?

당신은 어떤 세상에서 살고 싶은가?

미션

개인 또는 조직의 미션mission은 특정 비전을 실현하는 데 기여하는 것과 관련이 있다. 이 단어는 라틴어 mission에서 유래한 것으로 '보내는 행위'를 의미한다. 실제로 미션은 사전에 "정치적, 종교적 또는 상업적 목적으로 수행했던 중요한 과제"라고 정의되어 있다.

기업가의 비전과 마찬가지로 미션의 의미는 '홀론holon'이라는 관점에서 나온다. 미션이란 시스템의 어떤 목적 달성을 위해 일하는 개인이나 그룹이 더 큰 시스템을 위해 기여하는 행위를 말한다. 따라서 조직 내 개인의 미션은 그 조직과 비전에 대한 그 사람의 기여에 관한 것이고, 조직의 미션은 더 큰 시스템의 고객과 그들의 니즈에 관한 것이다.

이러한 관점에서 보면 **미션**은 다음 질문들과 관련이 있다.

마크 피즈패트릭(티달 웨이브 전자)은 팀 미션이 고객을 위해 "가능한 최고의 솔루션을 창조하는 것"이었다고 말한다(SFM 1권 참조).

당신의 비전과 미션은 당신 기업의 목적과 방향 감각을 제공한다.

더 큰 시스템과 비전을 위해 당신은 어떤 봉사를 하는가?

비전을 실현하기 위한 당신만의 독특한 공헌은 무엇인가?

비전 달성을 돕기 위해 더 큰 시스템에 가져다주는 특별한 선물, 자원, 역량 및 행동은 무엇인가?

엠비션

엠비션ambition은 자신의 성공과 인정을 얻으려는 열망과 결심의 결과이다. 엠비션은 우리에게 개인적인 이익을 가져다 주는 '결단력과 강도 높은 작업이 따르는 무언가를 하거나 혹은 취하고자 하는 강렬한 욕망'이라고 정의한다. 우리의 엠비션은 우리 삶에 꿈과 열망의 형태로 건강한 자아에서 생겨나고 성장하고 숙달하게 하는 동력에서 나온다.

엠비션은 우리의 개인적인 꿈, 욕망, 추진 및 필요에서 비롯된다. 예를 들어, 우리가 노력하여 합

신다나 터카트는 성장 가능성이 보이는 시장에 발빠르게 진출하고 투자에 수익이 나도록 자신을 동기부여하는 엠비션을 분명히 함으로써 Xindium Technologies의 대표이자 CEO로 채용되었다(SFM 1권 참조).

리적이고 좋은 생활을 하는 것 외에도, 우리는 더욱 성장하고픈 욕망, 더욱 성취하고픈 추진력 또는 인정받고 허락 받고자 하는 필요성을 가질 수 있다.

엠비션은 다음과 같은 질문과 관련이 있다.

자신을 위해 어떤 모습의 삶을 만들고 싶은가?

성취하고자 하는 것은 무엇인가? 자신과 타인과 관련하여 달성하고자 하는 상태와 성과의 유형은 어떤 것인가?

어떻게 인식되고 기억되고 싶은가? 이력서 또는 자서전에 무엇을 추가하고 싶은가?

당신의 엠비션은 당신이 성장하고, 결과를 이루고, 성취하는 욕구를 위한 연료이다.

역할

역할role은 '특정 상황에서 한 사람이 맡아하는 부분 혹은 맡는 것으로 추측되는 기능'이라고 정의된다. 따라서 역할은 '역량에 기반한- 기능'과 '지위나 상황에 의해 결정되고-맡겨지는 부분' 이 두 가지 모두 관련된다. 그래서 역할은 개인의 기술, 능력, 노력을 반영하는 것이기도 하다. 또한 역할은 그 사람이 하는 행위(혹은 할 것으로 기대되는 행위)와 관련된 것이다. 실제로 사람들은 자신의 개인적인 특성과 기술이 양립 가능한 역할을 가장 잘 해낸다. 또 한편으로 역할은 우리가 다른 사람과 맺고 있는 관계에서의 '상황'을 반영한다. 다시 말해 역할은 한 사람이 다른 사람들 사이에서 차지하고 있는 지위와 그 지위에 부여되는 기대 역량과 행동의 교집합인 것이다.

당신의 역할은 비전, 사명, 엠비션에 도달하기 위해 필요한 포지션과 상태, 지원기술과 능력을 정의한다.

미션의 개념과 비슷하게 역할을 한사람 개인으로 생각하는 것은 의미 없다. 고유한 개인과 더 큰 전체의 일부 둘 다인 '홀론holon'과 관련되어 있다. 이렇게 비전에 봉사하는 것 외에도 역할에서 한 개인이 자신의 엠비션과 관련하여 다른 사람과 어떻게 보완하고, 협업하고, 경쟁하는지 그 방식도 중요하다.

따라서 **역할**은 다음과 같은 질문과 관련이 있다.

사무엘 팔미사노가 IBM의 CEO였을 때 그는 회사가 지역 환경에 긍정적인 역할을 하고 싶었다. 그가 의사 결정을 내릴 때 사용했던 질문 중 하나는 "왜 사회적 그룹이 IBM을 자신들의 지역에서 일할 수 있도록 허용했을까요?"였다(SFM 1권 참조).

당신이 원하는 삶을 만들고 당신의 비전에 독특한 공헌을 하기 위해 어떤 유형의 사람이 되어야 하는가?

당신의 엠비션, 미션, 비전을 성공적으로 뒷받침할 포지션과 상태는 어떤 유형인가?

필요한 유형의 사람이 되기 위해서 또는 필요한 직책이나 지위를 성취하거나 유지하기 위해서 필요한 핵심 역량은 무엇인가?

비전, 미션, 엠비션 및 역할은 모두 독창적이고 독립적인 개인이면서 동시에 자신보다 큰 무언가의 일부인 우리의 이중 현실을 통합하는 것과 관련 있다. 그것들은 모두 우리가 참여하고 있는 더 큰 시스템을 향한 개인적인 열정의 외부적 표현이다.

COACH 상태 – 에고와 소울을 통합한 '홀론'

전체로서의 개인은 물론 우리 자신을 넘어선 어떤 것과 연결된 상태를 유지하는 능력은 우리에게 목적과 에너지를 준다. 이 이중관점을 유지하는 것은 성공적인 마인드의 본질적인 특성이며 효과적인 성과의 기초라고 할 수 있다. 개인차원에서 이를 수행할 수 있는 능력은 대문자 COACH라는 약자로 특징되는 내부 상태에 의해 정의될 수 있다:

Center - C: 스스로 중심을 잡는다. 특히 '배(복부 중심)'에 자신을 중심에 두라.

COACH 상태는 당신이 중심이 되고, 열고, 인식하고, 연결되고 호기심을 가진 맥락에서 유지하는 것이다.

Open - O: 당신의 인식의 장을 열어라.

Attend - A: 마음 깊은 곳에서 당신과 당신 주변에서 벌어지는 일에 집중하라.

Connect - C: 자신과 당신이 참여하고 있는 더 큰 시스템을 연결하라.

Hold - H: 재능과 호기심(이해/수용)의 상태에서 일어나는 어떠한 것이든 수용하라.

내면의 집중상태가 붕괴될 때 크러쉬CRASH라고 요약할 수 있는 반대되는 상황이 생긴다.

C – 위축 Contraction

R - 수동적 반응 Reactivity

A – 멍해짐 Analysis Paralysis

S – 분리 Separation

H - 상처나 증오(적개심) Hurting or hating(hostility)

'크러쉬CRASH' 상태일 때, 우리는 더 이상 스스로를 홀론으로 인식하지 않는다. 우리의 소울과 연결이 끊기고, 모든 것이 점점 어려워진다. CRASH 상태에서 외부의 장애요인과 대면할 때, 우리는 그것을 해결할 수 없는 문제로 경험하게 된다.

특히 어렵고 도전적인 상황에서 COACH 상태를 성취하고 유지할 수 있다는 것은 성공 요인 모델링에 의해 규명된 가장 중요한 개인 성공 요인 중 하나이다.

CRASH 상태에서는 위축되고, 환경에 반사적이고, 멍해지거나, 분리되어 상처받은 느낌 또는 적개심이 생기게 된다.

차세대 기업가 정신

수년에 걸친 성공 요인 모델링의 적용을 통해 필자는 새로운 세대의 기업가가 부상하고 있음을 다시 한번 인식할 수 있었다. 이 차세대 기업가 또는 'zentrepreneurs'는 재무적 이득을 달성하는 것 이상에 집중한다. 그들은 똑같이 자신의 꿈을 이루고 사업을 통해 더 나은 세상을 만들기 위해 최선을 다한다. 성공적인 차세대 기업가가 되기 위해 필요한 기술은 이 시리즈 1권의 주안점이다.

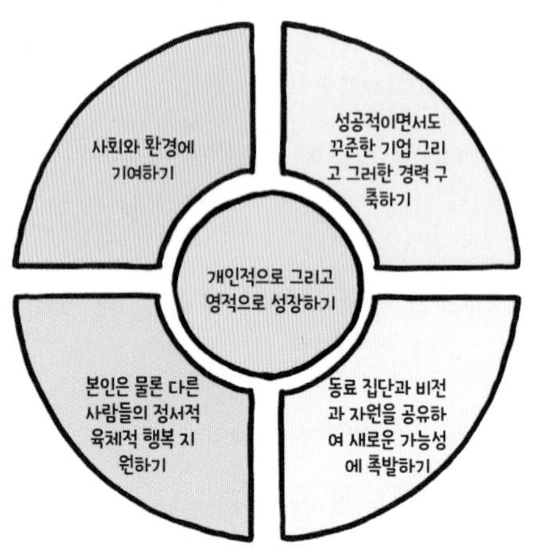

진정한 성공과 사람들이 원하는 세계를 창조하는 것과 관련된 핵심 요소

차세대 기업가는 성공적이고 목적성 있는 비즈니스 또는 경력을 만들어내고자 노력한다. 기여와 미션에 대한 엠비션과 개인적인 성장과 성취에 대한 열망을 결합한다. 그들은 또한 같은 비전, 미션, 엠비션을 가진 사람들과의 마음을 끌어내고 협업을 원한다. 즉, 차세대 기업가 정신은 사람들이 속하기를 원하는 세계를 창조하는 것과 관련이 있다.

성공 요인 모델링Success Factor Modeling에 대한 연구에 따르면 성공한 차세대 기업가는 다음 '5 가지 헌신'을 통해 이를 달성했다.

- 인간적, 영적으로 성장하기
- 사회와 환경에 기여하기
- 성공적이고 지속가능한 기업 및 경력 구축하기
- 자신과 다른 사람들의 정서적, 육체적 행복 지원하기
- 동료 집단과 비전 및 자원을 공유함으로써 새로운 가능성 열기

이 다섯 가지 핵심 요소는 오른쪽 다이어그램에 요약했다.

예:

개인적으로 그리고 영적으로 성장하기
"기업가로서 그리고 아버지로서 성장하고 싶습니다. 또한 더 건강한 세상을 만드는 데 기여하고 싶습니다"

사회와 환경에 기여하기
"저희 기업으로 인해 사람들은 태양 에너지로 달리는 자동차를 타게 될 것입니다. 필요한 에너지는 깨끗하고 저렴할 것입니다"

성공적이면서도 꾸준한 기업 그리고 그러한 경력 구축하기
"개척자로서 우리에게는 장기적 혁신이 요구하는 많은 기회들과 구축해야 할 큰 시장이 있습니다"

동료 집단에 비전과 자원을 공유하여 새로운 가능성에 촉발하기
"다른 사람들과 지식과 아이디어를 공유함으로써 함께 차이를 만들어내고 번영할 수 있습니다"

본인은 물론 다른 사람들의 정서적, 육체적 행복 지원하기
"지도자로서 나는 협업자들에게 성장의 기회를 제공하고 그들의 공헌을 장려할 것입니다"

SFM 성공 써클

The SFM Circle of Success™

성공 요인 모델링 연구는 차세대 기업가들이 진정한 성공의 5가지 핵심 요소가 프로젝트나 기업에 적용되도록 하기 위해 우리가 'SFM 성공 써클'이라 부르는 것을 만들어낸다는 사실을 알아냈다.

차세대 기업가의 5 대 핵심 성과

첫째, 진정한 차세대 기업을 만들기 위해서는 위에 정의된 진정한 성공의 5가지 핵심 요소가 자연스럽게 5가지 핵심 성과로 전환된다는 사실을 발견했다. 그 5가지 핵심 성과는 다음과 같다.

1. 개인적인 만족
2. 의미 있는 공헌
3. 혁신과 회복 탄력성
4. 측정 가능한 성장
5. 탄탄한 재무 건전성

SFM 성공 써클은 성공적이면서 지속 가능한 기업을 구축하는 데 필요한 결과와 행동, 마인드 셋을 정의한 것이다.

개인적인 만족은 한 사람의 열정이 통한 결과이자 개인적이고 영적인 성장의 결과이다.

의미 있는 공헌은 사회와 환경 양쪽 모두에 기여할 수 있는 능력에서 비롯되며 또한 우리 자신과 더불어 타인의 정서적 육체적 행복도 도모한다.

혁신과 회복 탄력성의 성과는 새로운 가능성을 촉발시키고자 타인과 비전과 자원을 공유한 결과이고, 기회를 활용하고 역경을 딛고 일어설 수 있

성공적이면서 지속가능한 기업을 만들기 위해 차세대 기업가는 반드시 다음의 5가지 근본적인 결과를 달성해야 한다:

1. 개인적인 만족
2. 의미 있는 공헌
3. 혁신과 회복 탄력성
4. 측정 가능한 성장
5. 탄탄한 재무 건전성

도록 우리 자신과 타인의 정서적 육체적 안녕을 도모하고자 공유한 비전과 자원을 적용한 결과이다.

측정 가능한 성장은 성공적이면서도 지속 가능한 기업을 구축하고자 공유한 비전과 새로운 가능성들을 추진한 결과이다.

탄탄한 재무 건전성 상태는 성공적이면서 지속 가능한 기업, 그러한 경력이 사회와 환경에 대한 공헌으로 이어질 때 일어나는 결과이다.

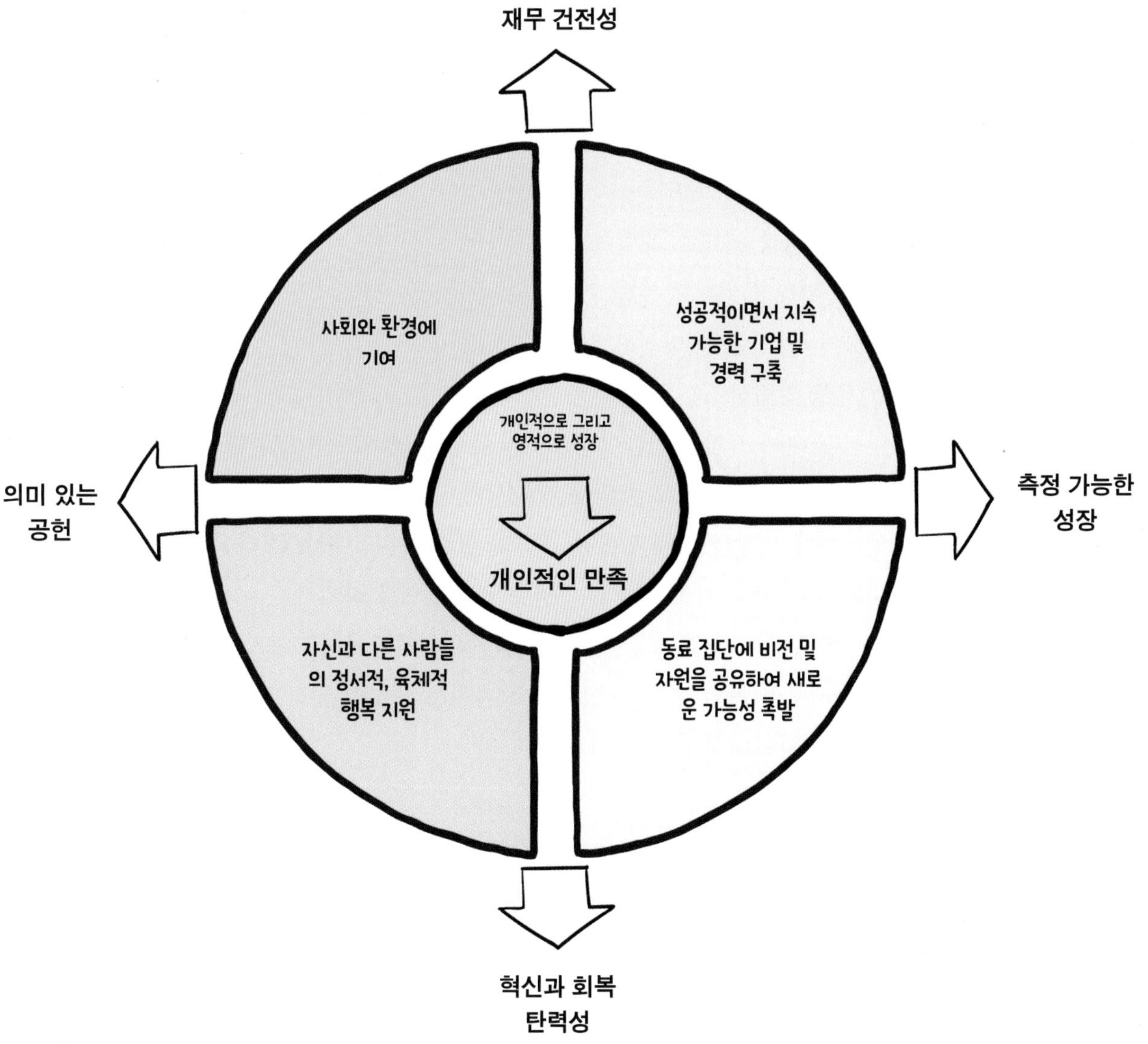

성공적인 차세대 기업가의 5대 핵심 성과

차세대 기업가의 다섯 가지 핵심 성과를 달성하는 데 필요한 핵심 행동 및 주요 전망

이러한 성과를 달성하기 위해, 성공적인 기업의 창립자는 주의를 집중하고 5가지 근본적인 관점 안에서 균형 잡힌 행동을 한다는 사실을 관찰했다. (1) 자신과 자신의 목적 의식 및 자신이 하는 일에 대한 동기 (2) 고객 및 제품 또는 서비스 (3) 투자자 및 이해관계자 (4) 팀 구성원 또는 직원 (5) 전략적 파트너 및 제휴그룹.

다시 말해서 성공적인 차세대 기업이 5가지 핵심 결과를 달성하려면 기업가는 핵심 인물과 핵심 그룹들에게 결정적으로 중요한 액션 몇 가지를 취할 필요가 있다. 그 실천행동은 다음과 같다:

성공 써클은 기업가가 자신의 꿈을 실현하고 더 나은 세상을 만들 수 있는 성공적이고 지속 가능한 기업을 구축하는 데 필요한 5가지 기본 초점 영역을 정의한다.

- 자기 자신/정체성
- 고객/시장
- 팀 구성원/직원
- 이해관계자/투자자
- 파트너(타부서)/협력사

1. 사업에 대한 목적과 동기부여에 **자신**을 연결하기
2. **고객**을 위한 제품과 서비스 개발하기, 그리고 기업을 지원하기에 충분한 관심과 수익 창출하기 즉, 충분한 '마인드 점유율'과 시장 점유율 확립하기
3. 기업의 미션에 대해 지지를 이끌어냄으로써 유능한 **멤버로 구성된 팀**으로 성장시키기. (비지니스의 성장에 맞게) 지속적으로 역량 강화시키기
4. 기업이 엠비션에 도달하는 데 필요한 자금과 필수 자원을 확보한 다음, **이해관계자와 투자**자를 위한 가치 창출과 사업 확장을 지속적으로 하기
5. 상생관계 구축하기, 그리고 모든 이해 당사자들이 시장에서 그들의 역할을 확대하고 그들의 가시성을 높일 수 있는 방식으로 자원을 풍부하게 하고 자원에 투자하게끔 하는 전략적 **파트너**와 동맹 맺기

'성공 써클'이라는 이름에서 알 수 있듯이 기업가들이 원으로 표현했던 이러한 중대한 액션과 핵심 결과 간의 관계는 중심에 자신과 자신의 목적과 동기를 놓고 이를 둘러싼 4가지 영역으로 설명할 수 있다. 중심을 둘러싼 4가지 영역은 고객/시장, 팀 구성원/직원, 이해관계자/투자자, 파트너/협력사이다.

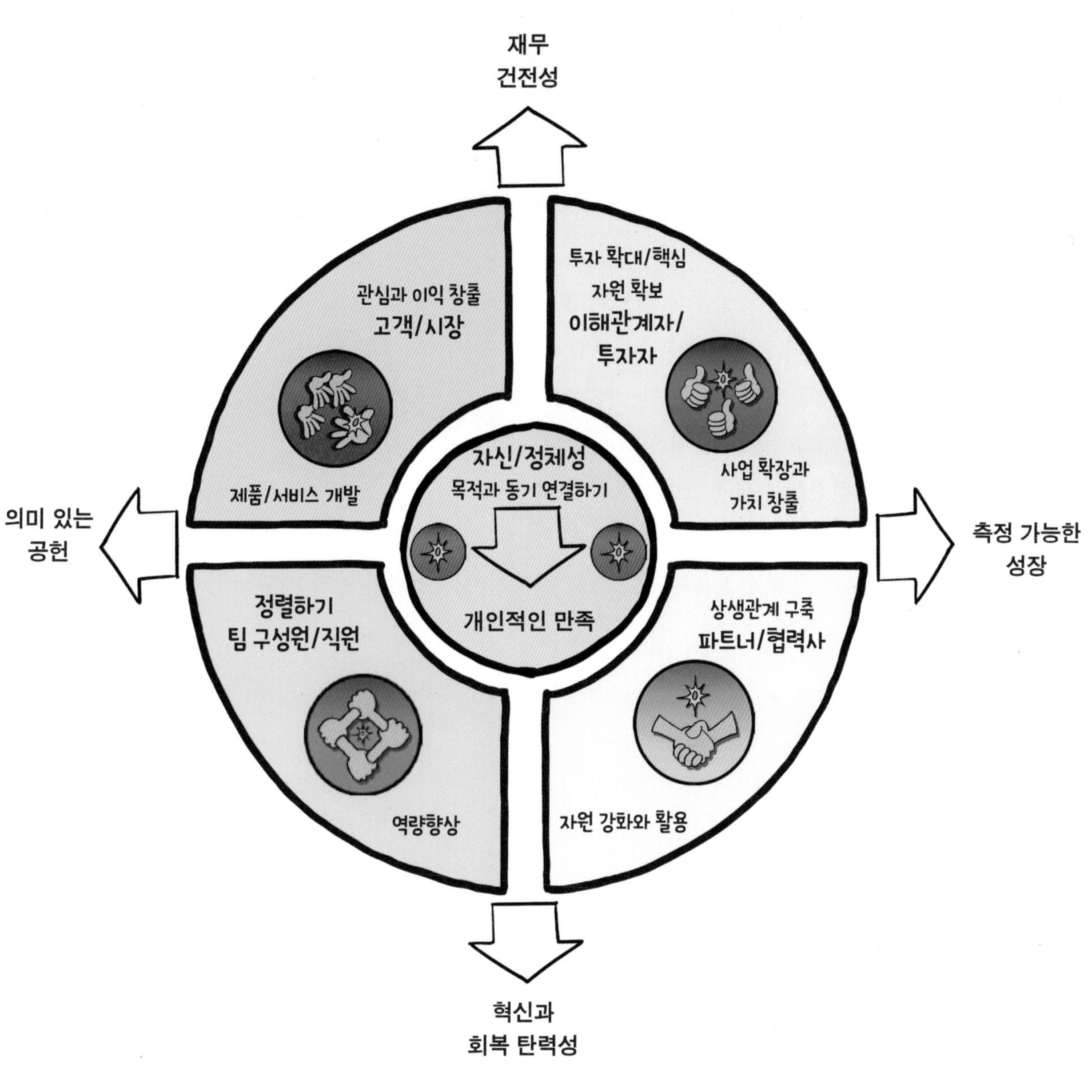
재무
건전성
관심과 이익 창출
고객/시장
제품/서비스 개발
투자 확대/핵심
자원 확보
이해관계자/
투자자
사업 확장과
가치 창출
자신/정체성
목적과 동기 연결하기
개인적인 만족
의미 있는
공헌
측정 가능한
성장
정렬하기
팀 구성원/직원
역량향상
상생관계 구축
파트너/협력사
자원 강화와 활용
혁신과
회복 탄력성

SFM 성공 써클

이전 페이지의 '성공 써클' 다이어그램이 암시하듯이 **개인적인 만족**을 얻는 것은 (1) 목적과 동기를 연결하는 것에서 비롯된다.

의미 있는 공헌의 결과는 주로 (2) 고객에게 이로운 제품 또는 서비스 개발 (3) 팀 구성원과 단결하기(크로스날리지의 성공 요인 케이스 사례 참조)

혁신성과 회복 탄력성에 따른 결과의 성취는 기본적으로 (4) 팀 구성원의 역량 향상 (5) 파트너십을 통한 자원의 활용과 질적 향상의 결과물이라 할 수 있다(스테판 크리산 경영학 석사 학위의 성공 요인 사례 참조).

측정 가능한 성장의 결과물은 (6) 파트너 및 협력사와의 상생관계/승-승관계 구축과 (7) 사업 확장, 그리고 이해관계자와 투자자를 위한 가치 창출을 통해 달성된다(랜디 윌리엄스와 케이레츠의 성공 요인 사례 참조).

탄탄한 재무 건전성은 크게 (8)이해관계자 및 투자자로부터 투자를 유치하고 핵심 자원을 얻는 것과 (9)고객으로부터 수익을 창출하고 소득을 발생시키는 행위의 결과이다(코마우 피코의 성공 요인 사례 참조).

차세대 기업가의 5가지 핵심 성과를 창출하기 위해 갖추어야 하는 9가지 주요 활동이 있다.

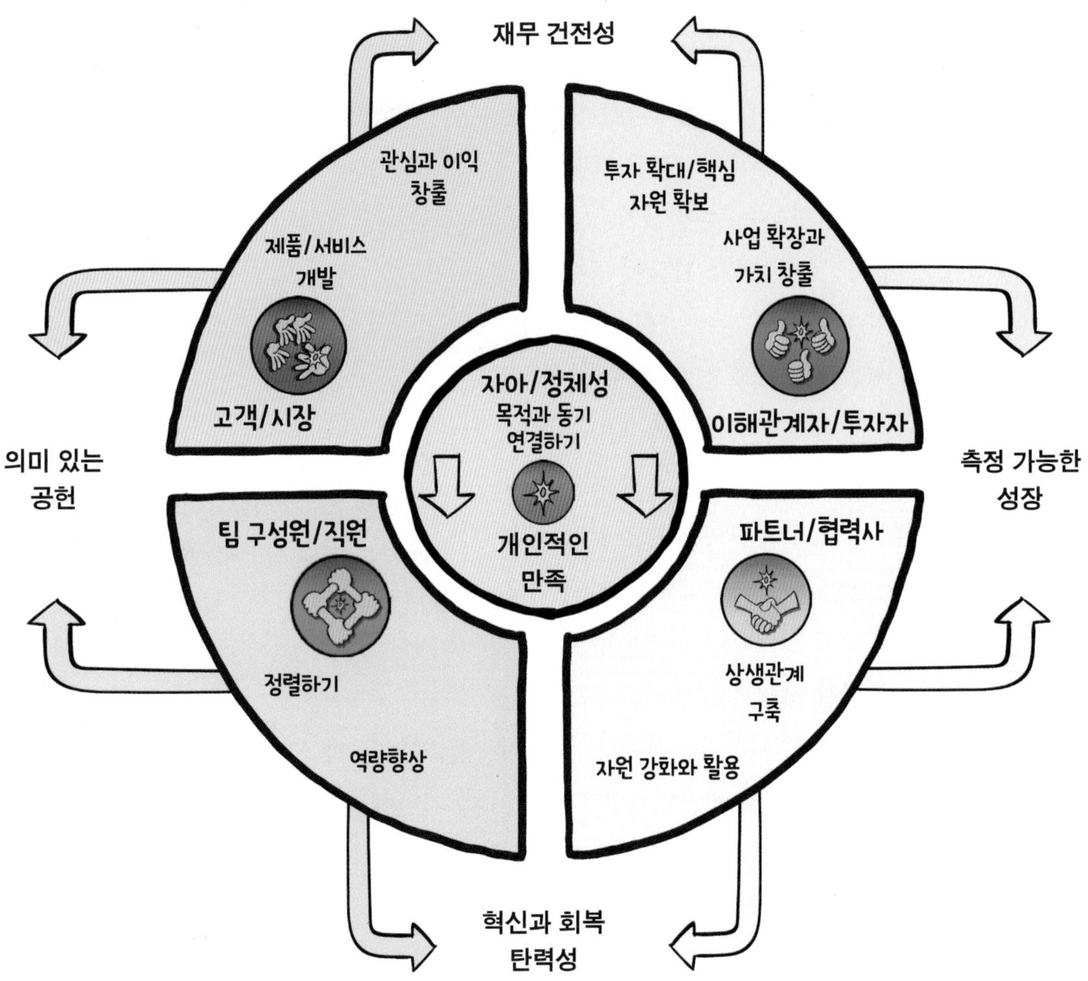

SFM 성공 써클에서 보면 차세대 기업가가 이룬 주요한 성과는 고객, 이해관계자, 팀 구성원, 파트너를 중심으로 한 핵심적인 행위들에 의해 도달된다는 것을 알 수 있다.

기업가적 마인드 셋 확립하기 – 성공 써클으로 열정, 비전, 미션, 엠비션 그리고 역할 통합하기

성공적인 기업을 만드는 것은 궁극적으로 핵심 성과에 도달하는 데 필요한 행동과 그것을 장려하는 기업가 마인드 셋에 기반하고 있다는 것을 성공 요인 모델링 연구는 보여준다. 이러한 마인드 셋은 기업가가 자신의 열정을 성공 써클에서 규명한 핵심 관점에 대하여 비전, 미션, 엠비션, 역할의 형태로 공유하는 능력으로 기능한다.

- 개인적인 열정은 **자기 자신**과 자신의 가장 깊은 **정체성**이 완전하게 연결됨으로써 그리고 우리에게 열의와 에너지를 가져다 주는 것을 발견함으로써 생긴다. 이는 다음과 같은 질문을 탐구하는 것이다: "당신은 뭘 할 때가 가장 좋은가?"
- 기업가의 비전은 **고객과 시장**에 공헌하고자 하는 개인적인 열정이 외적으로 표현된 것이다. 이는 다음 질문에 대한 대답이다: "당신은 어떤 세상을 만들고 싶은가?", "당신이 이 세상에 만들고 싶은 것은 무엇인가?"
- 비전 달성을 위해 함께 일하는 **팀 구성원과 직원**이 단결하는 것은 기업가가 기업의 미션이라는 형태로 자신의 열정으로 소통하고 열정을 공유한 결과이다. 이는 다음의 질문에 대해 답한 것이다: "당신만이 할 수 있는 비전에 대한 공헌은 무엇입니까?"

기업가 마인드 셋의 5가지 근본적인 측면–열정, 비전, 미션, 엠비션, 역할–은 성공적이고 지속 가능한 기업 수립에 요구되는 핵심 성과를 성취하는 데 필요한 9가지 주요 활동을 이끌어낸다.

- 엠비션의 형태에 담긴 성공적이고 지속 가능한 기업을 만들고 가치를 창출하고자하는 기업가의 열정은 **이해관계자와 투자자**가 이 기업에 자원을 제공하고 이 사업에 참여하는 위험을 감수할 동기를 부여해 준다. 이는 다음 질문에 대한 분명한 답이다: "당신이 스스로 완수하고자 하는 것이 무엇인가?"
- 역할의 형태에 담긴 탁월한 영역을 구축하고 상생관계를 통해 자원의 가치를 높이고 활용하려는 기업가의 열정은 효과적인 **파트너십과 제휴**의 토대가 된다. 이는 다음 질문에 분명한 답을 요구한다: "당신이 미션과 엠비션을 실현하는 데 누가 필요한가?"

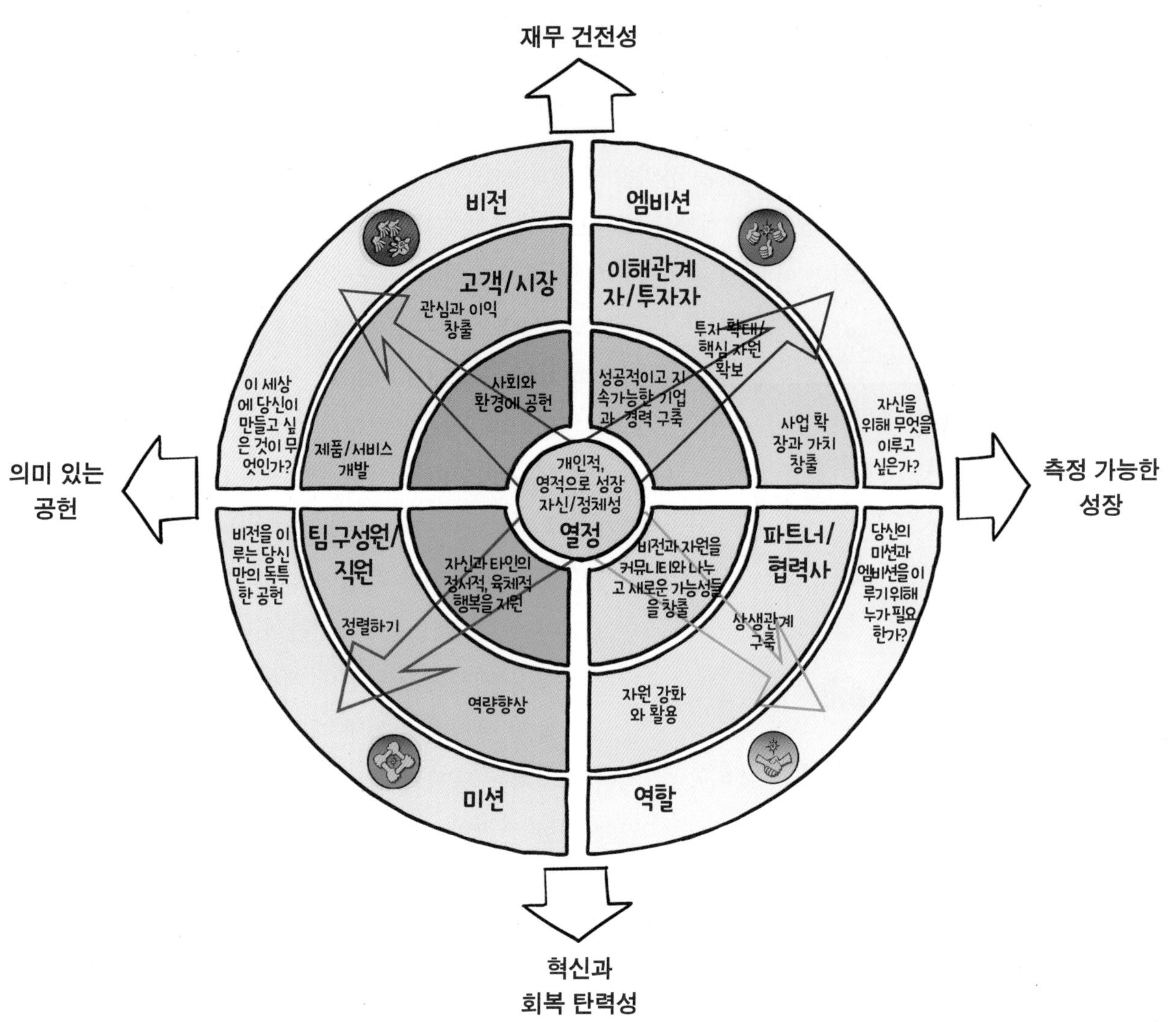
재무 건전성
비전
엠비션
고객/시장
관심과 이익 창출
이해관계자/투자자
투자 확대/핵심 자원 확보
사회와 환경에 공헌
성공적이고 지속가능한 기업과 경력 구축
이 세상에 당신이 만들고 싶은 것이 무엇인가?
제품/서비스 개발
사업 확장과 가치 창출
자신을 위해 무엇을 이루고 싶은가?
의미 있는 공헌
개인적, 영적으로 성장 자신/정체성
열정
측정 가능한 성장
비전을 이루는 당신만의 독특한 공헌
팀 구성원/직원
자신과 타인의 정서적, 육체적 행복을 지원
비전과 자원을 커뮤니티와 나누고 새로운 가능성들을 창출
파트너/협력사
당신의 미션과 엠비션을 이루기위해 누가 필요한가?
정렬하기
상생관계 구축
역량향상
자원 강화와 활용
미션
역할
혁신과 회복 탄력성

SFM 성공 써클의 열정, 비전, 미션, 엠비션, 그리고 역할

엘리베이터 피치 만들기

Making an Elevator Pitch

자신의 성공 써클Circle of Success을 정의하면 정체성과 열정을 느낄 수 있다. 당신의 비전과 고객, 미션과 팀, 엠비션과 이해관계자들 그리고 역할과 파트너는 성공적인 기업을 수립할 수 있는 기본 축이다. 그러면 이제 성공 써클을 '엘리베이터 피치'로 통합하여 요약해 보자.

엘리베이터 피치는 당신의 프로젝트나 벤처를 짧게 축약한 설명이다.

SFM 제1권의 끝부분에서 제시한 것처럼 엘리베이터 피치는 급격하게 변화하는 실리콘밸리에서 진화한 개념이다. 실리콘밸리의 빠르고 역동적인 분위기 속에서 기업가는 함께 엘리베이터를 타고 올라가는 혹은 내려가는 정도의 짧은 시간 내에 상대방에게 자신의 비전과 기업에 대한 핵심을 전달할 수 있어야 한다. 때로는 그 시간이 잠재적 투자자, 파트너, 혹은 팀원에게 당신이 계획 중인 것에 관심을 가지게 할 유일한 기회일 때도 있다. 그래서 엘리베이터 피치는 당신의 프로젝트, 아이디어 혹은 기업에 대한 간략한 설명이나 브리핑을 의미하는 말이 되었다.

잘 만들어진 엘리베이터 피치는 인지적 이해뿐만 아니라 긍정적인 감정도 불러일으킨다.

엘리베이터 피치는 엘리베이터를 타는 짧은 시간 내에 기업이나 제품/서비스에 대해 듣는 사람이 이해하기 좋도록 간결하고 신중하게 설계되고 훈련된 설명이어야 한다. 당신이 투자자를 물색하는 창립자든 취업 활동을 하는 졸업생이든 교실 개선에 대한 아이디어가 있는 학부모든 아니면 비영리 단체에서 기부자를 찾고 있든지 간에 훌륭한 엘리베이터 피치는 당신을 도와줄 것이고 상대의 관심을 불러일으킬 것이다.

엘리베이터 피치는 최대한 많은 정보를 짧은 시간 안에 밀어 넣는 것이 아니다. 잘 만들어진 엘리베이터 피치는 인지적 이해는 물론 감성까지 불러일으킨다. 성공적인 엘리베이터 피

치에는 세 가지 기본 특성이 있다:

1. 명료함: 몇 분 안에 권유가 이루어져야 한다.
2. 열정: 고객, 투자자, 팀 구성원 및 잠재적인 파트너는 기업가에게 에너지와 헌신을 기대하게 된다.
3. 요청: 피치가 끝나면 무언가(풀 버전 프레젠테이션 날짜를 잡는다거나 다른 분을 소개받고자 명함을 요청하거나)를 요청해야 한다.

엘리베이터 피치 실습지

Elevator Pitch Worksheet

성공 요인 모델링 프로그램 및 코칭 세션에서 다음과 같은 워크시트를 사용해 성공 써클과 함께 기본적인 엘리베이터 피치로 작성해보자. 질문에 대답하고 이야기를 채우면 효과적이고 강력한 엘리베이터 피치가 완성된다.

나의 열정은 ______________________________

무엇을 하는 것을 좋아하는가? 왜 이 프로젝트/사업이 하고 싶은가?

나의 비전은 ______________ **세상이 되게 하는** ______________________

당신이 행하고 있는 프로젝트/사업이 당신에게 어떤 긍정적인 혜택을 주는가?

나의 미션은 ______________________________

어떤 행동/자원들이 제공되면 당신이나 당신의 프로젝트/사업이 비전을 달성할 수 있는가?

____

당신은 누구를 위해 위의 행위들을 지휘하고, 자원들을 제공하는가? 또한 목적은 무엇인가?

이러한 미션을 표현하는 구체적인 프로젝트/사업은 ______________________

____

____

당신의 미션을 구체적으로 표현할 수 있는 상품 혹은 서비스는 무엇인가?

나의 엠비션은 ______________________________

______________________________ **을 달성하는 것이다.**

당신이 바라는 모습이나 성취하고자 하는 것은 무엇인가? 언제까지 하고 싶은가? 가능하면 숫자를 사용하여 작성하시오.

위의 엠비션을 이루기 위해 내가 해야 하는 기본적인 단계는:

1. ______________________________

2. ______________________________

3. ______________________________

4. ______________________________

당신이 성공하기 위한 중요한 경로의 주요 단계는 무엇인가?

나의 역할은 ______________________________

당신의 비전, 미션, 엠비션을 달성하기 위해 타인에 대한 존중과 함께 당신이 맡아야 할 부분은 무엇인가?

나의 탁월한 영역은 ______________________________

그러한 역할 수행을 가능하게 하는 독특한 재능과 능력은 무엇인가?

내게 필요한 도움의 유형/자원의 유형은 ______________________________

____

당신이 성공하기 위해 필요한 자원과 지원(재정, 정보, 인맥 등)은 어떤 유형의 것인가?

나의 요청사항은 ______________________________

이 요청을 듣는 사람에게 무엇을 얻고자 하는가?

엘리베이터 피치의 예

내 열정은 내 딸 같은 젊은 사람들에게 음악을 만드는 기쁨을 알려주는 것이다.

나의 비전은 가족이 함께 음악을 만드는 마법을 통해 강화하고 단결하는 세상이다.

내 미션은 젊은 사람들에게 음악과 작곡을 재미있는 협업 방식으로 가르칠 수 있는 도구를 디자인하고 만드는 것이다.

내 기업 "tuning together"는 음악과 스킬부터 배우는 방식의 가족형 협업 학습을 위한 가상 플랫폼을 제공한다.

나의 엠비션은 우리의 방법론과 도구가 전 세계에서 사용되고 음악이 아닌 다른 악기와 기술로 확대되는 것이다.

나는 2년 내에 백만 명의 사용자에게 다가갈 계획이다.

이러한 엠비션을 달성하기 위한 기본 단계는 다음과 같다.

1. 영어권 시장에서 비즈니스를 통합하는 것
2. 플랫폼을 다음 4개의 주요시장 언어로 번역하는 것
3. 수학 및 언어와 같이또다른스킬에 필요한 도구 개발을 시작하는 것.
4. 글로벌 소셜 미디어 캠페인에 착수하도록 지역 사회 지도자들을 고무시키는 것.

NIHAO! HOLA! NAMASTE! MARHABAN!

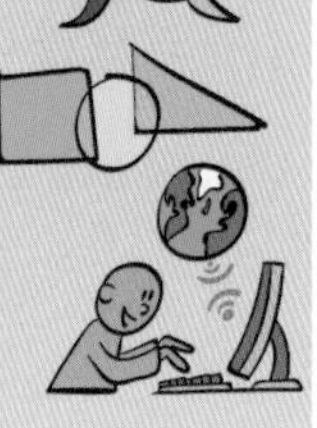

저의 사업에 대해 이야기 해도 될까요?
좋아요. 이야기 해보세요

나의 역할은 시너지를 창출하는 시너지 크리에이터이다. 나는 사람들을 연결하고 음악에 대한 사랑을 통해 그들이 성장하고 협력하도록 돕는 일에 탁월하다.

내가 필요로 하는 것은 다른 나라에서도 이 사업을 대신해 줄 파트너와 학교로 진출해 우리의 방법론을 학교가 도입하도록 도와줄 파트너이다.

ANTONIO MEZA

SFM 마인드 셋 지도

The SFM Mindset Map™

성공 써클과 엘리베이터 피치를 구성하는 기본 요소 외에도 성공 써클을 실현 가능한 벤처 기업으로 바꾸기 위해 여러 가지 보완적인 마인드 셋을 취할 수 있는 능력이 필요하다. 동료 미클로스 페어Miklos (Mickey) Feher와 나는 시장개발자market maker, 제품크리에이터productcreator, 팀 개발자team maker, 역량구축자competence builder, 자원가resourcerer, 연결자match maker, 벤처구축자venturebuilder 및 재무자원연결자finansourcerer 등 성공적인 기업가가 프로젝트 또는 사업을 구현할 때 사용하는 8가지 기본 마인드 셋을 제시한다. 이 마인드 셋의 각각은 성공 써클의 특정 부분에 해당한다.

SFM 마인드 셋 맵은 성공할 수 있는 사업을 창출하기 위해 필요한 기업가의 8가지 마인드 셋을 정의한다.

- **제품크리에이터** 마인드 셋은 고객의 요구를 예측하고 충족시키는 것을 목표로 하며, 혁신적이고 역량을 강화하는 솔루션(제품 및 서비스)을 개발함으로써 욕구를 만족시킨다.
- **팀 개발자** 마인드 셋에서 중요한 것은 시너지 효과, 보완성과 제휴를 촉진하여 벤처의 미션을 지원하는 사람들(제품 및 서비스)을 이끌어 내고 방향을 제시하는 것이다.
- **역량구축자** 마인드 셋이 주력하는 부분은 팀 구성원이 성장하고 역량을 높이는 필요한 기회와 리소스를 제공하는 것이다.
- **자원가** 마인드 셋이 주요하게 관여하는 부분은 리소스를 풍부하게 하고 활용하기 위해 다른 보완 벤처(파트너/제휴 업체)의 제품, 서비스, 역량 등과의 중요한 시너지 효과를 인식, 탐색 및 구현하는 것이다.
- **연결자** 마인드 셋이 초점을 맞추는 부분은 공통된 비전과 가치를 공유하고 하나의 아이디어를 보완하는 다른 벤처 기업Partner Alliances을 찾는 것이다. 즉, 상생관계를 구축하기 위해 다른 사람의 역할과 강점을 상호 보완시키는 것이다(공유, 결합, 교환).
- **벤처 구축자** 마인드 셋은 이해관계자를 위한 가치를 창출하기 위해 지속 가능한 인프라를 확립하고 벤처 기업의 성장 및 확장성에 대한 경로에 중점을 둔다.

- **재무자원연결자** 마인드 셋의 우선순위는 자금 출처를 확인하고 기타 필수 자원(이해관계자 및 투자자)을 대상으로 기업의 엠비션과 강점에 창의적으로 연결하는 것이다.
- **시장개발자** 마인드 셋의 초점은 관심과 수익을 창출하기 위해 여러 고객 및 고객 담당자와 대화를 열고 유지하는 것이다.

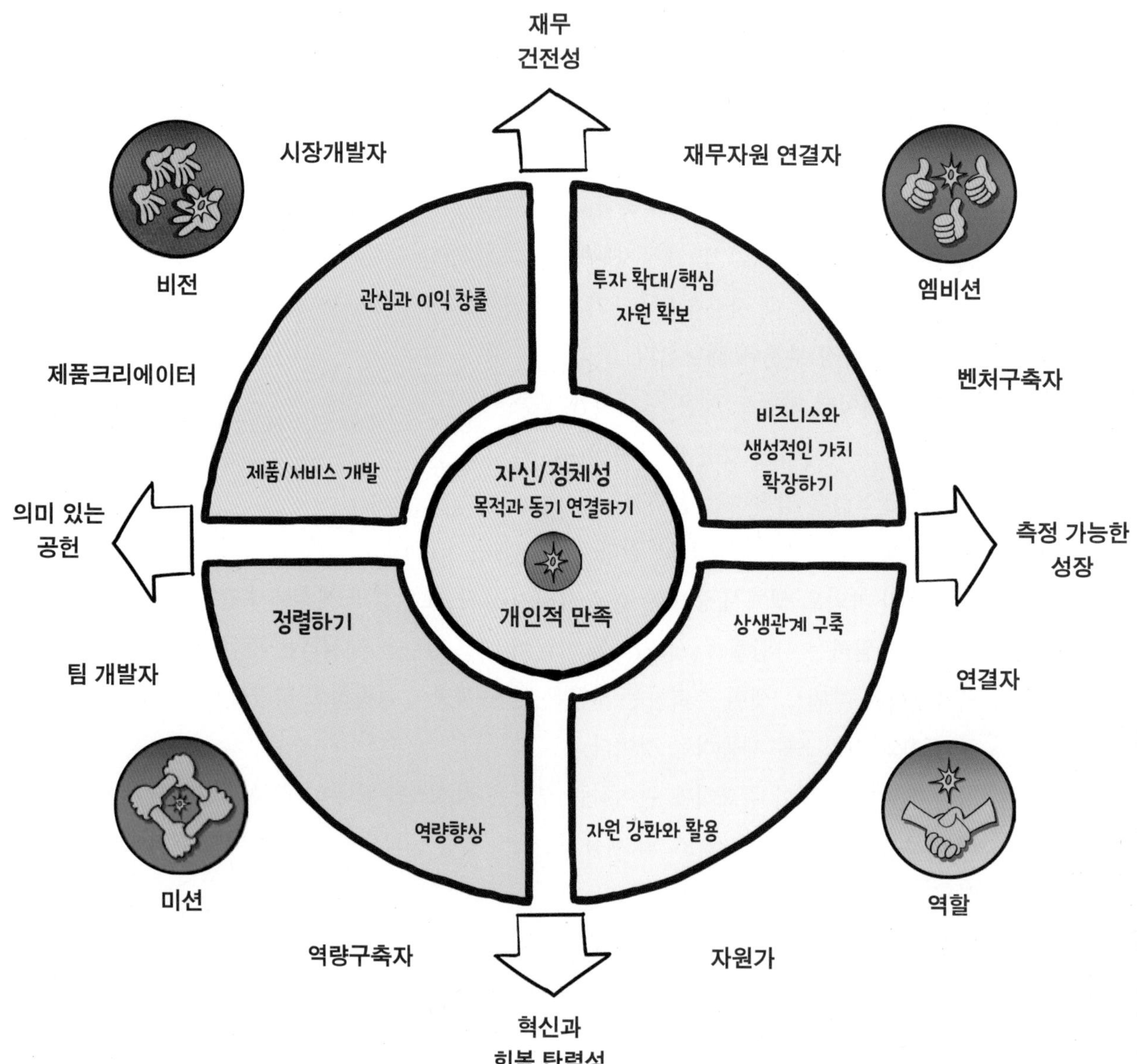

성공할 수 있는 벤처를 만들기 위해 있어야 하는 8가지 마인드 셋

제품크리에이터와 팀 개발자의 마인드 셋은 의미 있는 기여를 하는 데 필수적이다. 역량구축자 및 자원가 마인드 셋은 혁신과 회복 탄력성을 생산하는 데 필요하다. 연결자 및 벤처구축자 마인드 셋은 확장 가능한 성장을 가능하게 하고, 시장개발자 및 재무자원 연결자 마인드 셋은 재무 건전성 확보를 필요로 한다.

우리는 다른 사람들보다 이러한 마인드 셋에 더 능숙하고 편안하다. 따라서 성공 써클을 구축할 때보다 완벽하게 이러한 마인드 셋을 개발하거나 약점 영역의 보완을 위해 우리의 약한 측면의 성향이 더 강한 다른 사람들과 파트너가 될 필요가 있다.

이 책에서는 두 경로를 모두 탐구할 것이다. 다양한 마인드 셋을 개발하고 강화하는 데 도움이 될 실습을 제공할 것이다. 또한 팀원이나 네트워크를 통해 다른 사람들의 능력을 활용하고 다양한 마인드 셋 강화를 위한 집단지성의 원칙 및 관행을 사용하는 방법 역시 보여줄 것이다.

8가지 SFM 마인드 셋은 성공적이고 지속적인 기업 구축에 필요한 핵심성과 확보에 필수적이다.

나는 미키 페허Mickey Feher와 함께 SFM 마인드 셋 지도 앱을 제작했다. 이 앱을 사용하면 성공적인 기업을 구축하는 데 필요한 다양한 마인드 셋을 평가하고 개발할 수 있다. 자세한 내용은 http://www.mindsetmaps.com을 참조하라.

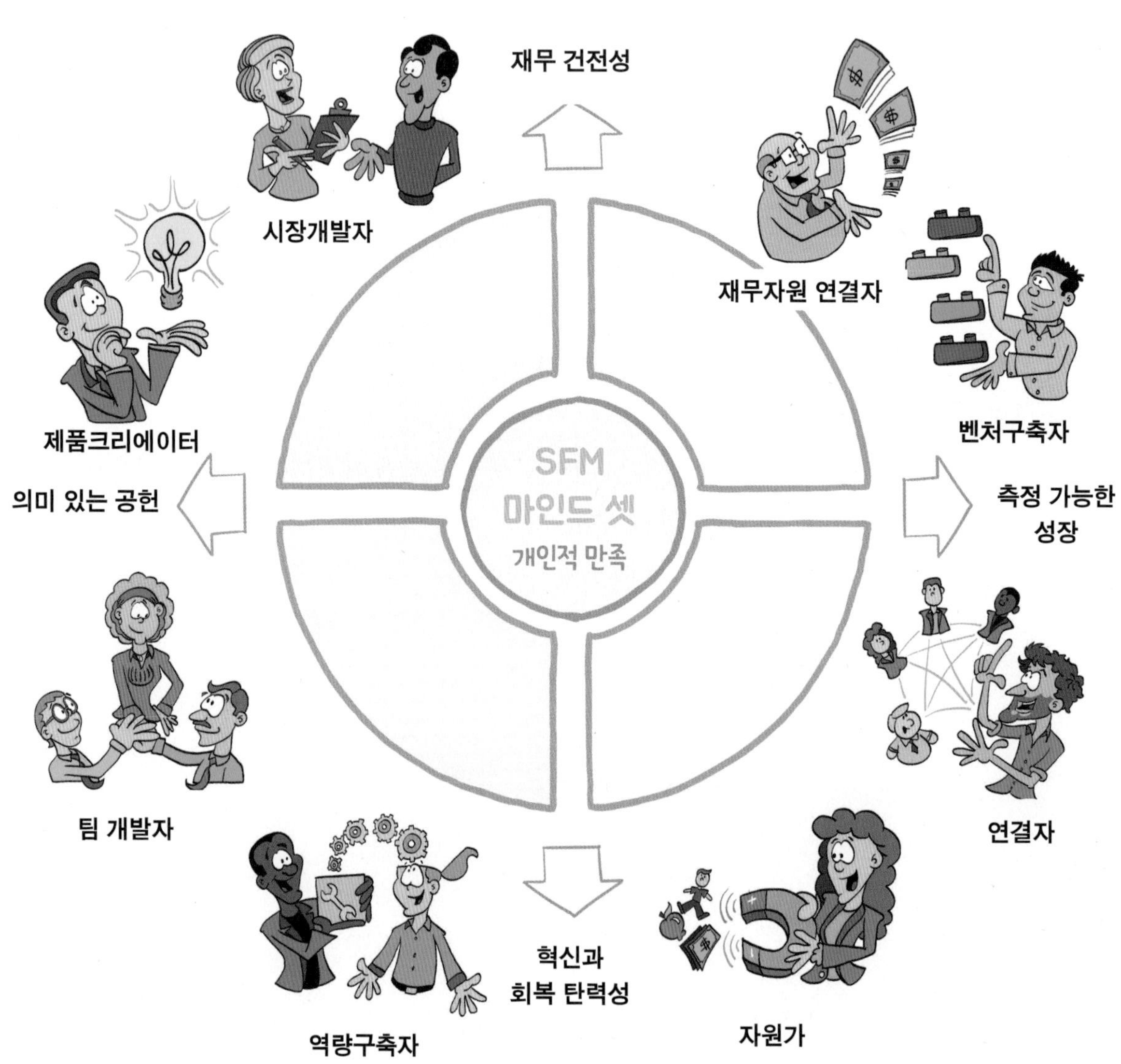
재무 건전성
시장개발자
재무자원 연결자
제품크리에이터
벤처구축자
SFM
마인드 셋
개인적 만족
의미 있는 공헌
측정 가능한
성장
팀 개발자
연결자
혁신과
회복 탄력성
역량구축자
자원가

성공 써클에 다중 마인드 셋 통합하기

Integrating Multiple Mindsets into the Circle of Success

다음 연습은 당신의 성공 써클을 풍부하게 하기 위해 8개의 SFM 마인드 셋을 적용할 때 도움이 될 것이다. 그리고 다른 4개가 각 외부 사분면과 관련된 마인드 셋의 대변자로 기능하면서 성공 써클의 중심에 더 가까이 당신의 엘리베이터 피치가 확장하는 데 도움이 될 것이다. 연습은 탐험가/발표자가 자신의 엘리베이터 피치를 하면서 시작되고 "나의 열정은 무엇인가? 그리고 나의 목적과 동기는 무엇인가?"와 같은 자아와 정체성 관련 핵심 질문에 대답해야 한다.

대표자는 관점의 각 부분을 성공 써클 부분으로 가져가며 사분면과 연결된 마인드 셋들과 관련된 탐험가/발표자에게 질문한다.

고객 :

제품크리에이터: 당신의 제품 또는 서비스는 무엇인가?

시장개발자: 고객으로부터 관심과 수익을 창출하는 방법은 무엇인가?

팀:

팀 개발자: 팀원은 누구인가? 핵심 가치는 무엇인가?

역량구축자: 당신의 독특한 능력은 무엇인가?

이해관계자 :

재무자원연결자: 당신에게 필요한 핵심 자원은 무엇인가? 어떻게 그것을 얻을 것인가?

벤처구축자: 프로젝트/사업을 확장하고 가치를 창출하는 방법은 무엇인가?

파트너 :

연결자: 주요 파트너는 누구인가?

자원가: 어떻게 파트너십을 향상시키고 자원을 활용할 것인가?

다른 SFM 마인드 셋을 연습하는 것은 성공 써클을 더 강력하게 만들도록 돕고 당신의 기업 프리젠테이션 엘리베이터 피치를 더 깊은 수준으로 개선하고 확장하도록 도울 것이다.

이렇게 하는 것은 기업가가 자신의 프리젠테이션이나 기업에 대한 다양한 질문 유형에 대처하는 연습과 마찬가지로 대표자가 다양한 마인드셋을 경험해보는 좋은 방법이다.

성공 써클 각 부분의 대표자들은 발표자의 프로젝트나 벤처에 대해 그들의 관점에서 질문을 한다.

성공 써클에서 맥락의 영향과 '혁신의 장'

The Influence of Context and the 'Field of Innovation' on the Circle of Success

다른 모든 것들이 그렇듯, 새로운 기업은 그들이 속해 있는 더 큰 시스템에 얼마나 잘 들어맞는지에 의해 성공이 판가름난다. 더 큰 시스템이 진화하는 양상을 통해 우리는 기업가의 열정과 의도가 성공 써클의 다른 부분들을 구현해나가는 맥락을 분명히 볼 수 있다. 또한 더 큰 시스템들의 상태는 기술 발전과 더불어 진화하고 있는 사회 경제 역학의 작용에 해당하는 장의 유형을 통해 파악할 수 있다. 그러한 장은 단순히 기존에 성공 써클을 구성하는 개인의 필요나 태도, 의견만이 아니라 잠재하고 있고 발전하고 있는 필요나 태도들의 의해서도 형성된다.

새로운 기업의 성공은 그들이 착수하는 곳에서 더 큰 사회 경제 시스템에 얼마나 잘 수용되었는지 얼마나 기여를 했는지의 결과이다.

진화하는 기술 발전, 사람들의 요구와 태도의 변화는 새로운 제품과 아이디어의 타당성, 바람직함 그리고 수용 가능성을 결정하는 일종의 '혁신의 장'을 형성한다.

성공적인 기업가가 되기 위해서는 역동적인 '혁신의 장'에서 새로운 트랜드와 기회를 감지하고 활용할 수 있어야 한다.

기업가의 아이디어가 실현 가능하고 바람직한 것으로 인식되는지 여부를 결정하는 것은 이러한 가능성의 더 큰 장field의 상태이다. 아주 성공적인 그러한 기업들은 게임의 판도를 바꾸고 진정한 돌파구가 될 무언가를 만들어낸다. 이런 일은 장을 둘러싼 최신 트랜드에서 그들이 물결의 정점을 잡아낼 수 있을 때 일어난다.

수익과 가능성의 더 큰 장에서 발전의 핵심을 잡아내고 이해하는 능력은 이미 성취를 이룬 비즈니스 리더에게도 새롭게 떠오르는 리더에게도 주효한 성공 요인이다. 이는 앞으로 다가올 트랜드에 조율하는 데 필요한 '약한 신호 탐지' 기술을 적용하는 것과 장field이 형성되는 힘을 이해하는 것에 관한 것이다. 새로운 가능성과 업계의 잠재적 판도 변화는 끊임없이 일어난다. 기업가의 핵심 성공 요인은 이러한 판도 변화로 인한 발전이 다음에 언제 어디서 일어날지를 감지하고 예측하는 수단이 있는가에 달렸다. 이는 이 책이 포커스를 맞추고 있는 '집단지성'으로 혜택을 얻고 그것을 더욱 활성화시킬 수 있는 능력을 통해 이루어진다.

이 책시리즈 중 제1권에서는 독자가 프로젝트 또는 기업을 위해 성공 써클을 구축하는 데 필요한 기술을 개발하고 적용하는 데 도움이 되는 일련의 모델, 원칙 및 실천을 제공했다. 이번 제2권에서는 집단지성, 생성적 협업 및 역동적 팀 구성을 통해 비전과 벤처를 더욱 풍부하게 하고 확장시키고 세분화하는 방법을 모색해 보고자 한다.

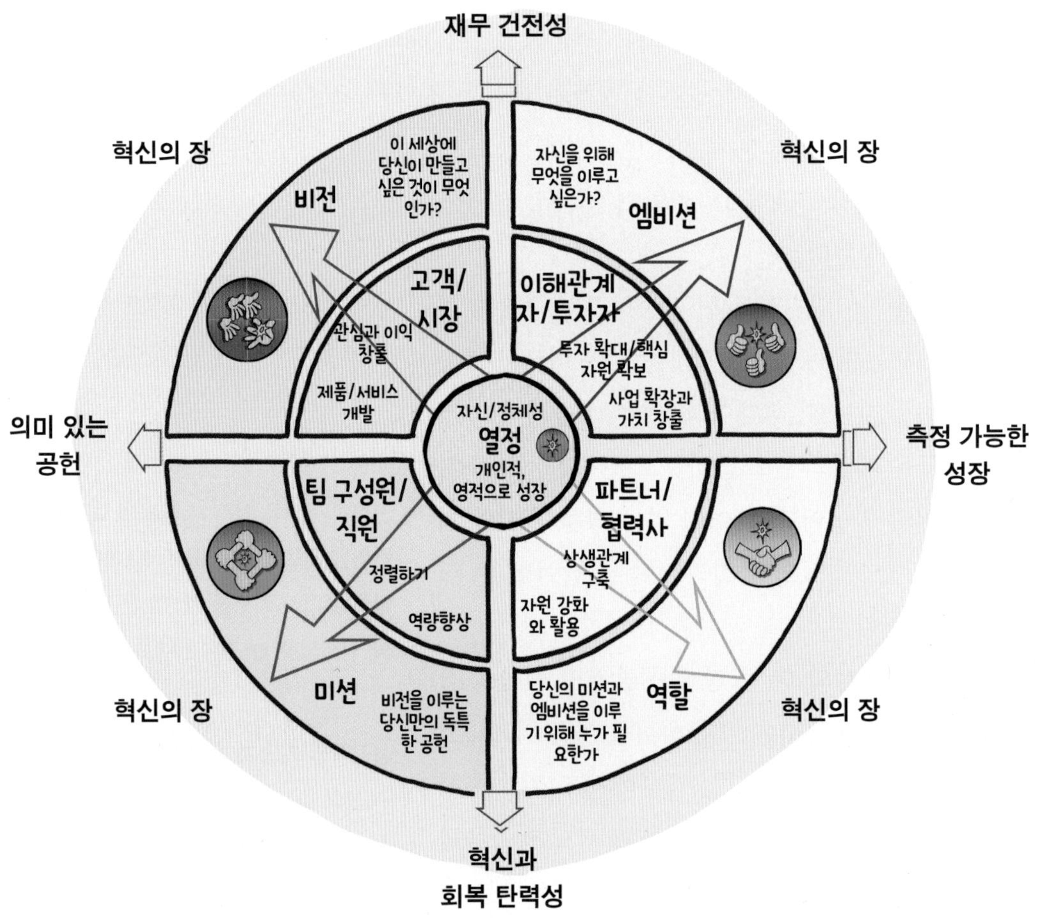

가장 성공적인 기업가가 운영하는 벤처기업은 보다 큰 사회, 경제의 맥락과 그들이 존재하는 '혁신의 장'을 보다 크게 업계의 '판도 변화'로 만드는 공헌을 한다.

Chapter

01

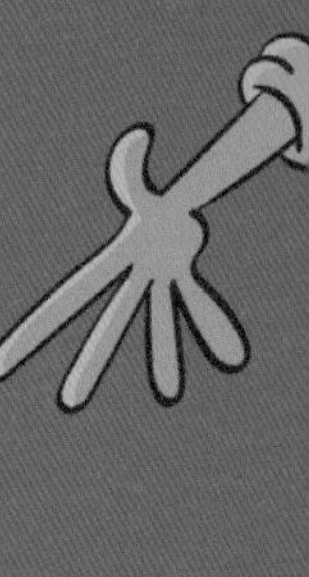

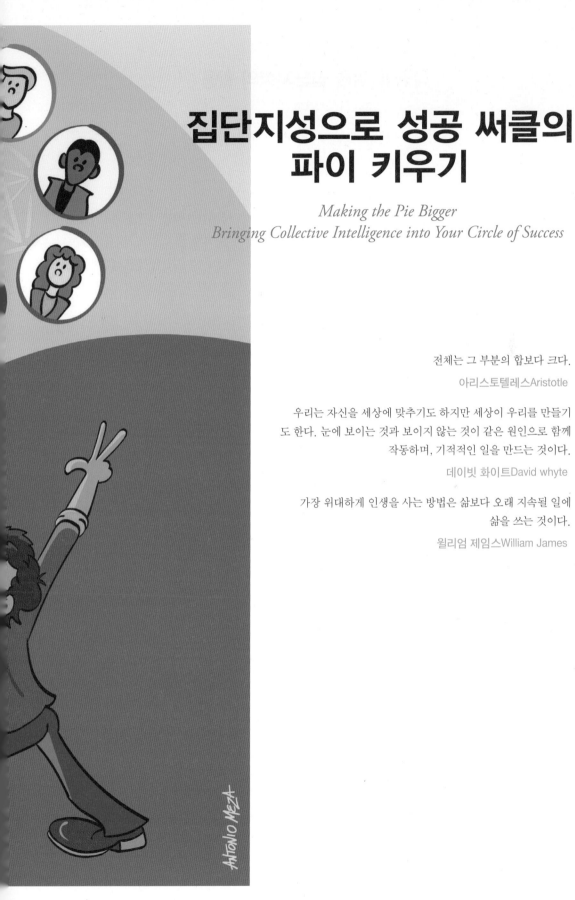

집단지성으로 성공 써클의 파이 키우기

Making the Pie Bigger
Bringing Collective Intelligence into Your Circle of Success

전체는 그 부분의 합보다 크다.

아리스토텔레스Aristotle

우리는 자신을 세상에 맞추기도 하지만 세상이 우리를 만들기도 한다. 눈에 보이는 것과 보이지 않는 것이 같은 원인으로 함께 작동하며, 기적적인 일을 만드는 것이다.

데이빗 화이트David whyte

가장 위대하게 인생을 사는 방법은 삶보다 오래 지속될 일에 삶을 쓰는 것이다.

윌리엄 제임스William James

성공을 위한 집단지성의 활용

Collaboration is Essential for a Successful Venture

> 효과적인 성공 써클을 만들기 위해서는 고객, 팀원, 이해관계자 및 파트너 등과 집단지성을 통한 생성적 협업을 조성할 수 있는 능력이 필요하다.

성공 요인 모델링 시리즈 제1권은 기업의 '엘리베이터 피치'를 만드는 과정으로 마무리되었다. 앞에서 살펴보았듯이, 엘리베이터 피치는 엘리베이터를 타고 오르내리는 짧은 시간동안 기업의 상품이나 서비스를 누군가에게 간결하게 전달하는 표현 방식이다. 엘리베이터 피치를 만드는 목적은 잠재적으로 고객, 이해관계자, 팀원이나 파트너처럼 성공 써클에 참여하거나 기여가 가능한 사람의 주의를 끌고 희망적으로 관심을 갖게 하고 궁극적으로 그들의 협업을 끌어내는 것이다. 성공 요인 모델링의 이번 장에서는 엘리베이터 피치 다음에 일어나는 일에 관해 탐색하고자 한다.

성공하는 기업가는 자신의 비전을 풍부하게 하고 확장하고 구체화하고 또한 자신의 엠비션을 성취하기 위해 성공 써클에 있는 멤버들과 함께 효율적이고 창의적으로 일을 할 줄 아는 사람이다. 여기에는 '집단지성'과 '생성적 협업'을 촉진할 유연함과 실질적인 이해를 포함한다. 모든 성공하는 기업가의 활동과 마찬가지로 이 또한 승-승win-win의 마인드 셋에서 시작된다.

기업이 성공하고 지속 가능하도록 만들기 위해서 우리는 우리 성공 써클에 다른 이들을 초대하여 집단지성과 상생적 협업을 촉진해야 할 필요가 있다.
※위 그림은 다른 이를 빈자리에 초대함을 의미함.

파이 키우기

Making a 'Bigger Pie'

사람들이 파이의 큰 조각을 차지하기 위해 싸우는 것은 매우 보편적인 현상으로, 이는 개인이나 조직이 제한적인 시장과 자원이라는 조건에서 자신의 몫을 극대화하기 위해 끊임없이 서로 경쟁하고 싸워야 함을 의미한다.

제로섬 사고방식:
누가 큰 조각을 차지할 것인지를 두고 다투기

이러한 현상은 본디 승패 구조나 '제로섬zero sum' 프레임에서 유래하는데, 제1권에서 살펴본 것처럼 제로섬의 상호관계는 한 쪽이 얻는 것이 있으면 다른 한 쪽은 반드시 잃기 때문에 결과가 0이 된다. 이러한 제로섬의 상호관계는 일반적으로 한쪽만 승리하거나 생존할 수 있는 정도로, 자원 부족을 인지하거나 그것이 전제되는 상황을 둘러싸고 일어난다.

승-승의 사유 방식: 파이 키우기

한편 상생관계의 상호작용은 협업을 통해 나아가 자원이 추가적으로 생성될 수 있는 방법으로서, 모두가 이득을 볼 수 있도록 자원이 잠재적으로 충분하다는 점을 전제로 한다. 승-승의 상호관계는 일반적으로 모두가 자신이 가진 것과 관계없이 그 이상의 것을 얻기 위한 '파이 키우기'를 하는 것 즉, 진화와 성장을 낳는 긍정적인 자기 강화 피드백 회로를 만든다.

파이를 키우려는 욕망은 진정한 기업가적 활동의 정수에 해당한다. 기업가는 재능을 발휘하여 보다 많은 부와 새로운 자원을 만들기를 원한다. 이러한 기업가로서(제1권에서 소개한) 신다나 터카트Cindana Turkatte는 기업가적인 만족감은 성공의 결과를 통해 '가능하다는 것을 몰랐던 어떤 것'을 성취할 때 느껴진다고 하였다.

예를 들어, 자동차, 전화기, 비행기, 라디오, 컴퓨터, 인터넷, 아이팟 등의 발명품은 이러한 상생 능력이라는 생성 유형으로 생산된 개발품들이다. 이렇게 상생 능력은 파이가 더 크고 더 새로운 생산 방식으로 새로운 시장을 창출하고 기존 역량을 확장하도록 이끈다.

또한 그러한 발명품들을 만들 수 있게 한 승-승의 상호관계 동력은 성공 요인 모델링에서 밝힌 '생성적 협업generative collaboration'이다. 생성적 협업은 '좋은 것을 더 많이 만드는 일'을 사람들이 함께 창조적으로 작업하는 것도 포함한 말이다. 결과적으로 생성적 협업은 집단지성이라는 현상에 뿌리를 둔 것이다.

집단지성과 수집된 지성

Collective Versus Collected Intelligence

제1권에서 강조한 것처럼, 집단지성은 개인이나 그룹 사이의 협업과 의사소통 과정에서 나타나는 공유된 지성을 말한다. 따라서 집단지성은 팀, 그룹 등의 조직 내부에서 다른 사람과 협력과 조화를 이루는 방식으로 생각하고 행동하는 능력과 관련된 것이다. 또한 집단이 단순한 부분의 합보다 커질 수 있도록 분리된 개인을 응집된 집단의 구성원으로 변모시키는 능력과 관련된다.

따라서 '집단지성'을 '수집된 지성'과 구분하는 것이 중요하다. 앞에서 언급한대로 집단지성은 하나의 집단이 부분의 합보다 커지는 결과를 만들어낸다. 반면 단순히 모여 있는 지성은 개인 능력의 단순 합을 의미한다. 그림 퍼즐은 수집한 지성의 좋은 사례가 된다. 다양한 그림 조각은 마지막 조각까지 함께 맞춤으로써 하나의 고정된 이미지가 된다. 모든 개별 조각은 정확하게 한 가지 방법으로 매번 정확히 같은 이미지를 만든다. 이는 기업에서나 사업상에서 이루어지는 보통의 작업 방식과 같다. 팀 구성원은 명확하게 정의내려진 목표를 달성하기 위해 기술과 노하우 등 개인적인 능력을 발휘한다. 일이 잘 되었을 때 개인의 성과는 커다란 퍼즐의 한 조각이 된다. 전통적인 생산 방식인 조립 라인은 이러한 수집된 지성의 좋은 사례라 볼 수 있다.

수집된 지성은 그림 퍼즐과 같다. 그룹의 개별 구성원은 고정된 단일 주체인 퍼즐 조각처럼, 각자가 가진 기술과 지식을 발휘한다.

집단지성의 작용은 반복적 유사구조나 신경망과 비슷하다. 각 개인의 능력이 팀이나 그룹의 다른 개인들의 지식과 역량 향상을 돕고, 강화시키는 등의 영향을 미치게 되어 다른 구성원이 전혀 새로운 것들을 만들어 내거나 예상을 뛰어넘는 결과를 만들게 한다.

이처럼 수집된 지성은 많은 상황에서 충분히 의미 있고 중요하기는 하나, 급변하는 세계에서 차세대 기업가로서 성공에 필수적인 집단지성이 지닌 창조적인 힘과 시너지의 힘은 갖고 있지 않다. 집단지성은 수집된 지성보다 프랙털 네트워크나 신경망과 더 유사하게 작용한다. 또한 집단지성은 각 개인의 공헌이 미치는 영향력이 수집된 지성보다 더 역동적이어서 팀이나 그룹에 속한 다른 사람들의 지식과 역량을 향상시키는 데 도움이 된다.

예를 들어, 신경망에서는 '정보'와 '지식'이 상호 연결된 신경세포 활동의 여러 가지 방식에 따라 집합적으로 저장된다. 이러한 시스템에서 지식은 전체라는 범주로부터 분리되지 않는다. 연결망에 포함된 지식은 구성요소 간 연결 관계의 양과 질의 작용을 통해 시스템에 내재되어 있다. 따라서 지성적인 행위는 그 연결망이 다른 환경에 노출되어 새로운 배움을 경험할 때 유기적으로 나타나게 된다. 다른 유형의 경험은 '헵hebb' 규칙에 따라 연결망을 구성하는 부분들 사이의 연결 강도를 변화시킨다. 이 규칙은 두 개의 구성요소가 유사한 '울림'이나 동시 반응을 하게 되면 그 구성요소의 연결이 강화된다고 주장하는데 이를 신경세포의 공동 '점화' 나 '강선삭(역주: 鋼線索, 여러 가닥의 강선을 꼬아 만든 튼튼한 쇠줄)'이라 한다.

똑같은 방식으로 기업가가 경영하는 사업의 경우에도, 집단지성은 사람들 사이의 관계의 질이나 어떻게 상호 연결되어 있는가로부터 나온다. 그 조직의 지성은 조직 내 개인 간의 끊임없는 정보 교환과 아이디어 교환을 통해 그리고 다른 이들의 기술과 경험, 상상력을 상호 보완과 시너지 창출을 통해 공통의 비전과 엠비션에 도달하고자 서로 협력하여 작업한 결과라 할 수 있다. 신경망과 유사하게 조직(시스템)의 지성은 핵심 가치나 의제를 둘러싼 팀이나 그룹 구성원 간의 연결과 '공명(共振)'의 힘에 의해 조율된다. 그리고 그 결과로 축적되거나 통합된 개인의 노하우, 창의성, 역량은 새로운 통찰과 아이디어 능력들을 발전시키는 기반이 된다. 결국 집단지성의 촉진으로 얻게 되는 가장 큰 혜택은 조직의 구성원이 향상된 지식과 아이디어와 경험에 손쉽게 접근함으로써, 일을 함에 있어 창의성이나 문제 해결 능력이 더욱 빠르게 성장한다는 점이다.

집단지성은 정보와 아이디어를 교환하고, 개인의 기술과 경험과 상상력을 보완하고 협력시킨 결과이다.

집단지성 창출하기

Creating Collective Intelligence

분명한 것은 모든 상호작용이 집단지성이나 생성적 협업을 창출하는 것은 아니라는 점이다. 이는 어쩌면 매우 드문 경우일 것이다. 구성원 간의 상호작용이 집단지성이나 창의성을 증진시키지 않은 사례가 많을 뿐만 아니라 실제로는 오히려 '퇴행적 협업'의 사례도 많다. 단순히 모아 놓은 무리에 불과하여 작동하지 않는 팀이나 가족이 그 예다. 그러한 차이를 만드는 원인은 무엇일까.

성공 요인 모델링 연구에서 진정한 집단지성은 세 가지 근원적인 시스템 역할의 산물임을 보여주었는데, 그 세 가지는 공명, 시너지, 출현 현상 등이다.

공명

공명은 특정 주파수에서 강하게 진동하는 경향과 관련되어 있는데, 이러한 주파수에서는 작고 반복적인 힘이 커다란 변화를 만들어 낼 수 있다. 본래 '공명resonance'은 '메아리echo', 즉 글자 그대로 '반향re-sound'을 의미하는 라틴어 레소난띠아resonantia에서 유래하는데, 특히 서로 익숙한 관계에 있는 특정 체계나 객체가 상호 영향을 미치는 것을 가리키는 말이기도 하다. 예를 들어, 유사한 음조를 가진 두 개의 기타가 있는데, 하나의 기타에서 줄을 튕기면 나머지 기타가 물리적인 접촉도 없이 진동하는 것과 같다. 피아노 음표 조율을 위한 소리굽쇠 등도 유사한 공명의 하나다. 이러한 공명은 서로 다른 악기에서도 발생할 수 있다. 예를 들어, 플루트의 특정 음표를 연주하면 그 주파수에 있는 기타 줄이 진동하는 경우가 그렇다.

공명 효과는 두 개의 악기(사람) 간의 조율을 통해 진동을 크게 하는 데 필요하다.

심리학적으로 공명은 교감이나 동감처럼 감정적인 상태에서 생기는 체내 활동의 복잡성과 관련하여 사용하기도 하는데, 집단 내에서 공명은 한 구성원이 다른 집단에 속한 구성원의 생각, 가치, 목표에 대해 동조하거나 연계성을 느끼는 정도와 관련된다.

이러한 지적, 감정적 공명은 집단 내 동기부여, 협력 효과, 생산성 및 집단지성의 핵심 근원들이다.

좀 더 실천적인 측면에서 살펴보면, 공명은 기업에서 새로운 사업을 창출함에 있어 기업가가 성공 써클에 속한 다양한 구성원들과 만들어낼 수 있는 상호 이익과 이해의 수준과 깊은 관련이 있다. 따라서 공명은 기업가가 엘리베이터 피치를 열정적으로 하는 것이 왜 그렇게 중요한지에 대한 이유가 되기도 한다.

공명은 상호 관심 및 이해 속에 형성되는데, 환경, 행위, 능력, 신념 및 가치, 정체성과 목적 등 우리가 파악한 성공 요인의 수준 사이에서 발생할 수 있다.

- 환경적인 공명은 단순히 동일한 물리적 배경을 공유하는 데서 발생한다.

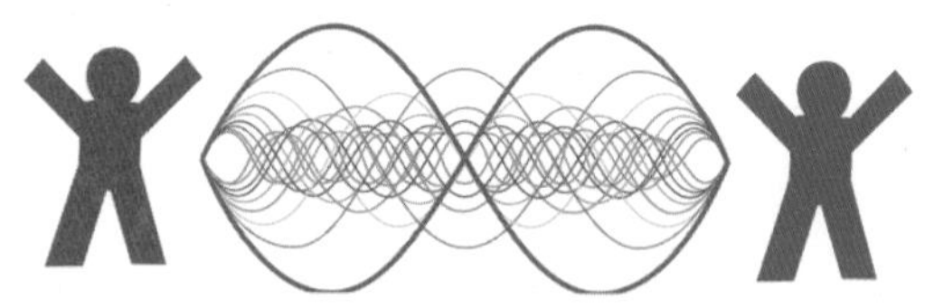

사람 간의 공명 효과는 집단지성의 기초이다.

공통의 비전과 미션 공유

공통된 사고방식 공유

- 행위 수준에서의 공명은 다른 사람과 수평적 활동 또는 유사한 활동에 참여할 때 발생한다.
- 좀 더 깊은 수준의 공명은 공통된 전략, 기술 및 사고방식의 공유 과정에서 발생한다.
- 공유된 가치와 신념에 의해 만들어진 공명은 동기 부여, 충실도를 강화하고 공동의 우선순위를 설정하는 데 강력한 힘을 발휘한다.

환경 및 유사 활동 공유

공명의 단계

- 공통된 역할과 임무를 공유하는 것은 동체(同體)성 단계에서 강력한 공명을 일으킨다.
- 비전과 열망이 공유되면 모든 사람이 공감할 수 있는 가장 심오한 형태의 공감대를 형성하고 전례 없는 수준의 에너지를 그룹이나 팀에 제공할 수 있다.

다음 장에서 우리는 성공 달성의 중요한 부분으로 모든 수준에서 공명을 만들고 평가할 수 있는 실용적인 방법을 모색할 것이다.

시너지(협력 효과)

협력 효과는 둘 또는 그 이상의 것들이 함께 작용하여 혼자서는 얻을 수 없는 결과를 산출할 때 발생한다. 이 단어는 문자 그대로 "함께 일하는" 것을 의미하는 그리스어 시너지아 synergia에서 온 것이다. 간단한 예로, 두 사람의 키가 너무 작아서 높이 있는 선반에 있는 물건에 손이 닿지 않을 경우, 한 사람이 다른 사람의 어깨에 올라탐으로써 문제를 해결하는 것과 같이 혼자서 할 수 없는 것을 협력하여 이루어내는 것을 의미한다.

조직 행동의 맥락에서, 협력 효과는 그룹에서 가장 좋은 성과를 내는 개인이 그룹으로 일할 때 더욱 우수한 성과를 내는 힘을 말한다. 즉, 그룹 내부의 각 개인이 동일한 목표를 향해 개별적으로 노력할 때 전반적으로 더 나은 결과를 산출할 수 있게 되는 것이다. 협력 효과는 기여하는 개인의 능력을 포함하고 확장하는 결과를 산출하기 위해 정보 교환과 더불어 에너지 교환이 필요하다.

성공 써클 구성원 간의 협력 효과는 프로젝트나 새로운 사업에서 성공적인 결과 창출에 필수적이다.

협력 효과는 공명을 넘어선다. 그것은 개인적인 공헌을 넘어 무엇인가를 창출하는, 상호 보완적인 질적 작용의 결과이기 때문이다.

협력적 관계는 개인 혼자서 달성할 수 없는 결과를 만들어낸다.

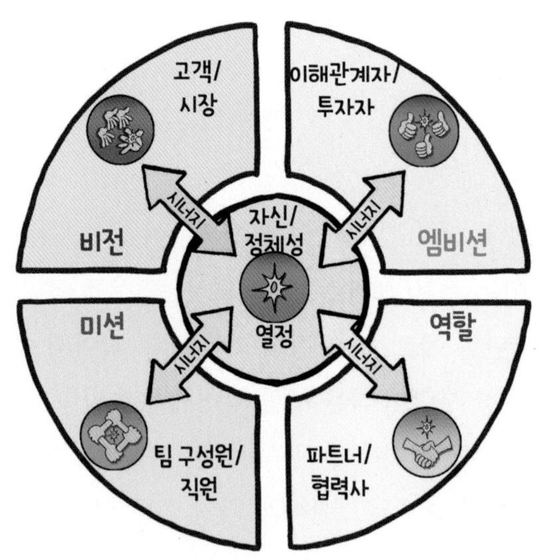

당신과 성공 써클 구성원 간의 협력 효과는 사업 성공의 열쇠이다.

마찬가지로 다양한 성공 써클 구성원 간 특정 수준의 협력 효과도 프로젝트나 사업 성공에 매우 중요한 요소가 된다.

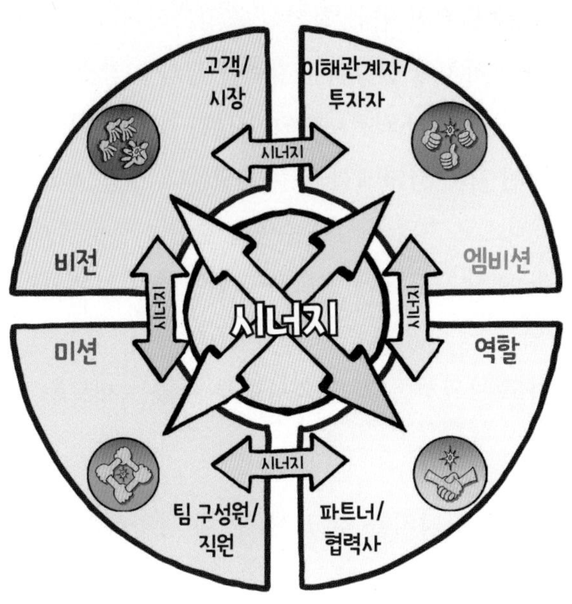

성공 써클의 다양한 구성원 간 협력 효과를 증진시키는 것은 매우 중요한 성공 요인이 된다.

당신과 성공 써클의 다양한 구성원 간의 협력 효과 형성은 새로운 사업 성공의 중요한 요소이다.

협력적 역할 관계

협력적 가치

협력적 행동

협력 효과의 단계

공명과 마찬가지로, 성과를 극적으로 향상시키는 상호 보완적인 자질들의 형태로 시너지는 다양한 수준의 성공 요인 사이에서 발생한다.

- 서로 다른 개인이나 회사가 공동으로 시장을 활용하거나 확장하기 위해 주어진 자원을 결합하거나 교환할 수 있다.
- 높은 목표에 도달하기 위해 다른 사람의 어깨에 올라타는 것처럼, 개인, 팀 및 조직이 핵심적인 활동을 결합하고 향상시키기 위해 함께 일하는, 그런 협력이 가능하다.
- 서로 다른 능력의 통합은 제품이나 서비스와 관련하여 전략적 제휴를 형성하고 개방형 혁신에 참여하는 기반이 된다.
- 가치와 신념의 상호 보완은 성공 써클 구성원 간의

강력하고 생산적인 관계를 형성하기 위해 필수적이다. '창의성'을 강조하거나 '세부적인 것에 집중'을 강조하는 것과 같이 다양한 가치가 결합되면 강력한 결과를 창출할 수 있는 것이다. 이것은 '공헌'이나 '봉사'처럼 정신이나 커뮤니티와 연관된 가치와 '인지도' 나 '투자 수익'처럼 물질이나 기업과 연관된 가치 사이에서 자주 발생한다. 성공 써클 구성원 간의 가치관과 믿음의 수준은 궁극적으로 기업의 성공 수준을 결정하게 될 것이다.

- 상호 보완적인 역할의 협력은 개인과 조직 모두에게 진화하고 확장하는 정체성의 원천적 기능을 담당하며, 합병과 인수의 주된 이유가 되기도 한다.
- 비전과 열망의 수준에서 서로 협력하고 보완하는 것은 의심할 여지없는 새로운 시장 창출의 힘이 된다.

앞으로 여러 장에서 성공 써클 구성원과 함께 시너지를 찾고 시너지를 창출하기 위한 예제, 도구, 방법 및 전략을 제시할 것이다.

출현 현상

출현 현상emergence은 시스템의 다른 요소 간의 상호작용으로부터 새로운 것이 꿈틀거릴 때 발생한다. 복잡한 패턴은 상대적으로 간단한 상호작용의 조합에서 발생할 수 있는데, 아래 그림과 같이 두 개의 다른 시각적 패턴이 겹치는 결과로 나타나는 모아레 패턴은 출현 현상의 속성을 보여주는 사례이다.

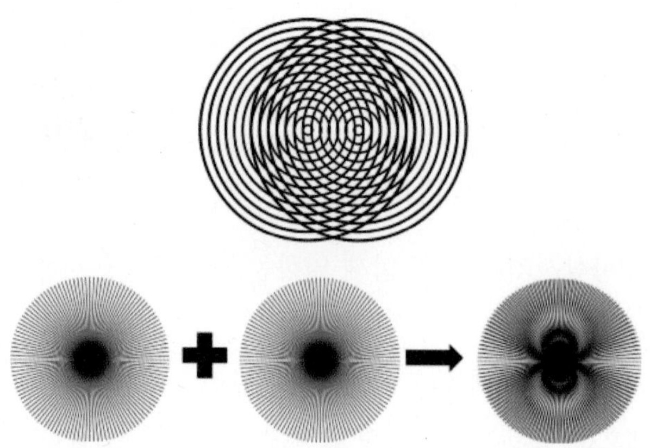

모아레 패턴 자체가 세 번째 실체가 된다. 화음을 만들기 위해 음표를 조합할 때 비슷한 일이 일어나는데, 시스템 이론가인 그레고리 베이슨이 지적한 대로, 일반적으로 '두 개의 반복적인 시스템이 결합하면 반드시 세 번째 것이 생성된다'. 따라서 출현 현상의 기본 원리는 1 + 1 = 3이다.

'출현Emergence'이라는 용어는 말 그대로 "가라앉지 않는" 것을 의미하는 라틴어 에메르게레emergere에서 유래하는데, 액체 또는 다른 매개체에서 '솟아 있는' 것을 가리킨다. 즉 침몰시킴으로서 잠수하게 된다는 의미의 반대말이 되는 것이다. 옥수수 전분과 물을 함께 섞은 다음이 혼합물을 진동 스피커에 쏟아 붇는 실험을 통해 출현 현상의 특징을 구체적인 그래픽으로 보여줄 수 있다. 진동하는 스피커가 에너지를 혼합물에 공급함에 따라, 왼쪽의 사진처럼 다양한 모양과 형태가 액체에서 나오기 시작한다(아래 그림 참조).*

이 간단한 실험의 결과는 만약 수십억 년 전에 지구의 '원생액(原生液)'에서 첫 생명체가 어떻게 나왔을까 하고 상상했을 때 그려지는 모습과 매우 유사할 것이다.

이와 같은 창발적 행동들이나 특질은 몇몇 개체(작용하는 힘들)가 공유하고 있는 환경에서 적정 수준의 에너지로 상호작용을 주고받기 시작하면 상호 연결된 시스템 내에서 나타나기 시작한다. 각 개체들이 서로 주고받는 기초적인 상호작용들이 집단으로서 더 복잡한 행동들을 생산하고 서로 축적한다.

출현 현상: 진동 스피커를 통해 혼합된 물과 옥수수 전분이 예측 불가능한 모습으로 생겨난다.

출현 현상은 상대적으로 단순한 상호작용이 조합된 결과가 복잡하고 예측 불가능한 형태로 나타나는 것을 말한다.

강력한 출현 현상은 시스템 내 집단적 행동의 결과로 나온 패턴이 시스템의 구성 요소를 가지고 직접적으로 추적되는 것이 아니고 오히려 시스템 내 구성요소들이 어떻게 상호작용했는지와 관련된 결과일 때 일어난다. 이것이 바로 전체는 부분의 합보다 더 큰 경우이다. 이러한 유형의 출현 현상에 대해 제시할 수 있는 좋은 예는 눈송이의 구조나 자연계에서 찾을 수 있는 '프랙털fractal' 구조들이라 할 수 있다.

다음 페이지의 이미지 세트는 강력한 출현 현상을 보여주는 좋은 사례다. 이 이미지는 '시맨틱cymantics'이라고 알려져 있다. 이는 물리 분야의 실험에서 나온 것으로, 시맨틱은 소리와 진동이 물질에 미치는 영향을 연구하는 분야다. 시맨틱 이미지는 출현 현상의 주요 특성을 그래픽으로 보여주는데, 이미지는 모두 금속판에 있는 모래와 같은 집합 물질이다. 증가하는 주파수가 판 위에

* 현상에 대한 매력적인 영상은 유튜브에서 "「Non-Newtonian Fluid on a Speaker Cone」"을 찾으면 볼 수 있다.

연주되면서 모래의 이동 패턴이 나타나고, 소리의 진동은 판과 모래 사이에 그리고 각각의 모래알 사이의 복잡한 상호작용을 만든다. 이미지는 사운드 주파수가 점점 더 높아짐에 따라 어떻게 되는지를 보여주는데, 음향 주파수의 증가분이 선형 비율로 증가하더라도, 판 위에 있는 모래의 패턴은 예측할 수 없는 방식으로 점점 더 복잡해진다. 어떤 일이 벌어질지 미리 알지 못했다면 다음 패턴이 어떻게 보이는지 예측하는 것이 실질적으로 불가능하다.

복잡한 패턴은 금속 용기 위에 놓인 모래에 대한 소리 진동의 단순 증가로 나타난 것이다.

나는 고객을 만나거나 성공 요인 모델링 워크숍 참가자에게 활력 넘치는 '장(場, field)'을 통해 특정한 형태의 출현을 가능하게 하는 다양한 수준의 공명의 중요성을 설명하고자 할 때 이 비디오를 보여주었다. 이 비디오에서 우리는 모래를 조직의 한 개인 혹은 특정 제품이나 문제의 내용으로 보고 금속판을 개인이나 내용이 함께 모이는 맥락으로 상정할 수 있다. 여기서 궁극적으로 어떤 모양이 나오는지 여부를 결정하는 것은 상호작용을 활성화하는 장field(이 경우 문자 그대로 진동)의 질적 수준이다. 그룹이나 조직의 활력도는 다양한 수준의 성공 요인, 즉 비전, 미션 및 엠비션과 관련한 정서적·심

출현 현상은 기업가적인 노력의 와중에 서로 관련이 없거나 모순되는 아이디어, 신념 및 기술이 결합된 결과로서, 획기적인 혁신의 형태로 나타난다.

리적 공명의 정도와 수준에 의해 만들어지게 될 것이다.

또한 출현 현상은 성공 써클에 있는 다양한 구성원들 사이에 적절한 정도의 공명을 불러일으키기 위해 기업가가 쏟는 노력의 과정에서 획기적인 혁신의 형태로 나타나는데, 서로 관련이 없어 보이거나 양립 불가능한 것으로 느껴지는 아이디어idea, 신념 및 기술이 결합된 결과로 예기치 않게 등장하게 된다.

또한 공명이나 협력 효과의 특성과 유사하게, 출현 현상은 다양한 수준에서 발생할 수 있다.

- 기업의 세계화와 다국적 기업의 증가 추세는 주어진 조건의 수준level of environment에서 나타나는 출현 현상의 한 예이다.
- 행위 수준에서 음악가, 무용가 및 공연 예술가는 오랜 시간 동안 새로운 표현 방식들이 자연스럽게 서로 다른 활동들과 겹쳐지고 통합되어 새로운 형태로 나타나는 출현 현상에 대해 이미 알고 있다. 마찬가지로 기존 제품 및 서비스가 통합되고, 보다 복잡하고 정교한 변형을 통해 새로운 제품 및 서비스가 등장할 수도 있다. 오늘날 흔히 사용하는 프린터, 스캐너, 복사기, 팩스 복합기를 생각해보면 알 수 있다. 불과 몇 년 전까지 그것들은 각각 별개로 작동하는 것들이었다.
- 새로운 아이디어나 역량 역시 놀라운 혁신을 일으키기 위해 서로 다른 아이디어와 역량들이 공유되고 시너지를 일으켜 자발적으로 그리고 예기치 못하게 출현한다. 제록스사의 연구소로 출발했던 제록스 팩PARC: Palo Alto Research Center Incorporated이 다양한 학문적 배경을 가진 전문가를 한데 모은 '싱크 탱

출현 현상의 수준

크Think tanks'를 만들고 그 결과 많은 혁신을 이루었던 것이 좋은 예라 할 수 있다.

- 새로운 조직 문화는 기존의 신념과 가치가 통합되면서 새로운 모습으로 나타난다. 제1권에 기술된 사무엘 팔미사노Samuel Palmisano의 '가치 잼value jam'은 이러한 현상의 대표적인 사례다. 2000년 초 IBM의 최고경영자였던 팔미사노는 IBM의 기존 지휘 통제 문화가 더 이상 작동하지 않는다는 것을 알고 있었다. 그는 IBM의 가치가 무엇인지를 판단하기 위해 170개국 440,000명의 직원을 대상으로 72시간 동안 온라인을 통해 의사소통이 가능한 대화형 '가치 잼'을 만들었다. 이러한 집단 협업의 과정에서 세 가지 핵심 가치가 도출되어 회사 전체의 의사결정 기준이 되었다. 또한 독특한 협업 조직구조를 만들어 더 큰 집단지성의 잠재력을 이끌어 내는 지렛대가 되었다.
- 물론 출현 현상은 기존에 없던 새로운 유형으로 나타날 수 있다. 예를 들어, 기업의 사회적 역할과 비전 달성을 위한 전술적 임무가 중첩(重疊)되고 진화하면서 완전히 새로운 유형의 회사와 벤처 기업을 창출할 수 있는데, 구글이나 페이스북이 대표적인 사례다. 이들 기업은 최근 10년 사이에 등장한 기업으로 25년 또는 30년 전만 해도 존재하지 않았던 기업이다.
- 새로운 비전과 열망의 출현은 커뮤니티에 미치는 영향이나 기술적인 측면에서 일종의 불연속적인 도약을 의미하는 양자 도약과 같은 '파괴적인 혁신'을 창조하기도 한다. 파괴적인 혁신은 기존 시장의 경계를 넘어서는 새로운 시장을 창출하는 혁신으로 '파이를 더 크게 만드는' 고전적인 방법이기도 하다. 자동차, 디지털 사진, 네스프레소 머신, iPod, 스마트폰 및 소셜 미디어는 전에 존재하지 않았던 전혀 새로운 시장을 창출한 파괴적인 혁신의 사례다.

SFM 제2권은 주로 어느 개인과 그 개인의 성공 써클에 속한 다양한 구성원 사이에 출현의 조건을 창출하는 방법을 다루고 있다. 이러한 역량은 어느 개인과 그 개인이 속한 기업의 성공에 가장 중요한 성공 요인이 될 것이다.

집단지성과 생성적 협업에 영향을 미치는 다른 요인

Other Influences on Collective Intelligence and Generative Collaboration

공명, 협력 효과/시너지, 출현 현상 등의 시스템 역학 외에도 성공 요인 모델에 대한 연구 과정에서 우리는 집단지성 및 생성적 협업을 창출하는 다른 중요한 요인을 밝혀냈다.

홀론과 홀로그램

전체와 홀론: 우리는 각자가 독특하고 독립적인 개인인 동시에 더 커다란 시스템의 일부이다.

성공 요인 모델링SFM 제1권의 핵심 주제는 각 개인이 모두 '홀론'에 해당한다는 점이었다. 내부적으로나 외부적으로나 우리는 하나의 독립된 존재이다. 다른 한편으로 우리는 연속적으로 커지는 더 큰 시스템, 즉 우리를 포함하나 초월하기도 하는 시스템의 일부이기도 하다. 좀 더 구체적으로 말하자면 원자가 모여 분자, 분자가 모여 세포, 세포가 모여 기관, 그리고 기관이 모여 마침내 상호 연관된 신경망으로 이루어진 우리 몸을 만든다. 다른 표현으로 우리는 점차 커져가는 전체의 일부인데, 가족, 전문가 커뮤니티, 지구의 모든 생명체, 궁극적으로 전체 우주의 일부가 되는 것과 같다.

이러한 홀론으로서의 지속적이고 구체적인 참여는 집단지성 창조의 또 다른 중요한 성공 요인이다. 하나의 전체가 결합된 부분과는 다른 새 속성과 기능을 가진 더 큰 전체를 결합하기도 한다. 전체로서의 인간의 두뇌는 그것이 만들어진 개별 신경세포와는 다른 성질을 가지고 있는데, 물이 수소와 산소 원자와는 다른 성질을 가지고 있는 것과 같다. 마찬가지로, 그룹은 그룹을 구성하는 개인과 다른 속성을 지니게 된다.

집단지성을 창출하는 또 하나의 중요한 요소는 홀로그램 및 홀로그램 시스템과 관련이 있다. 홀로그램은 전체 그림이 갖는 이미지가 모든 부분을 포함하는 3차원 이미지를 말한다. 홀로그램이 기록된 유리판이나 필름 조각을 가져와서 반으로 자르면 여전히 전체 그림을 볼 수 있다. 잘라진 반을 4등분할 경우에도 전체 이미지가 그대로 유지된다. 하나의 사회 현상으로서 홀로그램은 이제, 많은 시스템에서 그 시스템과 관련된 모든 정보가 그 시스템의 모든 부분들에 분포되어 있다는 개념을 비유하는 말이 되었다.

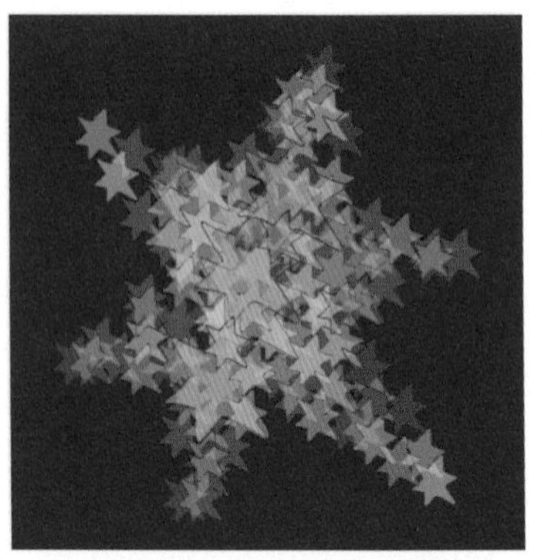

홀로그램은 모든 부분의 이미지가 포함된 전체 그림을 3차원으로 만든 이미지이다.

우리 몸도 분명히 이러한 속성을 가지고 있다. 우리 몸의 모든 세포는 동일한 DNA를 공유한다. 따라서 각 세포가 독특하더라도, 즉 눈의 세포가 발톱의 세포와 완전히 다르더라도 커다란 연합체로서 작동할 수 있는 공통된 코드를 공유한다.

사업은 전체로서의 홀론과 홀로그램이다.

성공하는 회사나 문화에서 똑같은 프로세스가 작동하는 것을 볼 수 있다. 다양한 수준의 성공 요인(특히 높은 수준의 비전, 임무, 가치 등)에 대한 높은 수준의 공명은 벤처 기업의 DNA 유형으로 작용한다. 회사가 별도의 부서, 팀 또는 개인으로 구분되어 있더라도 전체 회사의 비전, 미션, 엠비션, 역할, 가치 등이 각 부분에 있어야 한다. 그렇지 않으면 일관성 대신 무정부 상태와 혼란이 발생할 가능성이 더 높다. 한 회사의 관리자가 개인적인 목표, 관심사 및 가치를 위해 회의에 참석하게 되면 그 관리자의 개인적인 이익뿐만 아니라 회사의 생존마저 위협이 될 수도 있다.

따라서 성공적인 벤처 기업은 홀론의 상호작용으로 생성된 홀로그램이라는 결론을 내릴 수 있다.

1. 각 부분에는 전체가 포함되어 있다.

2. 각 부분은 전체를 다시 만들 수 있다.

당신은 대양의 한 방울의 물이 아니다. 당신은 한 방울의 물 안에 있는 대양 전체이다.

\- 루미

업무의 의의(意義)와 성과

아담 그랜트
「기브 앤 테이크: 타인을 돕는 것이 우리를 성공으로 이끄는 이유」의 저자

업무의 의의는 본인의 일과 행동이 다른 사람에게 중요하고 의미 있게 영향을 미치는지를 통찰하는 것과 연관된다.

살면서 당신 눈을 사로잡는 것들이 많겠지만, 당신 가슴을 사로잡고... 그것을 쫓도록 만드는 것은 몇 안될 것이다.
- 마이클 놀란

「Give and Take」의 저자이자 와튼 스쿨의 저명한 교수인 아담 그랜트Adam Grant는 '왜 다른 사람을 돕는 것이 우리의 성공을 이끄는지'를 밝히기 위한 일련의 흥미진진한 실험을 통해, 동기 부여와 직무 성과에 있어 '업무의 의의(意義)'가 갖는 중요성을 밝힌 바 있다. 업무의 의의는 '조직 내·외부에서 다른 업무와 식별 가능한 업무의 중요성 정도'로 정의된다. 즉 업무의 의의는 개인의 활동 결과가 조직 내·외부의 사람에게 미치는 결과에 대한 자각과 이해 수준으로 나타나는 것이다.

어느 대표적인 실험을 보면, 그랜트는 기금 모금 전화를 거는 팀원을 여러 그룹으로 나누었다. 한 그룹은 서면, 비디오 또는 직접적인 평가를 통해 자신의 직업이 다른 사람들의 삶에 긍정적인 변화를 가져왔는지 여부에 대한 정보를 제공받았다. 두 번째 그룹은 일을 수행하는 것이 자신의 삶에서 주어지는 개인적 이익에 관한 정보, 예를 들어, 성공적인 경력을 쌓기 위해 얻은 지식과 기술 같은 정보를 받았다. 세 번째 그룹은 업무의 의미와 중요성에 관한 어떠한 정보도 받지 못하지만 좋은 성과를 위한 기술 훈련, 보너스에 대한 약속을 받았다.

위 실험의 결과는 조직의 관리자나 기업가 모두에게 중요한 교훈을 시사했는데, 자신이 수행하는 업무가 다른 사람(일반적으로 고객)의 삶에 변화를 가져오는지에 대한 정보를 받은 첫 번째 그룹은 높은 빈도로 두 배에 달하는 성과를 이루어냈다. 타인에 대한 자신의 행동이 주는 개인적 이익에 대한 정보를 전달받은 그룹의 모금 통화자는 전화하는 일에 142%더 많은 시간을 보냈고, 171% 더 많은 성과를 올렸다.

비교해 보면, 일을 수행하는 것이 본인들의 삶에 어떤 혜택이 있는지 통보받는 그룹은 일반적으로 약간의 성과 향상에 그쳤다. 그리고 업무의 유의미성에 대한 정보를 받지 못한 세 번째 그룹은 성과 향상을 거의 이루어내지 못하였다.

또 다른 실험에서, 그랜트는 한 병원의 손 씻는 곳에 두 가지 안내문을 두었다. 첫 번째에는 "손 위생은 질병 감염으로부터 당신을 보호합니다."라고 썼고, 다른 안내문에는 "손 위생은 환자의 질병 감염을 예방해 줍니다."라고 썼다. 그는 비누를 얼마나 썼는지 비누의 양을 기록함으로써 안내문의 영향을 평가했다. 환자에게 돌아갈 혜택을 제시한 안내문은 비누와 젤 사용량을 45% 이상 증가시켰음에 반해, 자신에게 유익하다는 안내문은 손 씻기 행동을 10% 증가시키는 데 그쳤다.

자신의 일이 다른 사람이 사용하는 에너지의 수준에 긍정적인 효과를 준다는 것을 아는 것이다.

그랜트의 실험은 성공 요인 모델링 제1권에서 언급했던 '에고ego' 및 '소울soul'과 관련된 동기의 차이를 명확히 구분시켜준다. 이 실험은 우리의 활동을 타인을 위해 봉사하는 더 큰 임무와 목적에 연결하는 우리의 감각이 강력한 동기 부여가 된다는 것을 잘 보여준다. 즉 의미 있는 활동은 우리를, 누군가를 위해 봉사함은 '소울'에 연결시켜 준다는 것이다.

업무의 의의에 대한 통찰은 동기와 성과에 영향을 남겨왔다.

공명, 협력 효과 및 출현 현상과 마찬가지로 업무의 중요성에 대한 인식은 성공 요인의 수준에 따라 달라질 수 있다. 즉 환경, 행위, 역량, 신념과 가치, 정체성 및 목적에 따라 달라지는 것을 의미한다.

석공의 우화

석공의 우화는 업무의 의의에 대한 높은 통찰이 주는 차이를 자세히 보여준다.

자신이 심는 나무 그늘에 절대로 앉을 수 없다는 것을 알면서도 노인이 나무를 심을 때 그 사회는 위대하게 성장한다.

- 그리스 속담

나는 성공 요인 모델링 제1권에서, 다양한 수준에 있는 우리의 프로젝트나 기업에 있어서 우리의 수준이나 연결성에 대해 표현하고자 할 때 자주 사용하는 석공의 우화에 대해 언급했다.

우화는 6명의 석공을 대상으로 일에 대한 만족도에 따라 나쁨에서부터 매우 우수함까지 6단계로 나누었는데, 성과와 만족도가 가장 낮은 노동자에게 "뭐 하세요?"라고 물으면 시계를 보면서, 그는 "집에 가서 내가 관심 있는 것을 하려고 여기서 시간이 빨리 가기를 기다리고 있어요." 라고 투덜거리듯이 말한다.

첫 번째 석공보다 성과 면에서 좀 낮고 처음부터 끝까지 지겨워하는 정도는 아닌 다음 석공에게 물었다. "뭐 하세요?" 그는 자신이 하는 일을 쳐다보며 "내가 뭐하는 것처럼 보이나요? 난 돌을 깨고 있어요."라고 답한다.

평균 수준의 성과를 내며 약간 일에 몰입하는 듯이 보이는 다음 석공에게 "뭐 하세요?"라고 물으면, "나는 내 기술을 이용하여 이 돌덩이를 다듬고 있습니다."라고 당연하다는 듯이 대답한다.

비교적 동기부여도 잘 되어 있고, 그럴싸한 성과를 내는 네 번째 석공에게 "뭐 하세요?"라고 물으면 "나는 가족을 부양하고 아이들을 학교에 보내기 위해 돈을 벌고 있습니다. 그것이 내가 하는 일입니다."라고 단호하게 대답한다.

아주 훌륭한 성과를 낼 뿐만 아니라 다른 사람의 일이 잘 되는지를 살피고 있는 다섯 번째 석공에게 "뭐 하세요?"라고 물으면 "나는 석공업의 장인입니다. 지금 성당을 짓고 있어요."라는 열정적인 대답을 한다.

최고의 성과를 이루는 뛰어난 여섯 번째 석공은 완전히 몰두해서 그가 하는 각각의 작업에 임하고 있었는데, 그는 끊임없이 다른 사람이 하는 일을 검토하고, 그들이 집중력과 흥미를 잃지 않도록 돕는다. 그에게 "뭐 하세요?"라고 물으면 깊은 경외감을 가지고 "나는 사람들이 영혼으로 연결될 수 있도록 돕는 신성한 공간을 만들고 있습니다."라고 말한다.

확실히 여섯 번째 석공이 업무의 의의 그리고 더 큰 목적에 대한 훌륭한 감각을 표현해주었다.

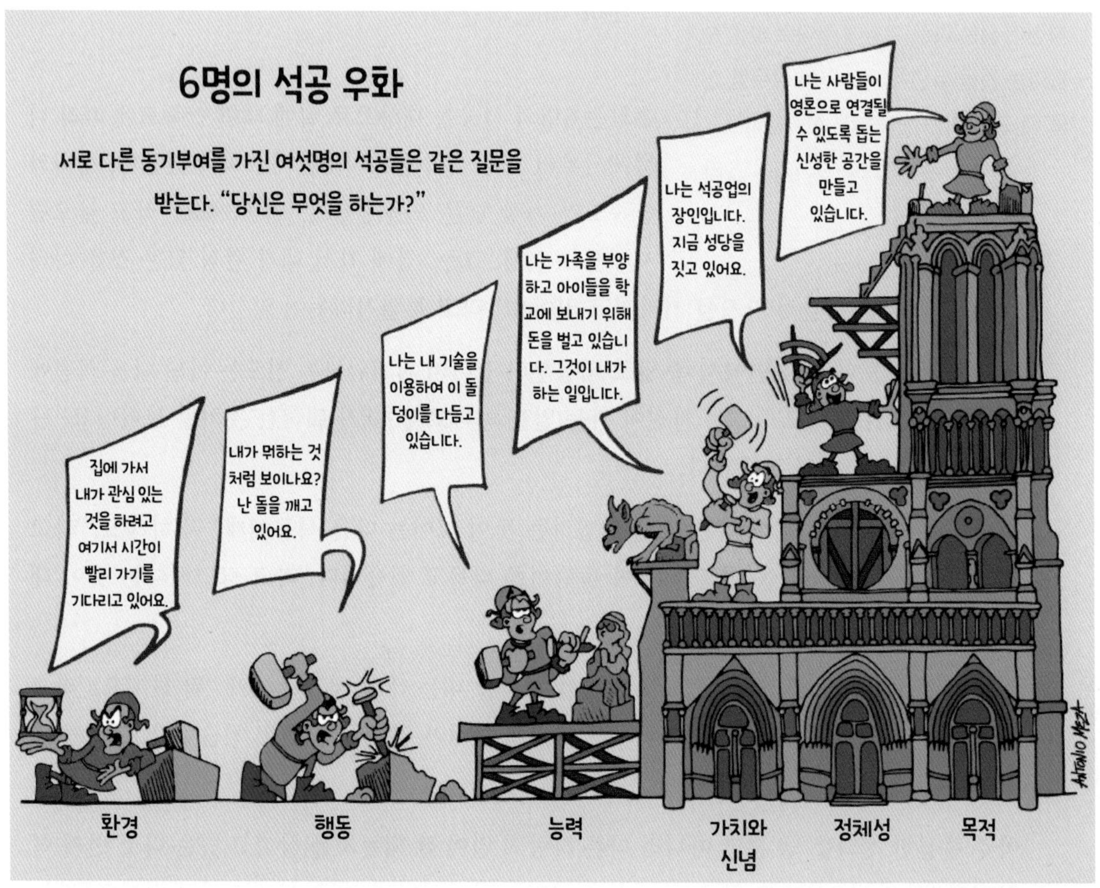

집단지성의 적용과 그 이점

Benefits and Applications of Collective Intelligence

집단지성은 일의 의의와 목표에 대한 강한 공감에서 생겨나고, 이러한 집단 내의 사람들은 다른 사람들에게 이익이 되는 공통의 비전 속에서 서로의 임무에 대한 통찰력을 갖게 된다. 이러한 집단지성을 만들기 위한 조건은 열린 의사소통, 신뢰와 존중, 세상에 대한 호기심, 개인을 넘어서 보다 큰 무언가를 이루기 위한 헌신 등이다. 또한 집단지성이 생성적인 효과를 만들기 위해서는 현존하는 프로젝트에서의 협업뿐만 아니라 함께 미래를 꿈꿀 수 있는 수준의 시간도 필요하다. 이는 협력 효과와 출현 현상을 만드는 조직역학이 이러한 창의적인 무의식에서 가능한 것임을 강조하는 것이기도 하다. 이러한 요인이 함께 작용하면서 크게 증강된 수준의 동기, 성과, 만족감 등을 창출하게 된다.

나아가 집단지성의 또 다른 이점은 다음과 같다.

그룹의 집단지성을 배양하면 성과 향상, 지혜로운 의사결정, 새로운 아이디어, 창의적인 해결책 등, 많은 의미 있는 편익을 얻을 수 있다.

- 그룹 및 커뮤니티의 건강한 작동에 도움이 된다.
- 팀 및 조직을 지탱하고, 활성화시킨다.
- 기업의 혁신, 생산성 및 수익을 증가시킨다.
- 커뮤니티의 환경 문제에 대한 갈등을 해결한다.
- 통찰력 및 영감을 주어 개인 및 그룹의 혁신을 가져온다.
- 응집력, 신뢰 및 팀의 기운과 같은 중요한 개인의 한계를 초월한transpersonal경험을 불러일으킨다.
- 미래에 새롭게 등장할 것들을 감지하고 개인인 전문가보다 일어날 일을 더 잘 예측할 수 있다.
- 새로운 커뮤니티의 형성, 기능 및 역량의 출현을 조성한다.

집단지성으로 직접 창출 가능한 편익은 4가지 기본적인 결과물로 정리할 수 있다.

1. 성과 향상
2. 지혜로운 의사결정

3. 새로운 아이디어

4. 창의적인 해결책

집단지성이 형성되려면 구성원이 열린 자세로 유의미한 대화와 토론에 참여해야만 한다. 따라서 그룹의 구성원은 공통된 이해를 기반으로 진의(眞義)를 공유하기 위해 명확하고 투명한 의사소통을 할 수 있는 능력을 개발해야 한다. 또한 집단지성 형성을 위한 그룹 내부의 상호작용은 몇 가지 기초적인 유형이 있는데,

- 공유: 정보와 아이디어를 교환하고 공명을 찾는 것
- 공동행동(한 방향 이동): 어떤 문제의 원인을 찾거나 결과를 얻고자 지식과 행동을 결합하고 지향점을 찾는 것
- 무리 짓기(커뮤니티 형성): 협력을 통한 문제해결을 위해 서로를 연결하는 것

집단지성 형성을 위한 그룹 내부의 상호작용은 공유, 한 방향 이동, 무리 짓기 등과 같은 기초적인 유형들이 있다.

성공 요인 모델링 제1권에서는 이러한 다양한 형태의 집단지성에 대한 실질적인 예를 알아보았다. 스티브 잡스가 애플Apple에서 100명의 그룹 구성원에게 '어떤 아이디어를 공유시키고', '서로 어떻게 다른 생각을 하는지를 살피고', '그 차이에 대해 이야기하게 하는 것'은 공유 프로세스의 고전적인 방법이다. 前 IBM CEO인 사무엘 팔미사노의 '가치 잼'- 새로운 비전과 임무를 위해 IBM이 추구하는 가치에 대해 모든 직원을 72시간 동안 참여시킨 것은 한 방향으로의 이동을 잘 보여준다. '허드슨강의 기적'에서 엔진 두 개를 잃어버렸을 때 조종사, 승무원 및 탑승객들이 어떻게 함께 협력하고 위험한 상황을 극복하기 위해 서로 지원했는지는 '무리 짓기flocking'를 잘 보여준 좋은 예다.

공유는 구성원들 사이에서 공명을 발견하고 개발하도록 용기를 주고 촉진한다.

공동행동은 공동의 의도와 목표를 향해 상호보완적인 기술과 행동으로 시너지를 만들어 낸다.

무리 짓기는 독특하면서도 예측할 수 없었던 아이디와 행동의 가능성을 낳는다.

기업가가 사업을 진행함에 있어, 집단지성 형성의 이러한 과정은 다음 행동들에 자주 적용된다.

- 벤치마킹benchmarking: 표준 설정
- 모범 사례best practices: 핵심 목표 달성에 성공적이었던 전략의 공유
- 브레인스토밍brainstorming: 혁신적인 대안 아이디어
- 생성적 협업generative collaboration: 무엇인가 독창적인 것의 공동 창출

집단지성은 벤치마킹, 모범 사례 공유, 브레인스토밍, 생성적 협업 등 새로운 사업을 창출하고자 할 때 배양된다.

성공 요인 모델링에서의 집단지성 모델

The SFM Collective Intelligence Model™

벤치마킹

모범 사례

브레인스토밍

생성적 협업

우리는 성공 요인 모델에서 집단지성을 증진시키는 기본적인 구성요소를 요약할 수 있는데, 성공 요인 모델에 따르면

- 새로운 기준점, 최선의 방법을 찾고 의견을 교환하는 과정은 그룹 성과를 강화시킨다.
- 자유로운 집단 토론을 통한 생성적 협업은 새로운 아이디어를 자극한다.
- 새로운 기준점을 찾기 위한 자유로운 집단 토론은 지혜로운 결정을 위한 조건을 창출한다.
- 생성적 협업을 토대로 최선의 대안을 찾기 위한 의견 교환은 창의적인 해결책을 불러일으킨다.

성공 요인 모델링에서의 집단지성 모델은 새로운 사업을 시작하고자 할 때, 집단지성 적용과 연관된 기본적인 절차와 방법 간의 관계, 행동, 결과물을 요약한다.

이러한 모든 행동과 그로 인한 결과를 만드는 기초적인 절차가 있는데,

1. 정보와 의견을 교환하고 공감대를 만들어 상호작용하는 공명을 찾는 것
2. 상호 조언을 통한 성찰과 경험 공유로 공동의 목표와 문제에 대한 다양한 상호보완적인 시각과 노하우를 나누어 시너지를 창출하는 것
3. 공통의 목적 달성을 위해 다양한 기술과 재원을 모으고 분배하는 과정을 통해 무리 짓기를 유도하고, 전혀 새로운 어떤 것의 출현 가능성을 만들기 위해 응집력을 육성하는 것

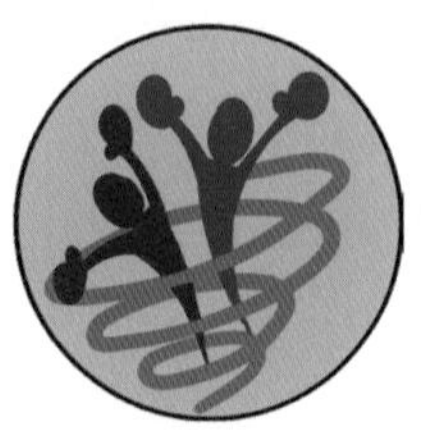

공명, 시너지, 출현

향상된 성과

벤치마킹

모범 사례

집단표준 설정

공유

공동행동

성공적인 전략 교환

현명한 의사결정

공명

시너지

출현

창조적 해결

혁신적인 대안 상상

무리 짓기

독창적인 무엇인가를 함께 창조

브레인스토밍

생성적 협업

새로운 아이디어

성공 요인 모델링에서의 집단지성 모델

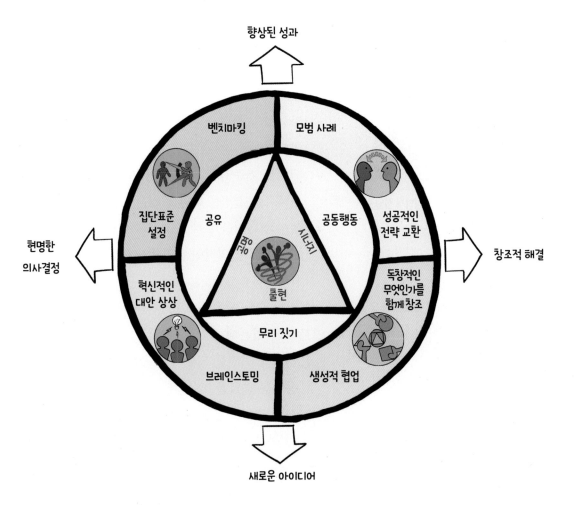

성공 요인 모델링에서의 집단지성 모델과 성공 써클의 통합

지금까지 성공 요인 모델링에서 집단지성이 성공 써클을 증강시킬 수 있는 절차와 방법을 설명하였다. 한편 전체 성공 요인 모델링의 집단지성은 성공 써클의 각 부분에 중요하게 연결된다. 예를 들면

- 향상된 성과는 재무적인 확장에 중요한 공헌을 한다.
- 창조적인 해결책은 측정 가능한 성장에 커다란 도움이 된다.
- 새로운 아이디어는 혁신과 회복 탄력성에 필수적이다.
- 현명한 의사결정은 의미 있는 공헌을 증가시킨다.

SFM 집단지성 모델에서 정의한 절차, 행동, 성과는 성공 써클의 생산성을 크게 높여줄 수 있다.

이와 유사하게 집단지성의 증진과 연관된 행동은 성공 써클에 연관된 것까지 눈에 띄게 강화시킨다. 모범 사례의 교훈을 가지고 성공적인 전략에 대한 의견을 교환하는 것은 새로운 사업과 가치를 창출하고 확장시키는 일을 돕는다. 또한 새로운 기준점을 찾아 집단적인 표준을 정립하는 일은 고품질의 제품과 서비스 창출을 가속화시키는 데 중요한 요소가 된다. 자유로운 집단토론을 통해 가능한 대안에 대한 아이디어를 내는 것은 경쟁력 증진에 필수적이다. 생성적 협업을 통해 독창적인 무언가를 공동으로 창출하는 것은 자원의 효율적 활용을 증가시키는 기초가 된다.

다음 장에서는 프로젝트나 사업의 성공 기회를 높이기 위해 집단지성을 실천으로 옮기는 절차와 방법, 기법을 정립하는 방법을 알아볼 것이다.

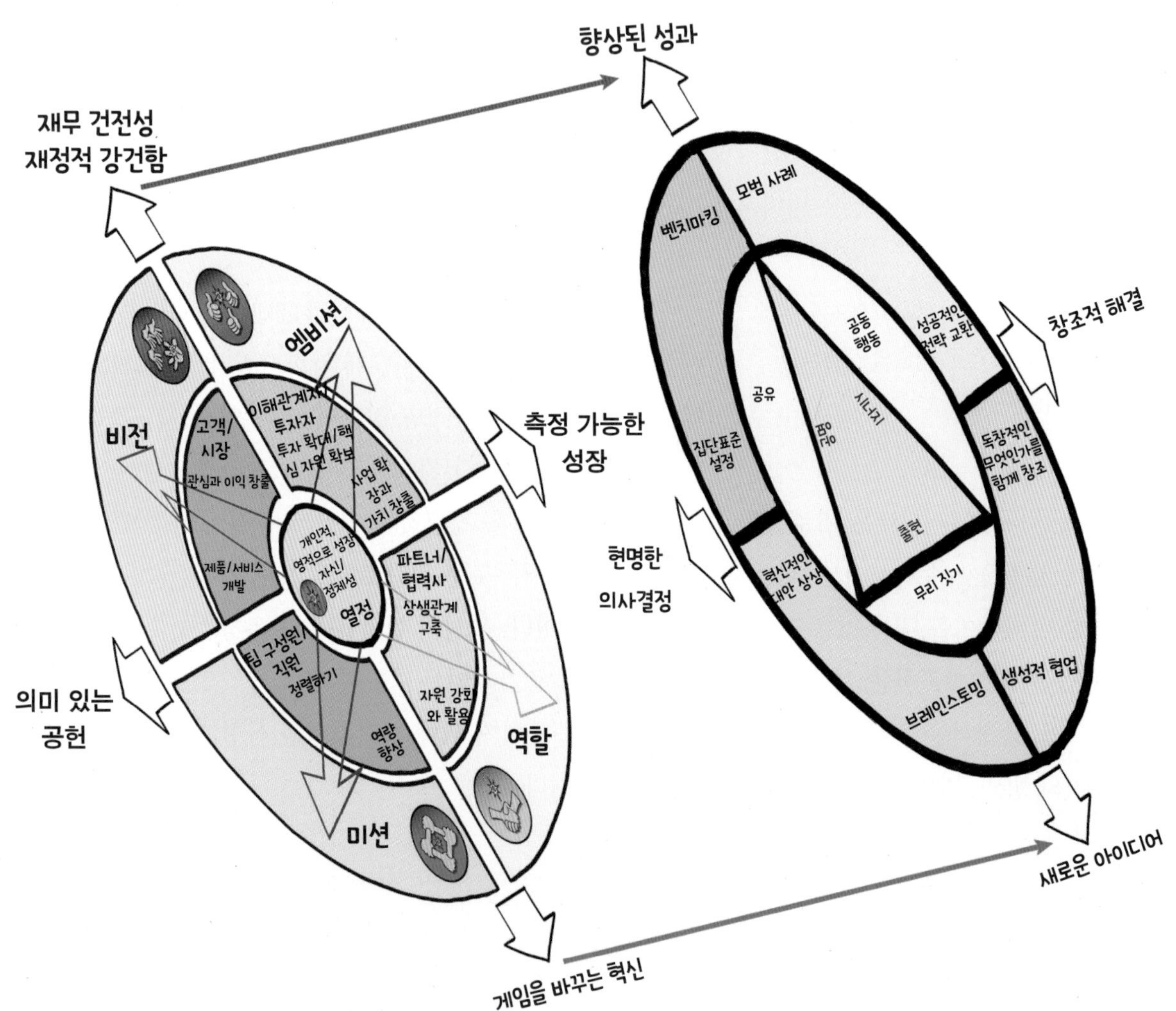

SFM 집단지성 모델은 당신의 성공 써클을 증강시키는 데 사용될 수 있다.

마스터마인드 그룹 – 집단지성 마스터마인드 그룹이 적용된 사례

Mastermind Groups - An Example of Applied Collective Intelligence

마스터마인드 그룹은 기업가 정신 활동에 집단지성을 적용한 좋은 사례이다.

마스터마인드 그룹에서는 각 구성원들의 비즈니스와 개인 역량을 향상시키기 위해 브레인스토밍, 교육, 공동 책임감과 신뢰성을 제공하여 그룹 활동을 지원한다.

집단지성이 기업가 정신에 어떻게 적용될 수 있는지를 보여주는 좋은 예가 마스터마인드 그룹master-mind group이다. 마스터마인드 그룹이라는 개념은 나폴레옹 힐Napoleon Hill의 베스트셀러 「Think and Grow Rich(1937)」에서 처음으로 공식화되었다. 이 책에서 힐은 마스터마인드 그룹을 '조화의 정신을 가지고 명확한 목적을 향해 일하는 둘 이상의 사람들 사이에서 이루어지는 지식과 노력의 공동 작용'이라고 정의했다.

힐이 주장하는 '마스터마인드mastermind'는 소규모 종교집단의 지도자, 힌두교의 영적 지도자인 구루Guru, 천재적인 범죄자와 같은 개인이 아니라 전체 구성원의 집단지성을 말한다. 이번 장에서 언급한 '홀론holon'과 '출현emergence'을 힐이 직관적으로 적용이라도 한 듯이, 힐은 '두 사람의 사고방식이 만나면 반드시 다른 사고방식이 생겨나는데, 눈에 보이지도 않고 만질 수도 없는 세 번째 사고방식'을 마스터마인드라고 했다. 마치 여럿이 공통의 큰 목표를 위해 창의적으로 함께 일할 때, 1+1=3이 된다고 주장하는 것과 같은 맥락이다.

"마스터마인드"는 전체 그룹의 집단지성이다.

마스터마인드 그룹은 공통된 의제에 전원이 참여하는 것이 필수적이다. 구성원은 새로운 가능성에 대한 의견을 교환하면서 동일한 목적을 향해 집중력을 유지하고 신뢰를 구축할 수 있는 구조를 만든다. 그러한 마스터마인드 프로세스는 모든 구성원이 개인적인 전문가로서 새로운 성장을 위해 협업하는, 그야말로 서로 스폰서십하고 지지하는 동료 관계로 맺어지는 커뮤니티를 가능하게 한다.

만족할 만한 수준의 집단지성이 형성되려면 마스터마인드 그룹 내부에 참여자들의 열정과 헌신과 책임감이 조화를 이루어야 한다. 마스터마인드 그룹의 주요 이점 중 하나는 새로운 목표를 설정하고 이행하며 더 큰 이상에 대해 의견을 교환하고 진실과 존중과 헌신으로 서로를 스폰서십하는 등 새로운 도전을 통해 구성원끼리 서로 더 높은 기대치를 가질 수 있다는 점이다. 마스터마인드 참여자는 건설적인 비판과 협력적인 동료 관계를 통해 서로의 성장을 위한 촉매제 역할을 하게 되는 것이다. 이렇게 마스터마인드 그룹은 각 구성원 개인 그리고 구성원의 비즈니스가 더욱 성장하게끔 브레인스토밍, 교육, 공동 책임 그리고 그룹 내 스폰서십이 조화를 이루도록 돕는다. 달리 말하면 이것이 공유sharing(아이디어 교환과 브레인스토밍), 공동행동swarming(목적 달성이나 문제해결을 위해 지식을 결합시키고 한 방향으로 이동하기), 무리 짓기flocking(서로의 지원을 위해 결합하는 것)의 실천적인 적용 사례라 할 수 있다.

마스터마인드 그룹은 효과적인 성공 써클을 창조하는 데 필수적인 요소 중 하나인 강력한 파트너십을 구축한 훌륭한 사례이다.

마스터마인드 그룹은 어떻게 작동하는가?

마스터마인드 그룹은 일반적인 학급, 교사 단체, 느슨한 개인 간 연합단체가 아니다. 오히려 일종의 동료 위원회에 더 가깝다. 마스터마인드 그룹에 참여하는 기간은 보통 1년은 된다. 이 기간 동안에 열정적이고 지성을 갖춘 사람들이 당면한 문제를 함께 다루기 위해서 매달, 매주 그리고 서로 필요하고 양해가 된다면 매일 만나기도 한다. 그들은 서로 돕고 조언하고 유대관계를 맺고 필요하다면 사업도 함께 할 수 있다. 따라서 본질적으로 큰 영향력을 가진 동료들끼리 지혜로운 조언자 관계를 형성하게 되는 것이다. 목표는 사람들이 그들 자신, 그들의 삶과 비즈니스에서 현저한 변화를 확인하는 것이다.

마스터마인드 그룹은 동료 간이 멘토링 관계에 있을 때 가장 큰 힘을 발휘한다.

마스터마인드 그룹의 참가자들은 서로를 지원하여 도전적이고 의미 있는 목표를 설정하고 그것들을 성취한다.

성공하기 위해 그룹에 약속과 기밀 유지가 요구되며, 조언과 생각들을 주고받을 의지를 필요로 한다.

마스터마인드 그룹은 개별적으로 만나거나, 전화, 인터넷 회의, 또는 구글 행아웃Google hangout, 페이스북 그룹Facebook group과 같은 온라인 소셜 미디어를 통해 만나기도 하며, 종종 여러 가지 만남의 방법을 한꺼번에 사용하기도 한다. 이렇게 만난 사람들은 당면한 과제를 해결하고, 중요한 목표를 세우기도 하지만 가장 중요한 것은 그것들을 이루어 내는 것이다. 따라서 중요한 성공 요인은 헌신과 함께 서로의 조언과 생각을 기꺼이 교환할 수 있는 신뢰에 있다. 마스터마인드 그룹은 이렇게 기꺼이 요청도 하고, 서로 도움과 지원을 주고받으면서 구성원이 언제든 마스터마인드 그룹 미팅에 나타나, 온전히 참여할 때 가장 잘 작동하게 된다. 결국 마스터마인드 그룹은 아래에 소개하는 사람과 함께 할 때 가장 잘 작동한다고 할 수 있다.

- 기업인, 신인 작가, CEO, 부동산 투자자, 인터넷 기업 또는 특정 기업 또는 산업체에 속한 사람들을 위한 단체와 관심 분야가 비슷한 사람
- 기술 그리고/혹은 성공이 대등한 수준에 있는 사람; 설령 참여자가(아이디어와 자원의 상보성과 다양성을 창조하기 위하여) 서로 다른 배경과 다양한 기술을 가지고 있더라도
- 직업인으로서의 삶과 개인적인 삶 모든 측면에서 새로운 수준으로 올라서고자 하는 욕구와 동기를 가지고 있고 그것을 성취하기 위해 기꺼이 노력하는 사람
- 자신들의 목표에 도달하거나 뛰어넘기 위해 헌신하는 파트너들로 협력적인 팀을 구성하기 원하는 사람
- 자신들의 목표를 이루거나 그 이상을 이루는 데 전념하는 사람

마스터마인드 그룹이 효과적으로 잘 돌아가게 하기 위해서는 진행자나 진행 팀이 반드시 있어야 한다. 그들은 교수나 교관, 코치나 팀장이 하는 역할과는 다르다. 성인을 대상으로 가르치거나 단일한 공통의 목적을 위해 공동의 팀이 되어 일하는 경우와는 다른 마스터마인드 그룹 진행자만의 기술과 방법이 있다. 마스터마인드 그룹 진행자의 역할은 그룹 내부에 친밀한 신뢰 관계를 형성하고, 구성원 사이의 조언과 경험의 전수를 돕고, 각자 해야 할 일을 책임지도록 조율하는 역할을 수행한다. 마스터마인드 그룹의 회의가 진행되는 동안 진행자는 보다 깊은 토론이 되도록 안내하고 집중시키고, 그룹의 활력 수준을 점검하여 참가자가 그룹의 조화를 위협하는 등의 문제가 발생하지 않도록 관리한다.

이러한 것들이 유기적으로 이루어질 경우, 마스터마인드 그룹은 구성원에게 도움이 될 수 있는 다음과 같은 이점을 낳을 수 있다.

1. 그룹 내 브레인스토밍을 통해서 출현하는 새로운 아이디어와 해답
2. 성공한 사람의 경험과 기술을 확인할 수 있는 권리와 기회를 제공받음
3. 의사결정에 대한 자신감 향상
4. 직업적, 개인적 측면에서 중요한 목표의 진전을 이룰 수 있는 더 높은 책임감
5. 신속하고 가치 있는 지지 네트워크
6. 목적을 공유함으로써 느끼게 되는 동기의 강화
7. 더 집중되고 더 풍부하고 더 긍정적인 멘탈에서 나오는 태도

마스터마인드의 이점

성공한 천재들과 의식적인 리더십의 마스터마인드 그룹

2013년 여름, 나의 동료이자 실리콘밸리의 기업 성장 전문가로서 150여개 기업을 도와 자본금을 50억 달러 이상으로 성장시킨 미첼 스테브코Mitchell Stevko, 그리고 러시아 출신 의학박사이자 믿음 치료 전문가로 주로 고위급 전문가와 협업을 하고 있던 올가 스테브코Olga Stevko박사*와 함께 '성공한 천재 마스터마인드 그룹SGM: Successful Genius Mastermind'을 설립하였다. SGM은 성공 요인 모델을 응용한 사례의 하나로, 모차르트, 아인슈타인, 월트 디즈니, 레오나르도 다빈치와 같이 널리 알려진 천재와 성공한 차세대 기업인을 연구하는 과정에서 설립하게 되었다. 이는 샌프란시스코 베이 지역에 기반을 두고 세 번의 오프라인 회의, 월 1회 웹 세미나, 월 1회 오프라인 소그룹 회의 그리고 인적으로 물적으로 양방향의 구체적인 지원을 해주는 진행facilitator 팀으로 구성된 1년 단위 프로그램이다.

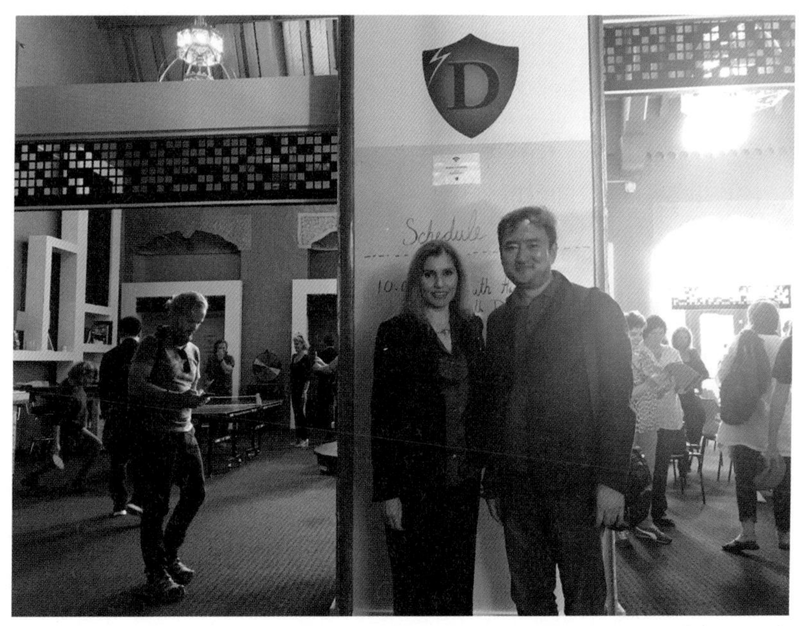

*올가 스테브코 박사와 역자의 사진. 2017년 실리콘밸리를 함께 탐방하면서

나와 두 파트너로 이루어진 성공한 천재 마스터마인드 그룹SGM의 생성적인 협업이 낳은

* 역자주: 역자는 올가 박사와 함께 열흘간 SGM워크숍을 함께 했었고, 구글 등 실리콘밸리의 주요기업을 탐방하며 이 책에서 이야기하는 협업의 성과를 확인하였다.

생산품은 성공한 기업가와 사업주를 대상으로 하는 전면적이고 가속적인 성장 프로그램이다. 현재 회원들 중에는 각기 다양한 장에서 활동하면서 수백만의 사람들의 삶에 긍정적인 임팩트를 주었던 영향력 있는 지도자들도 포함되어 있다. 이 그룹은 기술, 의학, 교육, 영양, 금융, 경영 등 다양한 분야에서 크게 성공을 거둔 사람들로 이루어져 있다. 예를 들어, 바니 필, '대화형 보조 컴퓨팅'의 아버지 중 한 명이자 파워셋Powerset의 창시자인 그는 이 시리즈 제1권에서 프로파일링 되었던 그룹 멤버 중 한 사람이다. 세계적인 베스트셀러 '화성에서 온 남자 금성에서 온 여자' 작가인 존 그레이도 멤버로 있다.

이처럼 SGM의 모든 회원들은 자신들의 삶과 직업상의 특정 분야에서 이미 성공을 거두고 다음 단계로 진입하고자 하거나 경력상의 새로운 플랫폼을 만들고 싶어하는 개인들이다. 그들은 또한 자신들의 인격적인 성장에도 관심이 있다. 그 외에도 SGM의 모든 회원들이 지닌 공통적인 특성은 그들이 감정 지능과 관계 지향적인 지능을 소유한 '가슴에 기반을 둔' 의식 있는 지도자들이라는 점이다. 이는 모두 SFM 제1권에서 정의한 '차세대 기업인'의 훌륭한 사례이다. 그들은 자신들의 꿈이 더욱 충만해지는 삶을 사는 것 그리고 자신들의 기업을 통해 더 나은 세상을 만드는 데에 전념한다.

SGM 참가자 그룹은 3가지 성공 요인 모델링의 적용 그리고 그것을 바탕으로 구성되었다.

이처럼 SGM의 모든 회원들은 자신들의 삶과 자신이 종사하는 특정 분야에서 이미 성공을 거두고 다음 단계로 진입하고자 하거나 경력상의 새로운 플랫폼을 만들고 싶어하는 다양한 배경의 개인들이다.

SGM만의 독특하고 두드러지는 특징 하나는 세계에서 가장 성공한 사람들을 모델로 한 특별한 사고과정과 실천방식을 도입했다는 점이다. 대표적인 것이 마스터마인드 방법mastermind methods다. 또한 SGM그룹 회원들은 자신들의 영향력을 증폭시키고 성장을 가속시킬 강력한 성장의 성공 써클을 구축하기 위해 이러한 방법을 적용하기 위한 코칭을 받는다. 이렇게 해서 회원들은 목표 달성을 위한 효율성과 잠재력을 키워 경쟁력의 우위를 점할 수 있는 명확한 로드맵을 얻게 된다.

그룹 구성원들은 성공 요인 모델링의 원칙과 차별성을 적용하고 자신들의 성장과 영향력을 가속화하고 키워줄 탄탄한 성공 써클 구축을 위해 서로 협력한다.

우리 SGM 공동 창립자들은 창조적이며 성공적인 사람들이 강력한 성공 써클을 만드는 데 사용하는 7개의 근본적인 전략이 있다는 사실을 알아냈다. 이 7개의 근본적인 전략은 다음과 같이 요약할 수 있다.

SGM은 성공을 위한 근본적인 토대가 무엇인지를 탐구한다.

1. 최적의 마인드 셋 정복master an optimal mindset
2. 명료하고 강력한 미래 창조create a clear and compelling future
3. 그 미래에 대한 핵심 경로 설정establish a critical path to that future
4. 내적 정합 이루기achieve internal alignment
5. 강력한 파트너십 구축build powerful partnerships
6. 장애물의 효과적인 변환effectively transform obstacles
7. 역동적인 코스 수정make dynamic course corrections

우리는 이미 어느 정도 성공을 거둔 사람들을 포함한 대다수의 사람들이 성공적인 마스터마인드의 7개 전략 중 단지 한 두 가지만 꾸준히 쓰고 있다는 것을 알았다. 다음 단계의 성공과 더 높은 수준의 만족을 얻기 위해 사람들은 일관적이고 효과적으로 이러한 전략들을 적용할 필요가 있다.

SGM의 목표는 참가자들이 이러한 전략을 그룹 내에서 함께 탐색하고 실행하도록 지원하는 것이며, 구성원들은 이러한 전략과 관련된 모범 사례를 공유하고 창의적으로 구현하는 것을 돕는다. 결과적으로, 많은 단체 회원들이 투자 대비 10배에서 100배의 수익을 올릴 수 있었다. 또한 작가들로부터는 아래와 같은 사례가 접수되었다. "첫 번째 주말 그룹 미팅 이후에, 에너지와 영감을 얻었습니다. 2년 동안 작업해왔던 책을 30일 만에 끝내버릴 수 있었어요."

바니 펠Barney Pell은 이렇게 이야기 한다. "저는 막연히 꿈을 꾸었는데, SGM(the mastermind)이 저의 비전에 대해 생각할 수 있는 새로운 사고의 틀을 주었어요. 뿐만 아니라 제가 가지고 있는 재능들을 계발하고 또 다른 사람들에게 알리고 이끌 수 있는 새로운 언어와 도구를 개발할 새로운 프레임을 깨우쳐 주었습니다."

SGM에서 우리가 이러한 전략들을 개발하고 적용한 매우 효과적인 프로세스들 중 많은 것들이 이 책의 흐름 안에서 어느 정도 간단하게 언급될 것이다.

이 책을 집필하면서 나는 동료들과 SGM을 의식 있는 리더의 마스터마인드로 다듬고 확장하기로 마음먹었다. 우리는 의식 있는 리더를 '다각적인 지성에 접속하는 사람, 모든 이해관계자들에게 혜택이 가도록 한다는 더 큰 목적에 기여하며 높은 가치를 실현하며 살아가는 사람, 중심 잡힌 존재의 현존 상태에 있기를 열망하는 사람'으로 정의했다. 의식 있는 리더십은 다음의 상태를 필요로 한다.

의식있는 리더의 마스터마인드는 의식 리더십의 실행 항목들을 포함하고 있는 성공한 천재들의 7개 전략에 기반을 둔다.

- 진정성 있는authentic
- 감성 지능의emotionally intelligent
- 목적 지향성의purposive
- 책임감 있는responsible

의식 리더십은 다각적인 지성에 접속하고 모든 이해관계자들에게 혜택이 가도록 한다는 더 큰 목적에 기여하며 높은 가치를 실현하며 살고 또한 중심 잡힌 존재 상태에서 기업을 만들어가는 것을 포함한다.

의식 있는 리더의 마스터마인드*는 성공한 천재의 7가지 전략을 기반으로 구축되고 다음과 같은 다른 중요한 실행 항목들을 추가한다.

의식 리더십은 성공 요인 모델링 제3권의 성공에 관한 첫 번째 주제이다.

1. 미래에 대한 명료하고 의미 있는 비전을 구체화하고 그 비전을 가지고 소통하기
2. 더 높은 목적에 대한 집중력 유지하기
3. 영감을 통해 영향을 주기
4. 함께 함에 있어서 개인의 이익과 공공의 이익 균형 잡기
5. 다양한 관점을 존중하고 통합하기
6. 말과 행동이 일치하는 사례를 통해 일관성을 실천하기
7. 경험에서 얻은 교훈을 바탕으로 깊이 성찰하고 깨어있는 셀프 리더십 훈련하기

의식 리더십은 성공 요인 모델링에 관한 다음 책의 주제이기도 한데, 도서명은 '의식 리더십과 회복 탄력성'이다.

* 의식 리더 마스터마인드에 대한 더 많은 정보는 www.conscionsleadersmm.com을 보라

SFM 협업의 촉매제

SFM Collaboration Catalysts

협업 촉매제는 그룹 구성원들 간에 어느 정도의 공명, 시너지 그리고/혹은 출현 현상을 발생시킴으로써 효율적인 협업과 집단지성을 자극하고 강화하는 프로세스이다.

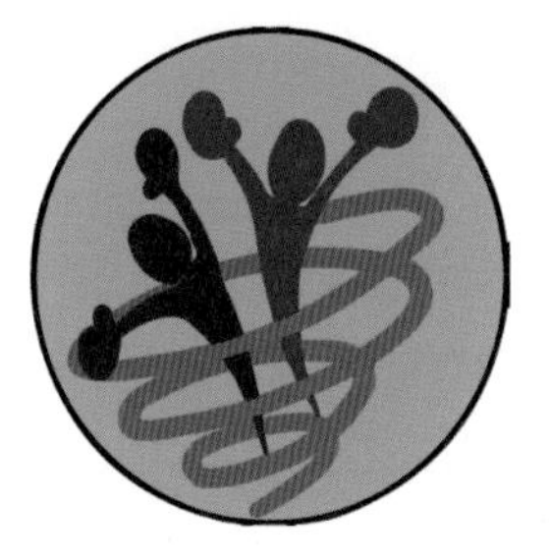

SGM이나 의식 있는 리더의 마스터마인드CLM와 같은 그룹을 도우면서 사용했던 핵심 프로세스들 중 하나가 동생 존과 내가 '협업 촉매제'라 불렀던 것이다. 이 협업 촉매제는 효율적인 협업과 집단지성을 자극하고 강화하는 것에 목적이 있었던 프로세스이다. 협업 촉매제의 목표는 어떤 방식으로 함께 일하는 그룹의 구성원들 사이에 특정 수준의 공명, 시너지 또는 출현 현상을 일으키는 것이다.

이 책에 설명된 협업 촉매제는 당신을 다음과 같이 지원함으로써 프로젝트 또는 벤처에 관련된 행운 요인이 증가하게끔 도움을 줄 수 있다. 성공 요인 모델링 제1권을 참고하길 바란다.

- 행운의 네트워크를 만들어라
  즉 당신을 도울 수 있고 당신에게 새로운 기회를 알려줄 수 있는 사람들을 만들어라
- 미래 트렌드에 관한 정보를 제공하는 미묘한 단서 혹은 약한 신호를 잡아내라(즉, 아이스하키의 퍽이 어디로 갈 것인가와 같은)
- 상호작용하는 사람들로부터 긍정적인 결과가 나오도록 그들을 격려하라

일부 협업 촉매제는 성공 써클의 특정 부분과 특히 관련성이 높다. 반면 다른 협업 촉매제는 이해관계자, 고객, 협력 기업, 직원 등 성공 써클의 사분면 중 한 분야에 보다 효과적으로 적용될 수 있다. 또 특정 협업 촉매제는 당신과 기업이 최고로 일할 수 있는 어떤 것을 발견하도록 하는 협업 시도의 특정 국면에 더 잘 맞아떨어지기도 하는데, 이는 당신이 그것을 실험하도록 용기를 준다.

일단 그룹이나 팀의 깊은 공명의 질을 만들고 강화하도록 돕는 두 개의 협업 촉매제로 우선 시작해보자.

SFM 협업 촉매제; '코치 컨테이너' 창조하기

성공 요인 모델링에 대한 나의 연구는 성공을 달성하기 위한 최우선이자 가장 중요한 요소가 최적의 습관화된 사고방식의 습득임을 보여주었다. 이 책 도입부에서 이러한 상태에 대해 요약했듯이 성공 요인 모델링 책에서 COACH 상태의 실행에 돌입했다. COACH 상태는 내면적인 현존의 상태이고 활짝 열린 마음resourcefulness이고, 호기심과 수용하는 마음이라고 압축하여 표현할 수 있다. 그리고 COACH의 알파벳 각각은 중심 잡힌 내면 상태Centered, 열린 마음Open, 민감하고 깨어있는Alert/Aware, 타인과 연결된Connected, 열린 호기심의 상태에서 어떤 일이 일어나든 그것을 수용하는Holding 코치의 상태를 상징한다.

COACH 상태로 들어가는 것은 iPad나 스마트폰을 온라인 상태에 두고 '클라우드'와 '집단지성'의 더 넓은 장에 연결하는 것과 같다.

우리가 스스로를 COACH 상태로 만드는 이유는 개별적인 전체로서의 나 그리고 우리에게 목적을 주고 에너지를 주는 우리 자신보다 더 큰 어떤 것의 일부로서의 나, 이러한 존재의 상태 둘 다를 경험하도록 연결하는, 말하자면 우리의 통로를 열어 놓기 위해서이다. 이러한 상태에 도달하고 유지하는 것은 성공적인 성과를 얻는 토대가 된다. 따라서 COACH 상태를 만드는 것은 개인의 실행 상태의 기준점을 만드는 일로, SGM 그룹 참여자가 첫 번째로 달성해야 하는 목표다.

COACH 상태로 들어가는 것은 아이패드나 스마트폰이 '온라인' 상태로 무선 네트워크에 연결되는 것과 똑같다. 이 상태는 '집단지성collective intelligence'이라는 더 큰 장에 연결된 상태를 홀론holon 타입으로 만드는 '클라우드cloud'에 각 기기가 접근할 수 있도록 해주는 것이다. 온라인 상태이거나 클라우드에 접속되면, 태블릿이나 스마트폰은 전세계 각 지역에서 일어나는 일에 대한 정보를 실시간으로 제공받을 수 있다. 게다가 다양한 기능과 성능을 더욱 높이는 새로운 애플리케이션을 다운로드할 수도 있고, 무선 네트워크를 통해 다른 기기나 클라우드에 정보를 전송할 수도 있다. 클라우드에서는 언제나 많은 다른 기기들이 정보와 지식에 접근해서 활용하는 일이 가능하다.

그러나 태블릿이나 스마트폰이 인터넷에 접속되지 않는 '오프라인'인 경우에는 현재 메모리에 있는 기존의 데이터 및 응용 프로그램에만 접근할 수 있다.

어떤 면에서 우리 신경계는 이런 기기들과 같다. 우리 신경세포들은 다양한 프로그램이나 애플리케이션을 운영하는 어떤 종류의 회로를 형성한다. COACH 상태에서 우리는 모든 애플리케이션과 데이터에 접근할 수 있는 온라인 상태에 있는 것이며, 우리를 둘러싼 집단지성의 장에서 지식의 '클라우드'에 연결되는 잠재력을 지니는 것이다. COACH 상태가 아닌 다른 상태라면 우리는 우리가 가진 자원이나 다른 사람들로부터 나오는 지식이나 아이디어에 접근하는 것에 한계가 따른다. CRASH 상태의 경우는 가령 우리가 편협하고 반응적이고 정보과다로 인한 분석 불능 상태에 빠져 있고 외떨어져 있고 상처받은 느낌에 있으면서, 우리는 우리가 가지고 있는 지성이나 자원 밖의 아주 작은 한 부분에만 접근할 수 있다.

'Online' 으로 함께 나아가기

따라서 한 가지 간단하면서 잠재적으로 매우 강력한 협업 촉매제가 'COACH 컨테이너'를 형성하는 것이다. 'COACH 컨테이너'는 모든 구성원이 동시에 COACH 상태에 있을 때 나타나는 관계의 장 혹은 그룹 라포의 한 유형이다. 그룹 구성원 전원이 함께 온라인 상태가 될 때 모든 다양한 성공 수준의 구성원들 사이에서 일어나는 공명으로 인해 잠재력이 크게 증대한다.

다음에 소개할 연습은 COACH 상태의 특성을 협업하는 이들 간의 상호작용에 활용하는 방법이다. 이 방법은 거의 모든 유형의 미팅이나 대화형 세션을 시작하는 강력한 방법이다. 이 연습의 목적은 모든 참가자가 상호작용을 통해 최고의 것을 얻기 위해 각자가 최상의 상태로 상호작용을 시작하도록 하는 것이다.

'코치 컨테이너'는 모든 그룹의 구성원들이 동시에 COACH 상태에 있을 때 나타나는 관계의 장 혹은 그룹 라포의 일종이다.

운동선수들이 팀 경합이나 연습 시에 개인으로서나 팀 구성원으로서나 자신을 최상의 상태로 만들기 위해 워밍업 훈련을 하듯 코치 컨테이너COACH container 역시 그룹 참가자들이 상호작용을 통해 서로가 서로에게 최고의 것을 줄 수 있도록 준비시키는 것이다.

1. 앉거나 혹은 서는 데, 두 발을 바닥에 가지런하게 두는 균형 잡힌 자세와 척추를 곧추세우되 이완한 상태로 나란히 정렬하여 서로를 마주 본다(수직축 세우기).
2. 1~2분 정도 함께 의도적으로 이 상태에 들어가라
   아래의 단계로 진행할 수 있도록 조용히 이루어져야 한다
   a) 아랫배(배꼽 바로 아래로, 몸의 중심에 해당함)에 주의를 보내고 그곳까지 깊게 호흡하기
   b) 가슴으로 호흡하면서 주의를 자신의 몸 전체와 주변까지 넓히기
   c) 자신의 몸이 가지는 3차원 공간의 입체적 부피를 자각하라. 그런 다음 자신의 자각을 자신의 발 아래, 자신의 머리 위, 등 뒤, 앞, 왼쪽, 오른쪽의 공간 전부 포함하여 자각을 계속 넓혀가기
   d) 자신보다 더 큰 무언가의 일부가 되어보는 것과 전체가 되는 것 이 두 가지를 다 느껴보기 위해, (반드시 머리, 가슴, 배, 발이 전부) 몸의 중심을 향해 연결되어 있는 느낌과 (발 아래 지구 반대편 방향으로, 머리 위 관통해 우주 밖으로, 자신을 둘러싸고 있는 환경의 방향으로) 자신이 바깥 방향으로 연결되어 있는 느낌을 경험하기
   e) 자신을 둘러싸고 있고 자신이 지각하고 있는 그 공간(당신이 유지하고 있는 환경)으로 침착함, 자신감, 호기심의 느낌을 투영시키는 것을 상상하기
3. 그룹 구성원의 한 사람으로서 그들 각각은 완전히 현재에 머문다. 그리고 코치 상태에 있으면서 큰 소리로 다른 사람들에게 말한다. "저는 여기에 있습니다."(마치 점호하듯이) 혹은 "준비됐습니다."
4. 훌륭한 단계를 하나 더 추가한다면 그룹 구성원들이 그룹을 둘러보고 다른 구성원들과 아이컨택을 하면서 큰소리로 서로에게 말하는 것이다. "나는 당신을 봅니다 I see you."

진정성 있게 현존하기가 이루어진다면, 이러한 간단한 과정은 상호 간에 강하고 풍부한 친밀감과 자원이 넘치는 풍요로움을 느낄 수 있게 한다. 이것을 우리는 관계의 장 혹은 '컨테이너'라고 부른다.

나는 내가 개최하는 모든 세미나, 마스터마인드 그룹, 코칭 세션, 미팅 등을 대면으로 하든 온라인으로 하든 반드시 이 연습의 몇 가지 버전으로 시작하는 것을 습관화했다. 다양한 타

입의 사람들, 각기 다른 배경을 가진 전 세계의 사람들과 이 연습을 해왔다. 이것은 훨씬 더 자연스럽고 몰입 가능한 질 높은 상호작용이 이루어지도록 해주었다. 분명한 것은 웹 세미나나 원격 회의처럼 서로 얼굴을 보지 못하는 경우, 네 번째 단계의 수정이 필요하다는 것이다. 예를 들어, "당신을 봅니다" 대신 "여기 있는 것이 좋습니다"라고 바꿔 말하는 것이다.

집단으로 COACH 상태에 들어가는 것은 상호 연결 관계와 풍부한 자원 상태에 대한 강력하고 풍부한 감각을 창출할 수 있다.

물론, 사람들이 COACH 상태가 어떤 것인지 이미 알고 있고 이전에 경험했거나 연습한 적이 있으면 도움이 된다. 그러나 그렇지 않은 경우에는 COACH 상태와 연습을 하는 이유를 간단히 설명하고 구두로 다양한 단계를 짧게 연습해보는 시간을 가진다.

풍요로운 마음 상태나 긍정적인 사고방식으로 회의나 타인과의 상호작용을 시작하게 되면 불필요한 비효율성과 잠재적인 갈등으로 인한 시간 낭비를 예방할 수 있다. 또한 시너지와 출현의 가능성을 크게 높여준다. (워크숍이나 코칭 세션처럼) 상호작용의 시간이 긴 경우 COACH 상태 만들기라는 협업 촉매제를 주기적으로 반복하는 것도 많은 도움이 될 것이다. 필자도 COACH 컨테이너의 경험 상태로 빠르게 돌아올 수 있도록 움직임, 언어화, 상징성을 갖는 신호는 물론 닻이 선박을 정박시키듯 우리도 앵커를 만들어 그룹 참여자를 독려하였다. 예를 들어, 운동선수 집단의 경우 경기 시작 전에 간단한 세레모니나 구호처럼 모든 선수들을 집단적인 '탁월함의 영역'으로 이끄는 목적으로 이를 사용할 수 있다.

집단적인 움직임이나 동작을 그룹 참가자들이 풍부한 자원의 상태로 재빨리 돌아오게 하는 '앵커'로 사용할 수 있다.

SFM 협업 촉매제; 여러 단계로 자신을 소개하기

협업 촉매제의 또 다른 간단한 예는 자신을 여러 단계로 소개하는 것이다. 이는 처음으로 그룹 모임을 가질 때 가장 유용하다. 이 활동의 목적은 그룹 구성원들에게 협력적 상호작용에 참여하기 전에 자신의 배경과 목표를 여러 단계로 공유하는 기회를 주는 것이다. 이 과정을 통해 환경, 행동 및 능력의 표면적 수준을 넘어서는 성공 요인의 더 깊은 수준에서의 공명을 신속하게 발견할 가능성이 드러난다.

여러 단계로 소개하기는 그룹 구성원들에게 어떤 협업적 상호작용에 참여하기 전에 다양한 수준에서 그들의 배경과 목표에 관한 것들을 함께 나눌 기회를 준다.

이 프로세스는 그룹 구성원이 환경, 행동, 능력(역량), 신념과 가치, 정체성, 목적 등 다양한 수준의 성공 요인에 관련된 5개의 질문에 대답하는 것을 기본으로 한다. 여러 단계로 소개하기 프로세스는 각 구성원이 다음 질문에 답하는 것을 포함하고 있다.

1. 당신은 어디에서 왔는가?(환경)
2. 당신은 무엇을 하는가?(행동)
3. 협업을 해낸 후 당신의 기술이나 능력을 어떻게 향상시키거나 풍부하게 했으면 좋겠는가?(역량)
4. 그러한 기술이나 능력을 왜 향상시키거나 풍부하게 하고 싶은가? 그러한 기술이나 능력이 말해주는 자신의 가치와 신념은 무엇인가?(가치관과 신념)
5. 당신의 임무와 역할은 무엇인가? 당신이 어떤 사람인지를 보여주는 비유나 상징에는 어떤 것이 있는가?(정체성 및 목적)

몇몇은 공개되는 일부 정보를 다소 위험하다고 느낄수도 있지만, 내가 느끼기에 이 프로세스는 사람들 사이의 신뢰와 친밀감이 일정 수준에 도달하는 시간을 단축시키도록 도와준다. 또한 전형적인 상호작용에 있어 일반적으로 접근하는 수준에서 공감대를 형성하는 데 도움이 된다.

여러 단계로 자기소개를 하는 것은 서로 모르는 사람들과 관계를 형성하는 공감대를 형성하는 방법이다.* 뿐만 아니라 서로 잘 알고 있는 그룹에서도 상호작용에 대한 구성원들의 의

---

* 역자주: 이 소개법은 NLP의 Loical level을 활용한 것이다. 소개를 다양하게 하는 의미도 있지만 소개를 하면서 내면의 자아정렬(Self alignment)이 되는 장점이 있다.

도를 명확하게 하는 방법으로 매우 유용하다. 이 경우 3~5번째 질문이 가장 중요하다.

여러 단계로 소개하기는 그룹 구성원들이 성공 요인의 몇 가지 수준에서 공명을 찾을 수 있도록 도움을 준다.

SFM 협업 촉매제: 의도 설정

어떤 특정 활동을 통해 성취하고 싶고 또 성취하기를 기대하는 것, 그것이 의도이다.

'의도intention'라는 단어의 어원은 라틴어 인텐드레intendre이다. '밖으로 끄는 것to stretch out' 또는 '확대나 연장extend'을 뜻한다. 의도는 통상 '생각이 지향하는 목적이나 목표, 조준점' 또는 '계획된 행동에서 예상되는 결과'로 정의된다. '특정 방식의 행동을 할 것을 결정한다'는 의미도 있다. 이렇게 의도는 어떠한 행동을 통해 성취하고자 하는 목적이나 희망을 의미하는 말이다.

예를 들어, '도와줄' 의도를 가진 사람은 도움받을 사람이 무엇을 하려고 하고 필요한 것이 무엇인지 설령 모른다 하더라도 분명 도와줄 의도를 만족시킬 구체적인 행동들을 기꺼이 할 준비가 되어 있고 그렇게 할 것이다. '긍정의 에너지', 즉 '중심을 잡고 머물고자 하는' 의도는 그것을 표현할 구체적이고 다양한 방식을 많이 가지고 있다. 이렇게 볼 때 의도는 우리의 주의가 향할 곳을 알려주고 확실한 기술과 행동을 전면으로 가져오게 하는 일종의 필터이다.

미팅이나 그룹 상호작용을 시작하면서 의도를 설정하는 것은 또 하나의 강력한 협업 촉매제가 될 수 있다.

미팅이나 상호작용의 시작 시점에서 구성원들에게 자신의 의도를 설정하게 하는 것은 또 하나의 효과적인 협업 촉매제가 될 수 있다.

열정passion, 비전vision, 미션mission, 엠비션ambition 및 역할role과 마찬가지로 의도를 표현하는 방식은 다양하다(성공 요인 모델링 제1권 참조).

- 언어(긍정적이고 간결함: 5 단어 전 후)
- 시각적(컬러 이미지, 문자 또는 기호)
- 신체 표현(자세와 움직임을 나타내는 자세와 움직임을 나타냄)

의도 표현하기

내가 속한 마스터마인드 그룹과 성공 요인 모델링 세미나에서 세션이나 회의를 시작할 때 공히 하는 절차가 있다. 몇 분 정도만 시간을 내어 다음 질문에 대해 답하게 하고 그 답변을 그룹에서 공유하는 절차다.

1. 지난 번 회의 이후로 귀하의 COACH 상태는 평균적으로 어떠했는가? (1~10으로 점수 매김)
2. 지난 번 회의 이후로 가장 중요한 성과나 '잘 해낸 것'이 있다면?
3. 당신에게 가장 큰 도전은 어떤 것이었나?
4. 이번 회의를 하는 동안의 의도는 무엇인가? 그리고 다음 회의까지의 시간 동안 어떤 의도를 가질 것인가?

다양한 방법으로 자신의 목표나 의도를 나타내는 것이 중요하다.

몇몇 마스터마인드 그룹 미팅과 성공 요인 모델링 세미나에서 나는 사람들에게 4인 1조로 구성된 그룹을 만들고 장기 의도 즉, 비교적 긴 시간동안에 적용할 의도를 명쾌하게 세우도록 서로 도우라고 요청할 것이다. 모두가 한번씩 발표자 역할을 맡고 다른 사람들은 A, B 혹은 C의 역할을 한다.

- A는 발표자가 질문을 탐색하도록 돕는다. "당신의 의도를 표현하는 데 쓰고 싶은 5~7개의 키워드가 있다면 그것은 어떤 단어일까?"
- B는 발표자가 질문을 탐색하도록 돕는다. "당신의 의도를 나타내는 이미지나 글자, 상징이 있다면 어떤 것이 있을까?"
- C는 발표자가 질문을 탐색하도록 돕는다. "당신의 의도를 몸짓으로 표현한다면 어떻게 할 수 있을까?"

자신의 의도를 명확히 하고 다른 구성원들이 의도를 세우는 일을 돕는 것은 그룹 내 모든 사람들이 서로를 통해 최고의 것을 주고 받을 수 있는 토대를 마련해 준다.

SMF 협업 촉매제: 상호 스폰서십의 '장' 조성

집단지성의 필수 요건은 신뢰와 상호 존중, 그리고 각 구성원들 고유의 자원과 기여에 대한 인식을 토대로 한 관계의 장을 형성하는 것이다. 이것이 성공 요인 모델링 제1권에서 우리가 '스폰서십'이라고 언급한 부분이다.

자아 초월 분야의 교사인 리차드 모스Richard Moss는 "우리가 우리 자신이나 타인에게 줄 수 있는 가장 위대한 선물은 관심의 질이다."라고 말한다. 스폰서십sponsorhip은 타인의 내면에 잠재되어 있는 긍정적인 자질을 알아보고, 감지하고, 확언하는 활동을 포함한다. 진정한 생산적인 협력도 그렇지만 나 역시 구성원 모두가 서로 스폰서십하기를 바라고 요청한다. 그룹 내 상호 스폰서십을 북돋우는 길은 서로에게 관심을 기울이면서 서로에 대해 알고 인정해줄 만한 것을 찾아내고 그것을 확언해주는 연습을 하는 것이다.

다음 소개하는 프로세스는 나의 동료 NLP 트레이너인 로버트 맥도날드Robert McDonald가 최초로 개발한 것이다. 구성원들이 서로에 대해 알아차린 것과 진심으로 마음에 드는 부분에 초점을 맞춰서 서로를 스폰서십하도록 격려한다.

구성원들 전부 차례차례로 A의 역할을 한다. 다른 구성원들은 A에게 주의 집중한다. 여기서 A의 역할은 동료들의 집중의 대상이 될 준비가 되었다는 느낌이 드는 사람부터 자원해서 참여하는 것이 중요하다.

A는 자신의 의도를 그룹에 전달한다. 이후 A의 왼쪽에서 시작해 시계방향으로 돌면서 각 구성원들이 A에 대해 신체적인 면에서 관찰한 것과 마음에 드는 것 하나씩 그리고 A에 대해 직관적으로 감지되는 것과 마음에 드는 것 하나씩 언급한다. '관찰observing'은 그 사람의 행동에 대해 말 그대로 감각에 기반한 지각을 베이스로 하는 것이고, '감지sensing'는 그 사람의 깊은 본질에 대해 몸으로 느껴지는 직관적인 인상을 말한다.

각 구성원은 다음의 형식에 따른다.

"나는 당신이 ________________________________

하는 것을 관찰했습니다. 나는 그것이 좋습니다."

"나는 당신이(의) ________________ (하는 것)**을 느낍니다/느껴집니다.**

나는 그것이 좋습니다."

이 프로세스는 구성원 모두가 A의 역할을 하여 다른 구성원들의 이야기를 들을 수 있도록 차례가 다 돌아갈 때까지 반복한다.

기업가 그룹과 새로운 파트너십 기회를 모색하는 자리이든, 대기업 임원들이나 또는 규모가 작은 팀 회의를 할 때든 나는 이 활동을 주로 활용하며 시작한다. 항상 사람들에게 큰 소리로 말하라고 하지 않는다. 대개는 그저 스폰서십하는 마음으로 상대를 바라보는 것만으로도 충분히 서로에게 공감대를 느끼고 긍정적인 공명을 일으키도록 촉진하는 것이 가능하다.

스폰서십의 "장"을 조성하려면 구성원들이 서로에 대해 무엇을 인지하고 있고 무엇을 진정성 있게 좋아하는지에 초점을 맞출 필요가 있다.

SFM 협업 촉매제: 성공 요인 모델링을 통한 모범 사례 탐구 및 공유

앞서 언급한 바와 같이, 조직 내 집단지성의 주요한 징후들은 정보를 교환하고 아이디어를 나누며 공명을 발견하게 되는 공유와 특정한 문제나 결과를 만들어 내기 위해 지식을 분류하고 시너지를 일으키는 공동행동으로 나타난다. 이 두 프로세스를 효과적인 벤치마킹 표준 설정과 두 목적의 핵심에 도달할 효과적인 전략을 공유할 모범 사례 두 가지 다 성취하도록 결합시킬 수 있다.

마스터마인드 그룹 및 성공 요인 모델링Success Factor Modeling 코칭 및 트레이닝 세션에서 우리는 벤치마킹 및 모범 사례best practices 나누기의 공동 협업 촉매제로 Success Factor

Modeling 프로세스를 적용한다. 이 그룹은 '효과적인 의사결정' 또는 '신입 사원 채용'과 같은 주제를 선택한 다음 자신의 경험에서 공통적인 주제와 관련된 성공 사례를 공유한다.

이런 공유는 4~6명으로 구성된 그룹에서 가장 잘 이루어지며 다음 질문에 대한 답을 비교한다.

성공 요인 모델링 프로세스는 벤치마킹과 모범 사례 교환을 위한 협업 촉매제로 사용할 수 있다.

1. 당신이 얻으려고 했던 결과outcome는 무엇인가?
2. 그 결과를 달성하거나 창출하는 데 필요한 주요 행동은 무엇인가?
3. 어떠한 마음가짐으로 그 행동을 했는가?
   - 내면 상태
   - 사고 과정
   - 가치와 신념

그룹의 구성원들은 자신의 이름이 적힌 메모지를 나눈다.

구성원들은 특정 주제에 따른 과거의 성공 사례를 공유한 다음, 원하는 결과를 성공적으로 도출할 수 있었던 사고방식과 행동 모두를 다 포함하는 공통적인 핵심 단계의 주요 경로를 정의하는 '성공 스토리 보드'를 만든다.

모든 구성원들의 공유가 끝나면 원하는 결과를 성공적으로 창출하는 데 필요한 핵심 단계의 주요 경로를 마인드 셋과 액션(사고방식과 행동) 양방향을 다 포함하여 표시할 '성공 스토리 보드success storyboard'를 작성한다. 가장 중요한 공통 성공 요인을 더욱 효과적으로 찾기 위해, 그룹 내에서 6개의 핵심 단계로 (압축해) 정의하도록 제한한다.

마스터마인드 그룹에서 도출된 효과적인 의사결정 사례는 다음과 같다.

SFM 예시: 효과적인 의사결정 마스터마인딩

결과:

- 생태적
- 승-승(相生)
- 재난을 피하기

실천행동:

- 프로젝트 시나리오 - '마치~~인 것처럼' 행동하라
- 결과에 따라 벌어지는 일들을 고려하라
  - 정말로 중요한 것은 무엇인가?
  - 이것이 나의 사명에 어떤 수준으로 어떻게 영향을 미치는가?
- 다양한 관점을 가져보기
- 직관에 이성을 더해서 사용하기

사고방식(마인드 셋):

- 연결, 자비, 명료함, 고요함, 조화로운 합일
- 믿음: 나는 어떤 결과가 나오든 수용하는 사람이다.

단계:

1. 최적 의사결정 사고방식으로 들어가기
2. '관찰자observer' 입장이 되어보기
3. 질문하기, "중요한 것은 무엇인가?"와 "어떤 수준에서 그런가?"
4. 프로젝트 시나리오 '마치 ~~인 것처럼' 행동하라
5. 다양한 관점에서 질문하기
6. 이성적이고 직관적인 평가

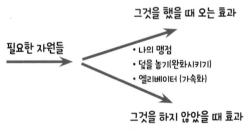

그것을 했을 때 오는 효과

필요한 자원들

- 나의 맹점
- 덫을 놓기(완화시키기)
- 엘리베이터 (가속화)

그것을 하지 않았을 때 효과

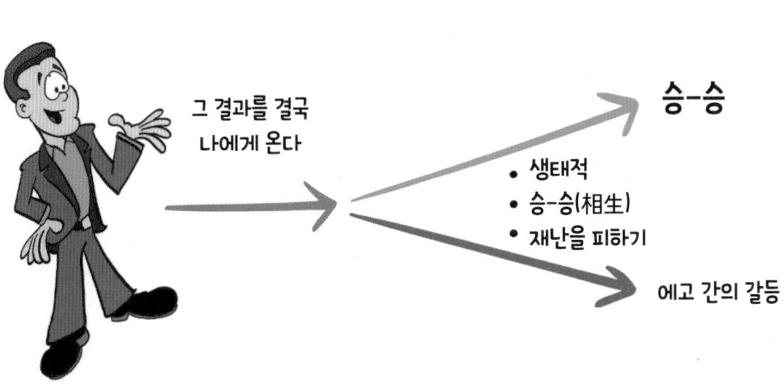

이러한 모델링 세션에 참여하지 않은 사람들이 그 가치를 다 알지 못할 수는 있겠지만, 위 예시는 매우 풍부하고 상세한 논의를 수준 높게 잘 정리한 것이다. 이는 참가자들이 공유했던 배움에서 혜택을 얻고 그 배움에 재접근하기 위해 탐험에 참여한 사람들에게 좋은 안내가 될 것이다. 마스터마인딩 세션에서 도출된 아래 프로세스처럼, 보다 실천 가능한 적용방법과 심도 있는 모델의 기초를 마련할 수 있다.

내년에 해야 하는 주요 결정사항에 대해 생각해 보자

"성공 스토리 보드"는 더욱 세부적인 실천을 해내게 하는 보다 심도 있는 논의의 기초를 형성할 수 있는 높은 수준의 요약역할을 한다.

- 자신의 마인드 셋(사고방식)이 연결의 느낌과 자비로운 마음, 명료함, 고요함, 조화롭게 합일한 느낌인지 아닌지 확인하기 위해서 무엇을 할 수 있는가?
- 가장 생태학적이며 유익한 결정을 내리도록 해 줄 믿음과 가치는 무엇인가?
- 그 해의 비전과 열정을 되돌아볼 때, 이루어야 할 가장 중요한 것은 무엇이고 어떤 수준에서 그러한가?
- 가장 중요한 것을 완수하기 위해 취해야 할 실천 행동-액션action은 무엇인가?
- 실천 행동(액션)이 당신을 올바른 방향으로 이끌고 있는지 알기 위해 사용할 수 있는 (명백하고 또 직관적인)피드백에는 어떤 것이 있는가?

다음 장에서는 SFM 협업 촉매제의 이러한 유형을 다시 살펴보고 이것이 어떻게 그룹이나 팀의 집단지성을 창출하고 강화하는 데에 사용될 수 있는지 보여줄 것이다.

지원 도구로서 다음 워크시트를 자주 사용하여 모범 사례를 모델링할 때 그룹을 안내할 수 있다.

성공 요인 모델링 워크시트

Success Factor Modeling Worksheet

원하는 결과(outcome)

어떤 결과가 기업이나 프로젝트가 성공적인 성과의 주된 초점이었나?
5가지 이내의 결과를 열거하시오.

1. ______________________________.

2. ______________________________.

3. ______________________________.

4. ______________________________.

5. ______________________________.

실천 행동(action)

그러한 결과를 성취하기 위해 당신이 했던 주요 행동에는 어떤 것이 있나?
행동을 5가지 이내로 열거하시오.

1. ______________________________.

2. ______________________________.

3. ______________________________.

4. ______________________________.

5. ______________________________.

마인드 셋(mind-set)

결과에 도달하는 데 필요한 행동을 취할 수 있게 지원해 준 마인드 셋(예: 내면의 상태, 태도 및 사고과정, 가치 및 신념 등)의 특성 중에 핵심적인 특성에는 어떤 것이 있는가?

핵심 특성을 5개 이하로 나열하시오.

1. ______________________________.

2. ______________________________.

3. ______________________________.

4. ______________________________.

어느 특정 결과를 창출하고 성취하는 데 가장 관련이 있는 행동은?

어느 특정 행동을 하도록 하는 데 가장 관련이 있는 마인드 셋의 핵심 특성은 어느 것인가?

다음 장에 나오는 표는 당신이 발견한 것들을 조직화 하는 데 도움을 줄 것이다.

성공 요인 모델링 테이블

Success Factor Modeling Table

이름: ______________________ 주제: __________________________

결과(outcome)	실천행동(action)	마인드 셋-주요특성(mind-set)

성공 스토리 보드

Success Storyboard

확보한 정보를 바탕으로 원하는 결과를 성공적으로 창출하기 위해 가장 중요한 핵심 단계의 주요 경로를 마인드 셋과 실천행동 모두 포함하여 정리하시오.

1. ______________________________.

2. ______________________________.

3. ______________________________.

4. ______________________________.

5. ______________________________.

6. ______________________________.

요약

성공적인 기업가 및 비즈니스 리더는 공유 가능한 '더 큰 파이'를 만드는 것처럼 자원을 공유하고 확대하고 유효한 비즈니스 기회를 확장하는 데에 집단지성을 훌륭하게 활용할 수 있다.

집단지성collective intelligence은 단순히 '수집된 지성collected intelligence'과는 다르다. 부분의 합보다 더 큰 결과를 낳는 것이 집단지성이다. 또한 모든 상호작용이 집단지성을 낳는 것은 아니다. 구성원 개인 간의 상호작용이 지성을 발휘하거나 증가시키지 않는, 오히려 그 반대로 작용하는 그룹의 예는 많이 있다. 성난 군중 또는 역기능적인 팀이나 가족이 대표적인 사례다. 집단지성은 열린 커뮤니케이션, 상호 신뢰와 존중, 자신보다 더 큰 무언가에 대한 헌신과 호기심이 요구된다.

집단지성의 가능성을 창출하는 3가지 프로세스는 공명, 시너지 그리고 출현이다.

- 공명은 특별히 서로 파장이 잘 맞는 가족 시스템family systems이나 객체가 서로에게 영향을 주고 받는 형태의 하나라고 할 수 있다. 공명은 구성원들이 구성원들의 아이디어나 가치, 자질로 서로가 연결 혹은 정렬되어 있다고 느끼는 정도와 관련이 있다.
- 시너지는 둘 혹은 그 이상의 것이 함께 작용해서 개별적으로 해서는 얻을 수 없는 결과를 이루어낼 때 발생한다. 이는 그룹 내 각 개인이 같은 목표를 가지고 함께 했을 때 개별적으로 작업하는 것보다 더 나은 결과를 산출하는 그룹의 능력을 말한다(1+1이 2가 아니라 3이 되는 것과 같다). 시너지는 그룹에 기여하고 있는 개인의 능력을 포함하고 확장하는 결과를 생산하기 위해 정보를 교환하는 것에 더불어 에너지 교환도 요구한다.
- 출현은 복잡한 패턴이 상대적으로 단순한 상호작용을 하는 그룹에서 나타날 때 생겨난다. 출현의 특질은 시스템의 구성 요소로 직접 추적 가능한 것이라기보다, 전체가 부분의 합보다 큰 경우처럼 그 구성 요소들이 어떻게 상호작용하는지와 더 관계가 깊다. 가령 획기적인 혁신은 겉으로 보기에 전혀 관련이 없고 양립 불가능해 보이는 아이디어나 기술들이 결합하여 생긴 결과물이다.

이 책의 주요 부분은 집단지성을 만들어 내기 위해서 공명, 시너지, 출현 등의 특성이 조직 내부에 만들어지기 위한 조건을 형성시키는 방법을 주제로 하고 있다.

홀론holon과 홀로그램의 현상 역시 집단지성 창출에 중요한 요소이다. 홀론holon이라는 용어는 우리 각자가 서로 다른 조직(장기, 세포 분자 등)으로 구성되어 있고 동시에 더 큰 전체(가족, 직업,

커뮤니티, 문화 등)의 일부로 독특하고 활동적인 분리된 전체라는 사실을 나타내는 말이다. 집단지성은 더 크게 통합된 홀론으로 기능할 수 있는 우리의 능력이 낳은 결과이다.

집단지성을 창출하는 또 다른 핵심 인자는 홀로그램 및 홀로그래픽 시스템과 관련이 있다. 홀로그램은 모든 부분 이미지에 전체 이미지가 다 담겨 있는 3차원 이미지를 말한다. 하나의 현상으로 홀로그램의 작동이 여러 시스템 속에서 전체 시스템에 관련된 모든 정보가 시스템 전체의 각 부분이 하는 홀로그래픽 기능을 통해 배포되는 것이 어떤 형태로든 필요하다는 개념에 대한 은유가 되었다. 어느 수준의 집단지성에서는 목적 같은 핵심 정보는 그룹 내 개인에 의해 공유되어야 한다.

집단지성을 창출하는 데 있어 '과업의 유의성' 역시 중요하다. 과업의 유의성이란 '조직 내·외부적으로 다른 사람에게 인식 가능한 어떤 업무가 얼마나 중요한지에 대한 정도'라고 정의할 수 있다. 과업의 유의성은 자신의 업무와 관련된 활동이 조직 내·외부적으로 다른 사람들에게 얼마나 영향을 미쳤는지에 대해 자각하고 이해한 결과라 할 수 있다. 와튼 스쿨의 아담 그랜트 같은 연구자들은 과업의 유의성에 대한 공감이 개인과 그룹 모두 드라마틱한 성과 향상으로 이어지도록 했다는 것을 보여주었다.

집단지성은 조직 내부 상호작용에서 다음과 같이 근본적인 형태에서 몇 가지 다른 점을 보여주는데:

- 공유sharing: 정보와 아이디어를 교환하고 공명하기
- 공동행동swarming: 특정 문제나 결과 쪽으로 지식과 행동이 향하게 하며 협력 보강하기
- 무리 짓기flocking: 상호 지원에 대비하고 문제 해결책을 만들기 위해 함께 참여하기

기업가적 도전 정신을 가진 기업에서 집단지성은 아래와 같은 목적으로 자주 활용된다.

- 벤치마킹: 표준 설정
- 모범 사례: 핵심 목표달성을 위한 성공적이었던 전략 공유
- 브레인스토밍: 아이디어 창출
- 생성적 협업: 새로운 것 창조

마스터마인드 그룹은 집단지성의 이러한 다양한 측면들이 기업가의 적극적인 활동에 어떻게 적용될 수 있는지에 대한 좋은 본보기이다. '마스터마인드'라는 용어는 '조화의 정신 속에

서 뚜렷한 목적을 가지고 일하는 둘 이상의 사람들'로 이루어진 집단지성을 뜻한다. 동료 간의 자문위원회와 같은 마스터마인드 그룹의 기능은 각 구성원이 비즈니스 스킬이나 개인적인 기술을 갈고 닦기 위해 마련해 놓은 그룹 내 브레인스토밍, 교육, 동료로서의 책무와 지지와 같은 조화로운 협력작용을 제공해주는 것이다. 마스터마인드 그룹은 당면한 문제들을 함께 다루기 위해 매달, 매주 합의가 되면 매일 만나기도 한다. 그들은 서로 돕고 조언하고 네트워크를 공유한다. 자신들의 삶과 일에서 스스로 눈에 띄는 변화를 가져오기에 적절한 목표가 있을 때에는 서로 같이 사업을 할지도 모른다.

강사나 코치, 팀리더에 의존하는 방식과 달리, 마스터마인드 그룹은 그룹 전체가 다양한 협업 촉매를 경험하도록 돕는 전형적인 퍼실리테이터를 둔다. 여기서 협업 촉매는 효과적인 협업과 집단지성을 자극하고 강화하는 과정이나 절차를 말한다. 따라서 협업 촉매의 목표는 함께 일하는 그룹 구성원 사이에 상당한 수준의 공명, 시너지, 출현 중 적어도 한 가지를 생성시키는 데에 있다.

최상의 수행 준비상태를 의미하는 코치 컨테이너COACH Container는 구성원 모두가 최선의 사고방식에서 시작할 수 있도록 도와주는 협업 촉매의 사례이다. 그러한 상태가 되고, 그것이 일상적으로 되면 서로가 강하고 풍부한 느낌의 라포를 형성하고 자원이 풍부한 상태를 만들 수 있다.

로지컬 레벨logical level을 활용한 소개는 특히 그룹이 처음 만들어졌을 때, 다시 말해 집단지성에 참여하기 전의 다양한 레벨에 있던 새 구성원들의 배경과 목표에 대해 서로 나누는 기회가 주어졌을 때 가장 가치를 발하는 협업 촉매제이다. 이러한 도입부 프로세스는 표면적인 환경, 행동방식, 역량 너머에 있는 더 깊은 수준의 성공 요인의 공명을 빨리 찾을 수 있는 가능성을 높여준다.

의도를 표현하는 것은 그룹 구성원들의 주의가 어디로 향할지를 알려주고, 특정 기술과 행동을 전면으로 가져오도록 하는 일종의 여과기filter를 만들어 낸다. 서로가 말이나 이미지 또는 몸동작을 통해 개인적인 의도를 표현하도록 돕는 것은, 참가자들이 상호작용 과정에서 최상의 주고 받기를 더 잘 준비할 수 있게 하는 것이다.

공동 스폰서십의 '장field'을 키우는 것은 그룹 구성원들이 서로에 대해 파악하고 인식한 것을 기대하고 말로써 인정하는 실질적으로 중요한 연습으로서 또 하나의 협업 촉매제라 할 수 있다. 이 협업 촉매는 각 구성원들만의 독특한 자원과 공헌에 대한 상호 존중과 인정, 신뢰에 바탕을 둔 강력한 관계의 '장'을 만드는 데 도움이 된다.

성공 요인 모델링을 통한 모범 사례의 탐색과 공유는 공동행동과 공유의 과정을 통해 그룹 내에서 집단지성을 발전시키고 결과물을 수확하도록 도와주는 협업 촉매의 하나이다. 공동의 이익을 위한 중요한 주제를 선정하고 성공적이었던 성과나 프로젝트 사례를 자세하게 탐색하면서, 구성원 모두는 나중에 실천할 수 있는 핵심 성공 요인을 찾을 수 있게 된다.

Chapter 02

집단지성과 생성적 협업

Collective Intelligence and Generative Collaboration

시너지는 1+1이 10 또는 100 심지어 1,000이 될 때 일어나는 것이다! 이는 서로를 존중하는 둘 이상의 사람들이 선입관을 뛰어 넘어 큰 도전에 부딪치기로 결정했을 때 일어나는 심원한 결과이다.

스티븐 코비Stephen Covey

많은 아이디어들은 갑자기 떠오른 그 자리보다 다른 마인드에 이식되었을 때 더 잘 자란다.

올리버 웬델 홈즈Oliver Wendell Holmes

누구나 살다가 내면의 불꽃이 꺼지는 순간이 온다. 그곳에 다시 훅하고 불이 붙는 것은 다른 사람과의 만남을 통해서다. 다시 불꽃을 일으켜준 모든 이에게 우리는 감사해야 한다.

알버트 슈바이처Albert Schweitzer

협업은 성공적인 기업을 위한 본질적인 요소다

Collaboration is Essential for a Successful Venture

성공적이고 지속적인 기업을 만들기 위해서는 효과적인 협업이 그 어느 때보다 중요하다.

그룹과 팀에 속해 다른 사람들과 함께 일하는 것은 현대의 비즈니스와 작금의 경영환경하에서 점점 더 중요하면서도 보편적인 모습으로 자리잡아가고 있다. 또한 타인들과 함께 하는 팀 활동을 효과적으로 잘하는 것이 기업가와 리더의 성공에 있어 본질적인 요인으로 자리잡았다. 최근 포브스지 닷컴Forbes.com과의 인터뷰에서 저널리스트 댄 쉐벨Dan Schawbel이 아담 그랜트Adam Grant(앞서 언급되었던 와튼 스쿨 교수)에게 다른 사람들과의 상호작용이 성공적인 경력에 어떤 새로운 의미가 있는지 그리고 그것이 과거보다 왜 지금 그렇게나 더 중요해졌는지 설명해 달라고 요청했다. 그랜트는 다음과 같이 대답했다.

> **업무의 세계가 과거에 비해 훨씬 더 상호 의존적이 되어, 일하면서 혁신적인 아이디어나 비즈니스 기회, 고객의 추천 그리고 판매 촉진책을 구체화하는 데 있어 관계를 맺고 평판을 쌓는 것이 점점 더 중요해지고 있다. 상호 의존성이 부상하는 배경에는 적어도 세 가지 주요한 최신 경향이 있다.**
>
> **첫째, 프로젝트 기반 업무가 많아졌다. 조직들은 협업을 하도록 사람들을 모아서 일시적인 팀을 꾸리는데, 이러한 단기 팀의 성취 결과를 구체화하는 데 멤버들의 상호작용 기술은 특히 중요하다.**
>
> **둘째, 산업 구조가 제조업에서 서비스 및 지식 경제로 이동했다. 미국인 5명 중 4명은 의뢰인과 고객의 필요성을 충족시키는 것이 성공의 결정적인 요인으로 작용하는 서비스직에 종사하고 있다.**
>
> **셋째, 온라인 소셜 네트워크가 등장했다. 요즘은 링크드인LinkedIn에서 구직자나 잠재적 비즈니스 파트너, 서비스 제공자들의 평판을 추적할 수 있고 소셜 미디어를 통해 그들의 행동을 추적할 수도 있다.**

그랜트의 답변은 최근 몇 년 동안 세상이 어떻게 바뀌었으며 협업이 얼마나 필수적인 성공 요인인지에 대해 많은 것을 밝혀준다. 그가 소개한 최신 경향들은 단순히 분리된 개인의 관점이 아니라, 통합된 홀론의 관점에서 자신들을 자각하고 타인과 상호작용하는 것이 얼마나 중요한지 분명하게 지적하고 있다. 홀론으로서 다른 사람들과 함께 협업적으로 일할 수 있는 능력은 성공을 위해 매우 중요하다.

협업의 수준

Levels of collaboration

협업이란 말 그대로 '함께 일하는 것'을 뜻한다. 사람들이 함께 일하고 협업하는 데는 많은 방법이 있다. 누구는 다른 누구보다 더 효율적이다. 사실상 협업의 성과는 3가지 유형으로 분류 가능하다.

1. 성과가 저조한 그룹이나 팀의 경우, 그룹 전체의 성과 또는 산출량은 사실상 개별적으로 작업하는 경우보다 적다. 즉, 1 + 1 < 2이다.
2. 평균적인 그룹이나 팀의 경우 그룹 전체의 성과나 산출량은 개인이 각각 독립적으로 일한 것과 거의 같다. 1 + 1 = 2이다.
3. 높은 성과를 내는 그룹이나 팀의 경우, 그룹 전체의 성과 또는 산출량은 개인이 각각 독립적으로 일했던 것보다 훨씬 크다. 1 + 1 = 3이다. 이것이 우리가 생성적 협업이라고 부르는 것이다.

그룹이나 팀이 효율적으로 협업할 수 있는 능력은 대단히 다양하다.

저성과 그룹은 개개인이 각자 일한 것보다 결과가 좋지 않다.

평범한 그룹은 개개인이 기여하는 만큼의 성과가 난다.

높은 성과를 내는 그룹은 구성원들이 혼자서 해낸 것보다 훨씬 더 큰 성과를 낸다.

20명의 사람들이 어떻게 1,000명을 능가했는가?

성과가 저조한 그룹이나 팀은 영리하게 협업을 할 능력이 본질적으로 부족했다고 할 수 있다. 단순히 개인이 함께 일하는 상호작용에 실패한 것이 아니라, 사실상 개인이 맡은 과업조차도 효과적으로 완수하지 못하도록 방해받은 것이다(1+1=0 이 되거나 또는 심지어 -1이 되는 것으로 '퇴행적 협업' 또는 '부정적인 합'이라 할 수 있다).

평균적인 그룹은 기본적인 협업 수준에 도달했다고 말할 수 있다. 기본 협업은 특정 목표에 도달하기 위해 함께 일하는 개인 그룹을 포함한다. 1+1=2 인 '수집된' 지성 유형이다. 기본 협업을 위해서는 사람들이 어느 정도 서로 관계를 맺고 효과적으로 의사소통을 해야 하며 다른 파트너 또는 그룹 구성원과 협의하여 필요한 작업을 수행해야 한다. 기본 협업의 목표는 개인이 기여한 부분의 합계와 동일한 결과를 산출하기 위해 사람들이 기대하는 바에 따라 실행하는 것이다.

앞서 언급했듯이 생성적 협업은 효과적인 집단지성의 결실로 알려져 있다. 생성적 협업은 사람들이 협업을 통해 그룹 구성원이 개인적으로 할 수 있는 능력 너머의 것, 새롭고 놀랄 만한 무언가를 만들거나 생성한다. 1+1=3 또는 그 이상의 생성적 협업을 통해 개인은 자신의 능력을 최대치로 활용하고 자신이 가지고 있다는 것을 미처 알지 못했던 자원을 발견하고 적용할 수 있다. 그들은 새로운 아이디어와 자원을 서로 끌어낸다. 따라서 그룹 전체의 성과 또는 산출량은 개인이 각각 작업하는 경우보다 훨씬 더 크다.

잘 알려진 대형 다국적 통신 회사의 사례를 한 번 살펴보자. 그 회사는 경쟁력 유지에 어려움을 겪고 있었고, 시장의 주요 구획의 확보를 위해서는 제품을 개발해야한다는 것을 알고 있었다. 상황이 너무 위급해서 회사는 가능한 한 신속히 신제품을 개발하기 위해 천 명의 사람들로 구성된 팀을 꾸렸다. 하지만 놀랍고 당황스럽게도 경쟁사 중 하나가 더 짧은 시간에 더 좋은 제품을 만들어냈고 완전히 적은 비용으로 만든 그 제품은 모든 핵심 성과 지표에서도 시장에서 훨씬 성능이 뛰어난 것으로 밝혀졌다. 가장 놀라운 것은 경쟁사가 구성원이 기껏 20명밖에 안 되는 팀으로 이 일을 해냈다는 것이다!

당연히 대형 통신 회사가 강렬하게 들었던 의문은 '어떻게 20명의 사람들이 1,000명을 완전히 뛰어넘는 성과를 낼 수 있었나?'였다. 차이를 만든 차이는 '생성적 협업'에 필요한 능력이라고 우리가 언급하는 것들이다. 1,000명으로 이루어진 팀 구성원들은 대부분 서로 고립된 상태인 '사일로silo'에서 작업했다. 다양한 팀 구성원들은 사람들을 본질적으로 기계의 한 부분 혹은 컴퓨터 소프트웨어 프로그램—성공 요인 모델링SFM에서 우리가 '두뇌와 펜brain and pencil' 리더십이라고 부르는—으로 보는 프로젝트 리더가 자신에게 할당해 준 과업만 수행하는 식으로 단순하게 작업했다.

반면에 20명으로 된 그룹은 그 프로젝트의 비전에 열정을 가지고 자신의 열정을 팀에 전파하는 사람의 주도하에 일을 했다. 이 리더는 '혁신의 지휘자orchestrator of innovation'로 팀에 많은 영향을 미쳤고 부단한 소통과 상호작용을 하도록 팀을 격려했다. 그들은 그들이 한 모든 것이 탁월함에 이르도록 하기 위해 서로 도전하고, 자극하고, 서로에게 최선을 다했으며, '상자 밖out of box'에서 생각하려고 노력했다.

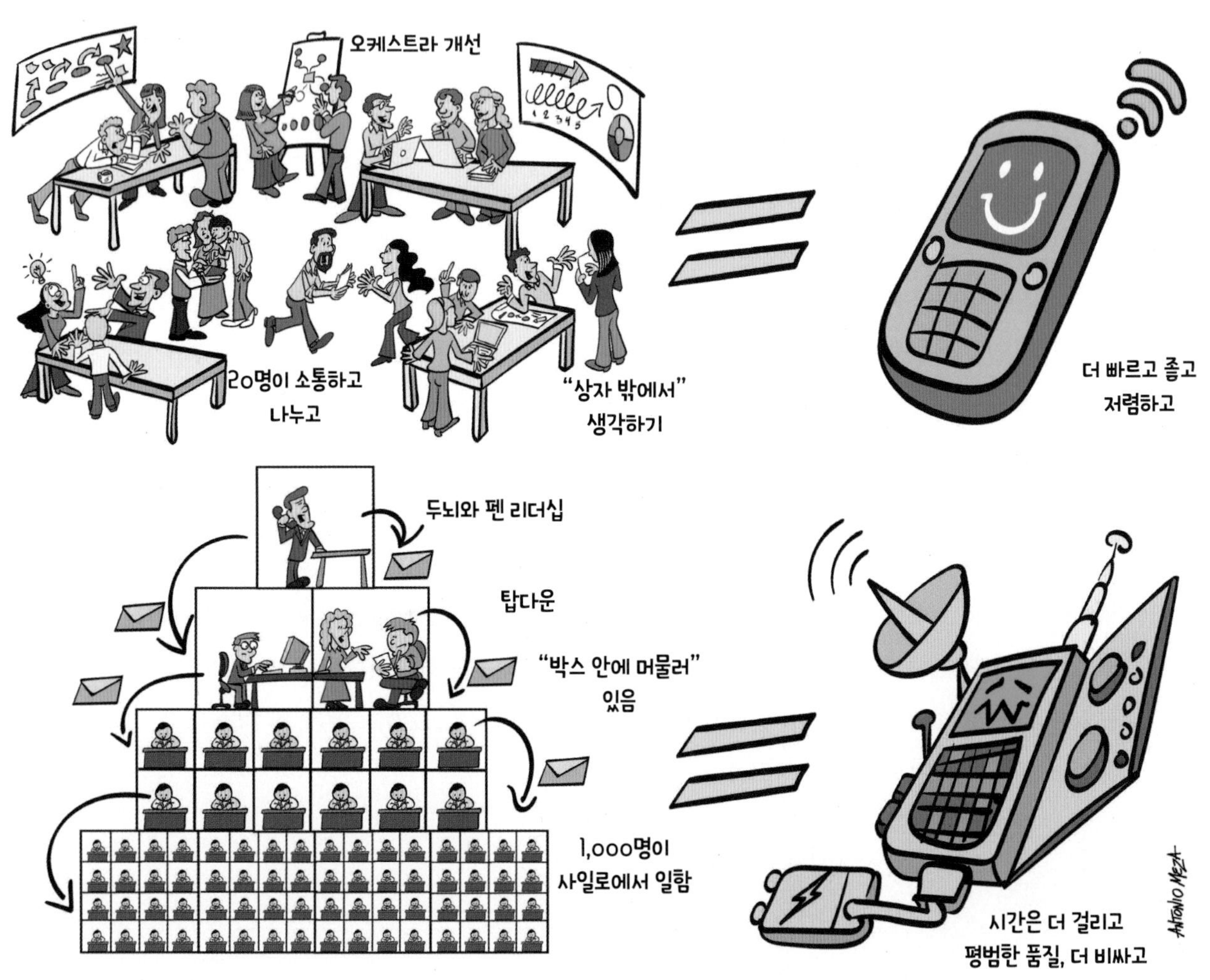

적절한 리더십 스타일, 적합한 사고방식(마인드 셋), 생성적 협업 촉진으로 20명이 1,000명을 능가할 수 있다.

그들은 서로 높은 수준의 생성적 협업을 달성하고 서로 자극하고 지원하여 새로운 방식으로 전진하고 기존에 없던 것을 창조했다. 이는 그룹 구성원들이 비전을 공유하고 여러 관점을 통합하며 신뢰의 상호 존중을 기반으로 강력한 '관계의 장'을 창출한다는 것을 재확인했다. 스티브 잡스Steve Jobs가 말한 것처럼, "혁신은 당신이 어떤 사람들과 일을 하느냐, 당신이 어떤 식으로 팀을 이끌고 있느냐, 그리고 얼마나 많은 성과를 달성하느냐에 관한 것이다."

앞서 강조했듯이, 이러한 유형의 생성적 협업은 개인의 지식과 노하우가 결합되어 존재하지 않는 더 큰 집단의 창조성을 생산하는 '그룹 마인드Group mind' 또는 '관계의 장relational field'의 개발에서 기인한다. 이것은 다른 파트너 또는 그룹멤버의 존재 없이는 불가능하다. 이 과정은 두 개의 수소 원자가 산소 원자와 결합하여 물이라는 세 번째 새로운 물질을 생성할 때 일어나는 것과 유사하다.

생성적 협업은 개인의 지식과 노하우가 결합되어 다른 그룹 멤버들의 존재 없이는 불가능한 더 큰 집단적 창의성을 창출하는 '그룹 마인드' 또는 '관계의 장'의 개발에서 비롯된다.

그러나 물을 만들기 위해서는 산소가 온전히 산소 상태여야 하고, 수소는 수소 그대로 있어야 한다. 철학자 캔 윌버Ken Wilbur의 말에 따르면, 물의 창조로 비유되는 새로운 관계성은 관계 속의 개별 존재들을 '포함하면서 초월한다.' 둘 다 포함하는 무언가를 생산하는 데 동시에 그것이 완전히 새로운 것이라는 말이다.

새로운 관계에서 일을 할 때 중요한 원칙은 개인이 가진 개성 그리고 개개인의 관심과 열정이 생성적 협업을 위해 필요하다는 점이다. "팀에서 '나I'는 없다."고 말해왔다. 기본적인 협업에서는 맞는 말일지도 모르나 생성적 협업에서는 그렇지 않다(문자 그대로 '생성적generative' 및 '협업collaboration'이라는 단어 둘 다 알파벳 "i"가 들어있음). 생성적인 협업이 이루어지도록 하려면 사람들이 자기다움에 확고하게 뿌리내리고 있어야 하고, 자신만의 고유한 에너지와 개인적인 자원에 중심이 잡혀 있어야 하고, 그들 공통의 비전이 실현되는 것을 보겠다는 엠비션에 도달하고자하는 개인적 열정이 있어야 한다. 사람들이 '팀이 잘 되는 것을 위해 자신의 이익을 희생할 때' 그 팀은 구성원들의 충만한 열정과 창의력 그리고 에너지를 잃게 된다.

생성적인 협업이 이루어지도록 하려면 사람들이 자기다움에 확고하게 뿌리내리고 있어야 하고, 자신만의 고유한 에너지와 개인적인 자원에 중심이 잡혀 있어야 하고, 그들 공통의 비전이 실현되는 것을 보겠다는 그들의 엠비션에 도달하고자하는 개인적 열정이 있어야 한다.

실례를 보면 '기본적인' 협업에서는 6명에서 7명이 함께 그룹이 되어, 특정 아이디어나 접근 방식에 대한 합의에 도달하고 이를 달성하기 위해 함께 일하여 그들이 한 상호작용의 총합으로 하나의 결과를 산출한다. '생성적' 협업의 원칙을 적용하면 6~7명으로 이루어진 그룹은 최소한 6개나 7개의 아이디어와 접근 방식을 만들어 내고, 그 6개나 7개의 아이디어와 접근 방식들 중 몇 몇 사이에서 가능한 시너지 몇 가지를 더 추가해서 만들어 낸다.

미국 건국의 일등공신 토마스 제퍼슨Thomas Jefferson이 말했듯이, "만약 두 사람이 만나서 1달러씩 교환을 하면, 그들은 둘 다 그냥 1달러씩 가져간다. 하지만 두 사람이 만나서 아이디어를 하나씩 교환하면, 그들은 최소 2개의 아이디어를 가져가게 된다."(그리고 그들이 나눈 아이디어에서 일어난 결합과 시너지는 아마 더 많은 결과를 낼 것이다) 생성적 협업은 이러한 아이디어 경제학 유형의 좋은 예이다.

"만약 두 사람이 만나서 1달러씩 교환을 하면, 그들은 둘 다 그냥 1달러씩 가져간다. 하지만 두 사람이 만나서 아이디어를 하나씩 교환하면, 그들은 최소 2개의 아이디어를 가져가게 된다."

\- 토마스 제퍼슨

생성적 협업의 시너지역학을 이해하기에 좋은 은유는 거품의 상호작용이다. 이런 비유에서, 거품은 특정한 비전이나 아이디어를 상징한다. 기본적인 협업에서는 모든 파트너 또는 팀 구성원들은 하나의 거품을 만들기 위해 함께 일한다. 생성적 협업은 그룹 구성원이 각각 자신의 거품을 만들어 내는 것 그런 다음 자신의 거품이 다른 그룹 구성원의 거품과 어떻게 결합하는지 알아차리는 것까지 수반한다.

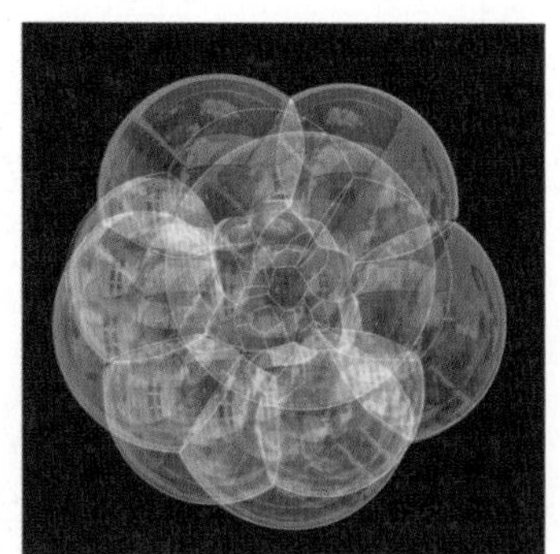

생성적 협업은 독특한 집단 비전을 낳는다.

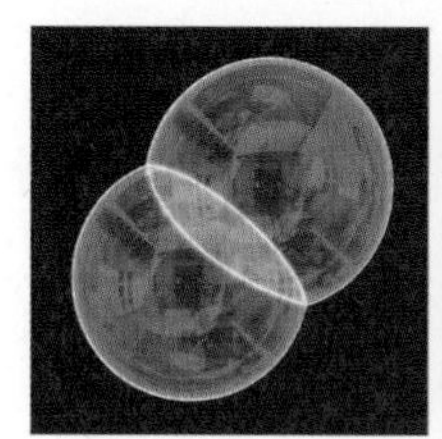
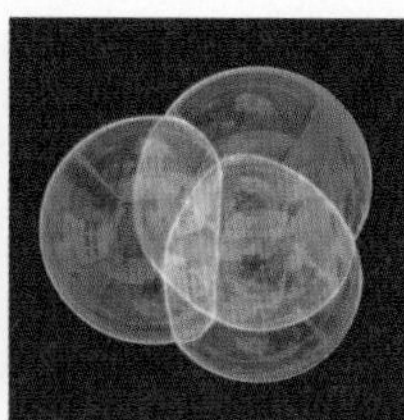
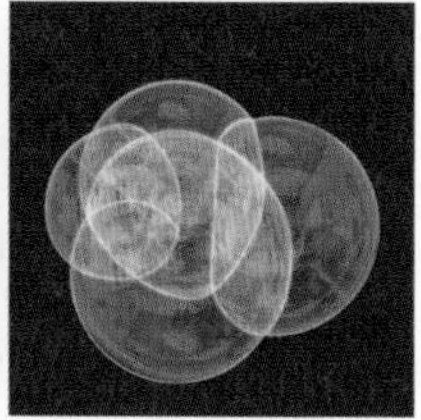

더 큰 전체를 만들기 위해 함께 결합하는 거품과 유사하게 생성적 협업은 보완적인 비전과 아이디어의 통합을 수반한다.

현대 사회에서의 많은 성공적인 발전과 성취는 어느 한 사람의 비전의 결과라기보다 복수의 다양한 비전과 아이디어가 결합한 결과라 할 수 있다. SFM이라는 창조물 자체가 좋은 예이다. SFM은 행동 기술 개발에 관한 나의 비전과 아이디어에, 새로운 기업을 어떻게 코칭하고 서포트할 것인가에 관한 동생 존John의 비전과 아이디어가 통합을 이루어 낳은 결과물로서 세상에 나온 것이다.

인터넷의 발달은 집단적인 비전이 어떻게 예측할 수 없는 무언가를 만들어 내는가에 대한 좋은 예이다.

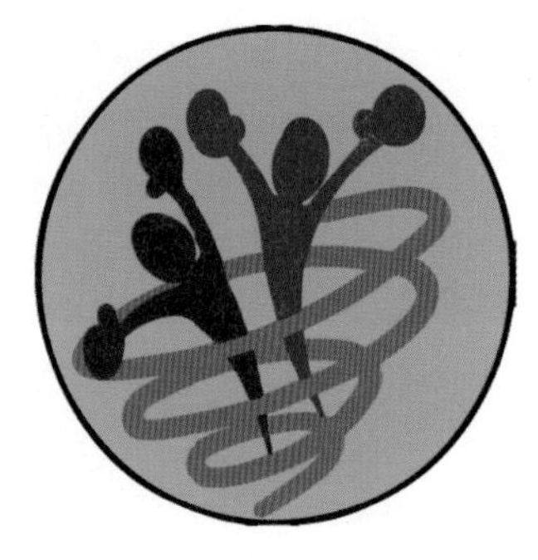

인터넷이라는 창조물은 또 하나의 훌륭한 예가 된다. 인터넷의 시초는 군사적 용도의 네트워크 시스템 구축 개발 목적의 미 국방부 연구 프로젝트ARPANET에서 1969년에 처음 시작되었고, 이는 대형 컴퓨터의 리소스가 부족한 상황에서 가장 경제적으로 사용할 수 있는 방법이 되어주었다. 대학, 연구소, 국방부 산하 방위업체들은 곧바로 '인류'의 커뮤니케이션 매개체로서의 이 네트워크의 잠재력을 발견해, 점차적으로 그 숫자를 늘려가며 연결했다. 인터넷 회선 전체가 완전히 상업화되기 전인 1980년대와 1990년대 초반까지 원래의 정부 네트워크의 일부가 조금씩 주요 통신 회사에 매각되었다. 1994년에 주류 컴퓨터 사용자들은 인터넷을 발견했고 월드와이드 웹의 하이퍼텍스트와 멀티미디어 기능에 매료되었다. 오늘날, 세계적으로 확장된 인터넷은 전 세계의 사람들을 위한 통신 기술을 통합하는 핵심적인 요소가 되었다.

그런데 Arpanet의 개발자 중 한 명은 "그 당시 아무도 인터넷에 대한 비전을 가지고 있지 않았습니다. 지금과 같이 발달된 인터넷은 당시에는 아무도 생각지 못한 일입니다."라고 짚어 말했다.

기업가 돈 피켄스Don Pickens(제1권 인용)는 "통찰력의 리더십은 비전을 가지고 있는 데서 그치는 것이 아니라, 그 비전에 다른 비전을 엮어 만드는 것이다."라고 주장했다. 이러한 그의 견해는 충분히 반향을 일으켰다. 우리의 첫 번째 성공 요인 사례는 함께 비전을 엮어 만드는 생성적인 힘의 좋은 예시를 제공한다.

성공 요인 사례: 크로스날리지

Success Factor Case Example: CrossKnowledge

"함께 배우며 세상을 변화시킨다"

(Learning together and changing the world.)

크로스날리지의 창립자인 피흘, 미쉘 오하나, 파스칼 엘 그라블리와 헤르배 카우드촉스

e-러닝 기업인 크로스날리지의 창립자는 글로벌 경제 위기를 겪고 있는 상황에서 자신들의 벤처를 재창조해야 한다는 것을 알아차렸다.

스티브 피흘Steve Fiehl, 미쉘 오하나Michaël Ohana, 파스칼 엘 그라블리Pascal El Grably와 헤르배 카우드촉스Hervé Goudchaux는 8년 전 자신들이 창업한 e-러닝 회사가 갈림길에 서 있음을 알았다. 그들은 경영 및 자기 개발에 대한 열정을 공유하면서 함께 회사를 만들었다. 스티브 피흘은 "나는 이 기술을 많은 사람들에게 전하고 싶었고 내가 그 일을 다른 사람들과 함께 할 거라는 것을 알았습니다."라며 당시를 회상했다. 스티브가 말한 것처럼 '더 많은 사람들에게 접속하도록 해 줄' 것이기 때문에 파트너들은 e-러닝을 선택했다. 이 네 사람은 '아무것도 모르는 상태로, 다른 누구와도 다르게, 시장을 점유하기'로 룰을 바꾸어서 혁명적인 어떤 것을 해내고자 하는 열망도 함께 나누었다. 세상에 변화를 가져오고자 했던 다른 시도들과 마찬가지로, 특히 조직에 있어서, 그들의 여정은 쉽지만은 않았다. "저는 심지어 시작부터 '분야를 잘못 선택하셨습니다.'라는 말을 들어야 했지만 밀고 나갔지요." 스티브는 미소지으며 회상했다.

네 사람은 온라인 교육 시장 초창기에 회사를 출범시켰다. 당시 e-러닝e-learning은 거의 알려지지 않았고 특히 조직에서는 교육에 거의 사용하지 않았다. 처음 1년 동안 회사는 개척자의 역할에 충실했고 창립자로서의 도전은 조직에 e-러닝이 실용적인 교육 방법이라는 것을 납득시키는 일에 머물렀다. 자신들의 꿈에 헌신하는 열정을 가지고, 최고 수준의 교수진을 확보하고 양질의 양방향 프로그램을 제작하면서 산업이 성장해 가는 가운데 틈새 시장을 확보하기 시작했다.

위기를 기회로 바꾸다

그러나 상당한 수준의 성장과 성공을 즐길 수 있었던 몇 년이 지나고, 회사는 과도기의 도전에 맞닥뜨렸다. 2009년 조직들은 글로벌 금융 위기에 휘말렸다. 거기에 e-러닝 산업이 성숙하고 시장이 진화함에 따라 점점 더 큰 규모의 기업들이 자체 e-러닝 교육을 만들기 시작했다. 대규모 마케팅 예산을 보유한 대형 교육 기관도 마찬가지였다. 크로스날리지CrossKnowledge 창립자는 경쟁 우위를 유지하기 위해 여러 면에서 회사를 재창조하고 완전히 새로운 차원으로 나아가야한다는 사실을 깨달았다. 이를 위해서는 자신들의 비전과 사명을 분명히 해야 했고(그들의 고유한 공헌을 명시하면서) 변화하는 시장에 발맞춰 자신의 엠비션과 역할을 다시 조정해야 했다. 이러한 변화는 그들이 e-러닝 업계가 지향하는 방향을 예측하고, 비즈니스 포커스를 재조정하고, 우선순위를 바꾸고, 전체 팀을 새로운 방향에 맞게 조정해야 한다는 것을 뜻했다. 그것도 모자라 그들은 이 일을 신속하게 해내야 했다. 그렇지 않으면 뒤쳐질 수 밖에 없었다.

크로스날리지 교수진의 일원으로, 나는 자연스럽게 이 변화를 돕는 데 참여하게 되었다. 우리의 작업은 네 명의 창립자들이 참여하는 몇 번의 세션으로 시작되었다. 각 만남은 이 책에서 앞서 소개한 협업 촉매제로 시작했다. 우리는 늘 코치 컨테이너 확립과 공동 스폰서십의 장을 조성하는 것으로 시작했다. 우리는 체계적으로 회사의 현재 상태, 직면한 장애물, 회사를 그렇게 되게 한 성공 요인과 '실패' 요인 둘 다를 규명하고 살피는 일련의 단계를 거쳤다. 각 단계에서 창립자들은 그들의 견해를 공유하고 대조했다. 공명을 찾고, 서로 다르지만 상호

크로스날리지 창립자는 경영 및 자기 계발에 대해 함께 나누었던 열정을 공유했다.

보완적인 시각을 인정하고 통합하며, 새로운 아이디어를 허용하고 출현한 결론을 공유했다.

기업을 새로운 차원으로 끌어올리기 위해 준비하기

크로스날리지 창립자의 비전은 "더 나은 삶을 위한 학습"이었다. "물처럼, 수도꼭지를 틀어라, 그러면 물이 거기에 있다." 학습이 이렇게 되는 것이다. 이는 발전하는 개인에 의해 조직이 진화할 수 있게 한다.

그런 다음 회사를 새로운 차원으로 끌어 올 수 있는 단계를 정의하면서 미래에 초점을 맞추었다.* 프로세스의 기반은 경영 및 자기 개발에 대한 그들의 공유된 열정을 담은 공동의 비전을 분명히 하는 것이었다. 창립자의 간단하면서도 강력한 **비전**에 관한 표현은 '더 나은 삶을 위한 학습'이었다. 비전의 본질은 개인을 개발함으로써 조직이 진화할 수 있다는 것이었다. 관리 및 리더십, 궁극적으로 조직을 개선하는 방법의 하나로서 자기 개발을 하는 것이다. 이것이 자신들에게 의미하는 바를 비유한 것이 "배움은 물과 같아야 한다.", "수도꼭지를 틀어라. 물은 거기에 있다"이다. 이는 '회사 또는 조직의 모든 수준에 있는 모든 사람'에게 유효한 비유이다.**

창립자들은 e-러닝과 리더십 및 관리 기술에 대한 온라인 교육을 통해 전 세계 사람들의 삶의 방대한 개선을 가져 오는 것을 그들의 비전에 대한 **사명**과 고유한 기여라고 보았다. 그 임무를 수행하는 주요 방법 중 하나는 고객과의 집단지성을 육성하는 것이었다. 그들의 미션은 배우고 있는 것을 지속적으로 나눌 수 있는 학습 커뮤니티로서 고객 커뮤니티를 만드는 것을 포함했다. 이것에 대한 은유는 '계단식 폭포'였다.

---

* 비전, 미션, 엠비션, 그리고 역할의 정의와 규정하는 방법은 이 책 도입부에 나와있고 SFM 제1권에 더 자세히 정리되어 있다.

** 흥미롭게도 큰 장애물 중 하나는 관리자들(수도꼭지를 통제하려 하는)을 훈련시키는 것이었다.
때로는 모든 이들에게 가져다 주어야 한다'는 시작할 때의 비전으로 돌아오게 하려면 많은 시간과 결단이 필요하다.

자신들의 비전과 사명을 분명히 하자, 창립자들은 비전과 사명을 진정으로 성취하고 회사의 진보를 이끌기 위해서는 그들이 공유한 **엠비션**을 강력하게 해야 한다는 사실을 깨달았다. 창립자 전원이 프리미엄 지위와 브랜드를 달성하고자 한다는 점에 동의했다. 그들이 제공하는 고품질 온라인 리더십 및 관리 교육이 시장의 기준이 되는 것, 그리고 일반 관리자, HR 담당자, 최종 소비자에게 적절한 솔루션이 되는 것이 그들의 포부였다.

크로스날리지 창립자의 사명은 "계단식 폭포"와 같이 "리더십 및 관리 기술에 대한 온라인 학습을 통해 전 세계 사람들의 삶을 방대하게 개선하는 것"이었다.

확장성(역주: 컴퓨터 사용자 규모에 유연하게 대응할 수 있는 정도)은 엠비션의 또 다른 중요한 부분이었다. 프랑스를 기반으로 주로 유럽 시장에서 활동하면서 회사가 완전히 국제화become truly international되어 이용자가 현재 40만 명에서 200만 명으로 확장되길 원했다. 이것은 회사가 '탄탄하고', '유동적'이어야 하고 시장에서 두 배는 빠르게 성장해야 한다는 것을 의미했다. 그들의 엠비션에 도달하기 위한 또 다른 핵심 성과 지표는 15%의 수익 달성이었다.

그들의 비전, 사명, 엠비션을 완수하기 위해 창립자들은 회사의 **역할**을 교육을 혁신하고 통합하는 것이라고 보았다. 그들은 주문형 솔루션 제공도 하지 않았고 기성 제품을 제작해놓고 판매하는 일도 하지 않았다. 제품과 제품의 제공이 아닌 포괄적인 해결책과 결과에 초점을 두었다. 클라이언트 회사의 니즈에 따라 독점적인 학습 형식과 다양한 서비스를 사용한 통합 솔루션을 제공하는 것이 자신들의 강점이라고 보았다.

크로스날리지 창립자의 엠비션은 2년 후에 진정한 국제화를 이루는 것과 사용자 기반을 40만 명에서 200만 명으로 확장해 "프리미엄 지위와 브랜드"를 달성하는 것이었다.

그들의 역할에 대한 비유 중 하나는 피아노 키보드를 사용하여 음악을 만드는 '작곡가'였다. 키보드의 키는 카탈로그에 있는 여러 e-러닝 제품들이고, 키에 의해 생성된 음표는 특정 제품이나 수업으로 인한 학습의 결과인 것이다. 피아노와 마찬가지로 바꾸지 않는 고정된 '키'가 있다.

크로스날리지 창립자는 회사의 역할이 교육을 혁신하고 통합하는 것이라고 보았다. 자신들의 역할을 피아노 키보드를 사용해 음악을 만드는 '작곡가'에 비유했고, 음악 외 악기들은 파트너사였다.

크로스날리지 창립자들이 자신들의 새로운 성공 써클을 세심히 그려낼 때에 그것이 활기를 띠기 위해서는 언제나 팀 구성원들의 집단지성과 생성적 협업이 있어야 했다.

그 중 어떤 것은 특정 곡을 제작하는 데 필요할 수 있다. '음악'은 개별 키 또는 음표에서 만들어지는 것이 아니라 어떤 순서로 그리고 서로가 어떻게 관계를 맺는지와 같이 그것들을 어디에 어떻게 놓느냐는 방식에서 만들어진다. 다른 악기들은 다른 종류의 학습이나 교육 상품을 제공하는 파트너 회사이다. 특정 고객을 위한 최고의 음악을 만드는 악기를 찾는 것이 작곡가의 일이다.

이 역할을 완전히 터득하는 열쇠는 크로스날리지 파트너들의 네트워크를 늘리는 일이었다. 크로스날리지 창립자들은 처음부터 데스크톱 IT, 과학 기술, 언어 등과 같이 **자신들의 전문 영역이 커버할 수 없는 분야들을 보완하면서** 현지에서, 다른 지방에서 그리고 세계적 수준에서 각기 다른 범위의 서로 다른 교육 제공자들과 성공적으로 파트너십을 맺었다. 비즈니스 스쿨들과도 중요한 파트너십을 확고히 맺었다. 엠비션을 달성하기 위해서는 그러한 파트너 활동을 더욱 확대해 나가야 할 것이다.

한 방향 정렬 이루기와 집단지성의 촉진

이 새로운 방향은 모든 크로스날리지 팀 구성원들이 역량 있고 능동적인 기여자로 정렬될 것을 요구한다. 역시나 이것은 진정한 집단지성의 촉진과 생성적 협업이라는 결과를 낳을 수밖에 없다.

네 사람의 창립자들 전원이 명료한 상태 그리고 전원이 합치가 이루어진 상태에서 대규모 컨퍼런스 센터에서 160개 회원사들을 위한 행사를 개최했다. 행사 준비를 하는 동안, 창립자들은 업데이트된 기업의 사명과 비전을 가지고 그들과 어떻게 소통할 것인지에 대해 토의하고 작업했다(성공 요인 모델링 제1권 참조).

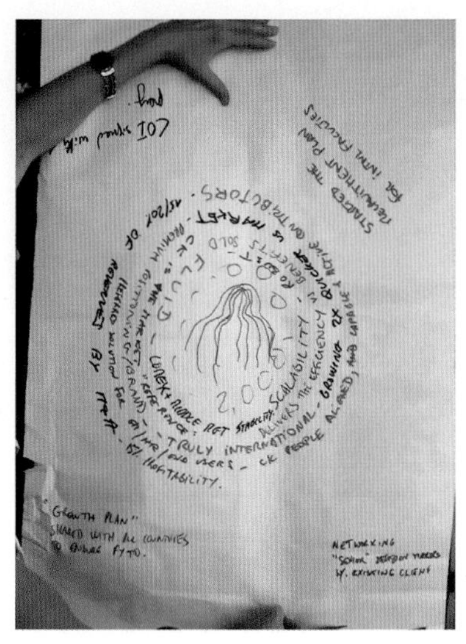

크로스날리지의 작업 세션에서 가져온 플립 차트 페이지의 사진은 은유적 이미지인 가운데 계단식 폭포와 회사의 엠비션을 나타내는 각기 다른 색깔의 4명의 창립자의 공헌을 보여주고 있다. 행동에 대한 구체적인 약속은 네 모서리에 적혀 있다.

크로스날리지 창립자들은 팀원들이 강력한 집단적 비전 프로세스를 경험하도록 했다.

나는 행사의 퍼실리테이터의 한 사람으로 참여해 모든 회원사들에게 간단히 적용할 수 있는 COACH 상태로 이끈 다음 그들이 그 회사에서 일하기로 선택한 이유와 그렇게 할 때 자신에게 중요했던 점이 무엇이었는지 돌아보도록 안내했다. 그런 다음 회사의 공식 CEO인 미카엘Michaël은 진지하면서도 간결한 연설을 통해 뚜렷해진 새 비전과 사명에 대해 공식화하였고, 그룹 멤버들이 회사의 비전과 사명에 아주 깊은 공명을 경험하도록 도왔다.

참가자들은 여러 부서의 직원으로 구성된 10~12명의 그룹으로 편성되어 원형 테이블에 둘러앉았다. 회사의 임원 한 사람이 퍼실리테이터로 각 그룹에 참여했다. 160명의 사람들 전원에게 종이와 미술 도구를 제공하고, 회사에서 자신의 역할에 한정한 한 사람의 개인으로서 그 비전이 본인에게 어떤 의미인지를 이미지로 그려보라고 말했다. 그러자 여러 테이블의 많은 그룹 멤버들은 자신들이 그린 그림들을 서로 공유하고 대조해 보면서 회사의 비전과 사명에 대해 상대방이 가진 인식을 존중하며 공명과 시너지를 찾아나갔다(이 과정은 이 섹션에서 나중에 더 자세히 탐험해 볼 "인터비전intervision"이라고 부르는 마스터마인팅 프로세스의 한 형식이다).

그리고 총 160장의 그림은 행사장 주변에 설치된 접이식 스크린에 진열되었고 그로 인해 팀은 회사의 비전이 그려진 이미지에 둘러싸이게 되었다. 그것은 상당히 고무적인 '장field'이었고 그룹 내 집단적인 에너지와 동기 수준은 매우 높았다.

그런 다음에는 비전, 사명, 엠비션, 역할, 가치, 신념, 역량, 행동과 같은 다양한 성공 요인에 대한 개념, 그리고 비전을 실행하는 여러 단계들을 소개하는 시간을 가졌다. 그리고 각 개인별로 사명에 대한 자신만의 감각 혹은 비전에 대한 공헌을 정의할 수 있는 키워드 5개를 선택하게 했고, 그런 다음 개인적인 엠비션도 똑같이 키워드 5개를 선택하게 했다. 이렇게 선택된 키워드들을 그룹별로 공유하게끔 했고 그룹은 앞서와 마찬가지로 공명과 시너지 영역을 찾았다. 그리고 나서 각 테이블에서 그들 사명과 엠비션들 사이에서 공통되는 요소들을 5개의 키워드로 요약하게 했고, 각 테이블의 퍼실리테이터들은 이 결과물들을 더 큰 그룹에서 재차 공유하였다.

그 다음 단계는 비전, 사명, 엠비션이 성취될 수 있게 할 그룹의 신념을 종합적으로 진단하는 것이었다. 사람들은 이 진화하는 미래가 가능하다는 것을 믿는 자신들의 신념 수준에 대해 스스로 정직할 것을 요구받았다. 만일 의구심이 드는 누군가가 있다고 해서 그것을 인정하거나 확신하지 못하는 이유를 설명해줘야 하는 것은 아니었다. 대신 하나 이상의 문장에 높은 점수를 준 사람들에게는 멘토와 역할 모델로서 그들이 왜 그렇게 확신하는지에 대해 공유하도록 요청했다. 한 사람 한 사람 자신이 왜 그렇게 확신하는지에 대해 공유할 때마다 에너지와 기대감의 장이 형성되어 그룹의 전체적인 신뢰 수준이 확연히 증가하는 것 같았다.

행사 막바지에는 160명의 사람들 전원이 회사의 미래 만들기에 도움이 될 특정 행동으로 생각되는 것을 다가올 몇 일, 몇 주, 몇 달 내에 하기로 같은 테이블의 팀원들에게 약속하는 시간을 가졌다.

행사는 크로스날리지를 위한 새로운 시기의 시작점으로 남았다. 몇 년이 지나도 행사에 참석한 사람들은 여전히 그 이야기를 할 것이다. 그리고 신입 사원들은 회사와 회사 문화에 대한 소개에서 거론되는 기준으로서 이 행사에 대해 듣게 될 것이다.

새로운 확장기의 조성과 안내

새롭게 명료함과 정렬을 이룸으로써 회사는 확장과 성장의 새로운 시기에 접어들었다. 각 개인은 사명과 엠비션에 대한 자신만의 감각으로 행동함으로써 더 큰 비전과 사명에 공헌하였다. "우리는 기업가들이 모인 회사입니다."라고 스티브 피흘은 자신들의 명확한 정체성을 말한다. "우리는 스스로 조직하고 회사의 모든 구성원이 공유하는 세 가지 핵심가치, 즉 (1) 사람 우선, (2) 탁월함에 대한 열정, (3) 기업가 정신을 기반으로 행동합니다."

기업가 정신

탁월함에 대한 열정

사람이 우선

크로스날리지 핵심 가치는 팀을 정렬시키고 회사가 새로운 시기로 확장하는 기간 동안에 가이드가 되었다.

"사람이 우선이라는 것에는 커뮤니케이션의 가치, 즉 대인관계의 가치가 수반됩니다."라고 스티브는 설명한다. "중요한 것은 모든 사람을 존중하는 것입니다. 그것이 사람들 간의 의사소통을 유도하고 개방된 환경을 조성합니다." 크로스날리지 창립자들은 '긍정적인 태도를 가지고 다른 사람들이 한 최고의 공헌을 인정하고', '독창적이면서 승-승(상생)하는 관계를 구축하라'고 팀원들을 독려했다.

탁월함에 대한 열정은 '최고 품질을 위해 분투할' 것을 요구한다. "좋은 것으로는 충분하지 않습니다."라고 스티브는 말한다. '우리의 변함없는 의도는 고객에게 측정 가능하고 지속 가능한 가치를 창출하는 솔루션을 개발하고 제안하는 것'이라고 설명하면서 "우리의 성과를 향상시키기 위해 고객에게 피드백을 요청하지요. 우리는 성공과 실패를 분석함으로써 배웁니다."

"우리는 사람들에게 권한을 줌으로써 기업가 정신을 장려합니다."라고 스티브는 계속해서 말했다. "우리도 모르니 우리가 당신에게 뭘 하면 되는지 말해 주기를 기대하지 마세요. 라고 말씀드립니다.", "사람들이 내가 그것을 해도 된다고 믿는 것이 핵심입니다." 스티브의 이 말이 팀에 미치는 영향을 보여주는 좋은 예는 새로운 소셜 네트워크 플랫폼 야머Yammer를 크로스날리지의 혼합 솔루션에 통합한 경우이다. "팀 내에 '우리한테 ~이 필요하다' 라는 인식이 있었습니다. 경영진에서 만든 것이 아닌 그냥 생겨난 거에요."라고 설명했다.

크로스날리지 팀 구성원은 스스로 생각하고 반역자처럼 행동하고 주인의식을 잃지 않도록 독려받았고 권한을 부여받았다.

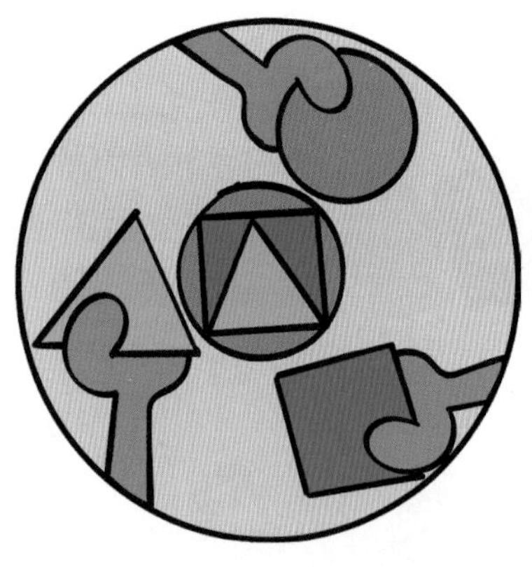

크로스날리지 창립자들도 고객 및 의뢰인과의 집단지성과 생성적 협업을 촉진했다.

스티브와 다른 창립자들도 집단지성과 기업가 정신을 꾸준히 지속하는 것이 어려울 수 있다는 것을 깨달았다. 스티브는 다음과 같이 말했다.

우리는 사람들이 확실하게 기업가로 남을 수 있도록 단계를 밟는다. 핵심 질문은 "초심을 잃지 않고 성장할 수 있는 '마법magic touch'은 무엇인가?"이다. 너무 많은 '프로세스'들이 사람들을 비전에서 벗어나게 한다. 사람들은 스스로 생각할 권한을 계속 가져야 하고 때로는 반역자로서 행동해야 하고 주인의식을 잃지 말아야 한다.

많은 프로세스를 구현하는 것보다, 우리는 사업 진행을 비즈니스 단위로 쪼개고, 그런 다음 크로스날리지의 'DNA'를 믿었다. 게다가 우리는 팀원들이 진정한 영웅이 되는 '신화' 만들기를 시도했다. 예를 들면, 자신들에게 요구된 일이 아니었음에도 모바일 앱 런칭을 한다든지 하는 창조적인 일을 만들어내는 것이다.

하나의 좋은 예가 23살 신입 사원의 '실패 은행'에 대한 아이디어였다. 고객과 팀원들에게 돌아가면서 (예상대로 진행하지 못한 어떤 것에 대해) "나는 당신과 ~~에 대해 이야기 하고 싶습니다."라고 말하는 것이다. 그러면 '실패'하거나 성공하지 못한 것에 대해 왜 그런지 알고 인정함으로써 '차이를 만드는 차이를 규명'할 수 있게 된다.

고객 및 의뢰인과의 생성적 협업을 발전시키는 것은 언제나 크로스날리지의 성공의 한 부분이였으며 그것은 2009년 이래 계속해서 새로운 방식으로 성장하고 확대되었다. 스티브 피엘이 다음과 같이 설명한다.

우리는 모든 것을 알고 모든 해결책을 가진, e-러닝의 전형적인 방식에 반대한다. 우리가 [고객]에게 겸손한 태도로 "우리는 모릅니다."라고 말하는 것이 중요하다.

집단지성을 위한 첫 번째 토대는 "우리는 함께 어딘가에 가려고 시도하고 있다."는 고객과의 신뢰 구축이다. 고객이 우리를 볼 때 절대로 우리가 자신들에게 뭔가를 팔려고 한다고 보지 않는 것이다.

우리 마케팅 담당자들에게 우리가 고객을 선택하는 방식이 우리의 비전에 부합한다는 것을 강조한다. 사람들이 기대를 가지고 함께 같은 꿈을 꾸게 된다면 초심을 되살릴 수 있다. 단지 판매 목표만을 달성하려는 영업사원에게는 충성도가 낮은 고객만이 남을 것이다.

이 시리즈 제1권에서, 성공적인 차세대 기업가를 대상으로 한 우리의 연구에서 그들이 높은 고객 지향성을 보이고 다음과 같은 특징을 가지고 있음을 보여주었다는 점을 언급했었다.

성공적인 차세대 벤처 기업들과 마찬가지로, 크로스날리지는 고객 지향적이다.

1. 고객과의 지속적인 피드백 고리를 강력하게 유지
2. 고객과 상호 피드백 교환이 가능한 구조를 세우고 기반을 확립
3. 고객 중심 가치를 기반으로 한 제품과 서비스를 제공
4. '판매'가 아니라 제품 및 서비스를 고객과 함께 공동생산
5. 기업의 경제 성장을 마케팅이나 과대 광고로 하는 것이 아니라 제품과 서비스의 질을 높이는 것으로 보장
6. 비즈니스 의사결정과 경영 정책에 고객의 니즈와 욕구를 포함

그로스날리지는 고객서비스 향상 과정에 고객을 참여시킨다. 이렇게 하면 집단지성이 향상된다. "우리는 함께 할 길을 발견할 것이고 함께 만들어낼 것이며 함께 배우고 세상을 변화시킬 것이다."

누가 뭐라 해도 크로스날리지는 높은 고객 지향성이 무엇을 의미하는지를 보여주는 훌륭한 예이다. 스티브 피엘은 다음과 같이 이야기 한다.

"우리는 함께 길을 찾을 것입니다.", "우리는 함께 만들어낼 것입니다.", "우리는 함께 배우고 있고 세상을 바꾸고 있습니다." 이렇게 말하는 것처럼, 우리는 고객과 함께 사회적 학습, 집단 학습을 촉진할 단계를 밟아나간다. 자부심을 느끼며 함께 새로운 것을 창조할 것을 기대하는 것이다.

여러 방식으로 이것을 하는데, 예를 들면, 석 달에 한 번 "크로스날리지의 e-러닝에 관해 우리는 무엇을 배우고 있습니까?"라는 질문에 대해 고객이 탐색하는 것으로 시작하는 세션이 있다.

우리는 고객에게 무료 교육을 제공하는 크로스날리지 아카데미도 설립했다. 함께 무언가를 바꾸기 위한 무료 세미나이다. 우리가 고객에게 무언가를 돌려줄 때, 그들은 우리와 함께 새로운 것을 발명할 것이다.

크로스날리지의 네 창립자가 취한 조치는 성공의 길로 이어졌다. 2014년까지 회사는 200명이 넘는 직원으로 성장하여 3,700만 달러의 매출을 올렸으며 80개국이 넘는 곳에서 5백만 명의 최종 사용자로 확장(이 글을 쓰는 시점인 2017년에는 8백만으로 성장했다)되었다. 그리고 거대한 출판사인 윌리Wiley를 2014년 4월에 1억 7500만 달러의 현금으로 인수하여 4명의 창립자 전원을 백만장자로 만들었다.

크로스날리지의 성공 써클에 대한 성찰

크로스날리지의 성공은 효과적인 성공 써클을 창출하기 위한 집단지성과 생성적 협업의 중요성에 대한 명확한 청사진을 제공한다.

크로스날리지의 성공 스토리는 창립자 사이에서 일어난 상호작용에서부터 시작된 효과적인 성공 써클을 만드는 데 있어 집단지성과 생성적 협업이 얼마나 중요한지를 명확하게 보여준다. 크로스날리지 창립자 4명은 처음 회사를 설립했을 당시 23~52세 사이의 각기 다른 세대의 각양각색의 사람들이었다. 그러나 그들은 '더 나은 삶을 위한 학습'이라는 근본이 되는 비전과 '리더십과 경영 기술에 관한 e-러닝 및 온라인 교육을 통해 전 세계 걸쳐 사람들의 삶을 크게 향상시키겠다'는 사명 그 자체를 나타내는 경영과 자기계발을 향한 확고부동한 열정을 공유함으로써 하나로 뭉쳤다.

재미있는 점은 SFM 성공 써클에 대해 의식적으로 알지 못했지만 크로스날리지 창립자들은 직관적으로 그들 스스로 각 필수 사분면에 초점을 맞추어 조직했다. 4명 중 막내였던 미카엘은 유명 컨설팅 회사에서 커리어를 시작했다. CEO겸 최고 운영 책임자인 미카엘은 전략적 동맹 및 국제 개발을 통해 비즈니스 성장 및 이해관계자를 위한 가치 창출에 관심을 기울였다. 고객 맞춤 출판 경력이 있는 스티브는 교육 및 기술 연구 개발팀을 운영하면서 혁신을 담당했다. Proctor & Gamble France의 영업 이사였던 파스칼Pascal은 영업 및 서비스 팀을 관리하고 고객과 수익을 창출하는 데 중점을 두었다. 창립자 중 가장 나이가 많은 헤르배는 여러 대기업의 HRD 책임자였다. 그는 파트너십 및 기타 상생관계 구축을 위해 자신의 광범위한 네트워크를 십분 활용하는 데 주력했다.

크로스날리지 창립자 간의 상호작용은 성공적인 기업을 구축하는 데 필요한 상호보완적인 마인드 셋을 어떻게 함께 공유하고 시너지를 일으킬 것인가에 대한 직관적인 이해를 잘 보여 준다.

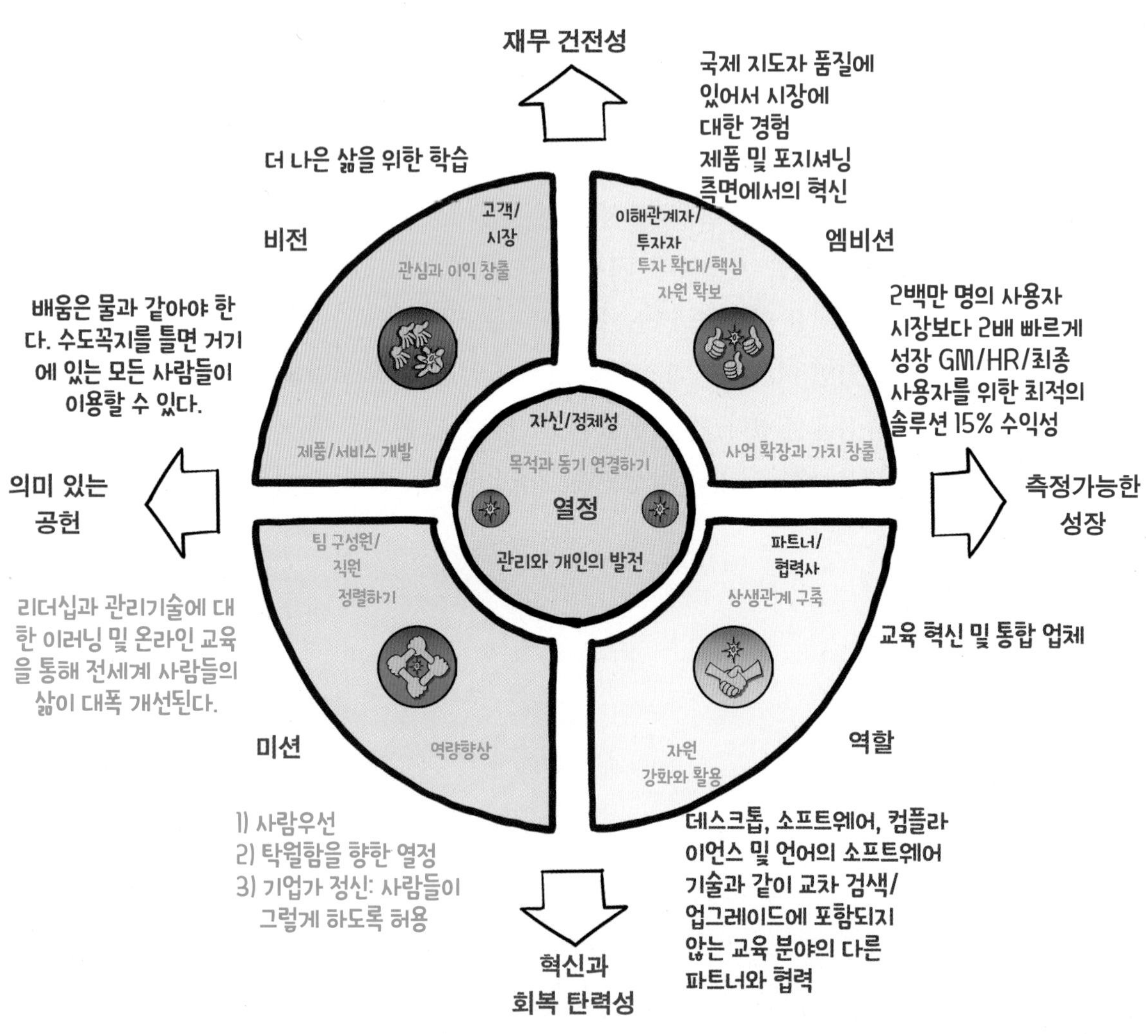
재무 건전성
국제 지도자 품질에
있어서 시장에
대한 경험
제품 및 포지셔닝
측면에서의 혁신
더 나은 삶을 위한 학습
비전
고객/
시장
관심과 이익 창출
이해관계자/
투자자
투자 확대/핵심
자원 확보
엠비션
배움은 물과 같아야 한
다. 수도꼭지를 틀면 거기
에 있는 모든 사람들이
이용할 수 있다.
2백만 명의 사용자
시장보다 2배 빠르게
성장 GM/HR/최종
사용자를 위한 최적의
솔루션 15% 수익성
자신/정체성
목적과 동기 연결하기
제품/서비스 개발
사업 확장과 가치 창출
의미 있는
공헌
열정
측정가능한
성장
관리와 개인의 발전
팀 구성원/
직원
정렬하기
파트너/
협력사
상생관계 구축
리더십과 관리기술에 대
한 이러닝 및 온라인 교육
을 통해 전세계 사람들의
삶이 대폭 개선된다.
교육 혁신 및 통합 업체
미션
역량향상
자원
강화와 활용
역할
1) 사람우선
2) 탁월함을 향한 열정
3) 기업가 정신: 사람들이
그렇게 하도록 허용
데스크톱, 소프트웨어, 컴플라
이언스 및 언어의 소프트웨어
기술과 같이 교차 검색/
업그레이드에 포함되지
않는 교육 분야의 다른
파트너와 협력
혁신과
회복 탄력성

크로스날리지의 성공 써클

비전(VISION)
고객 / 시장
더 나은 삶을 위한 학습
배움은 물과 같아야 한다. 수도
꼭지를 틀면 거기에 있는 모든
사람들이 이용할 수 있다.
엠비션(AMBITION)
이해관계자 / 투자자
·국제 지도자
·품질에 있어서 시장에 대한 경험
·제품 및 포지셔닝 측면에서의 혁신
·2백만 명의 사용자
·시장보다 2배 빠르게 성장
·GM/HR/ 최종 사용자를 위한
최적의 솔루션
·15%수익성
미션(MISSION)
팀 구성원 / 직원
리더십과 관리기술에 대한 이러닝 및
온라인 교육을 통해 전세계 사람들의
삶이 대폭 개선된다.
역할(ROLE)
파트너 / 협력사
·교육 혁신 및 통합 업체
·데스크톱, 소프트웨어, 컴플라이언스 및
언어의 소프트웨어 기술과 같이 교차
검색/업그레이드에 포함되지 않는 교육
분야의 다른 파트너와 협력
사람우선
탁월함을 향한 열정
기업가 정신: "사람들이 그렇게 하
허용"
열정(PASSION)
관리와 개인발전

크로스날리지의 성공 써클

집단지성의 원칙과 그들 간의 상호작용에 관한 성공 요인 모델링의 원칙을 기꺼이 활용하고자 하는 네 명의 창립자들은 경영 및 자기 계발에 대한 열정을 쏟은 사례, 그리고 팀으로서 스스로 더 나은 삶을 위한 학습의 비전을 보여준 강력한 사례이다. 성공을 향한 여정에 있었던 단계들은 항상 쉬운 것은 아니었지만 진정한 생성적 협업이었다.

크로스날리지의 성공의 주된 요인은 팀 구성원들과 고객들, 그리고 창립자 자신들과 파트너들 사이에서 시너지가 일어나도록 하는 그들의 능력과 상관된다.

창립자들은 팀 구성원들과 고객이 함께 집단지성과 생성적 협업(예: 공명, 시너지, 출현 등)을 촉진하게끔 의도를 가지고 적극적으로 노력했다. 그들이 분명히 보았던 것은, 공유된 비전이 있을 때 더 큰 전체에 동시에 기여하고, 창의적이고 독립적으로 생각하고 행동하는 개별 존재인 '홀론holon'으로서의 팀 구성원들과 고객들이었다. 이러한 정신 속에서 크로스날리지 창립자들은 팀 구성원 및 고객들(크로스날리지 아카데미처럼)과 함께 자신들만의 특별한 협업 촉매제를 만들기 위해 노력했다. 크로스날리지의 핵심가치인 사람 우선, 탁월함에 대한 열정, 기업가 정신은 팀 구성원들 사이의 동조를 일구어냈고, 기업가 정신을 자극하고 고무시켰고, 집단지성과 생성적 협업 개발을 지원해 주었다. 고객과 의뢰인과의 지속적인 접촉은 그들 팀 구성원에 필요한 '업무의 중요성task significance'에 대한 강한 의식을 만들어냈다. 집단 표준 벤치마킹의 프로세스 진행과 고객의 요구에 따라 고객과의 협업을 통해 팀을 조정하고 관련 제품을 공동 개발하는 창의적인 옵션에 대한 브레인스토밍은 새로운 아이디어와 현명한 결정을 이끌어 낼 수 있었다.

모범 사례와 생성적 협업의 끊임없는 교환-앞서 언급한 '킥오프 이벤트'와 같은 이벤트와, 사람 우선, 탁월함에 대한 열정, 기업가 정신이라는 가치의 지속적인 구현을 통해 촉진되었던-은 창의적인 솔루션과 향상된 성과를 제공해 주었다.

모든 면에서 크로스날리지의 성공은 집단지성과 생성적 협업의 힘을 입증해 주었다.

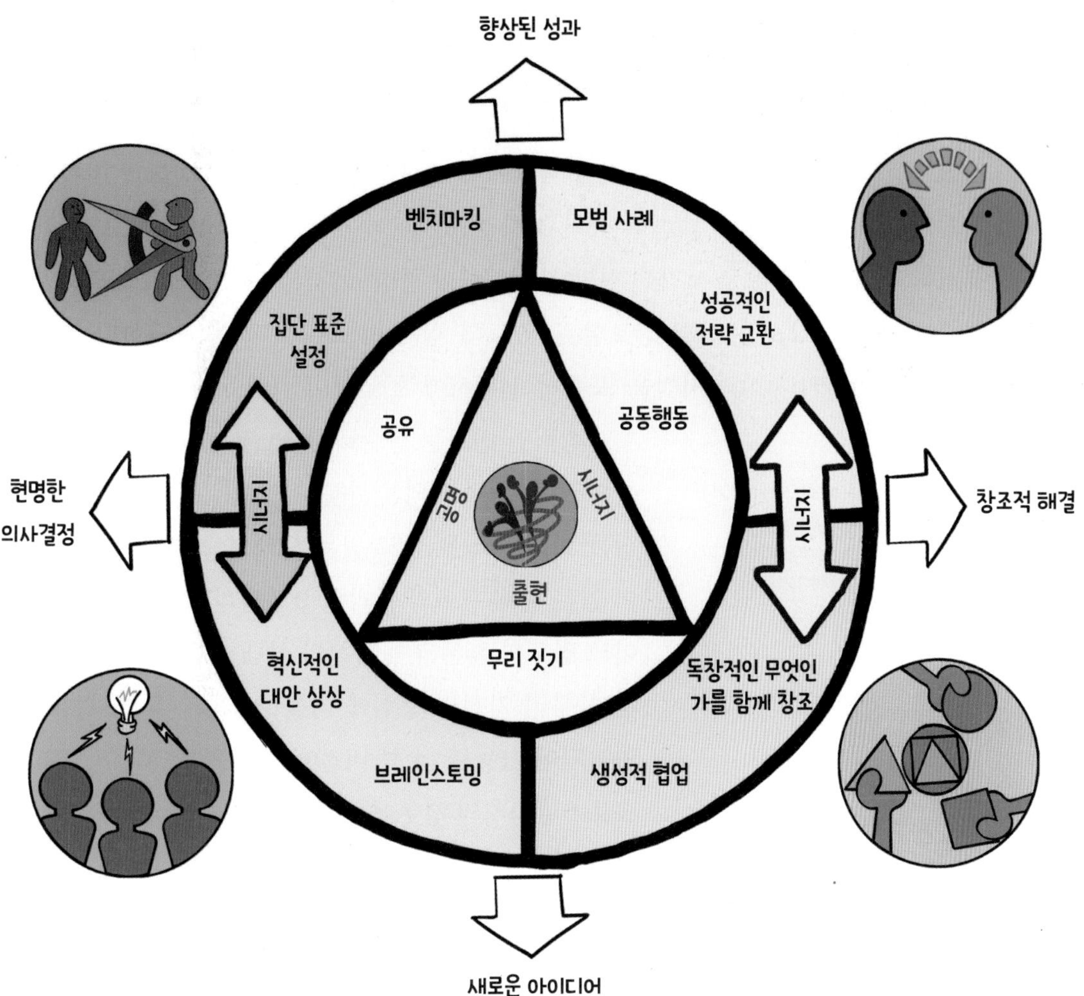

크로스날리지의 협업 촉매 진행은 벤치마킹과 브레인스토밍 사이에서 그리고 모범 사례와 생성적 협업 사이에서 시너지를 창출해냈다.

생성적 변화의 역학

Dynamics of Generative Change

위기의 시대에 기업과 우리 삶의 성장과 변화는 일반적으로 점진적 변화가 아닌 '생성적' 변화의 필요성을 동반한다. 생성적 변화를 이루기 위해서는 우리가 누구인지 그리고 이 세계에서 가능한 것이 무엇인지에 대한 우리의 정신적인 지도가 더욱 폭넓어져야 하고, 또한 우리는 철저히 새로운 방식으로 오래된 한계를 인식해야 한다. 이것은 우리에게 오래된 마인드셋을 부수고 '완전히 새로운 것'을 창조할 수 있도록 '상자 밖으로 갈 것'을 요구한다. 이러한 생성적 변화는 이전의 지식과 자각을 '포괄하고 동시에 초월'해야 한다.

생성적 협업은 생성적 변화의 원리가 표현된 것이다.

생성적인 변화는 단순히 '표면 구조'를 수정하는 것이 아니라 '심층 구조'의 변화를 수반하는 것이다. 진정한 생성은 이미 자리를 잡고 있는 오래되고 지나치게 고정되어 있는 현재 구조의 붕괴를 요구한다. 이 붕괴는 당연히 어느 정도의 혼돈과 불확실의 상태를 만든다. 그러나 우리가 우리 자신의 중심에 머물 수 있고, 우리의 자원과 연결되어 가능한 더 큰 비전에 초점을 맞춘다면, 우리는 크로스날리지의 경우에서 본 것처럼 재정비와 확장의 생성적 상태를 성취할 수 있다.

IAGC 로고

동료인 스테판 길리건Stephen Gilligan과 나는 지난 20년간 개인과 조직에서 발생하는 생성적 변화의 역학을 연구해 왔다. 이 탐험은 생성적 코칭, 생성적 리더십은 물론 생성적 협업 등의 생성적 변화에 대한 프로그램을 개발하도록 이끌어 주었다. 생성적 변화에 대해 우리가 나눈 열정은 결국 국제 생성적 변화 협회IAGC: www.generative-change.com의 설립으로 이어졌다.

스테판과 나는 생성적인 변화를 촉진하는 기본 프로세스를 다음 5단계로 요약한다.

1. 의도(즉, 비전 또는 방향)를 세워라
2. 생성적 수행 상태를 개발하라
3. 목표와 행동을 정의하는 데 다양한 관점을 적용하라
4. 장애물을 창조적으로 변형시키기 위해 다양한 관점을 사용하라
5. 꾸준한 창의력을 위해 지속적으로 실천할 연습을 구체화하라

생성적 변화의 단계

크로스날리지 사례는 이러한 단계가 어떻게 생성적 변화가 창조되도록 작동하는지에 관한 좋은 본보기를 제공한다. (1) 창립자들은 자신들이 그리고 회사가 나아갈 방향을 제공하는 의도를, 명확하고 공유된 비전의 형태로 설정한다. (2) 자신들과 팀 구성원들과 고객들 사이에서 창의적인 생각이 촉발되게끔 단계를 밟았다. (3) 그리고 그들은 비전을 성취할 수 있는 목표와 행동을 규명할 복합적인 관점을 함께 가져올 수 있도록 해 줄 이벤트와 인프라를 구축했다. (4) 그들은 또한 '실패'를 중요한 학습 기회로 생각하면서 적극적이고 창의적으로 장애물을 변형시킬 수 있는 복합적 관점을 견지했다. '실패 은행failure bank' 실행은 이에 관한 훌륭한 사례이다. (5) 그들은 크로스날리지 아카데미와 그들이 했던 고객과의 분기별 집단 학습 세션처럼, 꾸준한 창의력을 위한 지속적인 실천 계획을 수립했다.

생성적 변화 과정의 각 단계는 다양한 협업 촉매제의 도움을 받을 수 있다. 이 책의 뒷 부분에서 이러한 다양한 협업 촉매제를 계속 탐구할 것이다.

생성적 협업의 기초 세우기

Building the Foundations of Generative Collaboration

하나의 마음에서 생기는 번뜩이는 섬광 같은 생각은 다른 마음에도 그 비슷한 것이 생기게 한다.

- 토마스 칼라일

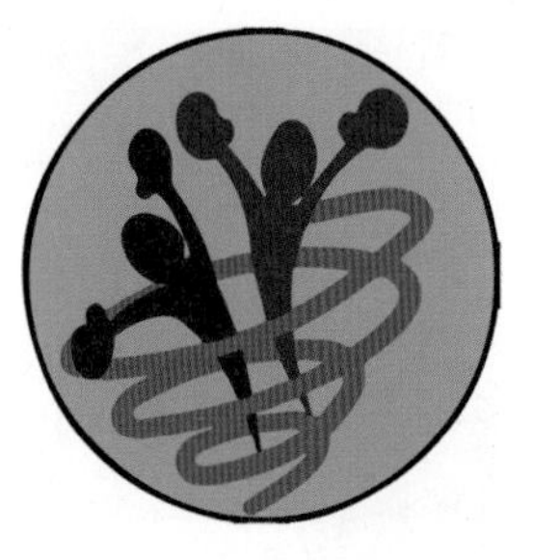

생성적 협업은 연결 감각과 상호 보완이 되는 기술과 자원이 무엇인지 확인하고 투여할 수 있는 능력 그리고 협업자와의 상호작용을 통해 뭔가를 새롭게 출현시킬 수 있는 가능성을 모색할 수 있는 능력을 통해 이루어진다.

앞장에서 다루었던 것처럼, 집단지성과 생성적 협업은 공명, 시너지 및 출현의 작용이다. 그룹 상호작용의 맥락에서 이러한 자질은 몇 가지 간단하고 실질적인 질문을 탐구함으로써 촉진될 수 있다.

- 공명resonance: 같은 것은 무엇인가? 우리는 어디에서 연결되는가?
- 시너지synergy: 어디에서 다른가? 그 차이점은 서로 어떻게 보완할 수 있는가?
- 출현emergence: 또 어떤 것이 가능해 지는가? 우리의 상호작용을 통해 어떤 새로운 것이 나올 수 있을까?

이러한 질문을 숙고할 시간을 가지는 것은 기본적이고 생성적인 협업을 위한 영역을 모두 밝히거나 강화하는 역할을 할 수 있다. 이는 연결 감각을 높여주고, 보완이 요구되는 기술과 자원이 무엇이지 확인해서 투여하고 또 상호작용이 당신과 당신의 협업자에게 가져올 수 있는 새로운 가능성을 모색하는 데 도움을 줄 수 있다.

시너지, 생성적 협업, 생성적 '장field'현상을 아주 아름답게 보여주는 비유와 예시로서 코칭 세션, 워크숍 및 세미나에서 자주 보여주고 싶은 매우 유익하고 고무적인 뮤직 비디오의 한 꼭지가 있다. 이 동영상은 그리스 아테네의 아크로 폴리스에서 개최된 뉴에이지 음악가 야니Yanni의 콘서트 녹화 장면에서 발췌한 것이다. 재즈 음악을 해 온 아프리카게 미국 여성 카렌 브릭스Karen Briggs와 클래식 음악 교육을 받은 이란 남성인 샤대드 로하니Shardad Rohani라는 두 바이올리니스트의 짧은 즉흥 연주 부분이다.

이 두 사람은 성별과 스타일은 물론 받은 교육과 물려받은 문화적 감성에 이르기까지 많은 면에서 서로 명백하게 달랐지만, 이러한 다름을 혁신적인 엔터테인먼트적 성과를 생산하는 생성적 보완성으로 변형시킬 수 있었다. 두 사람의 상호작용을 통해, 개인으로서의 독창성과 창의성은 유지하면서 동시에 통합된 홀론으로서 움직였다. 오케스트라에 의해 만들어지는 거대한 규모의 음악적 장이 받쳐주고 이끄는 가운데, 두 바이올리니스트는 즉흥적인 이중주를 하는 동안 번갈아가며 연주했다. 서로서로 연주를 할 때도 들어줄 때도 몸을 통해 드러나는 열정과 즐기는 모습들이 그들 사이에 긍정적이고 창의적인 라포가 형성되어 있음을 분명히 보여주었다. 두 사람이 한 교류를 통해 그들은 지금 막 들은 상대의 음악적 아이디어와 멜로디들을 서로 반영했고, 그런 아이디어를 새롭고 창의적인 방향으로 가져갔다.

아크로 폴리스(1994년)의 Yanni Live DVD에서 볼 수 있는 두 명의 바이올리니스트의 즉흥 듀엣 연주는 생성적 협업의 고무적인 사례이다.

최종 결과는 서로에게 분명 최고의 것을 주었다. 두 음악가가 각자가 연주했을 때의 마음에서는 나올 수 없었던 연주를 하면서 서로를 상승시켜 낳은 고무적인 성과였다. 그들의 연주 실력은 누가 봐도 높은 수준이었다. 하지만 결과가 단순히 그들의 악기 다루는 실력에서 나온 것이 아니라는 것 역시 확실하다. 그것은 원칙들, 공명, 시너지 및 출현을 통해 두 사람과 오케스트라 사이에 형성된 생성적 장이 작동해 이루어낸 결과였다.

다음 섹션에서 우리는 그룹 또는 팀 내에서 이러한 유형의 '생성적 장'을 만들고 적용하는 데 유용한 협업 촉매제 몇 가지를 살펴볼 것이다. 앞 챕터에서 COACH 컨테이너 만들기와 의도 설정하기와 같은 핵심적인 협업 촉매제들을 소개했다. 이 두 촉매제는 생성적 변화 프로세스의 첫 번째 단계에 필요한 기반이다. 다음 협업 촉매제는 '생성적 수행 상태generative performance state'를 개발하는 것과 관련이 있다.

SFM 협업 촉매제: 생성적 수행 상태 개발

생성적 수행 상태 개발은 생성적 협업을 만드는 중요한 조건이다.

생성적 상태는 COACH 상태에 존재함으로써 이루어지며, 그것은 동료 스테판 길리건과 내가 생성적 변화를 주제로 한 연구에서 '3가지 긍정적인 연결'이라고 불렀던 것을 포함한다. 이는 진행 중이고 주관적인 연결 느낌을 포괄한다. 다음과의 연결 감각이다.

1. 의도 (또는 비전)
2. 자기 자신(신체적인 중심)과 본인의 탁월성과 연결된 느낌에서 오는 자신만의 '몰입flow' 상태
3. 당신의 연결이 긍정적 자원의 '장field'에 둘러싸임으로써 출현하는 잠재력과 가능성의 느낌

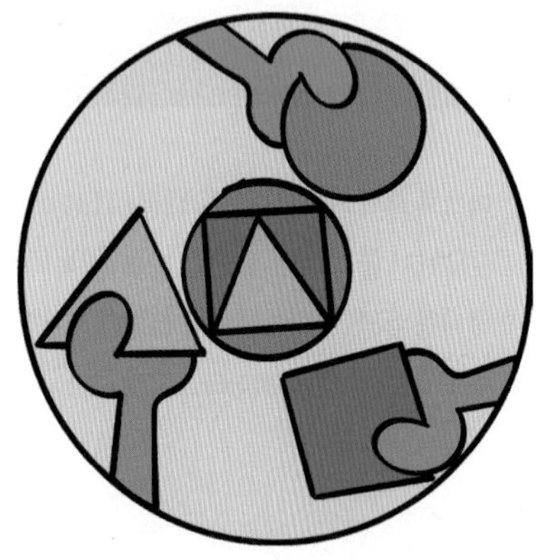

생성적 수행 상태는 그룹의 각 구성원이 공통된 의도에 집중하고, 각자 그들 자신의 중심에 들고, 그들을 둘러싼 긍정적 자원의 더 큰 '장'에 연결된 느낌을 가질 때 출현한다.

그룹에서 공유한 의도를 통해 서로 연결되면 구성원 간에 공명이 일어난다. 각 구성원이 고유하고, 창의적인 개인으로서 자기 자신 그리고 자신의 몰입 상태와의 연결은 그룹 내 다른 사람들과의 시너지의 가능성을 생산한다. 긍정적 자원의 장으로의 연결은 새롭고 예측하지 못했던 무언가의 출현 가능성을 창조한다.

앞서 언급한 두 뮤지션에 대한 사례에서, 그들의 공유된 의도는 스스로 즐기고 서로를 지지함으로써 청중에게 혁신적이고 즐거운 공연을 만들어내는 것이었다. 이 두 뮤지션 역시 그들 자신의 고유하고 개별적인 탁월성 그리고 자신만의 몰입 상태로 연결할 수 있었던 것이 분명하다. 오케스트라의 지원은 무언가 새로운 것이 출현할 잠재성과 가능성을 창조하는 성과로 이어질 더 큰 장을 제공하는 역할을 했다. 이 3가지가 어우러져 조화를 이루며 생성적 수행 상태가 만들어진다.

그룹 차원에서 생성적 수행 상태로 들어가는 연습을 하기 위해서는 다음 단계를 밟아라.

1. 1 장에 설명한대로 코치 컨테이너COACH Container 상태를 만드는 것으로 시작하라. 각 그룹 멤버는 완전하게 현재에 존재하고 자신이 코치 상태에 있음을 충분히 느낄 때 "나는 여기 있다I am here.", "나는 준비되었다I am ready."라고 다른 사람들에게 크게 말한다.
2. 그룹 구성원들은 자신의 주의를 생성적 협업을 위해 공유된 의도로 향하게 한다. 그룹 구성원들이 그 미래의 기준점에 연결된 감각을 강하게 느낄 때까지 그 의도를 표현하는, 단순하고 간결한 구어적 문장이나 이미지 또는 신체적 표현이나 제스처를 공유할 수 있다. 이것은 그룹 내 집중과 공명의 느낌을 가져다 줄 것이다.

모래를 점점 더 복잡한 모양으로 만드는 모래 금속판의 진동과 유사하게, 생성적 수행 상태는 그룹 구성원들 속에서 더 큰 무궁무진한 잠재력을 자극한다.

3. 그런 다음에는 각각 자신만의 고유한 신체의 중심(COACH 상태의 'C')과 자신만의 탁월성을 느끼는 자신의 체험에 주의를 돌린다. 그룹 구성원들에게 합치된 그리고 방해받지 않는 방식으로 자기 자신을, 그리고 자신의 탁월성을 표현할 수 있었던 자신만의 '몰입flow' 상태를 느꼈던 상황에서 했던 경험을 다시 떠올리게 하는 것은 상당히 도움이 된다. 그리고 다시 자신만의 탁월성의 감각을 표현한 단순하고 간결한 구어적 문장이나 이미지, 신체적 표현이나 제스처를 공유할 수 있다. 이것은 구성원들이 다른 이들과 함께 자신의 고유한 아이디어와 탁월성을 보완하고 시너지를 일으킬 가능성을 창조한다.

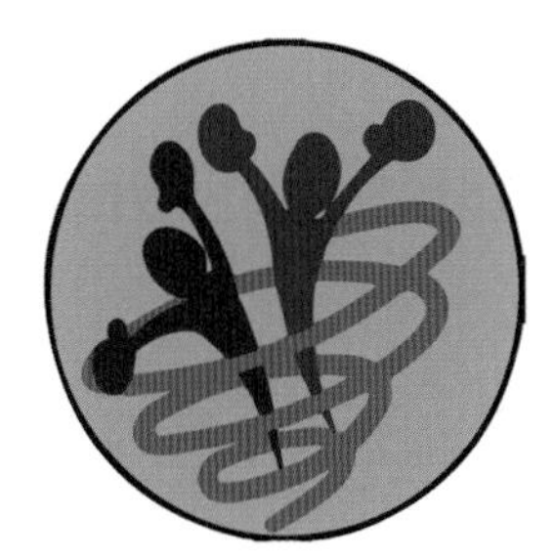

4. 그런 다음, 다른 구성원들과 그들 사이의 '장'을 포괄하도록 자신들의 주의를 오픈한다. 그룹이 공동 스폰서십의 '장'을 촉진하는 협업 촉매제를 거쳤다면, 그들이 좋아하는 다른 것에 대해 보았고 느꼈던 것을 기억하

도록 하는 것이 도움될 수 있다. 또한 그룹 구성원들에게 자신감과 자원이 풍부한 상태를 느끼게 해 주었던 사람(교사, 스폰서, 친구), 물건, 장소 또는 다른 존재들을 내면에서 회상하도록 하는 것 역시 도움이 된다.

5. 그리고 COACH 상태를 유지한 상태에서 이 3가지 긍정적 연결을 동시에 포괄하도록 자신들의 주의와 집중을 오픈한다.
   - 그들이 공유한 의도
   - 자신의 '몰입' 상태 그리고 자신의 탁월성에 연결된 상태
   - 그들이 일부분으로서 속하는 더 큰 장field 혹은 홀론holon
6. 그룹 구성원들은 자신에게로 흘러오고 자신을 통해 흐르는 생성적 에너지와 자원이 풍부한 상태를 각자 그리고 함께 느끼기 시작해야 한다. 그러면 그룹 구성원들이 상징과 신체적 움직임이나 제스처를 찾아서 이 상태를 '앵커'할 때 도움이 된다.

모래를 점점 더 복잡한 모양으로 만드는 모래 금속판의 진동과 유사하게, 생성적 수행 상태는 그룹 구성원들 안에 있는 무궁무진한 더 큰 잠재력을 자극한다.

그룹이 의도를 설정하고 생성적 수행 상태에 들어가면, 그룹 구성원의 복합적 관점이 적용되는 그 상태가 목표와 행동을 규명하는 데 쓰이기 시작한다. 그 방법 중의 하나는 내가 '인터비전intervision'이라고 부르는 협업 촉매제–이 또한 근본적인 마스터마인딩masterminding 프로세스이다–를 통하는 것이다.

SFM 협업 촉매제: "인터비전"을 통해 시너지를 촉발하는 다양한 관점 적용하기

내가 이미 주장한 것처럼 생성적 협업의 마인드 셋은 '더 큰 파이 조각'을 누가 차지할 것인가에 대한 것이 아니라 시너지 관계와 협업을 통해 파이 전체를 더 크게 만드는 방법에 관한 것이다. 성공의 열쇠는 연결성이다. 성공적인 기업가들은 이렇게 말한다. *"제 미래는 이렇습니다. 함께 참여하시겠습니까?"* 그런 다음 *"그러면 저에게 도움이 될 수 있는 당신의 비전은 어떤 것입니까?"*라고 묻는다.

집단지성과 생성적 협업의 매우 강력한 근원 한 가지는 사람들이 각자 세계를 보는 자신들만의 지도나 모델을 가지고 있고, 배경과 기술이 모두 다르다는 사실이다. 이러한 다름은 상호 보완적인 경우에 새로운 무언가의 출현이 있기까지 생성적 상호작용이 이루어지도록 하는 토대를 형성한다. **인터비전Intervision**은 서로 다른 사람들의 비전, 사명, 엠비션, 프로젝트 및 기업 간의 가능한 시너지와 건설적인 공통점을 발견하고 잠재적 협업의 발생을 촉진하는 방법으로 1990년대 초반에 개발한 프로세스이다. 인터비전의 다양한 형태는 마스터마인딩 프로세스의 기초이기도 하다.

집단지성과 생성적 협업의 중요한 근원 중 하나는 세상을 보는 지도나 모델이 사람들마다 서로 다르고 각자의 배경 및 숙련도가 서로 다르다는 사실에서 비롯된다.

인터비전은 슈퍼비전supervision과 대조할 수 있다. 슈퍼비전은 사람들 사이에 암묵적인 계층 관계를 포함한다; 감독관은 다른 사람에게 '올바른 지도'를 제공한다. 서로 비전을 나누는 인터비전은 서로가 동료이고 상황에 대한 하나의 정확한 지도는 없다고 가정한다. 오히려 각 개인의 관점이 소중할 뿐만 아니라 기업 전체에 기여할 점이 있다고 본다.

인터비전 프로세스는 그룹 구성원들이 서로 동료이며 상황에 대한 하나의 정확한 지도가 없다는 가정 하에 진행된다. 오히려 각 개인의 관점은 소중하고 전체 기업에 기여할 점이 있다고 본다.

서로가 동료라는 가정과 더불어, '비전'이라는 용어에도 역시 중요한 함축적 의미가 있다. 실제로, 인터비전 과정의 목표 중 하나가 새로운 관점의 출현을 위해 그룹의 맥락 속에서 시각적, 상징적 사고 전략을 장려하는 것이다.

한 개인이 특정 비전이나 아이디어를 표현하는 방식은 저절로 다른 사람들의 인식을 자극하고 풍부하게 하는 데 도움이 된다.

따라서, 인터비전의 주된 이점은 우리가 아이디어나 비전을 표현하고 개념화하는 방식이 미치는 영향력과 관련이 있다. 한 개인이 특정 비전이나 아이디어를 표현하는 방식은 저절로 다른 사람들의 인식을 자극하고 풍부하게 하도록 도울 수 있다. 이러한 이유로 인터비전 프로세스는 충분한 다양성을 확보하기 위해 최소 4명의 인원으로 구성하는 것이 가장 좋다.

인터비전의 중요한 목표는 각 그룹 구성원이 다른 구성원의 비전과 아이디어에서 영감을 얻는 것이다.

서로 다른 관점을 활용할 때의 자연스러운 결과는 사람들이 자신의 의견이 중요하다고 느끼기 때문에 더 잘 참여한다는 것이었다.

- 유니스 페리시커루

인터비전의 또 다른 중요한 목표는 구성원들 각자가 다른 구성원의 비전과 아이디어에서 영감을 얻는 것이다. 이는 단순히 인지 마인드를 사용해서 듣는 것이 아니라, 한 사람의 존재 전체 그리고 그 사람의 창의적인 무의식에 동참하면서 경청할 것을 요구한다. 내 친구이자 동료인 리차드 모스Richard Moss가 강조했던 말을 다시 한 번 반복하겠다. “자기 자신이나 다른 사람에게 기울이는 훌륭한 주의와 관심은 당신이 그들에게 줄 수 있는 최고의 선물이다.” 그러므로 인터비전 세션은 항상 처음에 COACH 컨테이너 만들기, 공동 스폰서십의 장 조성 그리고 생성적 수행 상태 개발과 같은 협업 촉매제를 적용하면서 시작한다. 이렇게 하는 것은 인터비전 프로세스에 참여한 개인들 간에 강한 공명의 느낌과 연결성을 확립하고 시너지와 출현의 가능성을 향상시켜 준다.

예를 들어, 크로스날리지의 성공 요인 사례에서, 회사의 새로운 방향성에 주목하도록 동조와 열정을 만들고 집단지성을 촉진하는 것이 목적이었던 행사가 진행되는 동안 인터비전 프로세스를 어떻게 적용했는지 설명했었다. 여러 부서의 직원으로 이루어진 10~12명의 그룹들로 편성하여 각 그룹별로 원형 테이블에 둘러앉았다. 각 그룹의 테이블에는 회사의 임원 한 사람이 퍼실리테이터로 참여했다. 그리고 160명의 사람들 전원에게 종이와 미술 도구를 제공해서, CEO가 제시한 회사 비전에 대해 주어진 역할을 수행하는 한 개인으로서 그 비전이 본인에게 어떤 의미인지를 이미지로 그려보라고 주문했다. 그러자 여러 테이블의 많은 참가자들은 자신들이 그린 그림들을 서로 공유하고 대조해 보면서 회사의 비전과 사명에 대해 상대방이 가진 인식을 존중하며 공명과 시너지를 발견해갔다. 그런 다음 팀 전체가 회사의 비전이 생성한 이미지들로 둘러싸이게끔 160장의 그림 전부를 행사장 주변에 설치된 접이식 스크린에 전시하였다.

기업인들과 함께 일할 때, 전형적인 인터비전의 형식에는 각 그룹 구성원이 차례대로 '엘리베이터 피치elevator pitch'를 발표하는 것이 포함된다. 그룹 멤버가 듣는 동안 발표자의 말과 아이디어가 그들에게 접촉과 영감이 일어나게끔 이끌고 자신의 비전, 프로젝트, 기업과 시너지가 일어날 가능성을 발견하도록 이끈다.

그룹 내 구성원들 각각은 한 사람씩 순서대로 자신의 비전 또는 프로젝트를 설명한다. 즉 "엘리베이터 피치"를 하는 것이다.

한 사람씩 자신의 비전이나 기업에 대해 설명하고 설명이 끝나면 나머지 구성원들은 발표자의 비전이나 프로젝트를 어떻게 이해했는지 자신의 개인적 이해를 상징적 또는 은유적인 그림으로 각각 표현한다. 그림을 그릴 때는 다른 사람의 그림을 보지 않고 자신만의 내적 표상 지도를 만든다. 발표자를 포함한 구성원 모두가 발표자의 비전이나 프로젝트에서 영감을 얻은 내용을 자신만의 그림으로 그리는 것이다.

다이어그램이나 스케치 같은 것도 될 수 있다. 나무나 풍경을 그릴 수도 있고 그냥 직사각형이나 원, 별과 같은 기호들을 그려서 선과 화살표로 연결할 수도 있다.

발표자 외 다른 구성원들은 발표자의 비전 프로젝트나 기업에 대한 설명을 듣고 각자 그에 대한 자신의 이해를 반영한 그림이나 지도를 그린다.

이때 그룹 구성원들은 각자가 발표자의 비전이나 프로젝트와, 자기 기업과의 상보성이나 시너지가 어디에서 가능할지 고려해야 한다. 그림에 자신의 비전과 기업과의 링크를 추가함으로써 그 관계성을 상징적으로 묘사하는 것도 가능하다.

또 구성원들은 가벼운 마음으로 발표자에게 제공할 수 있는 자원이 무엇인지 생각해 본다. 이때 '자원'은 발표자가 자신의 비전이나 프로젝트, 기업을 더 잘 구현할 수 있는 데 도움을 줄 수 있는 것이 되어야 한다. 여기서 자원은 책, 기사, 웹 사이트 그리고 도움이 될만한 사람이나 조직에 대한 연락처 등이 될 수도 있고, 자신의 전문가적 소견이나 경험에서 나온 제안이나 조언, 지침의 형태가 될 수도 있다.

자원은 발표자에게 자신이 제공한 것에 대한 대가를 청구하는 일 없이 가벼운 마음으로 제공할 수 있는 것이라는 점이 중요하다.

구성원들 각자 그림을 완성하고 자신들이 제공할 수 있는 자원을 생각해낸 다음에는 한 사람씩 순서대로 다음의 형식을 따라 자신의 그림을 설명하고 자신에게 가능한 기여에 대해 설명한다.

1. "이것은 당신의 아이디어와 비전에 관해 제가 그린 그림입니다."(필요한 만큼만 간략하게 그림을 설명한다)
2. "당신의 비전이 저에게 어떤 영감을 주었는가 하면요."(발표자의 말이나 생각을 듣고 당신 내면에서 일어난 감정이나 생각, 새로운 시각 등등을 공유한다)
3. "당신의 아이디어나 비전이 실현되는 데 도움이 되도록 제가 가벼운 마음으로 제공할 수 있는 자원은...입니다."
4. "시너지를 내거나 또는 협업이 가능한 영역은 ...입니다."

각자 그림을 그리고 나서 구성원들은 자신의 그림을 공유하고 발표자에게 제공 가능한 자원이 무엇인지 그리고 발표자와 가능한 제휴와 시너지는 어떤 것인지에 대해 이야기한다.

구성원 전원이 자신이 그린 그림과 제공 가능한 자원에 대해 공유하고 나면 발표자는 자신의 비전과 기업에 관한 지도가 어떻게 보강되었는지 그룹 전체를 대상으로 피드백을 제공한다.

그룹의 전원이 엘리베이터 피치를 만들고 난 다음에, 그룹은 그들의 다양한 비전과 기업들 사이에서 진정한 협업과 제휴가 어디에서 이루어질 수 있을지를 함께 논의할 수 있다. 시간이 있다면 그룹은 비전이 중첩되거나 공통되는 영역을 표현하는 그림을 그리거나 영상을 만들면서 탐색해 볼 수도 있다.

'인터비전intervision' 형식의 기본 단계를 요약하면 다음과 같다.

1. 그룹 내 구성원들 각각은 한 사람씩 순서대로 자신의 비전 또는 프로젝트를 설명한다. 즉 '엘리베이터 피치'를 하는 것이다. 발표자 외 다른 구성원들은 발표를 들으면서 발표 내용과 관련해 영감을 줄 수 있는 것이 무엇인지 주의를 기울이고, 그들 비전과 프로젝트, 기업과 시너지가 가능한 부분을 찾아본다.
2. 발표가 끝날 때마다 구성원들은 각자 그 발표를 듣고 자신이 어떻게 이해했는지를 반영한, 비전 프로젝트에 대한 그림 혹은 상징적인 지도를 그린다. 또한 구성원들은 발표를 듣고 자신의 프로젝트나 비전과 상호 보완이 가능하고 시너지가 가능한 부분이 어딘지 그리고 발표자에게 가벼운 마음으로 제공 가능한 자신의 자원은 무엇인지 모색한다.

그룹은 그룹 내 여러 구성원 간의 주요 협업 영역을 고찰하고 확고히 한다.

3. 그런 다음 그룹 구성원들은 자신이 그린 그림을 공유하고 자신이 발표자에게 제공 가능한 자원이 무엇인지 발표자와 제휴나 시너지가 가능한 영역이 어디인지에 대해 이야기한다.
4. 구성원 전원의 비전 발표가 끝나면 그룹은 다양한 그룹 구성원들 사이에서 협업 가능한 핵심 영역이 어떤 부분인지 고찰하고 이를 확고히 한다.

문제 해결을 위한 생성적 협업 촉진에 인터비전 적용하기

다각적인 관점에서 문제 상황을 인지하는 것은 문제 해결의 중요한 부분이다.

상황에 대한 우리의 인식을 바꾸거나 풍성하게 하는 것은 가능성의 완전히 새로운 영역을 열어 줄 수 있다.

인터비전 프로세스는 문제 해결이나 갈등 해결을 위한 집단지성과 생성적 협업을 장려하는 데에도 적용 가능하다. 사실 '인터비전'이라는 용어는 수십 년 동안 유럽 심리 치료사들이 모여 실제 진료 장면에서 환자의 변화나 상황의 변화를 다루는 방법에 대해 토의하는 그룹 세션을 설명하기 위해 사용되었다. 1990년 산타크루즈에 있는 캘리포니아 대학교에서 개최했던 리더십 컨퍼런스에서 나는 비즈니스 상황에서 사용하고자 이 개념을 도입했다. 나는 다른 리더들을 리드하는 '메타 리더십 Meta Leadership'에 쓰일 프로세스에 이를 적용할 생각이었다. 이 프로세스 자체에 이미 그룹 구성원이 동료 그룹에게 자신의 힘든 상황에 대한 이야기를 꺼내는 것이 포함되어 있었다. 그때 그 사람에게 무엇을 해야 하는지 혹은 무엇이 '올바른' 해결책인지를 말해주기보다, 그룹의 동료 구성원들이 그 사람에게 간단한 질문을 하는 것이다. 그렇게 해서 상황을 둘러싼 '문제 공간'을 명확하게 하고 각자의 개인적인 경험들을 관련지어 말하는 것이었다. 문제 내용의 명확함과 관점의 다각화는 힘든 상황에 처한 한 사람에게 문제 혹은 도전에 접근할 수 있는 자신만의 해결책에 도달하게끔 함께 돕는 과정에서 생성될 수 있었다.

문제 해결에 인터비전을 적용할 때, 나는 혁신과 창의성을 자극하는 수단으로서 인터비전 프로세스상의 '비전'이 가진 함축성의 의의와 상징적 시각화의 쓰임새를 강조한다. 인터비전의 많은 이점은 우리가 우리의 문제나 생각, 일어난 결과를 표현하고 개념화하는 방식이 가지는 영향력과 관계가 있다. 상황에 대한 우리의 인식을 바꾸면 완전히 새로운 가능성의 영역을 열 수 있다. 인터비전이 협업 촉매제로 사용될 경우의, 인터비전 목표 중 하나는 한 그룹의 맥락 안에서 시각적이고 상징적인 사고 전략을 작동시키는 것이다. 협동하는 창의성이라는 이 강력한 형태는 사람들이 세상에 대한 각기 다른 정신적인 지도를 가지고 있다는 사실에서 비롯된다. 우리에게 일어난 결과나 문제를 보는 우리가 아닌 다른 누군가의 관점은 그 다른 관점 속에서 혹은 관점 그 자체가 상황에 대한 우리의 인식을 바꾸도록 하거나 풍부하게 하도록 도와준다.

다음은 문제 해결에 인터비전 프로세스를 어떻게 적용하는지에 관한 설명이다. 이는 Successful Genius Mastermind 그룹과 함께 사용하는 주된 마스터마인딩 형식 중 하나이다. 다시 한번 말하지만, 다양성을 충분히 확보하려면 그룹 내 인원이 최소 4명 이상인 것이 가장 좋다('인터비저블intervisible'은 글자 그대로 "서로 볼 수 있다"는 뜻이므로 참가자 전원이 서로를 볼 수 있도록 동그랗게 원형으로 앉아 진행하는 것이 일반적이다). 시작하기 전에 발표자는 그룹이 코치 컨테이너를 완성했는지, 의도를 설정했는지, 생성적 수행 상태 개발이 되었는지 그리고 깊이 들을 준비가 되었는지 확인해야 한다.

인터비전 프로세스가 진행되는 동안, 인지적으로 '생각'하는 것보다 집단지성과 창의적 무의식(장, field)으로부터 출현한, 자신들'에게' 온 자신들의 아이디어를 구성원들은 허용해야만 한다.

이러한 형식의 인터비전에서 각 그룹 구성원들은 다음 질문에 답한다.

"내가 이 그룹이 지원해 주길 바라는 것이면서 동시에 그룹 공동의 이익이 될 만한 것이 있다면 무엇일까요?"

그룹 구성원 중 한 사람은 '탐험가'이다. 그는 다른 구성원들에게 자신의 문제나 도전에 대해 설명한다. 탐험가는 설명을 5분 이내로 끝낸다. 설명 시간을 제한하는 목적 중 하나는 사람들이 주의 깊게 들을 수 있게 하기 위해서이다. 그래서 너무 길어지지 않도록 5분 내로 제한한다. 탐험가는 도전을 설명하기 위해 이미지와 신체적 모델(제스처)을 쓸 수도 있다.

설명을 들을 때 다른 구성원들은 생성적 수행 상태를 유지해야 하고 자기 자신이나 다른 사람들에게 줄 수 있는 가장 큰 선물이 말하는 사람에게 기울여주는 주의의 질이라는 점에 유념한다.

탐험가가 자신의 상황이나 자신이 할 도전에 대해 설명을 마치면 다른 구성원들은 발표자를 위한 자원이 단어나 이미지, 신체적 표현의 형식으로 '발표자에게' **전해지게 한다**. 인지적으로 '사고하기'보다 구성원들은 발표자에게 하는 자신들의 기여(자원 제공)가 그룹에 의해 생성된 집단지성과 창조적 무의식의 장field에서 나오도록 해야 한다.

구성원들은 탐험가에게 특정한 제안을 하는 것이 아니라 자신이 가진 이미지나 인상을 설명한다. 제안을 하는 대신 문제나 도전을 둘러싼 상황에 관한 탐험가의 정신적 지도를 넓히는 데 도움을 주는 것이다. 이를 위해 구성원들은 자신들이 이 상황을 어떻게 인식했는지 그리고 그것을 어떻게 표현했는지를 간단히 보여주거나 설명한다. 구성원들이 탐험가의 상황을 다르게 표현했다는 단순한 사실은 탐험가의 인식을 자연스럽게 확장시키거나 풍부하게 하기 시작할 것이다.

탐험가는 자신의 문제 또는 도전에 대해 (5분 이내로) 설명한다.

프로세스를 마치면 탐험가는 그가 받은 가장 가치 있는 것이 무엇인지 구성원들과 공유한다. 다른 구성원들도 프로세스의 결과로서 받은 내용에 언급할 수 있다.

요약하면:

1. 탐험가는 자신의 문제나 도전에 대해 (5분 이내로) 설명한다.
2. 그룹이 생성시킨 집단지성과 창조적 무의식(장)을 기반으로 하여, 구성원들은 발표자가 자신의 도전에 대한 설명을 단어나 이미지, 신체 표현의 형태로 자원을 촉발할 수 있게끔 허용해야 한다.
3. 구성원들은 자신들이 어떤 기여할 수 있는지를 공유하여 더욱 풍성해지고 시너지를 일으키도록 함께 토의한다.
4. 발표자와 그룹 구성원들은 이 과정을 통해 무엇을 얻었는지 나눈다.

구성원들은 발표자의 도전에 대한 설명이 말이나 이미지, 신체적 표현의 형태로 자원을 촉발하도록 허용한다.

연습의 전제는 그림의 형태이든 그 외 다른 표현 형식이든 외부로 보여지는 지도를 만드는 것인데, 이는 (1) 사람들이 만든 각기 다른 지도들의 다양성을 인정하고 (2) 한 특정 상황을 보는 다각적인 관점을 개발하는 데 효과적인 방법이다.

인터비전 프로세스에서 가능한 한 가지 변주는 공통된 이슈와 중첩되는 영역을 발견하기 위해 구성원 전원이 비슷한 맥락을 선택해 그 속에서 자신들의 문제, 목표, 비전을 탐색하는 것이다.

문제 해결에 인터비전을 적용한 이탈리아 국영 철도 사례 보기

한 가지 사례로, 나는 90년대 중반 이탈리아 국영철도와 관련된 일에 참여한 적이 있다. 당시는 유럽 연합EU 초기였고 회사는 국영 기업에서 민영화로 전환하는 중에 있었다. 회사는 또한 유럽 수송체계 표준을 충족시키는 문제로 고심하고 있었다. 체계 전환은 조직의 여러 부서에서 많은 혼란을 야기했고 이런 조직의 혼란은 부서 관리자 간의 상호작용을 생성적 협업이 아닌 끊임없는 갈등과 '비난'으로 변질시켰다.

당시 중재 업무를 맡은 나는 조직 내 다양한 부서에서 최고 관리자들을 모아 한 그룹으로 만들었다. 그리하여 그룹 내에서 서로의 의견을 구두로 논의하는 대신, 나는 그룹 구성원들 각자에게 회사가 직면한 문제 상황에 대해 자신들만의 상징적인 이미지를 만들도록 주문했다.

한 사람은 그들의 상황을 항해선을 탄 선원들 그룹으로 그렸다. 각자 배에서 해야 할 많은 임무를 안고 있다. 정상적인 상황 하에서 선원들은 자신이 맡은 일도 하고 다른 선원들과 커뮤니케이션도 할 수 있었다. 그러나 폭풍이 몰아치는 바다에서, 선원들은 자신이 맡은 임무에 더 많이 집중해야 했고, 그것은 다른 선원들을 살피거나 서로 교류할 기회를 가지지 못하게 했고, 서로의 활동을 조화롭게 조정하는 일을 더욱 어렵게 만들었다.

또 다른 사람은 자신들의 상황을 필요한 자연 자원이 전혀 없는 어느 행성에 불시착한 우주 캡슐에 탑승한 우주 비행사가 된 것처럼 묘사했다. 그래서 우주 비행사들이 그 행성에서 살아남기 위해 파손된 자신들의 우주선에서 필요한 보급품과 장비들을 최대한 구해내려고 애쓰고 있는 거라고 했다.

또 다른 관리자는 회사의 상황을 제대로 돌아가지 않는 한 집안의 모습으로 표현했다. 회사의 상황을 한 가족의 일로 보는 또 다른 사람이 있었지만 이 사람은 이 상황을 평범한 가정의 일이라고 했다. 그저 태어나 처음으로 집을 떠나 미숙하나마 혼자 살 준비를 하는 청년의 모습과 비슷하다고 본 것이다.

이렇게 다양한 상징적인 이미지를 비교해 봄으로써, 그룹의 구성원들은 상황을 보는 자신들의 지도를 방어할 필요를 느끼지 않고 다른 이들의 관점을 듣고 이해할 수 있었다. 누구의 인식이 옳은지 논쟁하기보다 그들은 다양한 상징적 이미지들로 상정된 깊이 있는 가정들을 편하게 인식하고 탐색할 수 있었고 그런 만큼 숨은 힘들을 더 쉽게 발견할 수 있었다.

그룹 구성원들은 자신들이 한 기여를 공유하고 그것이 풍성해지고 시너지가 일어나도록 토의한다.

말하자면, 우주 캡슐과 항해선 같은 경우 둘 다 도전적인 환경에 처한 것으로 가정했지만 한 사람은 선원들 간의 커뮤니케이션 관련 이슈를 문제로 상정한 반면 다른 한 사람은 우주비행사 전원이 적대적인 환경과 씨름하고 있다고 보았다는 것이다. 여기서 중요한 점은 항해선에서 벌어지는 문제가 선장의 리더십 부족이 아니라 선원들 간의 커뮤니케이션에서 드러난 문제 중의 하나라고 보았다는 것이다.

발표자와 그룹은 무엇을 얻었는지 공유한다.

서로 다른 비유와 묘사들 사이를 왔다 갔다 하면서 그룹은 다양한 관점들 사이에서 같은 점이 무엇인지 알아차리기 시작했고 그런 가정들이 유효한지 확인하거나 재검토할 수 있었다. 이 프로세스의 결과로 그룹은 긴장감과 분노, 방어기제가 훨씬 줄어든 상태에서 인식의 차이에 대해 소통할 수 있었고, 또한 그들은 상황을 보는 몇 가지 새로운 관점과 비유를 가질 수 있게 되었다. 이는 그들이 이미 해보았던 것과 다른 방식의 생각을 가지고 문제에 접근하는 것을 가능하게 해주었기 때문에 그들이 혁신적인 솔루션을 탐색하는 데 도움이 되었다.

생성적 협업을 위한 '2차 포지션'의 중요성

The Importance of 'Second Position' for Generative Collaboration

서로를 어느 정도 이해하고 공감하지 않고는 어떤 유형이든 효과적인 협업을 하는 것이 불가능하다곤 할 수 없어도 어려운 것은 사실이다. 크로스날리지, 두 명의 음악가, 그리고 이탈리아 국유철도 사례가 보여 주듯이 생성적인 협업을 하기 위해서는 서로가 무엇이 중요하며 어떻게 생각하고 느끼는지를 아는 것이 상당히 중요하다. 이것은 우리 성공 써클의 모든 부분에 해당되는 진실이다.

모든 유형의 효과적인 협업에는 서로에 대한 어느 정도의 이해와 공감을 필요로 한다.

'2차 포지션' 취하기는 성공 요인 모델링에서 다른 사람의 관점이나 시야로 이동할 수 있는 능력을 말하는 용어이다.

우리는 가령 기업가들이 종종 투자자의 마인드 셋과 가치기준을 이해하지 못한다는 사실도 발견했다. 그들은 왜 투자자들이 자신의 아이디어와 혁신에 대한 명백한 가치를 보지 못해 그들에게 투자하고 싶어 하지 않는지 이해하지 못한다. 마찬가지로, 투자자는 자주 기업가들이 지고자 하는 리스크의 순서와 수준을 납득할 수 없다(투자자 자신의 돈일 경우 특히!). 스티브 잡스가 1980년대 중반 애플에서 퇴출당한 이유가 이와 가장 비슷한 사례이다. 기업가로서의 스티브 잡스와 회사의 이해관계자들이 서로 오해했던 경우이다.

SFM에 따르면, 우리가 다른 사람들을 이해할 수 있는 것은 우리가 그 사람의 입장인 '2차 포지션'에 설 수 있는 능력이 있기 때문이다. 2차 포지션을 취하기는 NLP에서 특정 상황과 관련하여 다른 사람의 관점이나 시야로 이동할 수 있는 능력을 나타내는 용어이다. 그것은 1차 포지션 또는 '자기 자신의' 관점에서 이동해 마치 다른 사람이 된 것처럼 그 상황을 보는 것으로, '역지사지'하는 것이라 할 수 있다.

이것은 성공적인 제품, 회사 그리고 팀을 창조할 수 있는 결정적인 능력이다. 기업가 신다라 터카트Cindana Turkatte는 "2차 포지션을 취하지 않으면 아무것도 성취할 수 없다."고 지적했다.

2차 포지션 분석하기

2차 포지션을 분석하는 것은 여러 다른 차원에서 다른 사람의 관점을 고려하는 것이다.

기업가를 코칭할 때 나는 그들의 SFM 성공 써클을 구성하고 있는 각 포지션들(고객, 투자자(이해관계자), 직원 및 파트너)을 구체적으로 분석하도록 권한다.

예를 들어, 제품 또는 마케팅 계획을 개발하려면, 기업가는 잠재 고객의 입장이 되어 봐야 한다. 재무 계획을 수립하고 자본을 조달하기 위해 기업가는 이해관계자와 투자자의 관점을 취할 수 있어야 한다. 효과적인 팀을 구성하고 동기를 부여하려면 기업가는 팀 구성원이나 직원의 눈을 통해 상황을 파악할 수 있어야 한다. 강력한 동맹 관계를 구축하려면 기업은 가능한 파트너의 관점을 취할 필요가 있다.

기업가가 잠재적 협업자들 각자의 개별적 관점인 2차 포지션을 탄탄하게 취하는 것은 서로간의 관계 수립을 손쉽고 효율적으로 할 것을 분명하게 해주는 핵심이 된다.

2차 포지션을 취함에 있어 서로 다른 차원과 정도가 있다. 누군가의 집이나 일터에 있어 보는 것은 환경 차원에서 2차 포지션을 취하는 방법이다. 다른 사람의 행동을 모방하는 것은 행동 차원에서 2차 포지션을 취하는 방법이다. 그 사람의 사고 전략과 정신 지도에 대해 아는 것은 역량 차원에서 2차 포지션을 개발하는 방법이다. 사람의 가치관과 신념에 대해 아는 것은 더 깊은 차원에서 2차 포지션을 취하는 방법이다. 다른 사람과 동일시하고 그 사람의 성격이 되어보는 것은 매우 깊은 정체성 차원에서 2차 포지션을 취해 보는 것이다. 그 사람의 비전과 목적 의식에 대한 열정을 경험해보는 것은 가장 깊은 2차 포지션을 제공할 것이다.

당신의 성공 써클의 한 부분을 구성하는 협업자의 속성을 분석하는 것은 이러한 각기 다른 차원에서 그 사람의 2차 포지션을 취하는 것이고, 당신이나 당신의 프로젝트 혹은 사업이 각 차원에서 그 사람에 도움이 되는 시너지나 기회, 혜택을 제공할 수 있는 방법들을 고려하는 것이다.

다음은 적절하고 지원 가능한 잠재적 영역을 파악하기 위해 당신의 성공 써클의 핵심 구성원들에 도움이 될 협업자 특성 분석에 사용 가능한 프로세스이다.

성공 요인 모델링 협업 촉매제: 협업자의 특성 분석

주요한 협업자의 본질적인 특성을 파악하고 승-승 시나리오를 찾기 위해 2차 포지션을 적용하는 것은 효과적인 기업 협업의 중요한 부분이다. 협업자 특성 분석에 시간을 투자하는 것은 소위 '끌어당김의 법칙'을 뒷받침한다. 이 원칙에 따르면, 당신이 필요하고 원하는 것에 대해 명확히 하면 당신이 그것을 더 쉽게 끌어당길 수 있다. 원하는 것을 '장field'에 있게 함으로써 그것이 출현했을 때 좋은 기회임을 인지할 가능성을 더 커지게 할 것이고 또한 당신의 네트워크에 있는 다른 사람들이 잠재적 가능성을 더 쉽게 인지할 수 있게 하고 당신이 그것을 아는 것을 더 쉽게 허용할 것이다.

더 잘 이해하고 더 효과적으로 함께 일할 협업자 혹은 잠재적 협업자를 선택해 보시오.

핵심 특성을 정의하는 것은 당신이 성공 써클의 각 부분들을 더욱 확장하고 풍성하게 하도록 도울 것이다.

- 고객의 주요 특성을 알고자 노력하는 것은 당신이 고객의 니즈와 동기에 더 잘 부합하도록 제품 및 마케팅을 개발하고 목표를 정하는 데 도움이 된다. 게다가 원래 생각했던 것보다 더 광범위한 잠재 고객에게 어필할 수 있음을 발견할 수도 있다.
- 구성원의 주요한 특성을 아는 것은 당신이 함께 일할 사람들인 그들을 선택하고 그들에게 맞춰나가는 일을 좀 더 수월하게 하도록 돕는다.
- 이해관계자의 주요한 특성을 파악하는 것은 잠재적 투자자와 꼭 필요한 자원을 가진 사람들을 식별하고 설득하는 데 도움이 된다.
- 파트너의 주요한 특성을 아는 것은 당신이 잠재적 시너지와 상보 가능한 영역을 정의하고 인지하도록 도와준다.

그 사람의 '입장'이 되어보거나 그의 '모습'을 하고 있다고 상상해 보시오.

다음 연습에서, 당신은 성공 써클의 한 부분을 차지하는 협업자를 선택하고 그가 가진 특성의 다양한 차원에서 그의 역할을 통해 그의 입장이 되어보는 단계를 밟아 나가보라.

1. 당신이 협업자의 환경에 있다고 상상해 보라.
스스로에게 묻는다. 협업자 환경의 특성은 무엇인가? 내가 도울 수 있는 환경 차원의 니즈에는 어떤 것이 있을까? 협업자들이 극복하도록 도울 수 있는 제약 조건에는 어떤 것이 있을까? 나는 어떤 기회를 제공할 수 있을까?

성공 요인의 다양한 차원 각각에서 협업자의 관점을 고려한다.

2. 당신이 협업자의 입장에 있다고 상상해 보라.
스스로에게 묻는다. 협업자의 행동 특성은 어떠한가? 내가 지지하거나 도와줄 만한 행동 차원에서의 니즈는 무엇인가? 내가 제공 가능한 방책은 무엇일까? 협업자가 하지 않도록 도울 수 있는 반응에는 어떤 것이 있을까?

3. 협업자의 마음 속에 있다고 상상해 보라.
스스로에게 묻는다. 협업자들의 기술과 능력의 특성은 무엇인가? 협업자가 개발하거나 습득하게끔 도울 수 있는 기술이나 기능은 무엇일까? 내가 공유할 수 있는 전략이나 지식은 무엇일까?

4. 당신이 협업자의 신념 체계와 가치 체계에 있다고 상상해 보라.
스스로에게 묻는다. 협업자의 신념과 가치 체계의 특성은 무엇일까? 협업자가 갖고 있거나 필요로 하는 가치와 신념 중에 내가 촉진하고 강화하고 이행하도록 도울 수 있는 것은 무엇일까? 어떻게 하면 동기가 부여되고 그것을 유지할 수 있도록 도울 수 있을까? 모험을 해 볼 만하고 그러할 권한이 있음을 알도록 어떻게 도울 수 있을까?(위험을 감수해야 함을 용인한 것을 본인이 느끼도록 어떻게 도울까?)

협업자를 가장 잘 지원하고 가장 큰 시너지를 일으킬 수 있는 차원이 어느 차원인지 확인하고 그것을 당신과의 상호작용에 어떻게 통합시킬 수 있는지 파악한다.

5. 협업자의 정체성이나 역할이 된 것을 상상해 보라.

스스로에게 묻는다. 내 협업자의 정체성의 특성은 무엇인가? 어떤 사명감이나 정체성을 스폰서십할 수 있을까? 내가 어떻게 그의 자존감에 기여할 수 있을까? 어떻게 하면 본인의 역할을 더욱 명확하게 보고 느낄 수 있도록 도울 수 있을까?

6. 협업자의 더 큰 시스템 안에 있다고 상상해 보라.

스스로에게 묻는다. 협업자의 비전과 목적의 특성은 무엇인가? 어떤 비전과 목적에 대한 감각을 더욱 온전히 깨닫도록 도울 수 있을까? 어떻게 하면 더 위대한 기업가 정신을 달성하도록 도울 수 있을까?

가장 중요해 보이는 차원은 어느 차원인가? 당신이 규명한 협업자 유형을 끌어당기기 위해 당신은 어느 차원에 중점을 두어야 할까?

가령 어쩌면 특정한 기술적 배경보다 '따뜻하고 열린 가슴'이 더 중요할지 모른다.

예를 들어, 스티브 잡스의 팀 구성원이 되는 기준은 애플과 '사랑에 빠지는 것'이었다.

현재 당신이 있는 차원 말고 다른 차원에서 보탤 수 있는 시너지나 상보성이 있는가?

다음 장부터는 보다 강력하고 굳건한 성공 써클을 만들도록 도울 다른 협업 촉매제의 한 부분으로 2차 포지션 취하기와 그 기술을 계속해서 적용하겠다.

요약

성공적인 기업가는 자원을 공유하고 그 영향력을 확대시키고 또한 유용한 비즈니스 기회를 더 많이 확보하기 위해 집단지성을 장려하고 생성적 협업의 원칙을 지킨다. 말하자면 공유할 '더 큰 파이'를 만드는 것이다.

생성적 협업은 새로운 무언가, 기대 이상의 무언가를 만들고자 하는 목적 면에서 일반 협업과 다르다. 일반적인 협업에서는 설정된 목표를 달성하거나 특정 작업을 완수하기 위해 사람들이 주어진 역할에 맞게 지정된 작업에 따라서 함께 일한다. 반면 생성적 협업을 하기 위해서 사람들은 '상자 밖'의 것을 생각하도록 서로를 자극해야 하고 이전에 성취해 본 적이 없는 것을 해내기 위해 서로 도와야 한다.

생성적 협업은 더 큰 전체를 만들기 위해 서로 어우러진 거품처럼 혹은 두 개의 수소와 한 개의 산소가 만나 물이 되는 것처럼, 개개인의 열정과 비전을 공유하고 그것이 만나 시너지를 일으키는 과정에서 집단적인 비전 형성의 결과로서 출현하는 것이다. 이것은 협업을 함께 한 사람들이 온전한 참여를 이끌어내는 데 도움이 된다.

크로스날리지의 사례는 위기를 기회로 바꾸고 유효한 성공 써클을 만들어 기업을 새로운 차원으로 이끌어내는 데 있어 집단지성과 생성적 협업이 얼마나 중요하고 효력이 있는지를 잘 보여준다. 크로스날리지 공동 창립자는 다양한 유형의 협업 촉매제를 적용하여 이해관계자와 고객, 팀 구성원 및 파트너와의 협업을 촉진했다.

크로스날리지의 변화는 '완전히 새로운' 무언가를 창조하기 위해 오래된 마인드 셋을 깨뜨릴 것을 요구하는 생성적 변화의 한 예이다. 생성적 변화의 기본 단계는 다음과 같다.

1. 의도 설정 (즉, 비전 또는 방향성)
2. 생성적 수행 상태 개발
3. 목표와 행동 정의를 위한 다각적 관점 적용
4. 장애물을 창조적으로 변형시키기 위한 다각적 관점 사용
5. 창의력 지속과 유지를 위한 계속적인 실천 수립

이러한 단계는 효과적인 생성적 협업에 필요한 공명과 시너지, 출현의 잠재성을 창조하기 위해 디자인된 것이다. 이러한 단계의 목적은 통합된 홀론holon으로서 수행하는 동시에 그룹 내 개개인들의 독창성과 창의력을 지속하도록 돕기 위한 것이다. 생성적 변화의 단계들은 몇

가지 중요하고 강력한 협업 촉매제의 도움으로 가능하다.

생성적 수행 상태 만들기는 완전히 새롭고 예측하지 못한 무언가가 출현할 가능성을 창조하기 위해 그룹 구성원 간에 공명과 시너지 발생 가능성이 생기도록 돕는 협업 촉매제이다. 생성적 수행 상태는 각 그룹 구성원의 연결에서 비롯된다.

1. 의도 설정(또는 비전)
2. 자기자신(신체적 중심)과 연결되었다는 느낌과 개인의 탁월함에서 오는 자신만의 '몰입flow' 의 상태
3. 둘러싼 주변의 긍정적인 자원의 '장field'에 연결됨으로써 출현하는 잠재성과 가능성

인터비전Intervision 프로세스는 그룹의 생성적 수행 상태를 적용하여 협업자가 서로의 비전과 기업의 성취를 적극적으로 지원하고 참여하도록 돕는다. 인터비전은 가능한 것의 비전을 풍부하게 하고 장애물을 창조적으로 변형시키기 위한 다각적 관점을 다 함께 도출하는 방법이다. 집단지성과 생성적 협업의 아주 강력하고 유일한 근원은 사람들이 서로 다른 배경과 기술을 가지고 세상에 대한 서로 다른 지도와 모델을 가지고 있음으로써 발생한다는 사실이다. 인터비전은 이 사실에 기반을 두고 있다. 그래서 서로의 차이가 상호 보완적이면, 새로운 무언가가 출현할 가능성이 생기고 이를 통해 생성적인 상호작용의 토대를 형성하는 것이다. 인터비전 프로세스는 선형적이며 논리적이고 말로 하는 사고에서 좀더 시각적이고 종합적인 생각과 소통의 방식을 자극하는 상징적 시각화로 이동하는 데 관여한다.

2차 포지션 분석—타인의 세상을 보는 관점과 마인드 셋 이해하기—은 또 하나의 중요한 협업 촉매제이다. 일반적인 협업이든 생성적인 협업이든 어떤 식이든 효과적인 협업의 형태가 되려면 자신의 협업자들의 입장이 되어보고 그들의 사고 과정과 동기를 이해하는 능력 없이는 어려운 일이다. 2차 포지션 분석은 유능한 기업가의 핵심적인 능력 중의 하나이다. 예를 들어, 협업자의 특성 분석하기는 협업자를 돕고 그들의 성공에 기여할 수 있는 방법을 규명하기 위해 전형적인 성공 써클의 각기 다른 차원에서 2차 포지션을 취하는 것을 포함한다.

Chapter

03

생성적 협업과 파괴적 혁신

Generative Collaboration and Disruptive Innovation

점진적으로 나아지길 원한다면: 경쟁력을 유지하라
기하급수적으로 나아지길 원한다면: 협력을 유지하라

작자 미상Anonymous

기술의 이러한 물결들이 일어나기 전에 당신은 그것을 볼 수 있다.
그러면 당신은 그저 어느 파도를 타고 서핑할 건지만 현명하게 선택하면 된다.

스티브 잡스Steve Jobs

생성적 협업과 파괴적 혁신

Generative Collaboration and Disruptive Innovation

파괴적 혁신은 기존에 존재하는 시장에 적합하지 않은 새로운 영역의 시장을 창조한다.

대부분의 혁신은 기존의 잘 알려진 동향을 따르는 '점진적인 혁신'이다.

이미 존재하는 기존의 지식으로 추정하는 것은 미래의 가능성에 대해 유일하고 또한 지극히 제한된 전망만 제시한다.

기업이 성공하기 위해 생성적인 협업 프로세스를 활용하는 것은 성공 써클의 서로 다른 부분들—팀 구성원과 고객, 고객과 투자자, 투자자와 파트너, 파트너와 팀원 간, 등등—간의 시너지를 발견하는 것을 포함한다. 가장 심오한 생성적인 변화는 내가 '혁신의 장the field of innovation'이라고 부르는 장 안에서 다수의 시너지가 변화에 맞춰 정렬할 때 일어난다. 이것이 일어날 때 '파괴적인 혁신disruptive innovation'으로 알려진 그것을 만들어낸다.

파괴적 혁신은 기존 시장 속에서는 적합하지 않은 영역의 새로운 시장을 만드는 것이다. 파괴적 혁신은 '파이를 더 크게 만드는 것'을 잘 보여준다. 자동차, 디지털 사진, 네스프레소Nespresso 기계, 인터넷, 휴대 전화, 아이팟의 대량 생산은 모두 파괴적인 혁신의 좋은 예다. 이 모두가 이전에는 존재하지 않았던 새로운 시장을 만들었다.

혁신이라고 하는 것들 대부분이 파괴적이지 않다. 고객, 벤처, 공급업체 또는 파트너에게 큰 변화를 일으키지 않는다. 이를 '점진적 혁신'이라 부른다. 점진적 혁신은 기존의 잘 알려진 동향을 따른다. 우리의 의식적 인지 마인드와 에고가 미래를 들여다볼 때는 일반적으로 우리가 이미 아는 범위의 필터를 통해서 예측하는 정도만 가능하다. 이미 존재하는 기존의 지식으로 추정하는 것은 미래의 가능성에 대해 유일한 전망, 지극히 제한된 전망만 제시하는 것이 가능하다.

미래는 과거와 다르다

공상 과학 소설가 아서 클라크Arthur C. Clarke가 한 유명한 말은 우리가 될 법하고 있음직한 미래라고 인식하는 것이 끊임없이 진화하고 있음을 잘 보여준다. 1900년도 사람들이 2000년도의 과학기술이 어떠했을지 상상했던 것들이 다음 페이지에 있다. 이것을 가지고 숙고해 보라.

그 시대 1900년도의 사람들이 비전과 풍부한 창의성을 가지고 텔레비전, 라디오, X 레이, 유인 항공기 및 장갑차와 같은 과학기술을 내다보기는 했지만 그들의 이러한 이미지들은 누가 봐도 2000년도 것이라기보다 명백히 1900년도의 것처럼 보인다. 그들이 내다본 우리의 새로운 천년을 특징짓는 많은 과학기술들은 현재의 상업용 항공기나 개인용 컴퓨터, 스마트폰, 전자레인지, 인터넷, 위성 위치 확인 시스템GPS, 핵무기, 인공위성, 우주 정거장 등과 같은 이미지들이 연상되는 것들이 전혀 아니었다. 다가올 세기에 패션이 어떻게 진화할지에 대한 예측 역시 지금의 의상 디자인과 전혀 비슷하지 않다.

통신

항공여행

엔터테인먼트

원격감시

장갑차

상상력은 지식보다 더 중요하다

파괴적 혁신은 기존 지식의 단순한 확장이 아닌 비전과 상상력의 시너지에서 생겨난다. 아인슈타인은 이야기 한다:

> **상상은 지식보다 더 중요하다. 그것이 무엇이냐에 대한 지식은 그것이 무엇이어야 하고 혹은 무엇이 될 수 있는 지로 가는 문을 즉각 열 수 있는 열쇠가 아니다. 사람은 그것이 무엇이냐에 관한 가장 완벽한 지식을 가질 수 있다. 그러나 그 지식으로 무엇이 우리 인류의 대망의 목표가 되어야 하고 혹은 될 수 있는지 추론할 수는 없다.**

파괴적인 혁신은 현재 가지고 있는 지식의 확장보다 비전과 상상력의 시너지에서 생겨난다.

점진적인 혁신과 파괴적인 혁신 간의 역학은 내가 기업과 조직에서 '에고ego'와 '소울soul'로 언급한 것 사이의 상호작용을 달리 표현한 것으로 봐도 무방하다. 에고의 욕구와 엠비션이 점진적인 혁신을 이끈다. 성공 요인 모델링 제1권에서 언급했듯이, 개인이나 조직의 에고 차원은 분리된 존재로서 스스로를 인식하는 데서 비롯된다. 다음의 경향이 있다.

'에고' 주도의 경쟁은 덜 위험하고 덜 불확실하며 규칙이 잘 정립되어 있는 점진적 혁신을 선호하는 경향이 있다.

- 생존, 인식 및 개인적인 엠비션을 목적으로 한다.
- 사회적 역할 그리고 우리 느낌에 허가와 인정을 받기 위해 되어야 하거나 될 필요가 있는 사람에게 공감한다.
- 허가, 안전, 보안, 승인, 통제, 성취 및 자기 이익에 집중한다.
- 분석과 전략을 신중히 적용할 것을 역설한다.
- 외부 조건에 민감하게(빠르게) 반응한다.
- 위험 및 제약 조건에 따라 구분한다

이러한 특성은 비즈니스와 혁신에 대해 좀 더 경쟁적인 접근을 촉진한다. 경쟁적인 경주는 규칙이 잘 정립된 게임에서 경쟁자가 서로 필적하거나 추월하는 식으로 이루어진다.

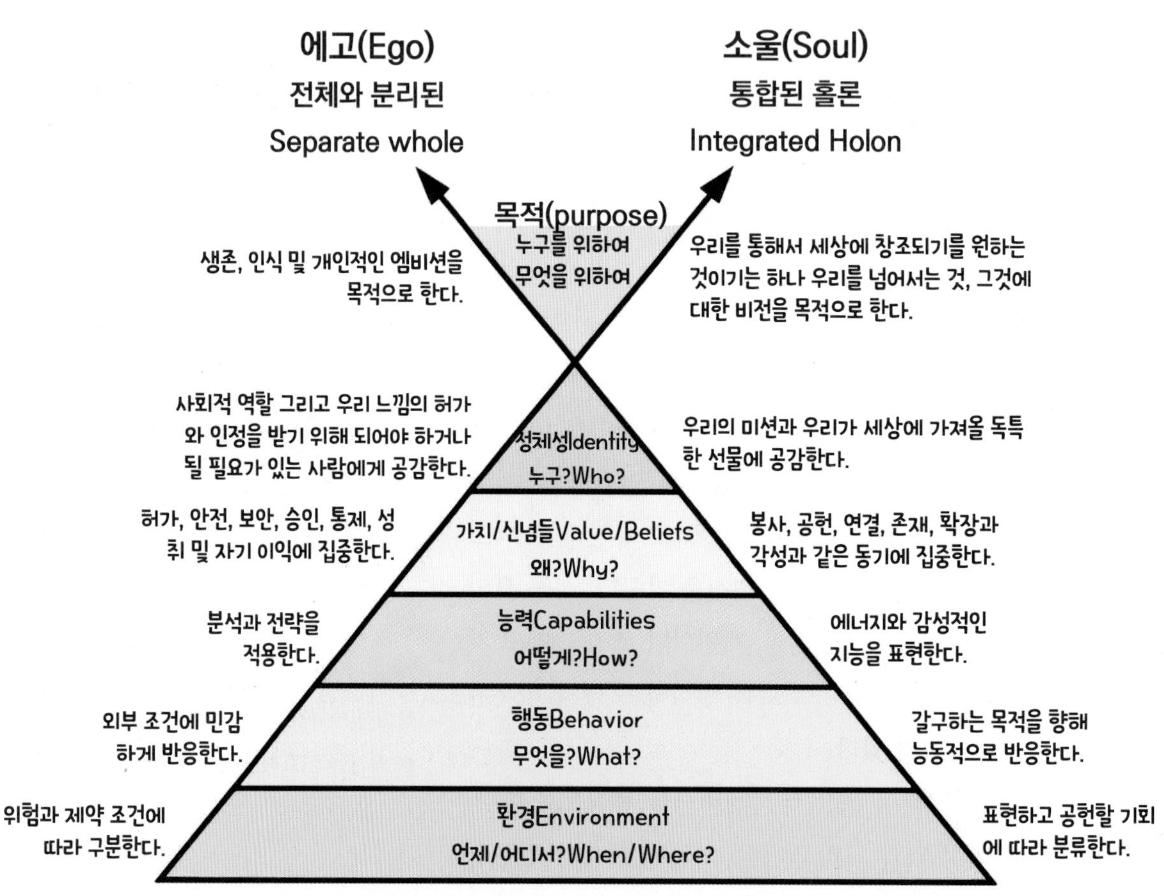
에고(Ego)
전체와 분리된
Separate whole
소울(Soul)
통합된 홀론
Integrated Holon
목적(purpose)
누구를 위하여
무엇을 위하여
생존, 인식 및 개인적인 엠비션을 목적으로 한다.
우리를 통해서 세상에 창조되기를 원하는 것이기는 하나 우리를 넘어서는 것, 그것에 대한 비전을 목적으로 한다.
사회적 역할 그리고 우리 느낌의 허가와 인정을 받기 위해 되어야 하거나 될 필요가 있는 사람에게 공감한다.
정체성Identity
누구?Who?
우리의 미션과 우리가 세상에 가져올 독특한 선물에 공감한다.
허가, 안전, 보안, 승인, 통제, 성취 및 자기 이익에 집중한다.
가치/신념들Value/Beliefs
왜?Why?
봉사, 공헌, 연결, 존재, 확장과 각성과 같은 동기에 집중한다.
분석과 전략을 적용한다.
능력Capabilities
어떻게?How?
에너지와 감성적인 지능을 표현한다.
외부 조건에 민감하게 반응한다.
행동Behavior
무엇을?What?
갈구하는 목적을 향해 능동적으로 반응한다.
위험과 제약 조건에 따라 구분한다.
환경Environment
언제/어디서?When/Where?
표현하고 공헌할 기회에 따라 분류한다.

점진적 혁신은 분리된 존재로서 우리 자신을 지향한 결과인 반면에, 파괴적 혁신은 더 큰 전체의 부분으로서의 우리 자신을 지향함으로써 생겨나는 것이다.

다른 한편, 파괴적인 혁신은 고객, 공급업체, 팀 구성원, 이해관계자 및 파트너와 관련해 중대한 변화를 수반한다. 파괴적 혁신은 새로운 가능성들(앞에서 한데 결합하는 거품 비유처럼)에 대한 집단적 비전에서 생겨나고, 과거 시장의 진화로 인해 갈라져 나온다. 파괴적 혁신은 우리 자신보다 더 큰 무언가의 부분이 된다는 우리의 지각에서 나오는 개인과 조직의 '소울soul'차원에서 일어나는 결과이다. 이 관점은 다음과 같은 경향이 있다.

- 보다 나은 세계를 창조하기 위해 가능한 비전을 지향한다.
- 우리의 미션과 우리가 세상에 가져 오는 독특한 선물에 관련된다.
- 서비스, 공헌, 연결, 존재, 확장 및 깨어남과 같은 동기에 초점을 맞춘다.
- 직관과 감정적 지능을 적용할 것을 강조한다.
- 원하는 목표를 향해 능동적으로 대응한다.
- 표현하고 공헌할 기회에 따라 분류한다.

파괴적인 혁신은 새로운 시장을 창출하는 획기적인 가능성에 대한 집단적 비전에서 나온다. 왜냐하면 파괴적 혁신은 과거 시장의 진화에서 갈라져 나오기 때문에 기존의 지식으로는 예상하거나 예측하기가 어렵다.

따라서, 파괴적인 혁신은 완전히 새로운 시장을 창조하는 비전과 상상의 시너지로부터 생겨난다. 파괴적 혁신은 기존의 지식만으로는 예측하기 어려운 것으로 악명높다.

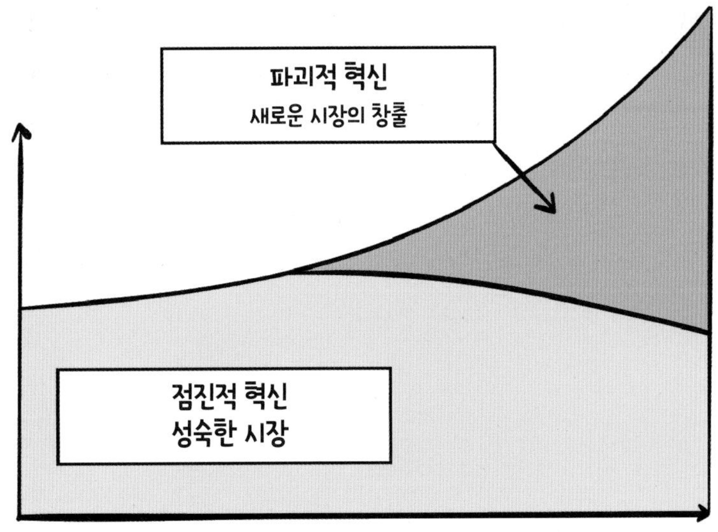

파괴적인 혁신은 완전히 새로운 시장을 창출하는 비전과 상상력의 시너지로부터 생겨난다.

파괴적인 혁신의 역학

Dynamics of Disruptive Innovation

동료인 브누아 사라진Benoit Sarazin이 자신의 저서 「Misez sur les ruptures de marche」(파괴적인 혁신에 베팅하기)에서 파괴적인 혁신은 처음에는 틈새시장에서 시작된다고 설명한다. 그러나 '혁신의 장' 내에서 방향이 바뀐 결과, 시장의 잠재력은 초기 틈새시장에서보다 훨씬 더 크고 이전에는 회사가 주의를 끌지 못했던 세분 시장에까지 도달할 공산이 크다. 따라서 파괴적인 아이디어가 기존 시장 내 틈새에서 처음 나타났다 하더라도, 그것은 그 시장에 국한되지 않는다.

얼리어답터와 개척자의 동기화

파괴적인 혁신으로 이끄는 성공 요인에 대해 연구하면서, 브누아와 나는 이런 유형의 혁신이 성공 써클을 이루는 대여섯 가지의 서로 다른 부분들 사이에서 일어나는 시너지의 결과로 생기는 것임을 발견했다. 시작은 고객들 사이에서 만들어진 '얼리어답터early adopters'라는 가상 커뮤니티와 기업의 팀 구성원들 중의 '개척자들pioneer'로부터였다. 이 두 그룹이 제품과 서비스에 대한 새로운 비전 형성을 위해 모종의 방법으로 결합하고 시너지를 발휘했을 때 파괴적인 혁신이 나타나기 시작한다. 이 비전은 두 그룹의 현재 정체성과 능력들을 초월한다. 두 그룹의 비전이 공명하고 동기화되는 것과 더불어, 소비자인 얼리어답터와 기업 팀 내의 개척자는 동일한 '가상' 커뮤니티에 속해야 하는데, 이 가상 커뮤니티는 더 큰 '혁신의 장'에서 일어난 진전의 결과로 발생한다.

파괴적인 혁신은 틈새시장에서 처음 발생하지만 더 큰 잠재 시장을 다룰 가능성이 있다.

파괴적인 혁신은 각 그룹의 현재 정체성과 능력들을 초월하는 비전을 공유하는 두 그룹, 고객 중의 '얼리어답터'와 기업의 팀 내 '개척자들', 이 두 그룹으로 이루어진 '가상 커뮤니티'에서 발생한다.

우리가 이 커뮤니티를 가상이라고 하는 이유는 이것이 혁신을 창조하는 목적에서만 구체화되기 때문이다. 얼리어답터인 고객과 개척자인 조직 내 팀 구성원들은 처음에는 서로를 몰랐을 수도 있다. 하지만 그들은 공동의 흥미진진한 프로젝트를 수행하기 위해 하나로 합친다. 프로젝트 완료 후에는 서로 접촉할 필요를 느끼지 못한다. 얼리어답터와 개척자는 비전에 열광하고 흥분한다는 사실 하나로 뭉치고, 이전에 상상하지 못했던 것에 생명을 부여하는 데 함께 전념한다.

파괴적인 혁신은 소비자인 얼리어답터와 기업의 팀에 속한 개척자들이 제품과 서비스에 대한 새로운 비전을 형성하기 위해 모종의 방식으로 상호작용하고 시너지를 일으킬 때 발생하기 시작한다.

혼란과 불확실성의 파도타기

파괴적인 혁신은 필연적으로 기존의 현상 유지에 위협이 될 수 있는 혼란과 불확실성의 시기를 만들어낸다. 그래서 초반에 받아들여지지 않는 일이 빈번하고 심지어 처음부터 반대에 부딪히기도 한다.

파괴적 혁신은 고객과 회사 쌍방에 극적인 변화를 가져온다. 일반적으로 극적인 변화는 혼란과 불확실성의 시기를 필연적으로 동반한다.

1장에서 언급했던 사이매틱스cymatics 실험을 생각해 보라. 판의 진동이 증가함에 따라, 모래 패턴이 더욱 복잡하고 정교해진다. 그러나 다음 페이지의 이미지가 보여주는 것처럼, 이러한 현상이 일어나기 위해서는 반드시 모래의 오래된 패턴은 파괴되고 패턴이 명확하지 않은 단계를 거쳐야 한다. 더 이상 오래된 패턴이 아니지만 아직 새로운 패턴인 것도 아니다. 과도기의 패턴(B, D, F 및 H)은 A, C, E, G 및 I 보다 불분명한 구조이다.

이것은 파괴적 혁신으로 무슨 일이 일어나는지에 대한 좋은 비유다. 판 위 진동의 주파수 변화는 내가 '혁신의 장field of innovation'이라고 부르는 것에 대한 은유다. 이 장field의 변화는 새로운 구조가 나타날 가능성을 열어준다. 그러나 이렇게 되기 위해서는 시장과 고객, 회사는 이전 구조는 파괴되었으나 새로운 것이 아직 명확하지 않기 때문에 생기는 명료함이 부족한 불확실성의 시기를 거치게 된다.

이것은 개인과 기업이 초기에는 파괴적인 혁신을 수용하는 것을 어렵다고 느끼는 이유 중 하나다. 파괴가 개인과 조직의 '에고ego'에 의해 위협적이며 안전한 것이 아닌 것으로 간주되는 것은 당연하다. 이러한 혼란과 불확실성의 기간 동안 개인과 팀은 CRASH 상태가 아닌 COACH 상태에 머무르며, 더 큰 비전과 가상커뮤니티 내의 자원의 장field에 연결된 채로 머무는 생성적 상태를 유지하는 것이 중요하다.

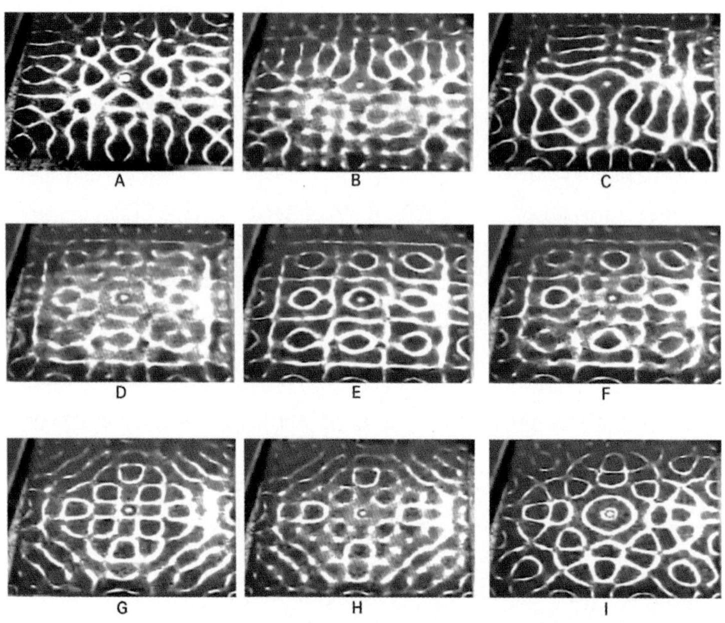

구조가 하나의 수준에서 다른 수준으로 이동하기 위해서는, 반드시 하나의 시스템은 혼돈과 불확실성의 시기를 거쳐야 한다.

이러한 의미에서, 파괴적 혁신은 오직 얼리어답터와 개척자들의 모험 정신으로만 극복할 수 있는 장애물을 발생시킨다. 다음 두 가지 조건이 충족되면 파괴적 혁신은 성공할 수 있다.

1. 얼리어답터와 개척자가 경험한 변화의 수준은 가치, 정체성 및 비전 수준까지 도달해야 한다. 이렇게 되면 불확실성과 의심에 대항해도 우세할 만큼의 충분한 열정과 몰입이 생길 것이다. 하지만 변화가 환경, 행동, 능력 수준에 국한되어 일어난다면, 파괴적 혁신을 뒷받침할 만한 충분한 에너지와 몰입을 창출하지 못할 것이다.
2. 얼리어답터 및 개척자는 가치와 정체성, 비전이 정렬됨으로써 생기는 압도적인 열정을 서로 공유해야 한다. 그들의 가치와 정체성, 비전은 배경과 상황이 다를 수 있기 때문에 반드시 일치하지는 않는다. 그러나 이러한 핵심 요소들은 완수를 목적으로 도전해 볼만한 프로젝트를 가져다줄 가상 커뮤니티와 공명해야 한다.

파괴적 혁신과 개방적 혁신

Disruptive innovation and Open Innovation

파괴적인 혁신을 이루기 위해서는 얼리어답터와 개척자가 경험하는 변화의 수준이 가치, 정체성 및 비전 수준까지 도달해야 한다.

파괴적 혁신은 일반적으로 어느 정도의 '개방적 혁신Open innovation'도 필요로 한다. 즉, 파괴적 혁신은 회사가 회사 밖의 외부 파트너들의 참여를 개방하더라도 그 외부 파트너들은 회사와 공통된 가치와 비전 등을 공유하는 자들일 것을 요구한다는 말이다. 그러므로 개방적 혁신은 회사 내부의 '창시자groundbreakers'와 '선구자trailblazers'인 외부 파트너 간의 생성적 협업까지 포괄한다.

개방적 혁신은 본질적으로 '위험을 공유하고 보상을 공유함으로써 파트너와 함께 새로운 국면을 여는 일'로 정의된다. 헨리 체스브루Henry Chesbrough는 "개방적 혁신은 회사의 테크놀로지 발전에 필요한 내부 아이디어만큼 외부 아이디어를, 시장으로 향하는 내부 경로만큼 외부 경로를 회사가 사용할 수 있고 사용할 수 있어야 하는 것이 당연한 것으로 추정하는 패러다임이다."라고 말했다. 널리 유통되는 지식의 세계에서 개방적 혁신 이면에 자리 잡은 중요한 생각은, 기업은 자신들이 한 연구에만 전적으로 의존해서는 성공할 수 없다는 것이다. 혁신에 필요한 지식과 자원은 직원들, 공급업체, 고객, 경쟁업체 및 대학에 있다. 따라서 혁신을 가속하고 자원을 활용하기 위해 기업은 승-승Win-Win 파트너십을 창출하고 다른 조직 및 독립체들과 제휴해야 한다.

애플 iPod의 예

파괴적 혁신 역시 회사 내부의 '창시자'와 외부 파트너인 '선구자' 간의 '개방적 혁신'과 생성적 협력을 요한다.

2000년대 초반, 애플의 아이팟iPod 개발은 개방적 혁신으로 만들어진 파괴적인 제품의 훌륭한 사례이다.

SFM 제1권에서 언급했듯이, 개방적 혁신의 개념은 애플의 iPod 개발로 잘 설명된다. iPod는 매우 성공적인 파괴적 혁신이었다. 그것은 휴대용 미디어 플레이어 시장을 완전히 바꿔놓았고 온라인 음악 판매 시장에 변화를 가져왔다. iPod 디자인이 완성되고, 애플의 경영진은 매력적인 음악 재생장치가 되기에는 기능이 부족하다는 것을 알았다. 그러자 회사 내부의 '창시자'들은 아이튠즈를 구축하기 위해 '선구자'였던 동료들에게 소프트웨어를 배우고, 회사 외부에서 음악 소프트웨어 전문가와 하드웨어 엔지니어들을 고용하여 애플 베테랑 팀과 통합하였다. 이 새로운 개개인들은 애플과 음악 애호가의 가상 커뮤니티가 서로 연결되도록 도왔다.

2000년 스티브 잡스의 캔디 컬러 아이맥iMac이 애플 복귀를 위한 변화를 주도하고 있었다. 판매에 박차를 가하기 위한 방법으로, 회사 내부의 창시자들은 묻기 시작했다: "더 많은 사람들의 iMac 구매 의욕을 상승시키기 위해 우리가 할 수 있는 일은 무엇인가?" iMac 판매의 큰 원천인 기숙사 가상 커뮤니티는 온라인 사이트 넵스터Napster에서 미친 듯이 음악을 거래했던 pc 애호가들로 구성되었다. 그들은 컴퓨터에 스피커를 연결해 CD의 음악을 무단으로 옮기고 있었다. 하지만 윈도우Windows 컴퓨터와 달리 아이맥에는 음악 소프트웨어가 없었다.

음악 혁명을 따라잡기 위해, 애플은 제3자 '선구자'인 '포털플레이어PortalPlayer'로부터 라이센스를 받아 그 해 1월에 아이맥에 아이튠즈iTunes를 선보였고, 애플은 아이맥의 능동성을 상승시킬 기회가 될 묘안을 찾기 시작했다. 그러다가 컴퓨터에 저장된 음악을 재생할 수 있는 편리한 휴대용 장치가 없다는 사실을 발견했다. 디지털 음악 플레이어들은 크고 거추장스럽거나 아니면 작고 쓸모가 없었다. 그들은 유저인터페이스 설계 및 구현을 돕기 위해 다른 선구자인 픽소Pixo와 파트너가 되어 애플만의 음악 재생장치를 제작하고자 협업하기로 결정했다. 첫 번째 아이팟iPod이 2001년 10월 출시되었다.

처음에 아이팟은 아이맥에 딸린 액세서리였다. 액세서리인만큼 판매량도 제한적이었다. 그러나 애플사 내부 개척자와 창시자들은 실재하는 시장 기회가 훨씬 더 크다는 것을 알아차렸다. 아이팟은 윈도우 기반 컴퓨터를 포함한 모든 종류의 컴퓨터를 위한 휴대용 장치로 판매할 수 있는 것이었다. 아이튠즈는 2003년 10월 윈도우Windows XP에 적용되었다. 이것이 현재 우리가 알고 있는 대박을 촉발시켰다.

개방적 혁신은 생존과 번영을 위해 점진적인 혁신에만 의존할 수 없는 애플Apple 같은 기업을 위한 생성적 협업의 중요한 양상이다.

2004년을 시작으로, 아이팟 판매가 극적으로 증가하여 결국 휴대용 미디어 플레이어 시장에서 가장 큰 시장 점유율을 차지했다. 2008년까지 아이튠즈는 미국에서 음악 판매 1위 사이트였다.

애플은 오늘날까지 이러한 개방적 혁신의 실천을 계속 해왔다. 애플 와치Apple Watch는 '아이폰iPhone에 연결되는 액세서리를 만드는 파트너들의 생태계' 덕분에 개발되었다. 여기에는 인체를 감쌀 수 있는 유리를 생산한 선구자가 있었다. 죽기 전 스티브 잡스는 이 글을 쓰는 시점에서 개방적 혁신의 격렬한 시기를 겪고 있는 애플 자동차의 가능성을 구상하고 있었다.

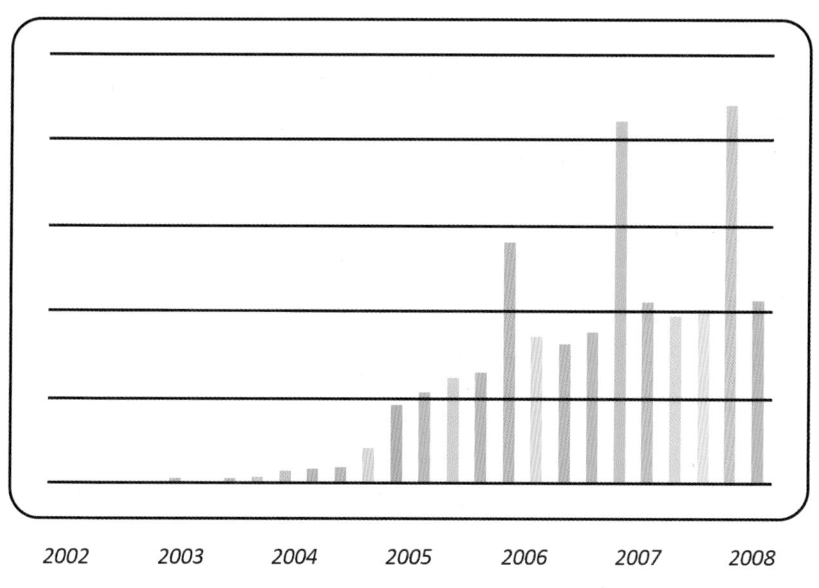

2002년부터 2008년까지 분기별 iPod 유닛 판매 기록

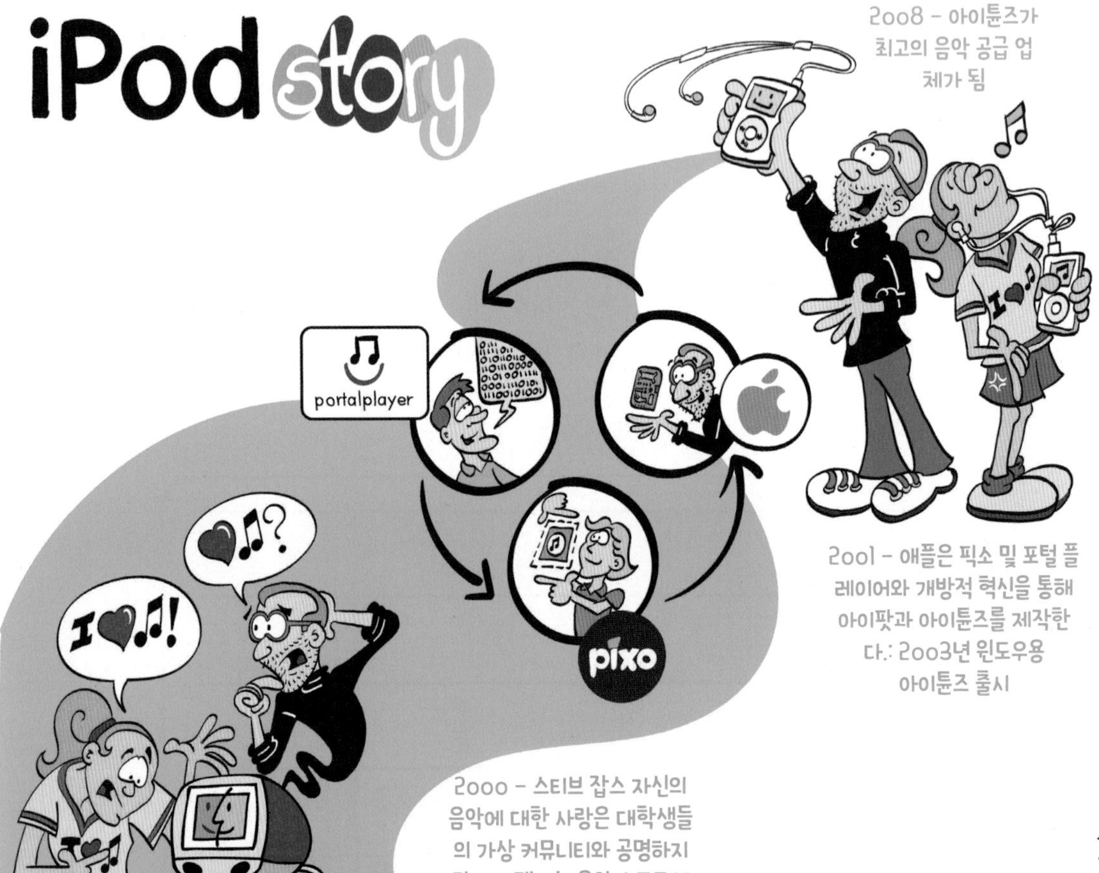
iPod story
2008 – 아이튠즈가 최고의 음악 공급 업체가 됨
portalplayer
pixo
2001 – 애플은 픽소 및 포털 플레이어와 개방적 혁신을 통해 아이팟과 아이튠즈를 제작한다.: 2003년 윈도우용 아이튠즈 출시
2000 – 스티브 잡스 자신의 음악에 대한 사랑은 대학생들의 가상 커뮤니티와 공명하지만 아이맥에는 음악 소프트웨어가 없다.
ANTONIO MEZA

개방적 혁신과 성공 써클

파괴적 혁신은 얼리어답터인 고객들과 개척자인 팀 구성원들 사이에서 공유한 비전과 정체성, 가치 수준에서 일어나는 집단적 변화를 통해 발생한다.

요약하자면 성공적인 파괴적 혁신은 고객 중의 얼리어답터와 회사 내부의 개척자로 구성된 '가상 커뮤니티'에서 이루어지는 생성적 협업을 통해 발생한다. 파괴적 혁신은 일반적으로 이론을 통해 일어나는 일은 없다. 파괴적 혁신은 공유한 비전과 정체성, 가치 레벨에서 이루어지는 집단적 변화에서 나온다.

파괴적인 혁신은 또한 회사 내부의 창시자와 선구자인 파트너 간의 개방된 혁신과 생성적 협업을 요구한다. 이것은 혁신과 회복 탄력성을 낳는 데 필수적이다.

파괴적 혁신은 전형적으로 회사나 벤처 기업이 기존 팀과 외부 파트너가 섞이는 데 주저함이 없도록 요구한다. 이것은 회사 내 창시자들이 현재 가능한 것 이상으로 가도록 분투하는 열정적인 혁신가인 선구자들, 그런 외부 파트너들과 함께 생성적으로 협업하는 과정에서 일어나는 개방적 혁신 현상을 생산하게 한다.

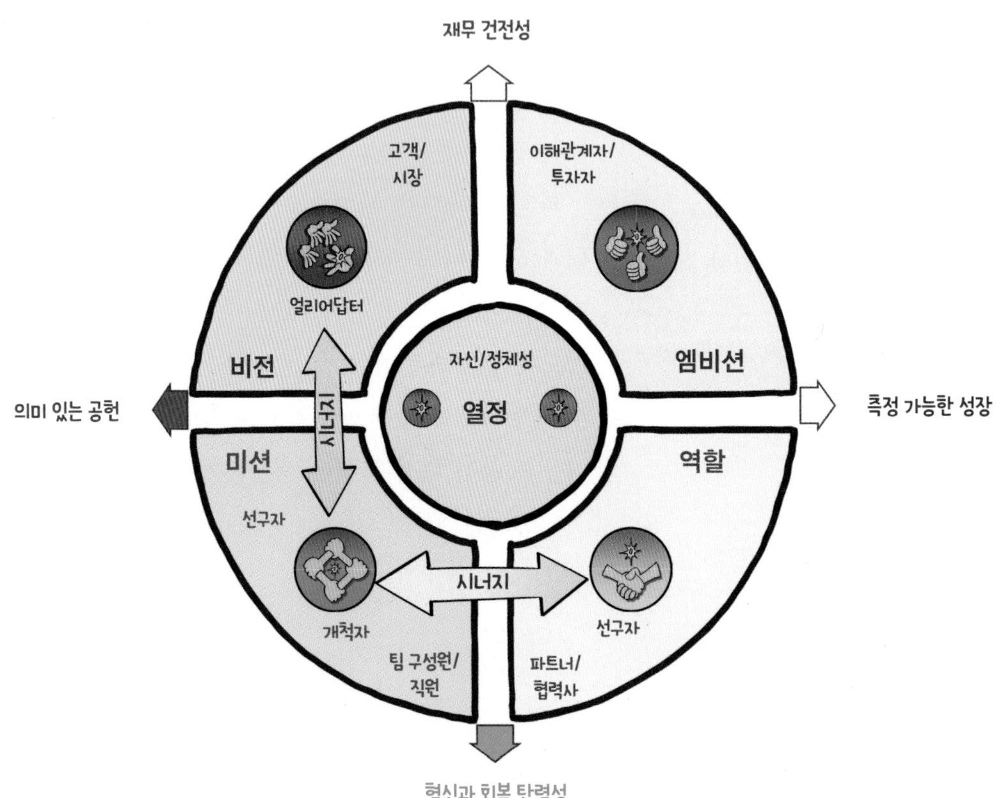

파괴적 혁신은 회사 내부 개척자와 함께하는 고객 중의 얼리어답터와, 선구자인 외부 파트너와 함께하는 회사 내부 창시자를 통합하는 가상 커뮤니티를 통해 발생한다.

개방적 혁신과 성공 써클

약한 신호탐지하기: "개구리 vs. 박쥐"

파괴적 혁신이 성공하는 특정 요인의 하나는 혁신의 장에서 새롭고 이전에 충족되지 못한 욕구와 흥미를 예고하는 '약한 신호'를 감지할 수 있는 능력이다.

개구리와 박쥐의 비유는 약한 신호를 탐지하는 능력의 중요성을 나타낸다.

파괴적 혁신은 사전에 예견하기 어려운 완전히 새로운 시장을 창출한다. 이러한 새로운 시장에서, 리더십은 누구나 차지할 수 있을뿐더러 기존 시장의 리더가 다른 경쟁자들보다 우위에 있지도 않다.

성공하려면 기업들은 '변화에 앞서be ahead of the curve' 있어야 한다. 스티브 잡스는 이것을 현재 있는 곳이 아닌, "퍽이 갈 곳으로 스케이트를 타야 한다."고 하키에 비유해 말했다. 기업과 벤처는 기회의 혜택을 얻기 좋은 혁신의 장에서 새로운 트렌드를 일찍 파악해야 한다. 만약 그렇게 하지 못하면, 더 지각력 있고 민첩한 다른 기업들의 지배권 하에 놓이게 될 것이다. 이에 파괴적 혁신이 성공하는 특정 요인 한 가지가, 새롭고 이전에는 채우지 못했던 욕구와 관심을 예고하는 '약한 신호'를 탐지하는 능력이 된다. 파괴적 혁신은 마케팅이나 고객 설문 조사로 창출되지 않는다. 이미 알려진 것이 아닌 숨어있는 고객의 욕구에 호소한다. 헨리 포드Henry Ford의 유명한 말이 있다. "뭘 원하는지를 사람들에게 물었다면 아마 더 빨리 달리는 말이라고 말했을 것이다."

내가 쓴 책 「알파 리더십Alpha Leadership」에서 개구리와 박쥐의 비유를 사용하여 약한 신호를 탐지하는 능력의 중요성을 설파했다. 개구리와 박쥐는 날아다니는 곤충을 먹이로 한다. 그러나 먹이를 잡는 전략은 완전히 다르다.

- 반응을 보이는
- 제한된 인식
- 다음에 올 것을 마냥 기다린다.

개구리는 뻔히 보이는 트렌드만 본다.

• 주도적으로 행동하는
• 고도의 인지
• 다음에 오는 것이 무엇인지 탐색한다.

박쥐는 미묘한 신호를 듣는다.

개구리는 수련 위에 앉아서 먹을 것이 나오기를 기다린다(다르게 비유하면 개구리는 '낮게 열린 열매'로 먹고 산다). 개구리는 약한 신호를 감지하는 데 약하기로 유명하다. 물이 담겨 있고 열에 노출된 냄비 안에 개구리가 있는, 다소 마음이 복잡해지는 실험을 생각해보라. 넉넉한 시간을 두고 천천히 냄비를 가열하면 개구리는 온도 변화를 감지 못해 냄비 밖으로 튀어나오는 일이 절대로 없다. 물이 끓으면 그대로 죽어버린다.

이처럼 개구리는 비행 곤충의 가장 분명한 특징만 탐지할 수 있다. 무언가가 특정 크기와 모양 그리고 특정 방식으로 움직이지 않으면 개구리는 먹을 것으로 인식하지 못하는 것이다. 개구리는 파리가 함께 들어 있는 박스 안에서 있으면서도 파리가 움직이지 않으면 그대로 굶어 죽을 수 있다.

반대로 박쥐는 놀라운 장비로 먹이를 추적하는 데 극도로 미세한 신호를 감지할 수 있는 정교한 음파 시스템을 사용한다. 예를 들어, 한 마리의 갈색 박쥐는 한 시간에 1,200마리의 모기 크기의 곤충을 잡을 수 있다(텍사스 고사리굴Bracken Cave에 사는 2천만 마리의 박쥐는 매일 밤 약 200톤의 곤충을 먹는 것으로 추정된다!).

개구리는 가장 명백한 트렌드만 볼 수 있다. 박쥐는 미묘한 신호들을 듣는다. 조금 달리 바라보면 개구리가 '에고ego'중심의 마인드 셋에 대한 은유라면 박쥐는 '소울soul' 중심의 마인드 셋을 나타낸다.

박쥐의 평균 수명이 개구리의 수명보다 10배 더 길다. 박쥐의 약한 신호 탐지 능력은 장기적인 생존 전략임이 틀림없다.

이렇게 비교했을 때 가장 중요한 차이는 이 두 창조물의 수명이 크게 다른 데서 찾을 수 있다. 대부분의 개구리 수명이 평균 2~5년인 반면, 박쥐는 평균 수명이 25~40년이다! 박쥐는 훨씬 장기적인 생존 전략을 확실하게 진화시켰다. 박쥐가 모든 포유동물의 4분의 1을 차지한다는 사실(이 세상에는 약 1,100종의 박쥐가 있음)은 박쥐가 가진 약한 신호

기업이 성공하려면 새로운 기회로 이어지는 약한 신호를 식별할 수 있는 '박쥐들'을 끌어들이고 고무시켜야 한다.

탐지 능력이 얼마나 유효한지를 보여주는 또 하나의 증거일 것이다.

나는 가끔 내가 코칭하는 회사, 임원 및 기업가들에게 자신이 '개구리에 가까운지', '박쥐에 가까운지' 묻는다.

여기서 얻을 수 있는 핵심 교훈은 파괴적 혁신으로 성공하려면, 벤처는 새로운 기회로 이어질 약한 신호를 감지할 수 있는 박쥐 같은 사람들, 즉 얼리어답터, 개척자, 창시자, 선구자들로 이루어진 네트워크를 가급적 크게 만들어야 한다는 것이다. 잠재된 혁신적 아이디어에 회사가 기민하게 대처하게끔 하고 또한 아이디어의 구현을 도울 준비가 되어 있는 사람들을 확보하는 것이 근본적으로 필요하다. 늘 기회를 엿보고 있기 때문에 그런 사람들 즉, 혁신적인 팀이나 벤처들은 다른 사람들이 놓치고 보지 못한 기회를 잘 찾아낸다. 고객, 팀 구성원 및 잠재적 파트너들은 그 자체가 다양성을 지닌 집단이기 때문에 다수의 가상 커뮤니티들에 해당한다. 따라서 그 각각의 개인은 가령 파괴적 혁신의 씨앗 같은 것들을 잠재적으로 유발할 수 있는 네트워크와 접촉하고 있는 것이다.

행동하고 있을 때 새로운 경로가 열리고 '행운의 요인'이 증가한다. 다른 사람들과 소통하고 있을 때 기회가 생긴다. 당신이 더 많이 접촉하면 할수록 가능성의 '장'과 잠재적인 파괴적 혁신의 영역을 가리키는 '약한 신호'에 더 많이 연결된다.

성공 요인 사례:
스테판 크리산 – EDHEC 경영학 석사 프로그램

Success Factor Case Example:
Stefan Crisan: Cycle Superieur en Management

"사람들한테서 삶의 마법을 발견하기"

(Discovering the Magic of Life with People)

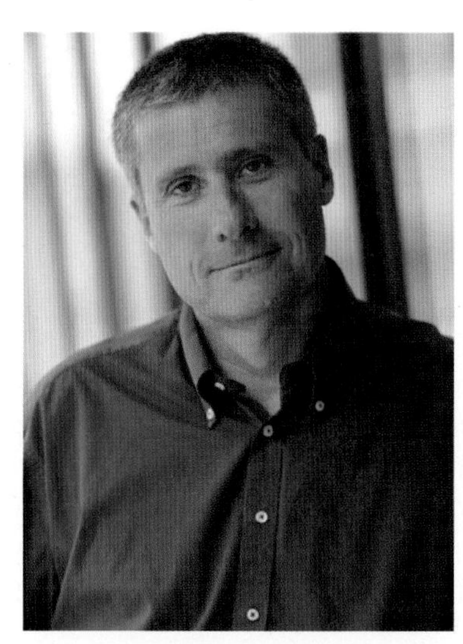

스테판 크리산

스테판 크리산Stefan Crisan이 EDHEC 비즈니스 스쿨의 경영학 학위과정Cycle Superieur en Management으로 개발한 석사 프로그램은 파괴적 혁신의 한 유형이다. 스테판은 EDHEC의 평생교육학 커리큘럼의 하나로 2003년에 이 프로그램을 시작했다. 그런데 전통적인 교실 기반의 비즈니스 학위 수여 프로그램과 달리 스테판이 개발한 경영학 석사 과정이 가지는 의미는 참가자들에게 '복잡하고, 괴롭고 역설적인 상황으로 가득한 어려운 세상에서 성공하도록, 좀 더 유능해지게 할 경험과 기술, 그리고 지원'을 제공할 혁명적인 어떤 것'이었다.

프로그램 참가자(35~50세)는 대학생과 다른, 자신을 성장시키고자 하는 조직의 중간 관리자들이다. "스스로를 잘 관리한 경험을 가지고 있는 사람들"이라고 스테판은 말한다. "그들은 무(無)에서 출발해 경력을 쌓았기 때문에 경영학적 지식은 부족하지만 그들 모두 높은 잠재 능력을 가지고 있고, 전문적으로 성장하고 또 개인적으로도 성장하고자 하는 욕구를 가지고 있습니다. 성공하기 위해 뭔가를 더 해야 한다는 것을 아는 지점에는 대부분 도

스테판 크리산의 EDHEC 비즈니스 스쿨 경영학 석사 과정은 파괴적인 혁신의 한 예이다.

이 프로그램의 배경에 있었던 아이디어는 관리자들이 한 개인으로서의 성장과 자각에 힘쓰게 함으로써 리더가 되는 새로운 방식에 접근할 수 있도록 돕겠다는 것이었다.

착한 상태이지요. 이제 막 경력을 쌓기 시작한 젊은 사람들과는 달리, 경영학 석사과정의 참가자들은 개인적으로나 일적으로 과도한 짐이 실려 있고 패러다임의 변화를 겪고 있는 자신의 삶을 관리해야 합니다."

비전의 필요성

이미 안정적으로 운영되는 국제 비즈니스 스쿨에서 혁신적인 새 프로그램을 만드는 것은 상당히 도전적일 수 있고, 한편으론 강력한 비전을 요구하는 일이기도 하다. 스테판은 말했다. "이 프로그램의 초점은 각 참가자의 리더십 정체성 개발과 1년에 걸쳐 그들에게 완전한 변화를 경험하게 하는 것입니다. 이 프로그램의 배경에 있었던 아이디어는 참가자들이 한 개인으로서의 성장과 자각에 힘쓰도록 함으로써 리더가 되는 새로운 길에 다가가도록 돕는다는 것이었습니다."

스테판은 계속해서 설명한다:

> **비전이란 다음과 같다: 성공하기 위해 자신을 완전히 변혁하라 - 사람들이 변혁의 주인이 되는 것을 볼 수 있게. 그 약속은 세상을 바꾸는 것이 아니다. 그보다 두려움과 조작이 아닌, 정직함과 투명성으로 세상을 향해해 나아갈 힘을 키우는 데 대해 사람들이 더 나은 이해를 하도록 허용하는 것에 더 가깝다.**

이를 위해 스테판은 완전히 새로운 교육적 구조를 개발해야만 했다. 이 구조의 핵심은 참가자들이 리더십을 발휘할 순간에 직면하고 개인적인 통찰을 얻을 수 있는 경험이 될 집단적인 사건들을 만드는 것이었다. 스테판은 말한다. "우리는 사람들이 함께 강렬한 어떤 것을 경험할 특별한 맥락 속으로 빠뜨립니다. 그런 다음 직업적 상황에 맞는 것이나 직업과 관련하여 변화의 경험 과정을 그들이 함께 관리할 수 있는 그러한 특별한 맥락이지요."

사례 몇 가지를 들자면:

- 공군 학교에서 3일을 보내면서, 어려운 상황에 직면하여 자기-통제능력과 대응력, 리더십을 어떻게 개발할 것인지 탐색하기. 참가자들은 평소와 다른 옷을 입고, 군사 훈련에 참여하고, 긴장 관리 등의 과업을 했다.
- 병원 응급실에 가서 의사와 직원들이 고객과 서로를 어떻게 관리하고, 상황이 주는 긴장을 어떻게 다루는지 관찰하기
- 공연에 앞서 리허설을 하는 필하모닉 오케스트라를 관찰하기

EDHEC의 경영학 석사과정에 대한 스테판 크리산의 비전은 "성공하려면 나 자신을 완전히 바꾸어라"였다.

"이와 같은 새로운 맥락에서, 참가자들은 좀 더 쉬운 방법으로 스스로를 관찰할 수 있습니다."라고 스테판은 말한다. 프로그램의 그 외 부분은 e-러닝과 개인 코칭의 혁신적인 조합으로 구성되어 있다.

비전을 달성하기 위해 스테판은 집단적인 사건 경험하기, e-러닝 및 개별 코칭으로 구성된 완전히 새로운 교육 구조를 만들어야 했다.

스테판의 프로그램이 명확히 강조하는 것은 진정으로 통합된 홀론holon으로 존재하기—창의적으로 사고하고 행동하는 개인이며 더욱 큰 전체에 공헌하는 일부가 되기—와 생성적 협업에 필요한 기술 개발하기이다. 스테판은 강조했다. "집단지성은 참가자들에게 본질적인 것입니다. 특별한 사건을 경험하는 과정은 그들 사이의 공유가 촉진되도록 특별하게 설계되어 있습니다. 또한 사건들은 참가자들이 내부자원이 유용할 수 있는 상황에서 살고 연습하도록 돕기 위한 것이기도 합니다. 어려운 외부 상황에 내부자원을 연결하는 역량을 개발하도록 말이지요."라고 스테판은 말했다.

열정의 기초

스테판 크리산은 혁신과 문제 해결에 열정을 가지고 있다. '사람들과 함께하는 삶의 마법'을 즐기는 상황에서 특히 그렇다.

스테판의 비즈니스 스쿨 교육의 심원한 재창조는 전 생애에 걸친 혁신과 팀워크에 대한 그의 열정의 최고점이 되었다.

혁신은 내 삶의 이야기다. 나는 많은 어려움과 장애물을 만났고 그것들을 극복했다. 나는 또한 사람들에게 열정적이다. 나는 태어나서 줄곧 사람들과 함께 삶의 마법을 발견해왔다. 뭔가를 이루고 성취해야 하는 상황에서 나는 사람들과 함께 마법의 순간들을 경험하며 살아왔다. 나는 그룹이 무언가를 성취해야만 하는 도전적인 상황에서 동기부여 받았다.

스테판의 프로젝트는 비즈니스 스쿨 EDHEC의 브랜드가 국제적으로 빛을 발하도록 도우면서 학교의 엠비션과도 일치해야 했다.

"학생으로서 그리고 직업인으로서 살아가면서 저는 수많은 역동적인 팀 상황에 대해 알았습니다." 스테판은 계속해서 말한다. "저는 역동적이고 관대하며 독창적인 교육을 받았습니다. 저에게는 형제자매가 다섯인 데다 버려진 아이들을 돌보는 사회 사업가이신 활기 넘치는 어머니가 있었습니다. 저는 도움의 손길을 내밀고 함께 살아가려고 노력하는 모습이 좋다는 것을 배웠습니다. 그것은 역동적인 팀 상황과 성공에 내가 참여한다는 느낌, 내가 쓸모있는 사람이라는 느낌을 만드는 것이었습니다. 그것은 바로 제 삶의 이야기입니다."

자신의 열정과 비전이 고객에게 현실이 되도록 하기 위해서, 스테판은 적절하게 잘 맞는 투자자/이해관계자와 팀 구성원, 파트너들을 한데 묶어 효과적인 성공 써클을 구축하도록 집단지성과 생성적 협업을 구체적으로 이용해야 했다.

그의 사업상에서 주요 이해관계자는 명백하게 EDHEC 비즈니스 스쿨이다. 학교는 그의 프로그램에 필요한 기본 자원들을 공급하고 신뢰성을 부여하고 성공에 따른 위험과 보상 역시 함께 공유한다. 스테판의 주요 성공 요인은 학교의 엠비션과 일치한 데에 있었나. "EDHEC의 엠비션은 매우 높고 국제적인 맥락에 있습니다." 라고 스테판은 말한다. 뿐만 아니라 '혁신에 대한 엠비션'도 있었다. 그러나 이 비즈니스 스쿨의 성공은 브랜드 이미지를 기반으로 한 것이기 때문에 스테판의 프로젝트는 학교로서 큰 도전이고 프로젝트에 대한 잠재적 저항도 있었다. 이에 스테판은 지적한다. "혁신의 특징인 실패의 위험이 이러한 맥락에서는 좋지 않은 것이지요."

개발자로서의 스테판 역할이 상자 밖에서 생각하는 유연함을 가지도록 했고 흥미로운 파트너십을 창출하도록 도왔다.

효과적인 파트너십을 확립할 수 있는 스테판 크리산의 능력이 성공의 핵심 요소였다.

시너지를 창출하고 핵심 파트너십을 발견하고 생성적 협업을 조율하는 스테판의 역량은 저비용으로 신속하게 프로그램을 구축하는 데 따른 많은 위험요소들을 잘 극복하게 해주었다. 니스Nice의 EDHEC 캠퍼스에서 시작된 그 프로그램은 프랑스 전역으로 확대되었으며, 스테판은 현재 국제적인 확장을 생각 중이다. "혁신가로서 저는 만족스럽습니다."라고 스테판은 말한다. "저는 e-러닝 석사 프로그램을 성공적인 상태로 빠르게 이끌었습니다. 큰 자산 없이 많은 것을 시도하고 성취할 수 있었지요."

이 프로그램으로 그렇게 급속한 성공을 거둔 스테판의 능력은 그가 주 투자자인 EDHEC의 엠비션과 일치하는 방식으로 프로젝트의 비전과 미션을 지원할 수 있는 역할을 확립한 결과였다.

그가 설명하기를:

이것을 할 수 있었던 이유는 내가 교사가 아닌 개발자이기 때문이다. 개발자로서 혁신하는 데에는 이점이 있었다. 나는 청소년 교육(수천 명이 교육받는) 같은 시스템의 중심부에 있지도

않고, 나는 그저 40~50명의 사람들과 함께 하는 평생 교육의 작은 부분에서도 주변에서 일한다. 이런 위성 정도의 위치에서는 실험이 가능하다. 내 프로그램은 '산업'이 아닌 수공업이다. 나는 나를 '숙련공'으로 여긴다. 내가 가능성의 창을 제공하면, 내 동료들은 자신들이 가르치는 방식에 가능성의 창 중 하나를 골라 통합시킬지 말지를 결정한다.

강력한 파트너십 확립하기

스테판의 성공에 있어 핵심 요소 중 하나는 효과적인 파트너십을 확립하는 것이다. 파트너들은 주요 활동을 수행할 수 있는 수단을 제공한다고 그는 지적한다. "예를 들어, 공군 학교 과정에는 파트너가 있습니다. 니스 시청은 필하모닉philharmonic 경험에 필요한 파트너입니다."

강력한 파트너십 확립은 신뢰관계 구축과 관련 있다. 스테판이 설명하듯이:

우리의 주요 파트너는 고객사의 HR 담당자이다. 그들은 자기 회사의 관리자들이 프로그램에서 받는 영향력을 직접 보기 때문에 파트너가 된다.

교육 프로그램을 판매하는 것은 '바람wind'을 파는 것이다. 그러니 신뢰는 중요할 수밖에 없다. 사람들과 함께 신뢰를 발전시켜야 하는 것이다. 신뢰의 이면에 있는 것은 경영 개발 프로세스가 효과적일 것이라는 믿음이다.

가령 나는 석사 학위 수여 프로그램에서 같은 회사에서 온 여러 명의 관리자를 만날 수 있다. 회사의 최고 경영자는 프로그램이 관리자들에게 미치는 영향, 예를 들면 프로그램 시작 전과 끝나고 나서의 차이 같은 것을 확인한다. 이런 것들이 내가 그들에게 신뢰받는 이유다. 관리자들은 스스로에 대한 신뢰를 발전시키고 어려운 상황에서 현명하게 대처한다. 그런 모습을 직접 확인하면 그들은 말한다. "좋아. 프로그램이 효과가 있군." 그리고 우리는 계속 함께 간다.

파트너와 깊은 수준의 신뢰 관계로 발전시키기 위해 스테판은 협업과 참여에 대한 대가로 그들에게 '도움'이 되는 무엇인가를 창출해야 한다. 그렇게 되려면 개발자로서의 역할만이 아니라 그들에 관한 조언자로서의 역할도 할 필요가 있다는 것을 깨달았다. "파트너를 위한 조언자 역할이 제 주요 역할입니다." 그는 단언한다. "제가 이 역할을 해내지 못하면 파트너십은 끝입니다. 조언자 역할은 장기적인 파트너십에 필수적입니다. 그들은 나를 신뢰하고 나는 그들을 신뢰합니다."

효과적인 조언자가 되고 자신과(그리고 EDHEC) 파트너, 이 모두를 위해 자원을 확장하고 활용할 수 있는 지속적인 승-승Win-Win 관계를 구축하고자 스테판은 그들이 진정으로 원하고 필요한 것이 무엇인지를 귀 기울어 듣는 법을 배워야 했다. "제가 개발한 자원은 그들의 비전을 제대로 이해하기 위해 아주 깊게 그리고 오랜 시간 동안 듣는 법입니다." 그는 강조한다. "그게 항상 그렇게 명쾌한 것은 아니거든요."

지속적인 승-승 파트너십을 구축하기 위해 스테판은 조언자의 역할을 맡아 잠재적인 파트너가 진짜로 원하고 필요로 하는 것이 무잇인지 깊은 수준에서 듣는 법을 배웠다.

정렬된 팀 구축하기

물론, 스테판의 비전과 벤처 성공에 있어 중심은 효과적인 팀을 유치하고 정렬하며 발전시키는 것이었다. 스테판은 말한다. "제 팀은 저의 직원들입니다. 그들은 활동 조정을 도와주고 EDHEC 내외부의 선생님들과 코치들도 돕습니다." 프로젝트의 비전에 따라 팀 미션은 '조직 내 사람들이 역량, 가슴, 비전을 성장시키도록 돕고 장애물을 극복할 수 있도록 돕는 것'이다. 교사와 코치가 받은 영향은 프로그램의 성공에 특히 중요하다. 스테판에 따르면:

> **교사와 코치의 미션은 영감에 찬 상태에 있는 것, 오랜 시간에 걸쳐 사람들과 함께하며 그들의 변화를 촉진시키는 것이다. 교사와 코치들은 전통적인 권위에 있지 않기 때문에 교실에서 그들이 하고 싶은대로 사람들이 받는 영향을 관찰하고 사람들의 지식과 행동 면에서 어떤 차이점을 보이는지 살필 수 있다. 이는 특히 교사들에게 상당히 고무적이다.**

학생들과 상호작용하는 새로운 방식이 고무적일 수 있으나 프로그램을 안정적으로 정착시키는 일은 꽤 도전적일 수도 있다. "어려움은 기존의 학문적인 석사 학위 수여 프로그램이 우리 프로그램처럼 작동하지 않으며 사람들은 기존 구조에서 일하는 데 익숙하다는 점입니다." 스테판은 말한다. "교사들에게 그것은 정체성 변화입니다. 그분들은 대규모 그룹을 대상으로 강의하는 데 익숙한 분들인데, 우리 프로그램에서 그분들은 e-러닝 맥락의 코치가 되는 것이거든요. 참가자들의 정체성 수준을 다루기 때문이지요."

성공적인 프로그램을 구축하기 위해 스테판은 행정 직원들과 학교의 내·외부 교사와 코치들로 팀을 정렬시켜야 했다.

사실, 스테판이 주로 시간을 투자하는 곳 중의 하나가 그의 팀의 역량 개발과 향상 부분이다. "교사들이 새로운 입장이 편안해지도록 코칭하는 데 2~3년이 필요합니다." 그는 설명한다. "제가 주로 쓰는 방법이 제가 먼저 하고 모범이 되어 보여주는 것입니다. 이것이 된다는 것을 보여주어야 합니다. 두 번째 방법은 팀 내에서 사람들을 코칭하는 것입니다. 고객과 함께 하는 연습을 팀원들과 합니다. 집단 세션도 하지만 모든 교사들이 코칭을 개별적으로 받습니다. 제 시간을 많이 쓰지요(이건 수면 아래의 빙산에 해당하는 정도입니다)."

스테판은 그의 팀에 집단지성과 생성적 협업을 촉진하기 위한 특정 단계도 설정했다. "우리가 집단적으로 함께 생각할 상황들을 만들려고 시도합니다." 그는 말한다. "매년 매 분기마다 교사, 코치, 직원 회의를 합니다. 종종 상호작용과 커뮤니케이션의 질을 높일 좋은 아이디어들이 많이 나옵니다."

요약: 파괴적 혁신을 위한 성공 써클 창출하기

요약하면, 스테판은 혁신과 개인 개발에 대한 자신의 열정을 자기 인식과 집단지성을 통해 성공하고자 스스로를 변화시키려는 중간 관리자를 위한 비전으로 변화시켰다. 그 비전은 코칭, e-러닝 그리고 관리자들이 '리더십 정체성'을 개발하는 데 도움이 되도록 특별히 설계된 경험과 변화하고 도전을 요구하는 세상을 향해해 나가는 데 더욱 유능해지는 기술 습득을 잘 조화시킨 독특한 프로그램 개발을 요구했다.

스테판이 주로 시간을 투자한 곳 중의 하나가 자신의 사례를 통해, 팀 구성원들 개별 코칭과 집단 세션을 통해 팀원들의 역량을 향상시키는 부분이었다.

스테판 크리산이 경영 프로그램에서 석사 학위를 취득하는 단계는 효과적인 성공 써클을 창출하는 좋은 예이다.

스테판은 주요 이해관계자인 EDHEC의 혁신 및 브랜드 이미지에 대한 엠비션과 자신의 비전을 일치시킬 수 있었다. 그의 경영학 석사 학위 과정을 통해서, 비즈니스 스쿨의 가능성을 엿볼 수 있는 하나의 유형을 창조할 수 있었고, 또한 파트너와 생성적으로 협업하고 신뢰를 창출하는 스테판의 역량 덕분에 그의 주 투자자들의 리스크를 크게 감소시키며 신속하고 적은 비용으로 혁신적인 프로그램을 안착시킬 수 있었다.

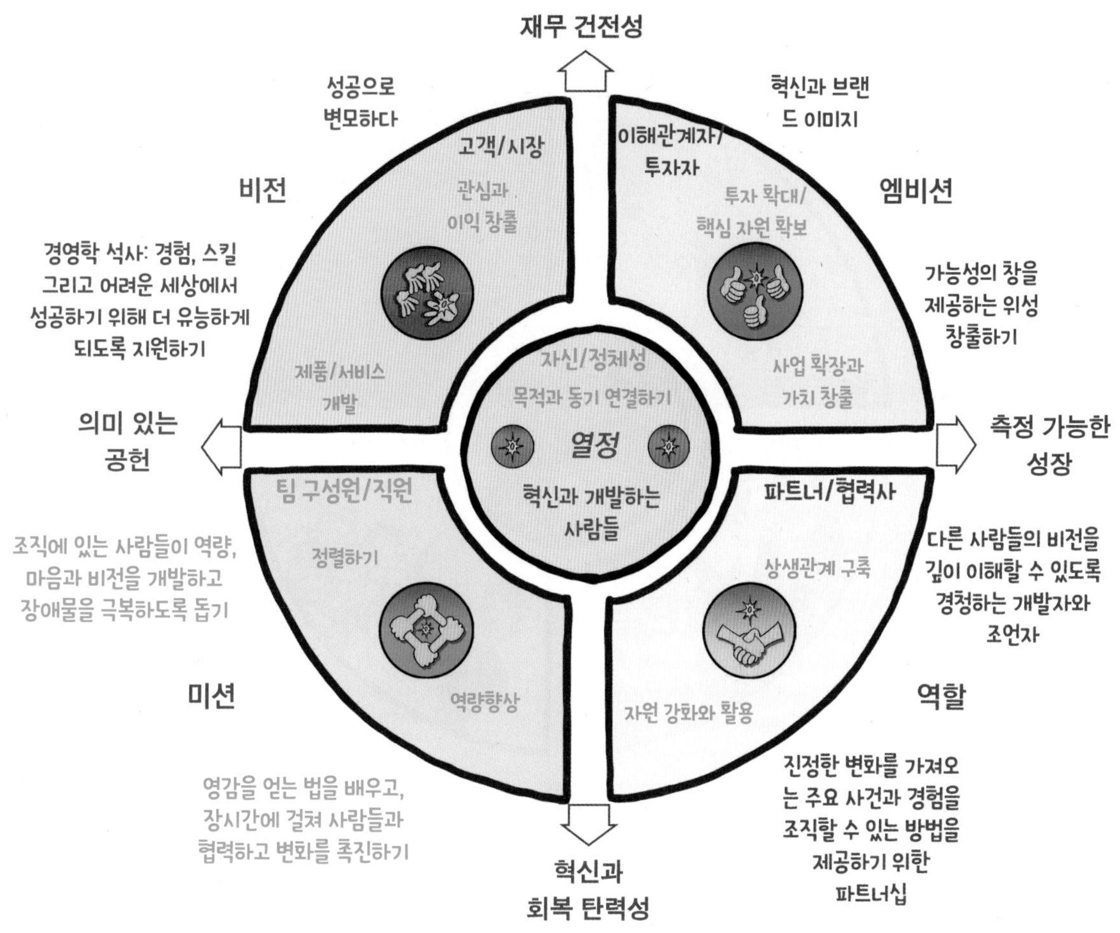
재무 건전성
성공으로
변모하다
고객/시장
관심과
이익 창출
비전
경영학 석사: 경험, 스킬
그리고 어려운 세상에서
성공하기 위해 더 유능하게
되도록 지원하기
제품/서비스
개발
혁신과 브랜
드 이미지
이해관계자/
투자자
투자 확대/
핵심 자원 확보
엠비션
가능성의 창을
제공하는 위성
창출하기
사업 확장과
가치 창출
자신/정체성
목적과 동기 연결하기
열정
혁신과 개발하는
사람들
의미 있는
공헌
측정 가능한
성장
팀 구성원/직원
정렬하기
조직에 있는 사람들이 역량,
마음과 비전을 개발하고
장애물을 극복하도록 돕기
역량향상
미션
영감을 얻는 법을 배우고,
장시간에 걸쳐 사람들과
협력하고 변화를 촉진하기
파트너/협력사
상생관계 구축
다른 사람들의 비전을
깊이 이해할 수 있도록
경청하는 개발자와
조언자
자원 강화와 활용
역할
진정한 변화를 가져오
는 주요 사건과 경험을
조직할 수 있는 방법을
제공하기 위한
파트너십
혁신과
회복 탄력성

스테판 크리산의 성공 써클

비전
고객/시장

* 성공으로 변모하다
* 경영학 석사: 경험, 스킬 그리고 어려운 세상에서 성공하기 위해 더 유능하게 되도록 지원하기

엠비션
이해관계자/투자자

* 혁신과 브랜드 이미지
* 가능성의 창을 제공하는 위성 창출하기

미션
팀 구성원/직원

* 조직에 있는 사람들이 역량, 마음과 비전을 개발하고 장애물을 극복하도록 돕기
* 영감을 얻는 법을 배우고, 장시간에 걸쳐 사람들과 협력하고 변화를 촉진하기

역할
파트너/협력사

* 다른 사람들의 비전을 깊이 이해할 수 있도록 경청하는 개발자와 조언자
* 진정한 변화를 가져오는 주요 사건과 경험을 조직할 수 있는 방법을 제공하기 위한 파트너십

열정
혁신과 개발하는 사람들

스테판 크리산의 성공 써클

스테판의 큰 성공은 팀원의 역량을 향상시키고 파트너십과 협조를 통해 자원 활용도를 높이고 풍부하게 함으로써 변화하는 혁신의 판도를 바꾼 결과였다.

개발자로서 그리고 다른 사람들의 비전을 잘 이해하기 위해 아주 깊게 귀 기울여 듣는 조언자로서, 스테판은 파트너들과의 신뢰 관계를 확립하고 장기적인 관계를 구축할 수 있었다. 이것은 프로그램 참가자들에게 진정한 변화를 가져오는 중요한 사건과 경험들을 조직화할 수 있는 수단을 제공해주었다. 신뢰와 동기 부여는 그들의 공헌—예를 들어, 타인의 삶에 긍정적인 영향을 줄 수 있는 잠재성 같은—에 해당하는 '업무의 중요성'에 관해 파트너들이 인지함으로써 강해졌다.

스테판 크리산의 성공의 주요한 부분은 그와 그의 팀, 파트너들이 새로운 아이디어를 내고 창조적인 솔루션을 발견하고 현명한 의사결정을 내릴 수 있도록 해주는 벤치마킹, 브레인스토밍 및 생성적 협업을 통해 시너지를 창출하고 조장할 수 있는 그의 능력이었다.

고객의 삶을 바꿀만한 변화를 창조함에 있어 주요한 성공 요인의 하나가 그의 팀과 '역량, 열정, 비전을 키우고 장애물을 극복하게끔' 조직에 있는 사람들을 돕는다는 미션을 정렬시키는 것이었다. 이것은 교사가 학생들과 상호작용해 왔던 전통적인 방식을 버리고, 영감에 찬 상태가 되는 것을 배우고 장시간에 걸쳐 사람들과 함께 일하면서 그들의 변화를 촉진하는 것을 배워야 한다는 것을 의미했다.

모든 파괴적 혁신과 마찬가지로 스테판은 벤치마킹, 브레인스토밍 및 생성적 협업을 통해 성공적으로 시너지를 창출하고 조장할 수 있었다. 이를 통해 그와 그의 팀 그리고 파트너들은 새로운 아이디어를 내고 창의적인 솔루션을 발견하고 더욱 현명한 의사결정을 내릴 수 있었다.

스테판의 큰 비전에 대한 상징적 이미지이다. "원의 형태로 모인 사람들이 탄성이 있는 카펫 하나를 모두 손으로 잡고 있습니다. 카펫의 정중앙이 바로 그 세상인 것이지요"

많은 획기적인 혁신과 마찬가지로, 스테판 크리산의 경영학 석사 프로그램은 그의 고객만이 아닌 그의 팀원들에게까지 정체성 레벨의 근본적인 지각변동을 불러왔다. 그리고 이러한 변화에서 가장 중요한 것은 각 개인이 분리된 전체로서 성장함과 동시에 자신이 속한 조직, 커뮤니티, 사회에 더욱 기여할 수 있게 하는 집단지성과 생성적 협업을 지속적이고 실질적으로 적용하는 것이다. 이 말인즉슨, 자신과 자신이 속한 커뮤니티에 변화를 가져오고 '사람들과 함께 삶의 마법을 발견한다'는 공통의 비전과 가치를 공유할 얼리어답터, 개척자, 창시자 그리고 선구자의 모양새를 한 '박쥐들'의 가상 커뮤니티를 스테판이 잘 끌어들였다는 말이다.

'원의 형태로 모인 사람들이 탄성이 있는 카펫 하나를 모두 손으로 잡고 있다. 카펫의 정중앙이 바로 그 세상이다.' 이는 스테판이 한 노력의 궁극적인 목적을 함축하고 있는 상징적인 이미지를 강렬하게 묘사하고 있다.

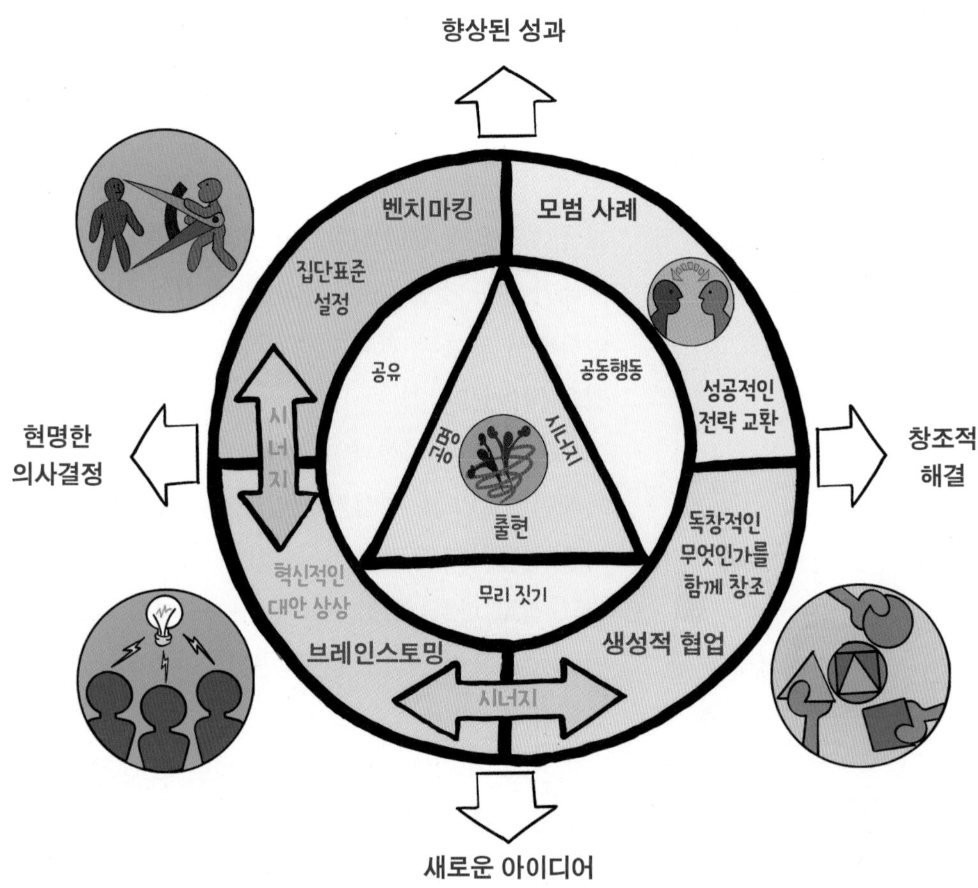

스테판 크리산은 벤치마킹, 브레인스토밍 및 생성적 협업을 통해 시너지 효과를 창출할 수 있었다. EDHEC 경영학 석사 프로그램.

다중 지각 포지션을 통합하는 힘

The Power of Integrating Multiple Perceptual Positions

집단지성과 생성적 협업을 촉진하기 위해 차세대 기업가들은 몇 가지 핵심적인 '지각적 포지션'을 숙달할 필요가 있다.

지각적 포지션은 본질적으로 특정한 신체적, 인지적 및 언어적 패턴을 특징으로 하는 상황이나 관계를 인식하는 특정 관점 또는 견해다.

앞에서 나는 생성적 협업을 창출하는 능력을 위해 꼭 필요한 기술인 '2차 포지션'에 숙달되는 것이 중요하다고 강조했다. 파괴적인 혁신은 중요한 두 관점을 다 취해보고 그것을 통합할 수 있는 능력을 필요로 한다.

2차 포지션은 차세대 기업가의 능력 개발에 결정적으로 중요한 '지각적 포지션' 중 하나다. 지각적 포지션은 본질적으로 상황이나 관계를 인식하는 특정 관점 혹은 견해이다. 1차 포지션은 '자신'의 관점에서 우리 눈을 통해 무언가를 경험하는 것에 관한 것이다. 2차 포지션은 '다른 사람의 입장'이 된 것처럼 해서 무언가를 경험하는 것이다. 3차 포지션은 한발 뒤로 물러나 '관찰자' 관점에서 우리와 타인 간의 관계를 인식하는 것을 말한다. 4차 포지션의 개념은 전체 시스템적으로 혹은 다른 세 포지션을 합성함으로써 파생되는 '상관관계의 장(집합적인 '우리'의 의미)'과 관련 있다.

지각적 포지션은 특정한 신체적, 인지적, 언어적 패턴이 있다. 이러한 패턴은 다음 설명으로 요약된다.

1차 포지션은 당신이 머무는 물리적 공간에서, 습관적인 자세를 하고 서 있는 당신이다. 1차 포지션에 완전히 머물러 있을 때, 당신은 자신의 감정, 인식 및 생각을 언급할 때 '나를', '내가' 그리고 '나 자신' 같은 단어를 사용할 것이다. 1차 포지션에서 당신은 자신의 시야로 관계를 경험하고 있다. 즉, 개입된 관점이 주는 경험 안에서 당신 내면에서 그리고 주변에서 일어나고 있는 모든 것을 보고 듣고 느끼고 있는 것이다. 만약 당신이 진정으로 1차 포지션에 있다면 자신의 눈과 귀를 통해 보이는 세상을 보기 때문에 스스로를 보지는 못할 것이다. 하지만 당신 자신이 되기는 할 것이다. 당신의 몸과 세상의 지도와 완전히 연합될 것이다.

이미 설명한 것과 마찬가지로 2차 포지션은 다른 사람이 되어 그 관점을 취해볼 수 있는 것이다. 2차 포지션에서는 다른 사람의 눈으로, 생각으로, 감정이나 신념 등으로 세상을 경험한다. 다른 사람에 개입되어 있으므로 당신은 당신 밖에 있다. 당신은 '두 번째 인물'의 언어를 사용하는 2인칭으로서의 '너'가 되어 '1차 포지션'의 당신을 보고 응대할 것이다. 일시적으로 다른 사람의 포지션을 가정해 보는 것은 관계의 측면에서 당신이 그 입장을 취하는 것이 얼마나 효과적인지 평가하는 좋은 방법이다. 다른 사람의 관점이 되어본 다음 당신은 그 사람과 상호작용에 도움이 될 정보를 가지고 완전히 깔끔하게 당신 자신으로 돌아온다.

3차 포지션, 또는 '관찰자' 포지션은 정보를 수집하기 위해 일시적으로 당신을 관계 밖에다 놓는다. 마치 당신은 상호작용에 대한 참여자가 아니라 목격자인 것처럼 있는 것이다. 당신의 자세는 이완되어 있다. 당신은 그런 포지션인 듯 보고 듣고 느낄 것이다. 이해관계를 떠난 중립적인 관찰자로서 관계를 보고, 듣고, 느끼는 것이다. 당신은 당신이 관찰하고 있는(당신처럼 보고 소리내고 행동하는 그 사람을 포함해서) 그 인물들을 언급할 때 사용하는 '그녀'와 '그' 같은 '제3자'의 언어를 사용할 것이다. 당신은 상호작용에서 떨어져 나와 일종의 '메타' 또는 성찰 포지션에 들어갈 것이다. 이 포지션은 당신에게 상호작용 속 행동의 균형과 적합성에 대한 중요한 정보를 줄 것이다. 이 관점에서 수집된 정보는 상호작용이나 관계의 질과 효율성 향상에 도움이 되게끔, 2차 포지션에서 수집한 정보와 더불어, 당신인 1차 포지션에 도로 가져가 사용할 수 있다.

스스로의 관점을 더 명확히 할 수 있고 다른 사람의 관점을 이해할 수 있는 것과 더불어, 이는 중립적인 목격자의 관점에 설 수 있고 전체인 시스템에 대한 감각을 개발하는 중요한 관점이다. .

4차 포지션은 다른 세 가지 관점들을 종합적으로 아우르는 것으로 '전체 시스템으로 존재하는' 감각을 창출한다. 그것은 '우리(1인칭 복수형)' 같은 말로 특정되는 집단의 일부로 존재하는 경험을 낳는 시스템이나 관계 그 자체와의 동일시를 수반한다. 4차 포지션은 '집단 정신', '팀 마인드'를 만드는 데 필수적이다. 그것은 이 장에서 '가상 커뮤니티'로서 언급했던 것의 본질에 해당한다.

요약하면 지각적 포지션은 당신 자신과 다른 사람 혹은 그룹 형태의 사람들과의 관계에 있어서 취할 수 있는 기본 관점들을 말한다:

- **1차 포지션**: 자기 자신의 관점, 신념 및 가설에 개입되어 나의 눈—'I' 포지션 또는 자기 포지션—을 통해 외부 세상을 보는 것

- **2차 포지션**: 타자의 관점, 신념 및 가설에 개입되어 그 사람의 눈을 통해 외부 세계를 보는 것 – 'YOU' 포지션 또는 타자 포지션
- **3차 포지션**: 상호작용에 대한 목격자로서 자신과 다른 사람 사이의 관계 밖의 관점에 연합– 'THEY' 포지션 또는 관찰자 포지션
- **4차 포지션**: 전체 관계 또는 시스템의 관점에 개입된 - 'WE' 포지션 또는 장field 포지션

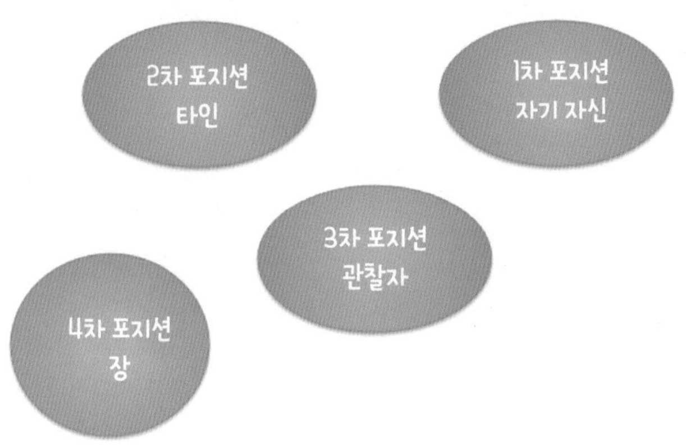

4가지 지각적 포지션을 모두 취하는 능력은 보다 강력한 생성적 협업을 창출하고 향상시켜 판도를 바꾸는 파괴적인 혁신의 잠재력을 높인다.

자신의 '1차 포지션'은 당신의 개인적인 열정, 비전, 미션, 엠비션 및 역할을 정의하는 과정에 의해 명확하고 풍성해진다. 당신의 협업자들의 '2차 포지션'은 이전 장의 결론에서 제시된 것처럼 협업자 특성 분석을 통해 완수할 수 있다.

다음은 강력한 생성적 협업을 창출하고 판도를 바꾸는 파괴적인 혁신의 잠재력을 향상시키기 위해 3차와 4차 포지션 지각을 적용하여 기업가들을 코칭하는 데 사용하는 도구이다.

어떤 상호작용도 인식할 수 있는 기본적인 지각 포지션 4개가 있다.

SFM 협업 촉매:
3차 포지션을 통한 승-승 협업 만들기

CFM Collaboration Catalyst:
Creating Win-Win Collaborations through Third Position

3차(관찰자) 포지션을 능숙하게 하는 능력은 당신의 성공 써클에 포함된 다양한 주요 인물들이 잠재적인 협력에서 이익을 얻을 방법을 모색하게 하여 승-승 협업이 확실히 이루어지도록 돕는다.

생성적 협업은 강하고 실행 가능한 승-승Win-Win 프레임 워크를 구축함으로써 아이디어, 자원 및 부의 확장을 창출한다. 개인 또는 집단적 비전을 통해 승리하고 이익을 얻는 사람들이 많을수록 더 많은 사람들이 그것을 지속하는 피드백 고리를 긍정적으로 강화할 것이다. 강력한 파트너십도 그렇게 이루어진다.

에드 호간Ed Hogan의 사례와 SFM 제1권에서 언급한 "휴가 패키지"의 개발을 생각하라. 에드는 자신의 성공 써클에 있는 여러 구성원이 협업을 통해 이익을 얻을 수 있는 구조를 만들었다. 에드의 창의적인 비전은 참여한 모든 사람들을 위해 파이를 더 크게 만들도록 도왔다.

기업가들이 끊임없이 해야 하는 핵심적인 질문은 "내 프로젝트 또는 벤처를 위해 더 큰 파이를 만들 수 있는 협업은 어떤 것인가?"이다.

다음 워크시트는 당신 성공 써클에 포함된 다양한 주요 인물들이 잠재적 협업으로 이익을 얻을 방법을 규정하는 것을 도움으로써 승-승 협업의 성공을 확실히 하도록 할 '로드맵'을 제공한다. 또한 그 사람들이 얻을 이익이 당신 자신과 당신의 프로젝트 혹은 벤처를 위해 생산할 긍정적인 결과물들이 무엇인지 분명하게 해주기도 한다. 이 질문들에 답변하면서 나오는 가장 좋은 관점은 당신 자신과 장래의 협업자의 관점을 관찰자로서 관찰한 3차 포지션에서 나온다.

나의 비전/벤처: ______

잠재적 협업자: ______

고객

고객이 협업을 통해 얻는 승리/이익은 ______

나 자신과 벤처가 얻게 될 긍정적인 결과물은 ______

투자자/이해관계자

투자자/이해관계자가 협업을 통해 얻게 되는 승리/이익은 ______

나 자신과 벤처가 얻게 될 긍정적인 결과물은 ______

파트너/협력자

파트너/협력자가 협업을 통해 얻게 되는 승리/이익은 ______

나 자신과 벤처가 얻게 될 긍정적인 결과물은 ______

팀 구성원들

팀 구성원들이 협업을 통해 얻게 되는 승리/이익은 ______

나 자신과 벤처가 얻게 될 긍정적인 결과물은 ______

SFM 협업 촉매: 협업 감사

SFM Collaboration Catalyst: Collaborator Audit

SFM 협업 감사는 다른 사람들과의 협업에서 강점과 약점을 재평가하고 규명하도록 도와주는 도구이다.

진정한 승-승Win-Win 관계를 수립하는 것은 효과적인 생성적 협업에 결정적 요소이다. 상호 이익이 되는 관계가 아닌데 다른 사람과 협업하는 것은 현명하지 못한 일이다. 아무리 상대방이 협업하기를 열망하더라도 말이다.

따라서 상대와 협업을 할지 말지를 아는 것이 그만큼 중요하다. 적절하지 않은 관계는 시간, 노력 및 에너지 낭비가 될 수 있다.

승-승 협업이 아니라고 해서 그 협업이 반드시 승-패Win-Lose가 아니라는 것을 유념해야 한다. 어떤 관계는 당사자들이 반드시 잃는 것은 아니지만 어느 한쪽이 크게 이익을 얻는 것도 아니어서, 승-무승부Win-Neutral 혹은 무승부-무승부Neutral-Neutral의 결과를 낳는다. 그런 협업은 아무리 좋아도 기본적인 협업 수준에 그치고 승-패 협업만큼 많은 시간과 에너지를 뺏을 수 있다.

때로는 관계가 승-승으로 시작하나 이후 이익 면에서 더 이상 동등하고 균형적이지 않은 쪽으로 이동하거나 변한다. 협업은 주기적으로 재평가해야 한다.

SFM 협업 감사는 기업이 특정 협업자와 관계가 어떤 상태인지 신속하게 재평가하도록 해주는 간단한 도구다.

승-패, 패-패, 무승부-패Neutral-Lose 협업은 사람들이 일반적으로 제거하거나 진지하게 재구성할 필요가 있다고 인식하는 것이다.

사람들이 흔히 놓치거나 참고 버티는 것이 승-무승부와 무승부-무승부 협업이다. 왜냐하면 사람들은 이를 분명한 문제로서 보지 않는 데다 다른 중요한 문제에 주의와 시간을 빼앗기기 때문이다.

만약 협업에 균형이 깨지면 무효화시켜야 한다. 그렇지 않으면 협업자들은 관계의 재활성화나 재균형화를 위해서 이 책에서 지금까지 기술한 다른 SFM 협업 촉매제를 사용하려고 할 것이다.

협업자A

	승	무승부	패
승			
무승부			
패			

협업자B

SFM 협업 감사는 협업의 잠재성을 신속하게 재평가하기 위한 기업가들을 위한 도구다.

SFM 협업 촉매:
관계의 장이나 '가상 커뮤니티'를 형성하는 4차 포지션으로 이동하기

SFM Collaborator Catalyst:

Moving to Fourth Position Forming a Relational Field or 'Virtual Community'

확고하고 지속적인 승-승Win-Win 협업을 형성하려면 공통되는 비전의 프레임워크 내에서 역량과 자원을 종합하고 정렬하는 능력이 필요하다. 이것은 '우리들we-ness'이라는 느낌으로 특징지어지는 결합된 정체성 혹은 관계의 '장'(즉, '가상 커뮤니티')의 한 유형을 만든다.

우리는 다음 워크시트를 통해 장래의 협업자들이 서로 다른 레벨에서 겹치거나 시너지가 있는 영역을 발견하도록 돕는다. 이는 협업자가 협업의 '큰 그림'에 대해 확고하게 알고 팀으로 함께 일할 때 도움이 되는 로드맵을 제공해주는 강력한 방법이다.

1. "당신의 비전으로 공유되는 테마는 어떤 것들이 있는가?"
   "협업자로서 당신의 공동 비전은 무엇인가?"

우리의 공동 비전은 ______________________________

2. 이 공동 비전이 주어졌을 때, 협력자로서 당신의 공동 목적과 정체성은 무엇인가?
   "함께하는 당신은 누구인가?", "당신의 결합된 정체성은 무엇인가?"(보통 비유적인 표현이 가장 좋다)

우리는 ______________________________

"당신의 공동 미션은 무엇인가?"

우리의 공동 미션은 ________________________________

3. “당신의 공유된 신념과 가치는 무엇인가?”

우리의 공유된 가치와 동기는 ________________________________

우리는 믿는다 / 가정한다 ________________________________

4. “개인 역량을 뛰어 넘는 협업자로서 당신은 어떤 역량을 갖고 있는가”

협업자로서, 우리가 가진 추가적인 역량은 ________________________________

5. “함께하는 공동 행동은 무엇이 될 것인가”

우리는 공동 행동을 수행하기 위하여 그러한 능력을 사용할 수 있다 ________________

____

6. “당신이 운영할 공동 환경 또는 외부 상황은 무엇인가”

우리는 공동 상황에서 그러한 행동을 수행할 것이다 ________________________

____

4차 포지션을 위한 환경을 만드는 또 다른 방법은 내가 과업의 중요성에 대한 공명 확인이라고 부르는 협업 촉매제이다.

SFM 협업 촉매제: 과업의 중요성에 대한 공명 확인

SFM Collaboration Catalyst:
Identifying Resonance for Task Significance

과업의 중요성을 대하는 공명을 확인하는 것은 그룹 구성원 간에 공유된 활동의 중요성을 지각하는 정도를 탐색하는 것과 관련된다.

과업의 중요성에 대한 높은 수준의 공명이 있을 때 '동료애' 현상이 출현한다.

동료애는 예측할 수 없는 삶의 많은 상황과 도전을 통해 서로 함께 하고 서로를 지지함으로써 목적을 이룰 목표에 도달하는 것을 돕는 과정이다.

제1장에서 언급한 것처럼 '과업의 중요성'을 대하는 그룹의 구성원들 사이의 공명은 성과를 높이고 집단지성을 창출하는 중요한 성공 요인이다. 과업의 중요성은 그룹에 속한 한 사람으로서 더불어 그 이상으로서 다른 사람들의 삶에 긍정적인 영향을 주는 것에 관한 활동의 중요성을 인지하는 것과 관계가 있다. 또한 과업의 중요성을 인지한 수준과 동기와 성과 수준 간에는 매우 높은 상관관계가 있다.

당신 성공 써클에 프로젝트나 벤처에 대한 과업의 중요성을 높은 수준에서 지각하는 사람이 많으면 많을수록 그것에 시간과 집중, 노력을 쏟는 사람이 더 많을 것이 확실하다. 다음 협업 촉매제는 사람들이 당신 벤처에 관한 과업의 중요성을 지각하는 정도를 확인하는 방법을 제공한다.

내가 동료인 이안 맥더모트Ian McDermott와 온라인 동료애 프로그램(http://www.thefellowshipprogramme.com) 용도로 개발한 도구도 그러한 방법을 활용한 것이다. '동료애'에 대한 우리의 개념은 더 높은 '소울soul'의 목적을 공유하는 데서 오는 생성적 협업의 한 유형과 같다. 예를 들어, 톨킨JRR Tolkien의 소설 '반지의 제왕'(The Fellowship of the Ring, 2001년 Peter Jackson 감독이 영화화)에서 상당히 다양한 종류의 개인들이 어울리지 않는 한 그룹이 되어 '중간계 자유 종족들'을 구하기 위해 매우 복잡하고 위험한 여정을 함께 수행한다. 그들은 여러 면에서 적일 수도 있지만 그들 공통의 높은 목적은 그들을 한 데 묶어주고 그들이 이전에 지닌 능력 이상으로 놀라운 행위와 성취를 이루도록 고무시킨다. 그들은 동료애fellowship로 함께 하면서 누구도 개인으로는 불가능했던 일들을 성취할 수 있었다.

이러한 관점에서 보면 동료애는 수많은(일반적으로 예측할 수 없는) 삶의 상황과 도전을 통해 서로를 지지하고 함께함으로써 각자가 우리의 소울의 목적에 도달하고자 돕는 것에 관한 것이다. 여러모로 성공적인 벤처 창출은 우리 스스로와 성공 써클 내의 다양한 인물들 간의 동료애를 특정 수준까지 개발할 것을 요구한다.

이 특정 협업 촉매제는 각 그룹 구성원들이 자신의 프로젝트 또는 벤처의 개요와 개괄(엘리베이터 피치)을 제시할 것을 요구한다. 그러면 다른 참가자들의 프로젝트나 벤처에 대해 가능한 한 열정과 진심을 담아 듣고, 과업의 중요성을 대함에 있어 일치하는 정도가 가장 높은 것을 5점, 과업의 중요성을 가장 낮게 보는 것을 1로 표현해서 과업의 중요성을 대하는 공명 수준을 체크한다. 이것이 이안과 우리가 공명 색인이라고 부르는 것이다. 다음의 문장으로 이러한 공명의 수준을 표현할 수 있다.

공명 지수는 잠재적인 협업자가 미래의 파트너십과 시너지를 위한 기회를 확인하기 위해 공통의 목적과 관심사를 공유할 다른 사람들을 찾을 수 있도록 도와주는 도구이다.

1. "나는 세상의 누군가가 이것에 대해 생각하는 것이 기쁘다. 나는 네가 잘되기를 바란다. 만약 내가 너에게 유용한 무언가를 생각할 수 있다면 나는 그것을 너에게 알려줄 것이다."
2. "이것은 나의 관심을 끈다. 돕기 위해 할 수 있는 일을 내게 알려 주면 내가 가능한 일을 할 것이다."
3. "당신이 하는 것이 나를 고무시킨다. 우리는 이것이 더 좋아지기 위해 함께 할 수 있는 것에 관해 이야기하자."
4. "이것은 나에게 당장 너무 중요하다. 우리는 평행한 길 위에 있다. 나는 계속 연락이 닿길 바란다. 자원과 아이디어를 공유하고 진행 상황을 정기적으로 서로 업데이트하자."
5. "나는 너와 일하고 싶다. 우리는 같은 길에 있다. 한동안 함께 여행하자. 나는 이 소명에 자원, 시간 그리고 노력을 쏟을 것을 다짐한다."

이 과정을 거치는 동안 평가에 정직해지는 것이 중요하다. 기각되는 점수는 없다. 평가는 모두 어떤 유형에 대한 지지를 함축하고 있고, 사람들이 타인의 프로젝트나 벤처에서 과업의 중요성을 지각하는 수준을 나타내는 간단하고 진정성 있는 지표이다.

모든 사람이 자신의 비전, 프로젝트 또는 엘리베이터 피치를 발표한 후에, 그룹 구성원들은 서로 어떻게 연락하고 어떻게 지원할지를 논의한다. 사람들은 연락처 정보를 교환하고, 가능하다면 앞으로 접촉할 날짜, 시간 또는 시간대 및 접촉 방식(예: 전화, 이메일, 문자, 대면 회의, Skype 등)을 구체적으로 결정한다. 이 또한 내가 "집단적 창의성 촉매제collective creativity catalyst"라고 부르는 것을 확립하는 데 도움이 된다.

집단적 창의성 촉매제

Collective Creativity Catalysts

일단 4차 포지션 또는 '가상 커뮤니티'가 확립되면, 그것은 파괴적 혁신의 잠재력을 높이기 위한 집단지성과 생성적 협업을 자극하는 데 도움이 되는 다양한 유형의 '집단적' 창의성 촉매제를 공급받아 향상될 수 있다. 집단적 창의성 촉매제는 개척자와 창시자 사이의 생성적 상호작용을 촉진하고, 더 큰 '4차 포지션'을 통한 자각을 자극하고, '약한 신호' 탐지 기회를 늘리고, 그룹이나 조직 수준에서 '창의적 무의식'에 대한 접근을 돕는 환경, 활동 및 프로세스들이다.

예를 들면, Google 같은 경우 직원이 개인적으로 관심이 있고 열정을 가진 프로젝트나 아이디어가 있으면 전체 업무시간의 20%(주 70시간 중에 언제든)를 그것에 쓰도록 할당해준다. 사실상 이러한 조치는 회사 전체를 구글 신제품 개발을 위한 거대한 R&D 연구소로 탈바꿈시켰다.

실리콘밸리Silicon Valley의 다른 회사들은 관례처럼 'Free Friday'라는 것을 제공한다. 이름이 의미하는 것처럼 사람들은 자신이 끌리는 느낌이 드는 것이 무엇이든 그것을 탐구하고 작업할 수 있는 자유로운 시간을 유급으로 금요일 오후에 쓸 수 있다.

집단적 창의성 촉매제의 또 다른 예는 "흥미로운 새로운 시장 기회를 찾고 그것을 회사 내부의 의사결정권자들과 함께 공유하는 것이 모든 직원의 권리와 의무"라고 SFM 제1권에서 내가 언급했던 동계 스포츠 관련회사의 정책이다.

쾌적하고 여유로운 환경에서 아이디어를 모으고 공유할 수 있도록 팀원, 파트너 및 고객을 위해 편안한 공간을 제공하는 환경은 집단 창의성 촉매의 한 유형이다.

집단적 창의성 촉매제는 또한 구조화한 환경의 모습으로 나타날 수 있다. 픽사Pixar를 예로 들면, 직원들이 기분 좋고 여유로운 환경에서 아이디어를 수집하고 공유하도록 회사가 편안하고 창의적인 방을 제공한다.

애플도 통풍이 잘되는 방과 여러 자극적인 환경들을 조성한 픽사와 비슷한 혁신 공간을 가지고 있다. 애플은 때로 마사지부터 드럼 서클까지 직원들이 자신들의 인지적이고 합리적인 마음의 제한 너머로 가도록 돕는 활동들을 장려했다. 예를 들면, 금요일 오후에 부서 간 접촉과 모임을 장려하기 위해 회사가 아닌 다른 곳으로 이동해서 '맥주 파티beer bust'라는 것을 하곤 했다.

조지 루카스George Lucas는 초기 캘리포니아의 허구의 가족 농장을 표현하기 위해 자신의 스카이 워커 목장Skywalker Ranch 시설에 건물들을 만들 생각이었다. 동물들이 있는 헛간, 포도밭, 현지 식당에서 식재료로 사용하는 과일과 채소가 자라는 정원, 야외 수영장과 라켓볼 코트가 딸린 피트니스 센터, '레이크 이오크Lake Ewok'라는 인공 호수, 언덕 위의 전망대, 상영실인 멀티 극장과 더불어 'The Stag'이라고 불리는 300석 규모 극장, 자연경관 보존을 위해 대부분 지하로 몸을 숨긴 주차 시설을 갖춘 이러한 복합 공간complex을 개발하기 위해 실제로 조지 루카스는 가상의 가족에 대한 이야기 전체를 다 썼다. 잠겨 있는 게이트를 통과해 복합 공간에 입장하면 원래의 현실이 일시적으로 '보류'된 세계로 이동했다는 느낌을 바로 느낄 수 있다.

디즈니의 꿈꾸는 방은 집단적 창의성 촉매제의 또 다른 예다.

반드시 환경이 집단적 창의성 촉매제가 되도록 공을 많이 들여야 한다는 것은 물론 아니다. 월트 디즈니Walt Disney 같은 경우 회사 사무실에 '꿈꾸는 방'을 만들었다. 꿈꾸는 방은 팀이 현재 작업하고 있는 프로젝트와 관련된 사진이나 그림으로 벽면 전체가 도배되어 있어 방이 온통 컬러풀한 색깔에 뒤죽박죽 엉망이지만 이 방에서 비판은 허용되지 않았다.

사실 이렇게 하는 것은 팀원에게 그다지 특별한 일은 아니었다. 특별한 것은 디즈니 자신이었다. 꿈꾸는 방에 오면 그는 프로젝트에 참여한 인물들과 함께 '2차 포지션'을 취했다. 디즈니의 공동 작업자였던 한 사람이 말했다. "월트는 대사와 상황을 너무나 완벽하게 느껴서 대화체의 대사처럼 몸동작이나 제스처로 재연하는 것을 본인이 느낀 만큼 하지를 못했어요."

디즈니는 이 같은 집단 창의성 촉매제의 다른 형태도 갖추고 있었다. 스티브 잡스와 유사한 '혁신의 작곡가'라는 것이다. 디즈니는 "모두가 작품에 기여해야 한다. 그렇지 않으면 그냥 노동자가 되는 것이다."라고 단호히 말하며, 그의 창조적인 작업 과정에 모두가 함께 참여하도록 이끌었다. 디즈니로서는 아이디어가 많으면 많을수록 더 좋았다. 그의 팀원들은 말했다. "월트는 모든 아이디어는 생각을 했기 때문에 나온 거라고 생각했어요. 우스개 대사든 스토리든 간에 전부 - 핵심은 작품의 표현을 위해 그 소재를 어떻게 쓰느냐였어요. 그래서 디즈니는 아이디어의 출처에 대해 전혀 신경쓰지 않았습니다."

실제로 디즈니는 회사 전체를 대상으로 오로지 창의성을 육성하고 강화할 목적으로 인센티브 시스템을 처음으로 실시하여 운영했다. 1930년대 중반에 일찌감치 이 시스템을 도입했다. 작품에 사용된 개그를 제안한 사람은 누구든 5달러를 받았고 만화 전체의 기초가 되는 아이디어를 제공한 사람은 누구나 100달러를 받았다. 당시의 침체된 경기를 생각하면 상당한 인센티브이다. 덧붙이고 싶은 말은 이 보너스 시스템이 작가와 애니메이터에게 국한된 것이 아니었다는 점이다. 정원이나 유지 보수 담당 직원까지 포함한 스튜디오에서 일하는 모든 사람들에게 이 시스템을 확장 적용했다.

디즈니의 이 시스템에서 특별히 중요한 것은 인센티브 책정 기준이 창의적인 공헌이지 상업적 결과가 아니었다는 점이다. 그와 대조적인 사례를 들자면, 1980년대 초 나는 게임 디자이너들 간의 창의성과 혁신을 다시 자극해달라는 요청을 받고 당시 유명한 비디오 게임 회사인 액티비전activision의 프로젝트에 참여했었다. 다섯 명의 소프트웨어 엔지니어로 시작해, 초창기 그들의 생성적인 협업 덕에 수많은 혁신적인 게임을 제작하고 놀라운 수익을 달성할 수 있었다. 하지만 회사가 성장함에 따라 점차 관리부서, 마케팅, 디자이너들 사이에 많은 단계가 추가되면서 혁신 면에서 다른 비디오 게임 회사에 비해 뒤처지기 시작했다(궁극적으로 수입이 크게 떨어졌다).

월트 디즈니는 자주 꿈꾸는 방에서 애니메이션 프로젝트에 등장하는 캐릭터로 '2차 포지션'을 취했다.

최고 경영진과 인터뷰하면서 회사가 게임 매출을 기준으로 소프트웨어 디자이너에게 보상을 주는 보너스 시스템을 갖추고 있다는 사실을 알았다. 어떤 면에서 합리적으로 보이는 시스템이었지만 결과적으로는 디자이너가 당시 제일 잘 팔리는 게임을 찾아 그 게임을 따라 하려고 시도하는 상황을 만들었다. 결국 베스트셀러 게임의 모방 게임 홍수로 이어졌다. 스티브 잡스의 비유대로 모든 사람들이 가야 할 곳으로 가기보다 "퍽이 있었던 곳으로 스케이팅"하고 있었다.

진정한 혁신의 촉매제가 되도록 '혁신의 수준'에 따라 디자이너들에게 보상을 주는 수평적인 보너스 시스템을 추가해야 한다고 제안했다. 이 보너스의 수령자는 마케팅 부서 직원들이 아닌 동료 디자이너들이 결정하도록 해야 한다. 이는 내일의 비즈니스에 집중하고 그저 최근에 좋았던 것을 쫓는 것이 아니라 '퍽이 가야 할 곳'에 방향을 맞추도록 도울 것이다. 말할 필요 없이 이것은 디자이너 팀 내부 혁신 면에서 의미 있는 향상을 촉발했다.

월트 디즈니는 시나리오 작가부터 유지 보수 담당자에 이르기까지 모든 직원이 아이디어를 내도록 격려하는 보너스 시스템을 마련했다.

자신의 프로젝트나 벤처와 관련해서 당신이 시행할 수 있는 집단적 창의성 촉매제 유형을 한 번 생각해보라. 당신 환경에서 당신이 실행할 수 있는 집단적 창의성 촉매제는 무엇인가? 특히 언제 어디에서 주로 다른 사람들과 협업하는가?

나는 내가 코칭하거나 컨설팅하는 기업의 임원들에게 일하는 곳에 임원들 자신들을 위해서나 다른 사람들을 위한 '꿈꾸는 방'이 있느냐는 질문을 자주 한다. 대개는 공허하고 지루하고 텅빈 '작업' 공간을 가지고는 있어도 놀랄 것도 없이 대부분 '꿈꾸는 방'은 가지고 있지 않다. 당신이 일하거나 협업하는 곳에 '꿈꾸는 방'이나 '혁신 공간'을 어떻게 만들 수 있을까?

어떤 유형의 활동이나 프로세스(예: 댄스, 스포츠 활동, 발표, 견학 등)가 팀원이나 협업자와 함께 당신이 상자 밖에서 생각하고 창의적 무의식과 열린 혁신으로 연결되도록 더 자극하도록 도울 수 있을까?

역주

실리콘밸리의 많은 기업들은 디즈니의 '꿈꾸는 방'과 같은 공간을 가지고 있다. 자유롭게 회의하자는 관념적 약속 못지 않게 실제 물리적 공간이라는 환경은 그 효과가 남다르다. 실리콘밸리의 기업들은 이렇게 자유로운 회의 공간에서 서로의 아이디어를 나눈다.

요약

생성적 협업이 적절하게 잘 활용되면 파괴적 혁신으로 이어질 수 있다. 파괴적 혁신은 기존 시장의 경계와 맞지 않는 새로운 시장을 창출하는 것을 말한다. 파괴적 혁신은 내가 혁신의 장이라 부르는 것 안에서 진화하면서 정렬된 성공 써클의 다른 부분들에서 나온 비전과 상상의 시너지에서 나타나는 것이다. 이는 기존의 지식만으로는 예측하기 어렵고 불확실성과 혼란의 시기를 반드시 창출하는 것으로 악명높다.

파괴적 혁신은 고객 중의 얼리어답터early adopters와 벤처의 팀원들 사이에 있는 개척자들의 가상 커뮤니티에서 자주 시작된다. 이러한 가상 커뮤니티는 정체성과 비전의 수준에서 하나로 묶인다. 그들의 비전은 다른 그룹의 현재 정체성과 능력을 초월하고 더 큰 '혁신의 장' 안에서 점진적인 개발과 정렬한다. 이 더 큰 비전은 피할 수 없는 불확실성과 의심의 시기를 극복하는 데 필요한 열정과 헌신을 생성한다. 따라서 얼리어답터와 개척자들은 가치, 정체성, 비전의 정렬에 기반한 압도적인 열정을 공유해야 한다.

파괴적 혁신은 또한 회사 내의 '창시자'와 '선구자'인 외부 파트너 간의 생성적 협업을 포함하는 일정 수준의 개방적 혁신을 필요로 한다. 개방적 혁신 이면의 중심 아이디어는 혁신에 필요한 지식과 자원이 직원, 공급업체, 고객, 경쟁 업체, 대학 등의 집단지성 내에 있다. 따라서 혁신을 가속화하고 자원을 활용하려면 벤처는 다른 조직 및 단체와 승-승Win-Win 파트너십을 창출하고 동맹해야 한다.

파괴적 혁신으로 생긴 새로운 시장 잠재력의 최종 도착지는 사전에 명확하게 예측하기 어렵다. 성공하기 위해서, 개인, 팀, 벤처가 기회를 활용하고 변화의 시기를 준비하기에 충분히 일찍 혁신의 장 내 새로운 트랜드를 밝혀내야 한다. 따라서 파괴적 혁신을 촉진하고 관리함에 있어 또 다른 중요한 성공 요인은 새롭고 이전에는 충족되지 못했던 욕구와 관심을 알리는 '약한 신호'를 탐지하는 능력이다. 이를 달성하기 위해서 벤처는 잠재력이 분명해질 때까지 그저 기다리기만 하는 '개구리'와 대조적으로, 새로운 기회와 관련된 약한 신호를 식별할 수 있는 '박쥐'와 같은 사람들 즉, 얼리어답터, 개척자, 창시자, 선구자들의 네트워크를 가급적 크게 만들어야 한다. 계속 기회를 찾고 있으므로 팀과 벤처는 다른 사람들이 놓치고 보지 못한 기회를 알아볼 수 있다.

기존 비즈니스의 관리자와 리더가 파괴적 혁신 때문에 자신들의 벤처가 현재 전략에서 중심을 잃고 수익성 높은 제품들과 경쟁하게 되고 기존 고객들을 혼란스럽게 할지도 모른다고 두려워하는 것은 당연한 일이다. 그래서 처음에는 전통적인 제품 라인의 기존 매출에 흥미가 없는 얼리어답터들의 틈새시장에서부터 파괴적 혁신을 조성하는 것이 일반적으로 가장 쉽다.

스테판 크리산이 EDHEC 비즈니스 스쿨의 경영학 석사 과정Cycle Superieur en Management 학위 수여 프로그램 개발은 성공적인 파괴적 혁신을 일으키는 몇 가지 역학에 대한 훌륭한 사례이다. 경험이 많고 자신들을 성장시키고자 하는 자기 주도적self-made 중간관리자들을 위한 비즈니스 스쿨 내 틈새시장에서 시작하여, 스테판은 과정 참가자들의 정체성의 변화가 목적인 혁명적이고 비전통적인 프로그램을 만들었다. 이를 이루기 위해서 스테판Stefan은 목표 그룹 내 얼리어답터early adopters와 비즈니스 스쿨 내 개척자, 비슷한 비전과 가치를 공유하는 그의 잠재적인 파트너 네트워크 내 선구자로 이루어진 가상 커뮤니티와 생성적으로 협업해야만 했다. 이 세 그룹 사이의 시너지를 창출함으로써 스테판은 아주 짧은 기간 내에 구체적이고 실질적인 결과를 가지고 높은 수준의 변화를 만드는 프로그램을 함께 준비할 수 있었다. 초기 틈새시장에서 이룬 프로그램의 성공은 프랑스 전역으로 그리고 국제적으로 확장되었다.

스테판이 파괴적 혁신을 뒷받침하는 데 필수적인 생성적 협업을 조성함에 있어 주요했던 성공 요인은 '다른 사람들의 비전을 이해하기 위해 매우 깊이 듣는' 능력이었다. 이것은 내가 '2차 포지션'을 취하는 능력으로 언급했었다. 2차 포지션은 성공적으로 생성적 협업을 이루는 데 필수적인 몇 가지 주요한 지각적 포지션 중 하나다. 3차 포지션 또는 관찰자 포지션은 당신이 승-승Win-Win 협업을 창출하고 있는지 확신하기 위해 좀 더 멀리 떨어져서 협업을 관찰하는 데 꼭 필요한 지각적 포지션이다.

협업이 승-패Win-Lose 또는 승-무승부Win-Neutral이라면 그런 협업들은 기업가의 비전에 도달할 수 있도록 하는 그들의 능력에 오히려 부정적인 영향력을 행사할 수 있다. SFM 협업 감사는 다른 사람들과의 협업에서 취약점을 찾아내도록 도와주는 도구다. 그러한 협업들은 재평가하거나 무효화하거나 그렇지 않으면 다른 협업 촉매제를 적용하여 새롭게 할 수 있다.

4차 포지션(집단적 혹는 '우리' 포지션)은 협업자와의 강한 유대 관계를 수립하고 생성적인 관계의 장을 형성하는 데 필수적이다. 4차 포지션 또는 가상 커뮤니티를 만드는 데 매우 유용할 수 있는 협업 촉매제는 과업의 중요성에 대한 공명 확인이다. 공명 확인 프로세스에서 그룹 구성원들은 서로서로 자신들의 프로젝트나 벤처를 설명하고 그들이 경험한 업무의 중요성으로 간주되는 '공명' 수준을 숫자로 기재하고 기록을 남긴다. 이렇게 하는 것은 그들이 공통된 목적과 관심을 나누고 미래의 파트너십과 시너지를 위한 기회를 창출할 사람들을 알아보고 그들을 향해 곧장 다가가도록 돕는다.

집단적인 창의성 촉매제는 협업자들 사이의 생성적인 상호작용을 촉진하고, 더 큰 4차 포지션을 창조하고, 사람들이 열정을 느끼는 아이디어를 발견하고 공유하도록 격려함으로써 그룹이나 조직 수준에서 '창의적 무의식'에 접근하게 하여 사람들이 '퍽이 갈 곳으로 움직이는 것'에 집중하게 한다. (차세대 비즈니스처럼) 집단적인 창의성 촉매제의 목적은 그룹 상호작용을 통해 개인들이 자신들의 창의성을 더욱 향상시키도록 지원하고 '더 큰 파이를 만들기'를 위해 능동적으로 공헌하도록 지원하는 환경과 강화 시스템을 제공한다.

Chapter

04

생성적 벤처 커뮤니티 창조로 무에서 유 만들기

Making something from nothing
Creating a Generative Venture Community

가장 효과적으로 협업하고 바로바로 적응하는 것을 배운 사람들이 우세했다는 것이 인류(동물도 마찬가지)의 오랜 역사이다.

찰스 다윈Charles Darwin

그룹의 성과를 위한 개개인의 헌신이 팀워크를 만들고 회사워크, 사회워크, 문명워크를 만든다.

빈스 롬바르디Vince Lombardi

'돌 수프'이야기

The Story of 'Stone Soup'

'돌 수프' 이야기는 협업을 통해 어떻게 우리가 '무'로부터 '무언가' 창조할 수 있는지 보여주는 우화이자 삽화이다.

옛날 옛적 수년간의 전쟁으로 고통받고 있는 땅에 한 마을이 있었다. 그들이 살고 있는 열악한 환경은 마을 사람들을 점점 더 비관적이고, 신뢰할 수 없고, 고통스럽게 만들었다. 게다가 몇 년 동안 수확물은 빈약했고, 사람들은 그들이 찾은 어떤 음식이든지 경계하며 저장했고 그것을 친구나 이웃에게조차 숨겼다.

어느 날 한 떠돌이 이방인이 마을에 들어와 하룻밤 묵을 계획이 있는 것처럼 질문을 했고, 그는 "이 지방 전체에 먹을 것이 하나도 없습니다."라는 대답을 들었다. "가던 길을 계속 가는 게 나아요."

"괜찮아요. 필요한 건 전부 가지고 있어요." 라고 그가 말했다. "사실 이곳의 황량한 들판에서 당신들은 나눌 것이 아무것도 없기 때문에 제가 대신 뭔가를 나눌 겁니다. 바로 돌로 수프를 만드는 비법이지요."

의심스러운 마을 사람들은 서로를 쳐다보고 낄낄거리며 그 제안을 비웃었다. 그에 아랑곳없이 이방인은 자신의 마차에서 쇠 가마솥을 꺼내어 물을 채우고, 불을 지피기 시작했다. 그리고 위대한 의식과 함께 그는 벨벳 주머니에서 평범하게 보이는 돌을 꺼내어 끓는 물에 넣었다.

곧 이방인의 존재와 음식에 대한 소문을 듣고 마을 사람들 대부분이 광장으로 오거나 자기 집 창문으로 그 의심스러운 광경을 지켜보았다. 이방인이 코를 킁킁대며 냄새를 맡고 입술을 핥자 예상대로 배고픔은 마을 사람들의 비관주의를 압도하기 시작했다.

"아" 이방인이 큰소리로 혼잣말을 했다. "맛있는 돌 수프가 좋아. 이건 내가 제일 좋아하는 음식 중 하나지. 사람들은 모두 이 수프를 좋아할 게 분명해. 물론 양배추가 약간 들어가면 맛이 더 환상적이겠지만."

얼마 지나지 않아 마을 사람 하나가 숨겨 놓았던 양배추를 들고 머뭇거리며 다가와 냄비에 넣었다. '최고야!' 이방인이 외쳤다. "있잖아. 내가 양배추에다 소금에 살짝 절인 소고기도 들어간 돌 수프를 먹어 본 적이 있는데, 그게 말이야 왕에게나 어울리는 것이더란 말이지."

마을의 정육점 주인은 어떻게든 소금에 살짝 절인 소고기를 간신히 찾아냈고 감자, 양파, 당근, 버섯 등 마을 사람들 한 사람 한 사람이 조금씩 음식들을 내놓아 모두를 위한 맛있는 식사가 완성되었다. 마을 사람들은 몇 년 만에 처음으로 밤새 먹고, 춤추고, 노래를 부르며 새로 나타난 자신들의 은인과 축제로 유쾌한 시간을 즐겼다.

아침이 되어 이방인은 잠에서 깨어 자기 앞에 서 있는 마을 사람들을 발견하고 일어났다. 이방인의 발 앞에는 마을 최고의 빵과 치즈가 든 작은 가방이 놓여 있었다. "당신은 우리에게 가장 위대한 선물을 주었습니다. 돌로 수프를 만드는 비법을요." 덧붙여 "우리는 절대로 잊지 않을 것입니다."라고 말했다. 이방인은 돌아서서 마을 사람들에게 말했다. "그 비법이 비밀인 유일한 이유는 함께 나누는 것만으로 우리는 기쁠 수 있다는 것을 너무 쉽게 잊어버리기 때문입니다."

그리고 그는 다시 길을 떠났다.

돌 수프 이야기는 커뮤니티 구성원들이 소량의 핵심 자원들을 기여함으로써 '어떻게 뭔가가 무로부터 만들어질 수 있는지'를 잘 표현한 우화이다.

성공적인 기업가 정신의 현저한 특징 중 하나가 '무에서 유를 만드는 능력'이다. 확실히 돌 수프 이야기는 그것이 어떻게 이루어질 수 있는지를 잘 보여준 우화였다. 아무것도 없이 돌과 끓는 물만 가지고, 커뮤니티 구성원들이 핵심 자원을 기여하게끔 함으로써 너무나 훌륭한 수프를 만들 수 있었다. 모두가 자신이 할 수 있는 기여를 하면서 함께 하는 것을 통해, 사람들은 명백하고 실질적인 가치(돌)와 구체적인 무엇이 될 수 있다는 비전을 가지고 아무것도 없는 무의 상태에서 놀라운 무언가를 만들어낼 수 있다.

무에서 유를 만들 수 있는 능력은 가능성, 관대함, 기여, 낙관주의, 공유 그리고 신뢰를 바탕으로 한 '생성적 벤처 커뮤니티'의 자각과 활성화를 필요로 한다.

성공 요인 모델링 측면에서 보면 이방인은 '기업가 정신'을 나타낸다. '돌 수프'라는 아이디어는 기업가의 비전과 같다. 처음에 마을 사람들에게는 돌로 수프를 만든다는 것이 불가능한 것처럼 보였고, 또 실제로 이방인 혼자서는 성공하지 못할 것이었다. 그런데 이방인은 효과적인 설득을 펼치면서 마을 사람들이 조금씩 가지고 있는 것들을 위협이 아닌 새로운 무언가를 제공하는 방식으로 (경계하며 숨겨놓은 음식들로 생긴) 그들의 에고에 접근한다. 이방인 자신이 가진 비전에 대한 신뢰가, 이방인 자신과 마을 사람들이 두려움의 마인드 셋을 무시하거나 궁극적으로 변형시키기에 충분한 호기심을 마을 사람들 안에서 만들도록 허용한 것이다. 그들의 협업은 그들의 소울과 가능성, 관대함, 기여, 낙관주의, 그리고 공유와 신뢰의 경험을 되살려낸다. 이러한 것들이 우리가 SFM에서 '생성적 벤처 커뮤니티'라고 부르는 것의 특징이다.

일반적으로 기업가 비전은 대개 처음에는 이방인의 돌보다 더 실체가 없다. 돌 수프든 PC든 인기 있는 인터넷 애플리케이션이든, 전기 자동차든 뭐든 간에, 기업가의 비전은 더 큰 커뮤니티의 참여와 기여를 통해서만 구체적인 현실이 되는 하나의 아이디어일 뿐이라는 것이 팩트이다. 이것은 성공 요인 모델링 제1권에서 설명한 스티브 잡스의 '역 피라미드' 이미지로서, 스티브 잡스는 다양하면서도 상호 보완적인 기술을 가진 사람들의 성공적인 기여를 통해 개인용 컴퓨터라는 아이디어, 그 '작은 씨앗'이 어떻게 많은 다양한 사람들의 삶에 혜택을 주는 무언가로 자라날 수 있었는지를 묘사했다.

그러므로 우리가 이 책에서 지금까지 탐구한 다른 기술과 모델 외에도 무에서 유를 만들어 내는 능력은 '생성적 벤처 커뮤니티'의 자각과 활성화가 더해져야 한다. 이를 성취하는 것은 어쩌면 차세대 기업가 정신과 집단지성의 최고의 표현일 것이다.

커뮤니티

Community

웹스터사전은 커뮤니티를 '공통 관심사'에 의해 연결되거나 '통일된 특성에 대한 의식'으로 연결된 "다른 개인(또는 종)간 상호작용하는 구성원"으로 정의한다. 따라서 커뮤니티는 한 차원에서 다양성을 수반하지만 다른 차원에서는 단일성을 수반한다.

특정 커뮤니티 내의 사람들은 흔히 지리적 위치를 공유하기도 하지만 이렇듯 환경을 공유하는 것이 커뮤니티를 형성하는 데 불가결한 요소는 아니다. 예를 들어, '의료 커뮤니티'와 같은 광고 커뮤니티에 속한 개인은 지리적으로 광범위하게 분포할 수도 있다. '히스패닉 커뮤니티'와 같은 커뮤니티는 특정한 지역 내 하위 인구로 구성될 수 있다. 이러한 유형의 커뮤니티는 '공통적인 특성에 의해 표시되지만 그 특성을 공유하지 않는 더 큰 사회 안에 속해 살고 있는 사람들의 그룹'의 형식으로 만들어질 것이다.

'의도적인' 커뮤니티와 '의도하지 않은' 커뮤니티 간에는 더 뚜렷한 구분이 생길 수 있다. 의도적인 커뮤니티에는 '의식적이고 목적이 분명한 공유'가 있어야 한다. 웹스터에 따르면 그러한 커뮤니티는 '하나된 느낌이 만든 사회 활동뿐만 아니라 자신의 개성을 잃지 않는, 개인의 참여를 강요하거나 강제하는 일이 전혀 없는 개인의 참여도 포함한다'고 한다. 이 정의에 따르면, '커뮤니티'의 창조는 사람들이 자신이 선택한다고 느끼고 개성을 표현할 수 있는 자유를 누릴 수 있는 충분한 안전함의 맥락 안에 진행되어야 할 것이다. 커뮤니티의 사람들은 모두 '같은 그림'을 보거나 '같은 비전'을 가질 필요는 없지만 모두 "같은 방향을 바라보아야 한다."

커뮤니티의 가치는 공통되는 관심 분야에서 서로 다른 강점과 능력을 가진 개인들이 연대하는 것이 단독으로 행동하는 개인보다 더 많은 것을 성취할 수 있다는 데에 있다. 예를 들어, '학습 커뮤니티'는 다양한 지역 출신의 다양한 직업적 배경을 가진 사람들로 구성되지만 서로 학습을 지원하고 학습의 공통 목표를 함께 공유한다.

의도적인 커뮤니티에서는 '의식적이고 목적이 분명한 공유'가 있어야 한다. 통일된 느낌만이 아니라 온전히 자발적이고 강제나 강요 없이, 개성을 잃는 일 없이 이루어지는 개인의 참여가 특징적이다.

커뮤니티는 '자기 조직화' 시스템의 전형적인 예이다. 그러한 시스템의 구성원들은 (돌 수프의 이야기에서 이방인의 돌에 해당하는) '어트랙터attractors 즉, 끌어당기는 것들'로 알려진 환경 내 특정 초점에 대해 자신들의 행동을 조직화한다. 자기 조직화 이론Self-organization theory에 따르면 시스템 안에 안정된 패턴을 만들고 그것을 유지하도록 돕는 '어트랙터'의 '전망'에 맞춰 질서가 형성된다. 인간 커뮤니티에서 '어트랙터의 전망Attractor landscape'은 통일된 특성, 공유한 목표, 공통 관심사, 전제 조건 그리고 커뮤니티 구성원 간의 통일된 자각에 의해 만들어진다.

커뮤니티들은 서로 다른 종류의 '어트랙터 즉, 끌어당기는 것'을 가지고 있다. 돌 수프 이야기에서 어트랙터는 사람들이 각자 가진 식재료들을 공유하도록 고무시키는 돌이다. 마찬가지로 다른 커뮤니티들도 그들의 '목적'이나 그들이 서로 협력하는 공통된 이유를 나타내는 상징을 중심으로 형성된다.

커뮤니티의 '어트랙터attractors 즉, 끌어당기는 것들'은 환경, 행동, 능력, 신념과 가치, 정체성, 또는 영적 경험과 같은 성공 요인의 각기 다른 여러 차원에서 존재할 수 있다. 예를 들어, 어떤 커뮤니티는 단순히 같은 지리적 여건을 이유로 사람들은 뭉친다(예: 등산 커뮤니티 또는 해변 커뮤니티). 또 유사한 행위나 행동을 함께 하기 때문에 커뮤니티를 형성하기도 한다(예: 광업 커뮤니티). 그 외에도 공유 능력(예: 교육 커뮤니티)이나 신념과 가치(종교 커뮤니티 또는 이상주의자 커뮤니티), 정체성(예술가 커뮤니티 또는 동성애자 커뮤니티)을 토대로 커뮤니티가 생겨나기도 한다. '생성적 벤처 커뮤니티'는 기업가 정신의 '영혼'과 그 구성원의 비전을 중심으로 형성되는 커뮤니티에 해당한다.

서로 다른 여러 차원에 있을 수 있는 공통된 관심분야의 포인트들인 '끌어당기는 어트랙터'를 중심으로 커뮤니티가 형성된다.

'생성적 벤처 커뮤니티'는 기업가 정신의 '영혼'과 그 구성원들의 비전으로 형성된다.

생성적 벤처 커뮤니티의 특성

Characteristics of a Generative Venture Community(GVC)

생성적 커뮤니티는 개인의 비전, 열정, 그리고 구성원들의 기여를 통해 확장하고 번창하는 것이다. 그것은 개인의 성장과 커뮤니티의 성장 사이에 긍정적인 피드백 고리를 갖는 방식으로 구성된다.

SFM 프로세스의 핵심 목적은 생성적 벤처 커뮤니티GVC를 만드는 것이다. GVC의 목적은 기업가, 팀원들, 이해관계자 및 파트너가 각자의 프로젝트에 있어서 성공의 기회를 높이고 가치를 상승시키기 위해 진행 중인 협업을 잘 이어가고 유지하도록 하는 것이다. GVC의 결과는 기업가와 그들 성공 써클에 있는 구성원들이 소개, 코칭, 전문적인 서비스, 투자자 안내

등을 포함한 여러 자원들을 지속적으로 교환하고 이러한 노력에서 생기는 혜택을 직접적으로 받는 것이다. 더불어 GVC는 서로의 프로젝트 내 일정 수준의 소유권을 공유하는 수단을 제공한다.

생성적 벤처 커뮤니티의 목적은 기업가와 파트너들이 서로의 프로젝트의 성공 가능성을 높이기 위해 진행 중인 협업을 잘 이어가고 유지하도록 하는 것이다.

생성적 커뮤니티는 공명, 시너지, 출현의 가능성을 촉진하고 그로 인해 집단적인 '행운 요인'이 증가하여 새로운 발전을 가능하게 하는 문화로부터 형성된다. 새롭고 성공적인 제품은 계획되지 않거나 예상치 못한 만남 및 연결에서 흔히 출현한다.

포스트잇 개발 사례는 새로운 제품, 성공하는 제품이 어떻게 계획되거나 예측되지 않은 만남이나 연결로부터 생겨나는지 볼 수 있는 훌륭한 사례이다.

포스트잇이 개발된 사례를 한번 생각해보자. 스펜서 실버Spencer Silver라는 이름의 화학자가 1970년에 3M 연구소에서 강력한 접착제를 찾기 위해 연구하고 있었다. 그는 새로운 접착제를 개발했지만 3M에서 이미 개발했던 제품보다 잘 떨어졌다. 그것은 초강력은커녕 오히려 그 반대였다. 더 강력한 접착제를 만들기 위한 '실패했던' 시도였다.

이 새로운 접착제로 뭘 할지 아무도 몰랐지만, 실버는 폐기하지 않았다(아마 연구하고 있었던 주제가 아닌 다른 문제의 해결책으로 여긴 듯하다). 그리고 나서 4년 후 어느 일요일, 아서 프라이Arthur Fry라는 다른 3M의 과학자가 교회 성가대에서 노래를 부르고 있었다. 그는 찬송가의 위치를 표시하기 위해 작은 종이를 찬송가집에 꽂았지만 종이가 자꾸 책에서 떨어졌다. 실버의 접착제를 기억하고 있었던 프라이는 책에 꽂을 종이에 접착제를 조금 발라 사용했다. 약한 접착제 덕분에 종이는 제자리에 그대로 붙어 있었고, 책 낱장 표면을 손상시키지 않고 잘 떨어졌다. 이것이 어디든 쉽게 뗐다 붙였다 할 수 있도록 뒷면에 약한 접착제를 발라 하나씩 벗겨 쓰는 작은 메모 패드에 대한 아이디어를 나오게 해주었다. 생산된 제품으로서 포스트잇 아이디어는 실버의 약한 접착제와 프라이가 찬송가집에 자신이 부를 찬송가를 표시하는 데 임시로 사용하겠다는 아이디어에서 나온 시너지이자 생성적 협업이었다.

3M은 실버가 매우 약한 접착제를 개발한 지 10년 후인 1980년 초에 포스트잇을 전국적으로 공급하기 시작했다. 오늘날 이 제품은 가장 인기 있는 사무용품 중 하나이다. 두 과학자의 상호작용이 없었다면 약한 접착제와 메모 용지 사이의 '운 좋은' 만남은 결코 없었을 것이다. 생성적 벤처 커뮤니티의 한 가지 목적은 그러한 예상치 못한 시너지가 나타날 수 있는 기회를 더욱 증가시키는 것이다.

무리 지성

Swarm Intelligence

생성적 커뮤니티는 자주 중앙 제어를 필요로 하지 않고 개별 행동들이 집단적 의사결정이나 해결책을 산출할 수 있는 '무리 지성' 원리로 작동한다.

생성적 커뮤니티의 기반에는 '무리 지성Swarm Intelligence'이라고 알려진 것이 있다. 무리 지성SI은 '자신들의 환경에서 위치적으로 상호작용하는 행위자들의 (순수한) 집단 행동이 일관되고 기능적이고 포괄적인 패턴이 출현하도록 유발하는 시스템의 속성'으로 정의하고 있다. SI의 기반이 되는 것은 중앙 제어나 전체 모델의 제시 없이 집단적인(혹은 분산된) 문제 해결 탐색이 가능하다는 점이다.

개미 집단의 개별 구성원은 가장 가까운 곳 어디에 가장 풍부한 먹이가 있는지 몰라도 그것을 찾아낼 수 있다. 이는 무리 지성의 전형적인 예이다.

개미들은 서식지를 떠나면서 화학적 페로몬으로 흔적을 남겨서 다시 돌아온다. 개미들은 나가서 먹이와 자원을 찾아서 서식지로 돌아온다. 이와 같이 개미들은 가장 강력한(신선한) 페로몬 흔적을 따라간다. 가장 강한 흔적은 가장 많은 개미들이 가장 빈번히 다녔던 길이다. 먹잇감이 다 고갈되면 개미들은 서식지로 돌아가지 않고 다시 먹잇감을 찾아 나서게 되는데 그렇게 함으로써 고갈된 먹잇감으로 가는 길은 흔적이 약해지고 더 신선한 흔적은 새로운 먹잇감이 있는 곳으로 이끌게 된다.

결과적으로 집단 내 거의 대부분의 개미들은 개별적으로는 전혀 모르면서도, 가장 가까운 곳에 있는 풍부한 먹잇감이 있는 곳으로 계속 이동해 갈 것이다.

어떤 면에서 개미의 페로몬 흔적은 성공 요인 모델링과 벤치마킹, 모범 사례 공유와 같은 프로세스의 결과로 뒤에 남겨진 '흔적'과 유사하다. 가장 쉽고 빠르게 큰 성공으로 이끄는 흔적들은 가장 많은 개인들이 가장 빈번히 따라가는 흔적이 될 것이다. 이는 커뮤니티 전체의 성장과 성공으로 이끌기 때문에 구성원 각각이 자신들의 비전에 도달하여 성공한 만큼 커뮤니티는 이롭게 된다.

랜디 윌리엄스의 케이레츠 포럼 성공 요인 사례: 생성적 벤처 커뮤니티

Success Factor Case Example Randy Williams, The Keiretsu Forum

A Generative Venture Community

호기심으로 가득한 기회의 문화

A culture of opportunities full of curious minds

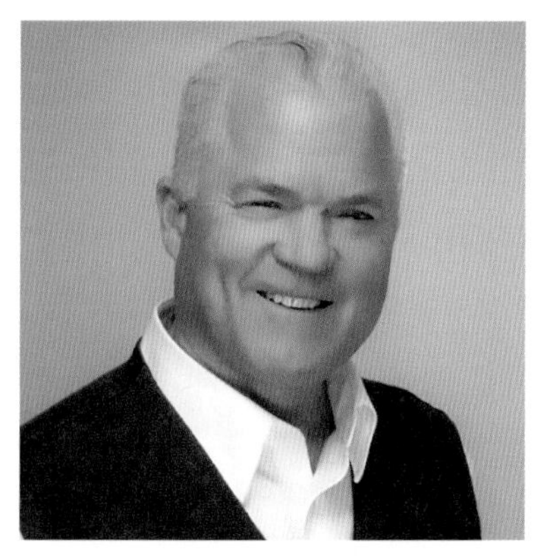

랜디 윌리엄스
케이레츠 포럼의 설립자

랜디 윌리엄스Williams는 '엔젤 투자자'그룹인 케이레츠 포럼Keiretsu Forum을 2000년 9월에 설립했다. 성공적인 기업가이자 투자자인 윌리엄스는 투자 기회 논의를 위해 케이레츠 포럼을 만들고 싶어 했다(http://www.keiretsu-forum). 그의 비전은 간단했다. 회원들이 투자하기 전에 다른 회원들과 이야기를 나누는 것이었다. "제가 자산 투자자로서 훈련이 부족해서 케이레츠 포럼을 시작했어요."라고 윌리엄스는 말했다.

1990년대 중반 부동산 투자로 돈을 벌어들인 윌리엄스는 기술 투자로 투자 범위를 넓히고 싶었다. 그러나 그는 "그 기회에 투자할 방법에 대해 타당한 의견을 가지고 투자자와 공유할 만큼 충분한 정보와 마인드를 가지지 않은 벤처에는 투자하는 일이 없었어요."라고 강조했다. 윌리엄스의 기본 목표는 투자 여부를 결정하는 데 효과적인 분위기를 조성하는 것이었다. "나는 아무도 기득권(이권)을 가지고 있지 않고, 함께 모인 모두가 위대한 사고, 위대한 리더십 그리고 내가 '무리 지성'이라고 부르는 위대한 마인드의 공유를 즐기는 곳, 그래서 모두가 효과적인 의사결정을 할 수 있는 그런 커뮤니티를 만들고 싶었습니다."

랜디 윌리엄스의 비전은 엔젤 투자자들이 함께 모여 서로를 지원하고 더 나은 의사결정을 하기 위해 '무리 지성'을 이용해 위대한 마인드 공유를 하고, 위대한 사고와 위대한 리더십을 즐길 수 있는 세상이다.

그 아이디어는 좋았다. 케이레츠 포럼은 대부분 기업에서 '엔젤(재정 스폰서)'들로부터의 돈줄이 마르고 많은 투자자들이 '닷컴Dot.Com' 붕괴로 빈털터리가 되고 있던 2000년대 초반에 성장했고 번창했다. 케이레츠 포럼은 3대륙 46개 지부에서 2,500명이 넘는 공인 투자자들을 보유한 세계 최대의 엔젤 투자자 네트워크다. 케이레츠 포럼 회원들은 현재까지 기술, 소비재, 생명과학, 부동산 및 기타 고성장 분야 등 다양한 분야의 485개 이상의 기업에 4억 달러 이상을 투자했다.

윌리엄스는 친구 50명과 같이 첫 번째 케이레츠 지부를 시작했고, 회원이 150명이 되었을 때 더 이상 회원을 늘리지 않았다. "나는 내부적으로 긴밀하기를 바랬어요." 그는 "우리는 커뮤니티를 통해 많은 친밀감과 동료의식을 만들었어요."라고 덧붙였다.

캘리포니아 북부의 샌프란시스코 지역에서 성공을 거둔 이후 케이레츠는 전 세계 많은 다른 지부를 개설하며 확장해왔다. 각 지부는 투자자를 150명으로 제한했다.

각 지부들은 다음과 같은 목적을 가진 커뮤니티를 형성한다.

1. 케이레츠 포트폴리오 기업들 그리고 순수가치 및 자원을 가지고 다양한 자본시장에 참여하는 기업가를 지원한다.
2. 서로 다른 지역에 있는 회원들을 위해 추가적으로 양질의 거래 흐름을 구축한다.
3. 회원들이 지부 간의 협력적인 비즈니스 및 사회적 관계를 누리게 한다.

투자처를 선택하기 위해 각 케이레츠지부는 한 달에 한 번 영상회의를 개최한다. 이 회의는 투자 결정이 이루어지는 월간 포럼 회의 일주일 전에 개최된다. 고려 중인 후보 약 25~30개 중 10개 정도 되는 회사를 영상회의에 초대한다. 케이레츠 네트워크를 통해 후보 회사가 제안되고 적절한 산업 지식과 전문 지식을 가진 케이레츠 회원으로 구성된 위원회가 사전 심사를 한다.

약 25~30명의 케이레츠 회원이 심사에 참여하는데, 윌리엄스는 "우리는 이를 대외비로 합니다."라고 설명한다. 기업가들은 참석한 케이레츠 회원들 앞에서 15분동안 소개를 하는데, 7분은 발표를 하고 8분은 질문하고 답변하는 시간으로 쓴다. "모든 회사의 발표가 끝나면 발표자들에게 양해를 구하고 우리는 투표를 합니다."라고 윌리엄스는 말한다. 그러나 투표가 이루어지기 전에 각 회사에 대한 논의가 먼저 이루어진다. 여기에 그룹 안에서 보여줬던 집단 전문성의 가치가 있다. 참석한 케이레츠 회원들은 각 회사에 대한 존경의 마음을 담아 일단 '긍정적으로' 말하고 그런 다음 '우려되는 것'을 말하도록 권유받는다.

케이레츠 포럼에 대한 랜디 윌리엄스의 엠비션은 3대륙 46개 지부에서 2,500명이 넘는 공인 투자자 회원을 보유한 세계 최대의 엔젤 투자자 네트워크를 만드는 것이다.

* 역자주: 케이레츠 포럼에 대한 설명을 하고 있는 회원들. 우측 두번째가 포럼의 설립자인 랜디 윌리엄스

*　역자주: 케이레츠 포럼에 초대받아 회장 랜디 윌리엄스의 설명을 듣고 있는 저자(좌측)와 역자(우측)

**　역자주: 케이레츠 포럼이 열리는 실리콘밸리 사무실

집단 마인드 공유하기

그룹 구성원들에 의한 토론과 성찰을 통해 도출되는 풍부하고 다양한 전문지식과 경험은 그룹 전체가 더 많은 지식을 갖춘 투자자가 될 기회를 제공한다. 실제로 케이레츠 회의는 최신 기술 및 비즈니스 모델 혁신과 나란히 가며 성공적이고 관대한 사람들의 지식과 경험으로부터 배우는 매혹적인 기회이다. "누구든 (후보) 회사들을 비판할 수 있습니다."라고 윌리엄스는 말한다.* "저는 (후보) 회사들에 대해서 자애롭게 말하는 케이레츠 포럼을 만들고 싶었습니다."

케이레츠 회의는 기술 및 비즈니스 모델의 최신 혁신에 뒤지지 않고 성공적이고 관대한 사람들의 지식과 경험으로부터 배우는 매혹적인 기회이다.

윌리엄스는 회의 끝무렵 후보 회사들에 대한 토론을 주도하고 있는 그때, 자신은 단순한 조정자가 아니라고 주장한다. "피드백을 들으면 신이 납니다." 그는 말한다. "그래요. 저는 조정하는 것이 아니라, 그룹 내 집단 마인드 공유를 끌어내는 중인 거지요."

케이레츠 포럼에 대한 랜디 윌리엄스의 독특한 기여 중 하나가 '그룹 내 집단 마인드 공유를 끌어내는 것'이다.

토론에 이어 케이레츠 회원들은 포럼 회의에 초대할 회사를 투표한다. "각 회원들은 예, 아니요 또는 '거품'으로 한 표를 행사합니다."라고 윌리엄스는 설명한다. "거품은 그 회사의 제안이나 기술을 우리가 충분히 이해하지 못했다는 것을 의미하고 우리가 그 회사의 사업이나 제안을 이해하도록 도와줄 사람들을 그 회사에 파견할 필요가 있다는 뜻입니다."

만약 한 회사가 '아니오' 표를 받으면, 우리는 왜 우리가 그런 결정을 내렸고 만약 그 회사가 다음 단계로 나아가길 원한다면 무엇을 해야 하는지에 대해 브리핑할 팀을 만들어 그 회사에 보낸다. 윌리엄스는 벤처 투자자들이 (투자를 원하는) 사람들에게 답변하기 위해 다시 연락하지 않는 점에 대해 좋지 않은 평판이 있다고 지적한다. "만약 여러분이 (왜 거절당했는지) 추측만 하고 제대로 브리핑을 받지 못한다면 어떻게 성장할 수 있을까요?" 그는 묻는다. "우리는 기업

* 역자주: 저자와 역자가 초대받은 케이레츠 포럼에서 윌리엄스 회장은 스타트업 기업에 투자여부를 결정할 때 가장 중요한 것은 얼마나 많은 사람들이 협업하고 있는가를 우선적으로 살펴보는 것이라고 한다. 언제나 "그 아이디어는 누가 만든 것이죠?"라는 질문을 던지고 이에 대해 "네, 제가 열심히 고민해서 만든 아이디어입니다."라고 대답한다면 기회를 주지 않고 적어도 "이 아이디어는 저희들이 함께 모여 만든 아이디어입니다."라고 할 때 사업설명 할 수 있는 기회를 준다고 강조한다. 그는 "최소 7명 이상이 모여 함께 협업하여 나온 아이디어여야 듣기 시작합니다."라고 하며 기업의 협업을 매우 중요한 요소로 강조했다.

가 커뮤니티에 대해 깊은 관심을 가지고 있습니다. 그래서 자애로운 것은 아주 중요한 면입니다. 우리가 '아니요' 혹는 '거품'이라고 했던 회사들도 관심 밖에 두지 않습니다. 이런 회사 중에 우리의 권고를 잘 따라준 후 다시 돌아와서 현재 자금 조달을 받고 있는 회사가 있습니다. 이건 너무 신나는 일이에요." 라고 윌리엄스는 언급했다.

윌리엄스는 사례 하나를 들어주었다. "한 회사가 와인 병의 코르크 마개를 다른 것으로 바꾸려는 시도 중에 우리를 찾아왔습니다. 이미 제품은 있었지만 아직 시장에서 수용되거나 채택되지 않은 상황이었지요. 우리는 그 회사의 마케팅 계획을 도와주기 위해 팀을 파견했습니다. 지금은 그 회사가 포럼에 참석하고 있어요."

현명한 의사결정하기

매월 포럼 회의에는 100~175명이 참석한다. 지난주 영상회의에서 프레젠테이션했던 회사 중에서 4~5개의 회사가 선정된다. 포럼 회의에서 각 회사는 10분간 프레젠테이션을 하고 10분간 참석한 회원들로부터 질의응답을 받는다. 영상회의와 마찬가지로 발표자들의 세션 종료 무렵 양해를 구하고 각 회사에 대한 긍정적인 면과 우려되는 면에 대해 토론을 한다.

각 회사의 발표가 끝날 때 '황금색 용지'를 나눠준다. 만약 케이레츠 회원이 그 회사의 투자 가능성을 논의하는 데 관심이 있다면, 회원의 이름과 연락처를 시트지에 적는다. 누구라도 반드시 투자를 해야 하는 것은 아니며 종이에 자신의 이름을 남기는 것은 단순히 차후에도 투자에 관한 논의를 해볼 생각이 있고, 실사 과정에 참여할 생각이 있다는 진술을 하는

케이레츠 포럼 회원들은 '투자자'의 역할을 넘어선다. 그들은 또한 기업가들에게 돈 이상의 것을 주는 파트너 역할을 하고 '네트워크로서 그리고 멘토로서의 경험이 주는 혜택'을 제공한다.

그룹 차원의 포럼이 투자를 거절한 회사라 하더라도 개인 회원들은 그들이 원하는 회사에 자유롭게 투자할 수 있다.

것일 뿐이다.

회의의 결론에 대한 논의가 끝나면 잠재 투자자에게 자신들의 이름을 더하거나 삭제를 하라고 권유한다. 윌리엄스는 케이레츠 회원들이 기업가 시간을 빼앗는 일이 없도록 결정에 단호하기를 권유한다. "만약 투자할 생각이 없으면 지금 그들에게 아니오라고 말하세요. 만약 여러분이 '잘 모르겠다'면 30일이 지난 다음 그들에게 말을 해주세요." 윌리엄스는 확고히 말했다.

케이레츠 포럼 프로세스는 기업가와 투자자 모두의 결정권과 자주성을 장려한다. 윌리엄스는 각 거래가 양쪽 당사자 모두를 위한 승-승인지 확인하기를 원한다. "케이레츠 포럼 회원들은 기업가에게 돈 이상의 것을 제공합니다. 그들은 네트워크와 멘토로서 그들의 경험이 주는 혜택을 기업가에게 제공합니다." 라고 윌리엄스는 분명히 말한다.

케이레츠 포럼이 투자 그룹으로서 성공한 이유 중 하나는 그들의 선택이다. 윌리엄스는 "현재 우리가 보고 있는 48개 기업 중에서 약 15개 기업에만 자금을 지원하고 있습니다. 하지만 현재 세계 어느 엔젤투자 포럼보다 우수합니다."라고 밝혔다.

비록 그룹 차원에서 포럼에 의해 투자가 거절된 회사라 하더라도 원한다면 회원 개인들은 자유롭게 그 회사에 투자를 추진할 수 있다. 케이레츠는 투자가 결정되는 것에 따른 어떤 수수료도 받지 않는다. 자격 요건을 갖추고 회원으로 선발된 사람에게 회비를 받고, 프레젠테이션할 수 있도록 선택된 회사에 수수료를 받을 뿐이다.

한 가지 색다른 성공 사례는 에이즈 환자들의 설사 치료에 효과적인 제품을 개발한 회사, 티에스 파머T.S. Pharma의 경우이다. 17명의 케이레츠 회원들은 6주간의 라운드에 참가했다. 윌리엄스는 강조한다. "진정으로 인류를 지원하고 돕는 일에 투자하는 것은 위대한 일입니다." 이에 대한 본보기는 3명의 회원에게서 나왔다. 다른 회원들이 그 회사에 대한 존경의 마음은 있으나 투자처로서는 흥미가 없다는 사실을 알고, 이 세 사람은 나머지 회원들이 그 회사를 지원하도록 힘을 발휘했다. 17명의 회원들이 투자하고 지원한 결과, 티에스 파머는 약이 필요한 환자에게 제품이 신속히 도달하도록 적절한 방향으로 재빠르게 대처할 수 있었고, 그리하여 투자자들을 위한 수익 역시 창출되었다.

'무리 지성' 활용하기

확실히 케이레츠 포럼 성공의 주효한 열쇠는 무리 지성의 한 유형이다. 이런 식의 지성은 서로 다른 다양한 영역의 전문 지식과 경험을 가진 사람들이 공통된 목표에 주의를 집중하는 데에서 나온다. 그리고 이는 그들의 집단적인 지식을 한데 묶어준다. 윌리엄스는 말한다. "제 투자 철학은 저보다 똑똑한 사람, 바로 해야 할 일에 전적으로 집중하는 사람을 뽑는 것, 그게 전부입니다." 그룹 멤버들은 '훌륭한 마인드 공유 데이터베이스'를 형성하는 것이라고 윌리엄스는 말한다. "그것은 앞으로 펼쳐질 일이 무엇이든지 간에우리에게 노하우가 될 것입니다."

케이레츠 포럼의 명시된 미션은 '양질의 거래 흐름을 지닌 위대한 연합'이다. 이것은 훌륭한 결정을 내리고 기업가를 지원하는 데에 무리 지성을 적용함으로써 실행된다. 윌리엄스는 "좋은 사람들이 함께 모여 서로 자극을 주는 것에 관한 모든 것"이라고 말한다.

한 예로 프랑스의 유명한 비즈니스 잡지 기자가 윌리엄스에게 전화를 걸어 데이터 저장에 대한 의견을 요청한 일이 있었다. 윌리엄스는 "데이터 저장에 대해서는 아무것도 모르지만 케이레츠 커뮤니티에게 문의해 보겠습니다."라고 답했으며 캘리포니아 북부 케이레츠 회원들에게 e-mail을 보냈다. 30분 안에 그 지역에서 회사를 창업한 2~3명의 사람들을 포함, 데이터 저장 분야의 전문지식을 가진 사람들로부터 27건의 답변을 받았다. 이 기자는 매우 감명을 받아 기사를 케이레츠 포럼에 초점을 맞추는 것으로 변경하기로 결정했다.

윌리엄스의 말에 따르면 이러한 무리 지성은 투자자의 위험을 감소시킬 뿐만 아니라, 회원들이 금전적인 것 외에 '지적 자본' 및 기타 자원에 기여할 수 있어 가치를 창출할 수 있다. "자원은 금융 자본보다 더 강력합니다."라고 윌리엄스는 주장한다.

윌리엄스는 또한 케이레츠의 성공에 대한 또 다른 열쇠는 케이레츠 회원들이 '즐겁고 훌륭한 투자를 하는 것에 대한 공통된 신념을 공유하는 것'임을 강조한다. 실제로 케이레츠 포럼의 명시된 미션은 "양질의 거래 흐름으로 하는 위대한 연합"이다.* 윌리엄스는 말한다. "이는

* 거래 흐름은 잠재적인 투자자가 볼 수 있는 새로운 창업의 형태로 투자 기회의 수와 다양성을 포함한다. "거래 흐름"의 품질은 투자자에 의해 성취된 성공의 정도에 큰 영향을 미친다.

훌륭한 사람들이 함께하고 서로 자극을 주는 것에 관한 모든 것이고 만약 정당한 멤버십이 없다면 효과는 없습니다."

커뮤니티를 만들기 위한 기본 원칙 수립하기

윌리엄스는 네 가지 핵심 가치 또는 기본 원칙을 중심으로 케이레츠 커뮤니티를 구축했다.

1. 완전한 협업

윌리엄스는 "우리는 어디에 있는 그룹이든지 다른 엔젤 포럼이나 투자 그룹과 협업하거나 함께 일하는 걸 절대적으로 환영합니다."라고 말한다. 실제로 케이레츠라는 이름 자체가 협업의 상징이다. 케이레츠는 '이사회 권한과 범위를 가진 계열사 그룹'을 뜻하는 일본어이다.

협업은 케이레츠 포럼 회원 및 그들이 지원하는 기업가의 성공을 보장하는 데 필수적이다.

윌리엄스는 "엔젤 투자자는 일반적으로 자신들이 아는 곳, 자신들이 가진 네트워크를 통해 성장하도록 도울 수 있는 곳에 투자하는 개인들입니다."라고 설명한다. 따라서 협업은 성공을 보장하는 필수 요소이다. 윌리엄스의 말에 따르면 성공적인 협업의 핵심은 함께하며 서로에게 묻는 것이다. "우리가 함께 해서 당신에게 어떤 이점이 있는가?"

2. 현명한 투자

케이레츠 포럼 회원들은 위험요소를 정확하게 평가하기 위해 필요한 핵심 정보를 조사하고 검증하는 일은 함께 하지만, 투자 결정은 개별적으로 한다.

케이레츠 포럼 회원들은 250,000~2,000,000달러 범위 내에서, 개인 회원은 각각 25,000~30,000달러를 초기 자본금으로 낸다. 케이레츠 포럼은 기금이 아니며 하나의 단일한 주체로(케이레츠 포럼의 자격으로) 투자하지 않는다. 회원들은 '실사due diligence'*는 함께 하지만 투자 결정은 개별적으로 한다. 케이레츠 포럼은 소프트웨어, 건강관리, 통신, 미디어, 엔터테인먼트, 기계 장치 및 부

* 실사due diligence는 투자자가 수행한 조사 및 조사 과정으로, 운영 및 관리 검토 및 중요한 사실 확인과 같은 위험요소를 정확하게 평가하기 위한 잠재적 투자의 세부 사항을 조사하는 과정이다.

동산, 오프라인 거래 등을 포함한 다양한 투자 기회들을 심사숙고한다. 투자는 적은 규모로 하고, 투자로 초기 수익 기회를 얻는다. 엔젤 투자가이므로 "우리는 투자가 수익성을 보이거나 3~5년 내에 어떤 형태로든 수익에 도달하는 것을 보고 싶어합니다."라고 윌리엄스는 말한다. 우리는 회수에 8~10년 걸리는 투자처를 찾는 것이 아니다. 우리 투자의 28%는 부동산이나 그 밖의 비기술 관련 사업이었다.

3. 회원의 베푸는 특성

케이레츠 회원들은 자발적으로 '사회에 환원하고 싶다'고 느끼는 성공한 사람들이다. 케이레츠 회의에 참가할 때, 참가자들은 문 앞에서 자신의 에고를 점검한다.

케이레츠 포럼에서는 무언가를 제공하면서 대가성의 무언가를 요구하지 않아야 다른 사람에게 명함을 줄 수 있다고 안내한다.

윌리엄스는 케이레츠의 핵심적인 목적은 "다른 사람들에게 베풀라고 가르치고 격려하는 것"이라고 단호히 말한다. 예를 들어, 케이레츠는 매년 '따뜻한 외투 운동'을 벌인다. "작년에 저는 어떤 학교에 가서 한 여학생과 이 운동에 대해 이야기를 나누었습니다. 그 학생은 학교 전체를 동원해 케이레츠가 나눠줄 외투 900개를 모아왔어요."라고 윌리엄스는 경험을 이야기했다.

케이레츠 회원들은 자발적으로 '사회에 뭔가 환원하고 싶다'고 느끼는 성공한 사람들이다. 이는 케이레츠 회원과 그들이 지지하는 사람들 사이에서 일어나는 나눔, 윌리엄스가 "자애롭고 용기있는 나눔"이라고 묘사한 그것에서 분명하게 보인다. 케이레츠 회의에 참가할 때 참가자들은 "문 앞에서 그들의 에고ego를 체크합니다."라고 윌리엄스는 말한다.

케이레츠의 기본 원칙 중 하나는 '기득권(이권) 없음(부재)'의 개념이다. 예를 들어, (투자할) 기업을 논의할 때 관련된 개인의 의도가 명확하고 투명하게 유지되는 것이 중요하다. 윌리엄스는 말한다. "케이레츠에서 토론이 있을 때는 언제나 사람들은 말을 시작하기 전에 자신들이 조언자인지, 회사 임원인지, 투자자인지, 이해관계가 상충되어 있는지를 진술해야 한다는 것을 숙지하고 있습니다. 그래야 우리가 그들의 소견을 어떻게 판단해야 할지 알 수 있기 때문이지요."

커뮤니티로서 케이레츠는 '청탁 금지' 정책을 시행하고 지킨다. 그 한 가지 예로 케이레츠 포럼에서는 뭔가를 제공하면서 대가성의 뭔가를 요구하지 않아야 누군가에게 명함을 줄 수 있다고 안내한다. "그 부분에 신경을 씁니다. 우리는 자애롭기를 바랍니다."라고 윌리엄스는 말한다.

케이레츠는 또한 각 지부마다 케이레츠 포럼 체러터블 파운데이션Keiretsu Forum Charitable Foundation이라는 영향력있는 자선 재단을 설립했다. 윌리엄스는 최근 한 해에 "우리는 250,000달러를 기부할 만큼 운이 좋았습니다."라고 자랑스럽게 얘기했다. 여기에는 학대받는 여성들을 위한 지원 단체에 기부한 5만 달러도 포함되어 있다.

윌리엄스는 다음과 같이 말한다. "우리의 만트라(진언)는 더 똑똑하게 주면 선물은 더 커집니다."

4. 즐기기

케이레츠는 사람들이 관심과 열정의 분야에 가장 긴밀하게 참여할 방법을 찾도록 돕기 위해 참여 위원회를 설치했다.

그저 돈만 보고 커뮤니티에 있는 냉철한 사람들로는 커뮤니티를 구축할 수는 없다는 것이 윌리엄스의 관점이다. "우리는 모여서 함께 놉니다." 윌리엄스가 설명한다. "유대감은 함께 즐거운 시간을 보내는 데서 오는 신뢰의 직접적인 결과입니다. 우리는 스키 여행, 골프 시합, 비행 클럽, 저녁 식사 모임 같은 행사를 매달 3~5회 진행합니다. 참여는 커뮤니티를 만드는 데 필수적인 요소입니다." 케이레츠에는 사람들에게 다양한 참여 방법을 제공하는 커뮤니티 시스템이 있다. "부동산, 전기 통신, 자선 사업, 소프트웨어, 계측기, 생물 공학 등 당신과 공명하는 것이 무엇이든 당신이 원하는대로 참여하는 것입니다."라고 윌리엄스는 단호히 말한다. 케이레츠에는 사람들이 관심과 열정을 지닌 분야에 가장 긴밀하게 참여 가능한 방법을 찾도록 도와주기 위해 마련한 참여 위원회도 있다. "각 지부에는 각 회원과 상호작용하기를 원하는 곳으로 안내할 수 있는 참여위원회가 있습니다."라고 윌리엄스는 언급했다.

이러한 안내 원칙은 케이레츠 회의 중에 일어나는 역동성과 상호작용을 통해 확실하게 드러난다. "많은 네트워킹 회의에 참석해 봤지만 이 곳에서의 경험은 소울soul을 가진 아주 색다른 것이었습니다." 한 신입 회원의 말이다.

"케이레츠 포럼은 호기심 가득한 기회의 문화입니다."라고 윌리엄스는 결론지었다. 윌리엄스가 언급하길 "성공의 또 다른 신호는 평화로운 마음입니다." 그리고 "케이레츠에는 평화로운 사람들이 많이 있습니다."

랜디 윌리엄스와 케이레츠 포럼 성공 써클

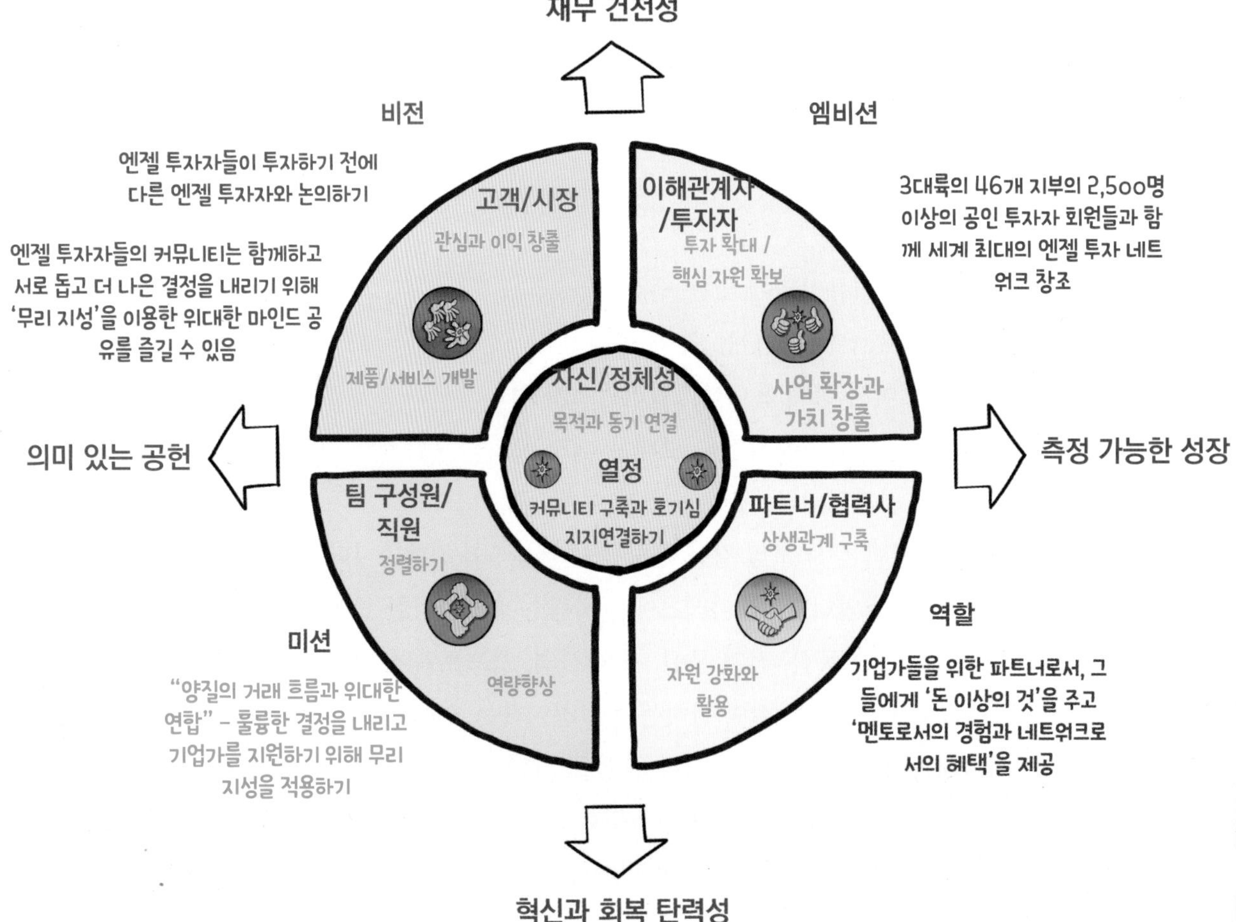
재무 건전성
비전
엠비션
엔젤 투자자들이 투자하기 전에
다른 엔젤 투자자와 논의하기
엔젤 투자자들의 커뮤니티는 함께하고
서로 돕고 더 나은 결정을 내리기 위해
'무리 지성'을 이용한 위대한 마인드 공
유를 즐길 수 있음
고객/시장
관심과 이익 창출
제품/서비스 개발
이해관계자
/투자자
투자 확대 /
핵심 자원 확보
사업 확장과
가치 창출
3대륙의 46개 지부의 2,500명
이상의 공인 투자자 회원들과 함
께 세계 최대의 엔젤 투자 네트
워크 창조
자신/정체성
목적과 동기 연결
열정
커뮤니티 구축과 호기심
지지연결하기
의미 있는 공헌
측정 가능한 성장
팀 구성원/
직원
정렬하기
역량향상
파트너/협력사
상생관계 구축
자원 강화와
활용
미션
"양질의 거래 흐름과 위대한
연합" - 훌륭한 결정을 내리고
기업가를 지원하기 위해 무리
지성을 적용하기
역할
기업가들을 위한 파트너로서, 그
들에게 '돈 이상의 것'을 주고
'멘토로서의 경험과 네트워크로
서의 혜택'을 제공
혁신과 회복 탄력성

랜디 윌리엄스와 케이레츠 포럼 성공 써클

비전
엔젤 투자자들이 투자하기 전에 다른 엔젤 투자자와 논의하기
엔젤 투자자들의 커뮤니티는 함께하고 서로 돕고 더 나은 결정을 내리기 위해 '무리 지성'을 이용한 위대한 마인드 공유를 즐길 수 있음
엠비션
3대륙의 46개 지부의 2,500명 이상의 공인 투자자 회원들과 함께 세계 최대의 엔젤 투자 네트워크 창조
역할
기업가들을 위한 파트너로서, 그들에게 '돈 이상의 것'을 주고
'멘토로서의 경험과 네트워크로서의 혜택'을 제공
미션
* "양질의 거래 흐름과 위대한 연합" – 훌륭한 결정을 내리고 기업가를 지원하기 위해 무리 지성을 적용하기
열정
커뮤니티 구축과 호기심 지지하기

결론: 커뮤니티를 구축하고 호기심을 지지하는 열정

랜디 윌리엄스는 커뮤니티를 만들고 호기심을 지지하는 열정의 결과로 케이레츠 포럼을 창조했다.

케이레츠 포럼의 주요 성공 요인은 엔젤 투자자와 기업가 모두가 성과를 향상시키고 더욱 현명한 결정을 내리고 창의적인 솔루션을 찾을 수 있도록 돕기 위해 공유와 공동행동의 집단지성 프로세스를 적용한 점이다.

케이레츠와 같은 커뮤니티를 만들려면 무엇이 필요한가? "열정"이라고 윌리엄스는 말한다. "커뮤니티를 구축하는 데는 열정이 필요합니다. 그리고 당신이 여기로 데려온 사람들을 존중해야 합니다. 또한 호기심이 필요합니다. 나는 케이레츠 회원과 기업가들에게 매일 새로운 것을 배웁니다."

케이레츠 포럼의 주요 성공 요인은 엔젤 투자자들과 기업가들 모두를 돕기 위해 공유와 공동행동의 집단지성 프로세스를 적용한 것이다. (1) 성공적인 투자를 위한 표준을 벤치마킹하고 (2) 성공적인 전략의 실행을 지원하기 위한 모범 사례를 교환한다. 이러한 시너지 효과는 투자자와 기업가 모두에게 향상된 성과를 얻고 더욱 현명한 결정을 내리도록 한다. 윌리엄스가 언급했듯이 성공적인 창업에 있어 '지적 자본'은 금융 자본보다 훨씬 강력하다.

랜디 윌리엄스의 케이레츠 포럼은 생성적 벤처 커뮤니티 구축에 대한 아주 설득력 있는 사례이다. 투자자와 기업가 모두를 위한 승-승 방식을 창조하겠다는 윌리엄스의 비전은 투자 세계와 기업가 세계에서 성공한 사람들을 확실히 끌어들였고 서로의 비전, 미션 및 엠비션을 지원할 수 있는 기회를 창조했다. 케이레츠 커뮤니티는 에고ego와 소울soul의 필요와 욕구가 밸런스를 이룬 공통의 신념과 가치를 공유하는 사람들로 구성되었다. 이것이 내가 부르는 '해내는 문화'이다.

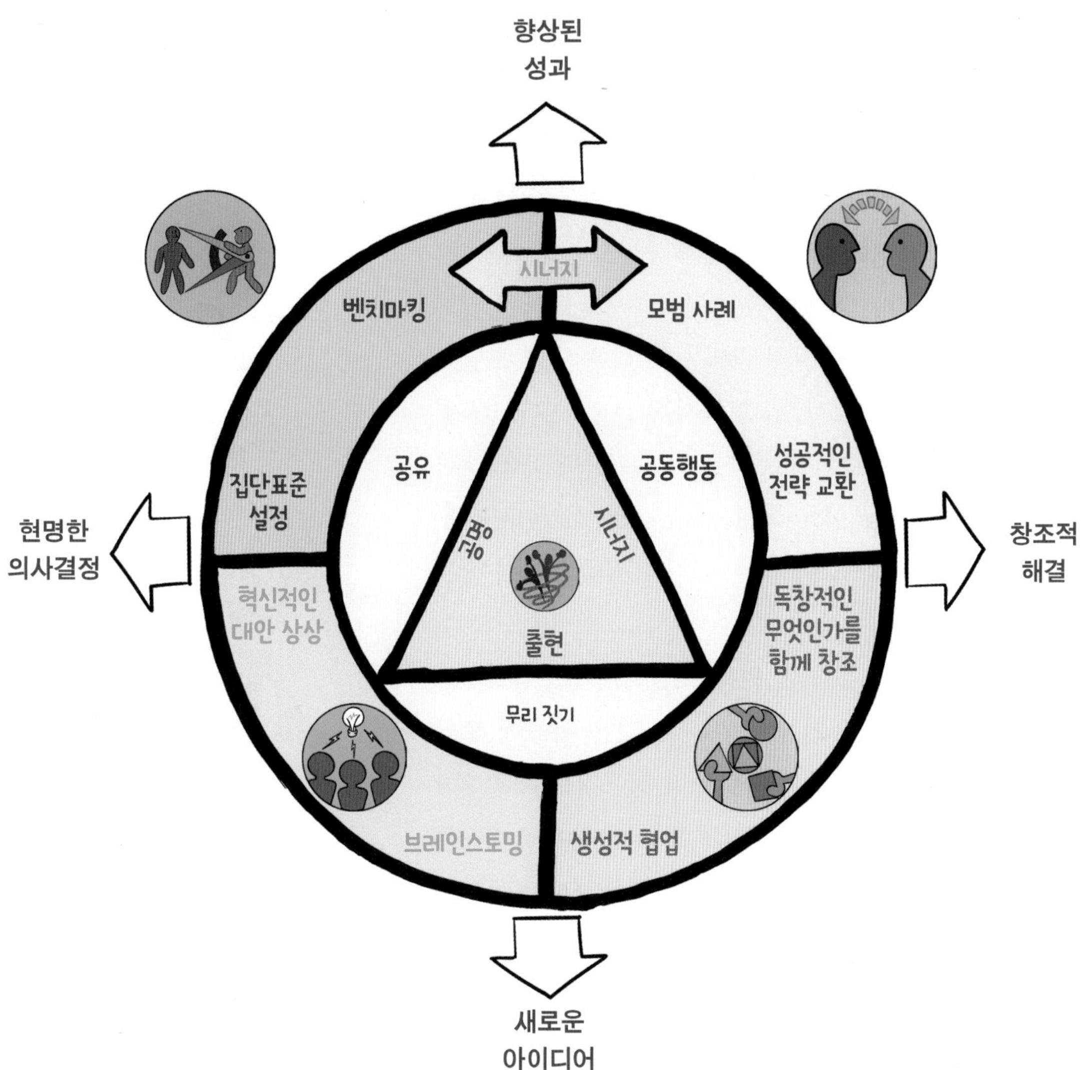

랜디 윌리엄스의 케이레츠 포럼은 벤치마킹과 모범 사례를 통해 투자자와 기업가 모두가 향상된 성과와 현명한 결정을 내리는 시너지 효과를 발휘한다.

'해내는' 문화의 특성

Characteristics of a 'Winning' Culture

승리의 가장 일반적인 의미는 '어떤 장소나 어떤 상태에 도달하는 데 성공하는 것'이다. 승리라는 단어는 '투쟁하다Winnan'라는 의미의 영어 구어체에서 유래한 것이다. 따라서 이 용어의 원래 의미는 '노력에 의해 도달하거나 소유하는 것' 또는 '일을 해서 얻는 것'이다. '투쟁'이라는 개념은 '경쟁에서 승리를 거두는 능력'을 의미한다. 그러나 winnan이 'joy, pleasure and delight'를 뜻하는 명사 wynn과도 관련되어 있다는 점을 주목하는 것도 중요하다.

따라서 '해내는 문화'는 원하는 상태에 도달하고, 노력을 위해 적절한 동기를 동원하며, 같은 목표에 도달하기 위해 시도하는 다른 사람들과 성공적으로 경쟁하는 상태에서 성취를 얻는 것이고 또한 성취에서 즐거움과 기쁨을 얻는 것이다. 이러한 관점에서 해내는 문화는 '미래에 적합'하다. 따라서 해내는 문화는 다음의 내용을 지지할 수 있다.

- 긍정적인 미래에 대한 기대
- 능력과 책임감
- 자기가치와 소속감

'해내는' 문화의 특징

따라서 해내는 문화는 바람직한 결과에 초점을 둔 낙관주의와 에고ego만큼이나 소울soul을 지지하는 명확하고 일관된 가치의 확립을 특징으로 하는 문화이다. 해내는 문화는 열의, 혁신 및 창의력과 숙련도 및 실용주의의 균형을 유지할 수 있다. 또한 다양성을 수용하고 활용할 수 있으므로 관련된 각 개인들의 최상의 특성을 극대화시킬 수 있다. 이는 팀 또는 벤처의 모든 구성원이 기여할 것이 있다는 가정하에 작동한다.

아메리칸 헤리티지American Heritage사전에서 문화는 "사회적으로 전달된 행동양식, 예술, 신념, 제도 및 인간 활동이나 사고의 총체적인 형태"라고 정의되어 있다. 메리엄 웹스터Merriam-Webster사전은 문화를 "인종, 종교 또는 사회 집단의 관습적 신념, 사회적 형태 및 물질적 특성"과 "회사 또는 단체를 특징짓는 공유된 태도, 가치관, 목표 및 관행"으로 정의한다. 따라서 이 용어는 가족처럼 작은 그룹 그리고 국가 전체만큼 큰 그룹에도 적용될 수 있다.

문화라는 개념이 처음으로 명쾌하게 정의된 것은 1871년 영국 인류학자 에드워드 B. 타일러Edward B. Tylor에 의해서였다. 그는 '사회의 일원으로서 한 사람이 습득하는 지식, 신념, 예술, 도덕, 법률, 관습 및 그 외 다른 능력과 습관들 전부를 포함하는 복잡한 전체'를 지칭하기 위해 이 용어를 처음 사용했다. 문화에 대한 이와 같은 정의에는 사고하는 방식, 세계에 대한 믿음, 세계에 대한 가정의 형태로 개인 안에 내포하고 있는 부드러운 문화, 그리고 가치와 행동을 도구나 예술, 도자기 및 기타 공예품과 같은 실체가 있는 유형의 형태로 표현하는 단단한 문화, 양자를 모두 함축하고 있다.

문화의 완전성 혹은 문화의 '정수essence'는 문화의 부드러운 요소와 단단한 요소의 합성에 있다. 하나의 문화는 환경의 통합이고, 그 문화가 지지하는 행동 양식이고, 그 문화가 반영하는 사고방식이며, 문화적 신념과 가치, 제식, 예술품 및 그 외 그 문화의 결과물이다. 이것들 모두가 일관성 있는 전체 혹은 우리가 '장field'이라고 부르는 것을 창조한다.

장이 강력하면 그 안에서 활동하는 사람들에게 자기조직화 효과가 생긴다. 사람들이 수영을 하고 있다면 그 장은 물이 되는 셈이다. 스티브 잡스Steve Jobs가 픽사Pixar와 애플Apple에 구축한 탁월한 문화는 이런 유형의 장이 지닌 힘을 보여주는 훌륭한 예이다. 잡스는 "[사람들]이 탁월함이 기대되는 환경에서 일을 하고 있다면 스스로 동기부여하는 것 외에 다른 어떤 동기부여 없이도 탁월하게 일을 할 것이다. 나는 탁월함이 주목받고, 존중받고, 탁월함이 그 문화에 존재하는 그런 환경에 대해 이야기하는 것이다. 만약 당신이 그런 환경에 있다면 당신

하나의 문화는 환경의 통합이고, 그 문화가 지지하는 행동 양식이고, 그 문화가 반영되는 사고방식이며, 문화적 신념과 가치, 제식, 예술품 및 그 외 그 문화의 결과물이다.

문화는 그 안에서 상호작용하는 사람들에게 강한 자기조직화 효과를 발휘한다.

은 사람들에게 탁월하게 일하라고 말할 필요가 없다. 그들은 자신을 둘러싼 주변 환경을 통해 이를 충분히 이해하고 있다."

사실 문화라는 단어의 어원은 '가꾸고 지키고 일구는 것'이라는 뜻의 라틴어 'cultura'이다. 이러한 관점에서, 문화의 긍정적인 목적은 다음과 같다.

- 결속력 창조: 소속감을 조성하고 사람들의 활동이 지닌 의미에 대한 틀을 제공한다.
- 훌륭하고 효과적인 것 보존하기: 다음 세대에게 전수하기 위해 지식을 축적하고 전달한다.
- 정체성과 근원 보존: 안정성을 제공한다.
- 성공적인 행동을 지원하고 보상한다.
- 안전을 제공한다.
- 성장을 촉진한다.

원숭이 실험의 우화

Allegory of the Monkey Experiment

이 장의 시작 부분에 나오는 돌 수프 이야기가 보여주듯, 잠재력은 언제나 거기에 있음에도 불구하고 모든 문화가 해내는 문화인 것은 아니다. 역경과 결핍은 문화 내부 무의식에 깊숙이 스며드는 생존 전략으로 사람들을 내몰면서, 해내는 문화와 반대 성격의 문화를 만들어낼 수가 있다.

무의식적인 문화 양식이 어떻게 만들어지는지 밝히는 흥미로운 실험이 있다. 큰 우리 안에 여섯 마리의 원숭이가 한데 갇혀 있다. 신선한 바나나 한 다발이 계단 꼭대기에 걸려 있는데, 그 우리는 원숭이 한 마리가 계단을 오르기 시작하면 바로 우리 안에 있는 모든 원숭이가 고압 분사기로 차가운 물을 맞아 쫄딱 젖도록 조작되어 있었다.

원숭이들은 아주 빨리 계단을 피하는 것을 배우고, 같은 우리의 원숭이가 계단 가까이 가는 것을 막는 것도 배운다. 재미있는 점은 실험자가 물을 잠가도 회피 행동은 계속된다는 것이다. 원숭이는 물이 잠겨진 사실을 절대로 알지 못한다. 왜냐하면 물에 젖었던 경험에서 생긴 부정적인 상호 기대에 근거해 일어날 일이 두려워서 절대로 계단 근처에 가지 않기 때문이다.

그러다 원숭이 중 하나가 나가고 다른 원숭이가 새로 들어오면 새로 온 원숭이는 바나나를 먹기 위해 자연스럽게 계단을 향해 움직인다. 과거 경험 때문에 무슨 일이 일어날지 두려워하는 나머지 원숭이들은 새로 온 원숭이가 계단 가까이 가는 것을 막는다. 몇 번을 제지당하고 나면 새로 온 원숭이는 이유는 몰라도 "계단은 출입 금지"라는 규칙을 결국 배우게 된다.

여섯 마리의 원숭이가 큰 우리에 모두 갇혀 있다. 우리 안 계단 꼭대기에는 신선한 바나나 한 다발이 걸려 있다.

그리고 원래 있던 여섯 마리의 원숭이 중에 한 마리가 더 나가고 새 원숭이로 교체된다. 이 두 번째 새 원숭이 역시 바나나를 보고 결국 계단으로 다가가기 시작한다. 마찬가지로 처음 교체됐던 원숭이를 포함한 나머지 원숭이들은 새 원숭이를 제지하기 위해 움직인다. 처음 교체됐던 원숭이는 나머지 원숭이들과 같이 두 번째 새로 들어온 원숭이가 계단을 오르는 걸 누구보다도 열정적으로 막으려 한다. 이것이 '내가 계단을 올라갈 수 없다면 너도 못 올라가' 라는 의미인 것은 의심의 여지가 없다.

그 우리는 원숭이 한 마리가 계단을 오르기 시작하면 바로 우리 안에 있는 모든 원숭이들이 고압 분사기로 차가운 물에 쫄딱 맞도록 조작되어 있었다. 원숭이들은 금방 계단을 피하는 것을 학습한다.

원래 있던 원숭이 한 마리가 나가고 이제 세 번째 새 원숭이가 들어왔다. 새로 들어온 원숭이 역시 계단에 다가가는 것조차 금지된다. 새 원숭이가 계단에 올라가는 걸 막으려는 다섯 마리 원숭이 중 두 마리는 계단에 올라가는 것이 왜 허용되지 않는지 이유조차 모른다(새로 온 두 원숭이는 차가운 물에 젖어본 적도 없고 물은 여전히 잠겨 있다). 그 두 원숭이가 계단에 올라가는 것이 누구에게도 허용되지 않는다는 것을 학습한 것은 다른 원숭이들과의 상호작용을 통해서였다.

원숭이 무리 중 하나가 새로운 원숭이로 교체되면 나머지 원숭이들은 또 물에 젖게 될까 봐 새로 온 원숭이가 바나나를 가지러 계단에 올라가는 것을 막는다. 새로 온 원숭이는 '계단은 출입 금지'라는 규칙을 곧 배우게 된다.

원래 있던 다른 원숭이 중 하나가 또 새 원숭이로 교체되면 첫 번째로 교체됐던 원숭이는 "여기는 이렇게 해(이게 여기 방식이야)"라며 두 번째로 교체된 원숭이가 계단에 올라가는 것을 막는다. 결국 모든 원숭이가 교체되었다. 새로 합류한 원숭이들은 물에 젖는 경험을 해 본 적이 전혀 없다. 그러나 그들은 정확한 이유도 모르고 계속 계단을 피하게 된다.

시간이 흘러 계단을 오르는 것과 관련된 원래의 부정적인 결과를 직접 경험한 모든 원숭이가 우리에서 나가고 모두 새 원숭이로 교체되었다. 우리 안의 새로운 원숭이 중에 고압 분사기의 차가운 물을 맞은 원숭이는 한 마리도 없었지만, 그 무리는 새로 들어온 원숭이 각각에게 '이 계단은 출입 금지'라고 가르치고 바나나를 먹으러 계단에 올라가는 것을 금지시켰다.

결과적으로 물은 잠겼고 물을 맞은 원래 있던 원숭이들이 전부 교체되었음에도 불구하고 바나나를 가지러 계단에 올라가는 것에 대한 금기는 의심 없이 지속되었다. 이것은 새로운 원숭이 그룹에게 "여기는 늘 이렇게 해왔어요."라고 말했기 때문이다.

이 실험의 출처가 불분명하기는 하지만 '생각 바이러스'라고 불리는 것이 어떻게 창조되는지를 잘 보여 준다. 생각 바이러스는 그것을 만든 책임에 대한 기대나 경험으로부터 분리시키는 '신념 장벽'에서 오는 제한적인 믿음이다. 생각 바이러스는 원래 그것을 만들었던 경험에 바탕을 두지 않기 때문에 바꾸기가 특히 더 어렵다.

이 경우에 패턴을 깨는 유일한 방법은 관습을 어기고, 막으려는 원숭이들을 교묘히 피해 계단을 올라가서 바나나를 먹는 유별난 원숭이를 무리 안에 끼워 넣는 것이다. 잠시 두려움 속에 바라보다가 나머지 원숭이들도 계단을 오르려고 한다. 원숭이들은 금세 바나나를 먹기 위해 모두 계단을 올라가고 그렇게 모두가 유별난 원숭이의 행동으로부터 혜택을 누리게 된다.

기업가의 속성 장려하기

Encouraging Entrepreneurial Attributes

차세대 기업가들은 독특한 특징을 지니고 있다. 그들은 자신들이 변화를 만들어 낼 수 있고 더 나은 방향으로 바꿀 수 있고, 역경을 극복할 수 있고, 심지어 다른 사람들이 '불가능하다'고 생각하는 것조차 해낼 수 있다는 것을 발견한 사람들이었다. 그들은 문제를 바라보는 창의적인 방법을 가지고 있으며 장애물을 극복하거나 변형시키는 여러 방법들을 계속 찾아갈 수 있다.

차세대 기업가들은 앞의 비유에 등장한 '유별난' 원숭이와 조금 닮아있다. 그들은 자신의 목표와 엠비션ambition을 달성하기 위해 기꺼이 신념 장벽과 비평가들을 무시할 용의가 있고, 그렇게 함으로써 그들은 가능한 것과 허용되는 것에 대한 문화적 인식을 바꾼다.

이 장 초반에 있는 돌 수프 이야기의 이방인 또한 기업가와 기업가적 태도가 어떻게 다른 사람들을 깨우고 결핍의 사고방식 때문에 '오염된' 문화를 바꿀 수 있는지에 대한 하나의 예이다.

기업가의 태도와 속성을 장려하는 것은 지금까지 이 책에서 제시된 각각의 성공 요인 모델링 사례에서 핵심적인 역할을 했다. 크로스날리지CrossKnowledge의 스티브 피엘Steve Fiehl과 그의 파트너는 회사의 핵심가치 중 하나를 '기업가 정신'으로 했다. 스테판 크리산Stefan Crisan의 EDHEC 비즈니스 스쿨 경영학 석사학위 수여 프로그램은 그의 기업가 정신의 산물이었다. 프로그램에는 이런 태도가 스며들어 있고, 참가자들은 다양한 기업가의 스킬과 태도를 발전시키도록 지원과 격려를 받았다. 랜디 윌리엄스의 케이레츠 포럼의 성공은 기업가 태도를 육성하는 것을 바탕으로 한 창조적인 커뮤니티의 힘을 분명하게 보여주는 것이었다.

우리가 본 것처럼 차세대 기업가들은 독특한 특징들을 가지고 있다. 그런 사람들은 꿈을 이루기를 원하고, 다른 사람들의 의견인 '도그마'나 '잡음'의 함정에 빠지는 것을 피할 수 있다고 스티브 잡스는 말했다. 그들은 자신들이 변화를 만들어 낼 수 있고 더 나은 방향으로 바꿀 수 있고 역경을 극복할 수 있고, 심지어 다른 사람들이 '불가능하다'고 생각하는 것조차 해낼 수 있다는 것을 발견한 사람들이었다. 그들은 문제를 바라보는 창의적인 방법을 가지고 있으며 장애물을 극복하거나 변형시키는 여러 방법들을 계속 찾아갈 수 있다.

성공 요인 모델링 제1권에서 조셉 캠밸Joseph Campbell의 '마을'로 상징되는 원형에 대해 언급했었다. 그 마을은 우리의 에고 그리고 전통적인 사회와 문화에 의해 설계되어온 우리의 '삶'을 대변한다. 이것은 안전, 통제, 자기 이익, 순응과 같은 에고의 속성에서 기인한다. 이 마을에서는 규칙을 따르면 성공한다. 스티브 잡스가 말했던 것처럼 "벽을 너무 많이 치지 않기, 좋은 가정을 꾸리기, 재미있게 살기, 적은 돈이라도 저축하기" 등을 하는 것이다. 마을의 삶은 우리에게 안전과 확실성을 주지만, 그것은 또한 제한된 삶일 수도 있다. 돌수프 이야기와 원숭이 우화에서 그려진 것처럼 무의식적인 '사고 바이러스'와 신념 장벽 역시 제약을 만들 수 있다.

마을 사람으로서 사는 것은 안전과 확실성이 보장되지만 '제한된 삶'이 될 수 있다.

여정으로서의 삶은 우리의 마음, 비전, 그리고 우리 자신만의 길을 찾고자 하는 소명, 새로운 것을 발견하고자 하는 소명을 따르게 한다.

또 한편으로는 기업가들은 '여정'이라는 원형을 지향한다. 여정에서 우리는 우리의 마음, 비전, 그리고 나만의 길을 찾고자 하는 소명, 새로운 무언가를 발견하고자 하는 소명을 따른다. 이것은 모든 위대한 지도자, 기업가, 개척자의 길이다. 여정 속에서 하는 도전과 발견을 통해 우리는 용기와 통찰력, 지혜, 회복 탄력성, 그리고 자신과 세계에 대한 더 큰 깨달음을 얻는다. 그런 다음 마을로 돌아가면 우리는 다른 사람들을 위해 우리 자신만의 독특한 공헌을 할 수 있고 우리가 진정 누구인지 알아보고 인정할 수 있게 된다. 우리가 성장한 결과, 우리는 마을을 더 크게 번영시킬 새로운 아이디어와 새로운 삶을 가져오게 된다.

'에고ego'와 '마을'은 둘 다 필요한 것이기는 하지만, '소울soul', '여정Journey' 그리고 기업가로 표현되는 상호 보완적인 속성들이 균형을 이루지 않으면, 경직되고 불필요한 한계를 만들 수 있다.

기업가의 여정은 현대 무용의 선구자 마사 그레이엄Martha Graham이 말한 '채널 오픈'을 하며 사는 것에 관해 배우는 것이다. 그것은 당신의 비전과 사명을 발견하는 것이고, 꿈을 이루고 더 나은 세상을 만드는 것을 말한다. 다음 표는 기업가와 '마을 사람들'의 주요 속성 몇 가지를 비교한 것이다.

속성	기업가	마을 사람들
일반적인 접근	목표 지향	문제 회피
책임 소재	적극적인 자기 참조	타인 참조 반응
과제 접근방식	옵션 및 선택	절차 준수
시간의 틀	현재에서 미래	과거
비교 방법	차이점	유사점
청크 사이즈	큰 그림-비전	세부 사항

기업가와 '마을 사람'의 주요 속성 비교

해내는 문화는 개인에게 다음을 장려하고 보상함으로써 기업가적 속성을 촉진시키는 것이다.

- (피하고 싶은 것에 반해서) 무엇을 향해 가고 싶은지 생각하기
- 주도적으로 하고 자신의 책임하에 더 큰 결정 내리기
- 옵션을 찾아내고 많은 가능한 선택지들을 고려하기
- (단순히 과거를 재생산하는 것이 아니라) 미래를 현재로 가져오는 것에 집중하기
- 다름을 찾아서 다름을 만들 방법을 발견하도록 시도하기
- (세부사항에만 집착하기보다) 큰 그림과 비전의 관점에서 생각하기

기업가적 속성을 장려하는 것은 소규모 스타트업 기업뿐만 아니라 쉽게 '마을 사람'의 태도로 빠지는 대규모 조직에서도 중요하다.

이러한 기업가적 속성은 소규모 스타트업 기업뿐 아니라 쉽게 '마을 사람'의 태도로 빠질 수 있는 대규모 조직에서도 중요하다. 기업가 정신은 혁신과 진보에 필수적이다. 이러한 유형의 문화적 태도는 스티브 잡스가 한 말에서 분명히 알 수 있다. "[우리 문화]는 독창적인 생각에 대해 분명히 보상하고 있고, 자주 모든 단계 단계마다 건설적인 의견 차이를 보입니다. 최고를 지향하는 것이 우리의 태도이지요. 아이디어를 가지는 것에 집착하지 마세요. 가장 좋은 것을 고르고 그리고 가는 겁니다."

해내는 문화 창조하기

Creating a Winning Culture

기업가의 특성을 정려하는 것은 우리가 '해내는 문화 winning culture'라고 부르는 것을 창조하는 근간이 되고, 생성적 벤처 커뮤니티를 구축을 위한 초석이다. 랜디 윌리엄스의 케이레츠 포럼 성공사례에서 볼 수 있듯이 성공적이고 생성적인 벤처 및 커뮤니티를 구축하려면 기업가와 리더가 벤처의 비전 달성, 이해관계자들stakeholders을 위한 가치 창조, 벤처에 종사하는 사람들의 참여와 발전 촉진, 그리고 고객들에게 양질의 제품과 서비스를 제공할 수 있는 문화를 수립하고 육성하는 것이 중요하다.

이러한 유형의 문화는 다음 회원들이 있는 커뮤니티를 창조한다.

- 공통된 비전과 가치관으로 정렬된
- 다양성을 존중하는
- 혁신적인
- 민첩한: 신속하게 대응하고 적응할 수 있는
- 유연한: 내/외부적으로 반응하는
- 효율적인: 낭비를 줄이고 자원을 활용하려는

해내는 문화의 속성

성공에 대한 SFM의 정의는 승-승이라는 결과의 성취에 기반한다. 해내는 문화는 '제로섬zero sum' 상호작용과 반대로 '승-승' 상호작용이라는 가정에 기초하고 있음이 명백하다. 성공 요인 모델링 제1권에서 정의한 바와 같이 제로섬 상호작용은 게임이나 다툼 속의 경쟁에서 상호작용을 한 사람이나 그룹의 어느 한 사람이나 한 편은 이기고 다른 편은 지는 것을 말한다. 이 용어가 함축하는 뜻은 해내는 것(+1)과 해내지 못한 것(-1)이 서로 상쇄되어 영(0)이 된다는 것이다.

해내는 문화는 사람들을 지지하고 양질의 결과를 달성하는 데 효과적이고 협조적이다.

돌 수프 이야기의 시작 부분에 있는 마을 사람들의 행동과 원숭이 우화에서 본 바와 같이 제로섬 상호작용은 전형적으로 어떤 중요한 자원이 한 그룹만이 생존할 정도로 부족한 상황을 둘러싸고 발생한다. 제로섬은 상호작용하는 당사자 중 한 쪽이 우위나 힘을 얻도록 이끈다. 반면 승-승 상호작용은 주변에 필요한 자원이 충분하거나 모든 사람들이 혜택 받을 수 있다는 전제하에 진화와 성장을 가져오는 긍정적인 자기 강화 피드백 고리를 생성한다.

또한 양측이 모두 상호작용으로 이득을 얻지 못하는 '마이너스-합' 즉, '패-패' 상호작용을 할 수도 있다. 이것은 나쁜 마음을 품고 한쪽이 다른 한쪽에게 영향력을 미칠 때 발생한다. 마이너스-합 상호작용은 합리적이지 않음에도 불구하고 우리 생각보다 더 자주 발생한다. 이는 단기간의 승리로 보이는 것이 장기간의 손실로 이어지는 일이 흔하기 때문에 그렇다(전투에서는 승리하지만 전쟁에서 패하는).

제로 또는 마이너스-합 상호작용과는 달리, 승-승 상호작용은 이 상황에 관련된 모든 당사자들에게 상호 이익이 생기도록 시도한다. 예를 들어, 해내는 문화에서 사람들의 행동은 시스템의 가능한 많은 요소에 긍정적인 효과를 생기도록 하는 것을 목표로 한다. 아브라함 링컨Abraham Lincoln의 말에 따르면 우리 행동의 목적은 "가장 많은 사람들을 위해서 가장 좋은 일을 하는 것이어야 한다."

요약하자면, 해내는 문화는 생성적인 벤처 커뮤니티의 기반이다. 해내는 문화는 사람들을 지지하고 양질의 결과를 달성하게끔 하는 데 효과적이며 협조적이다. 해내는 문화에서 사람들은 변화하고 성장하고 유능해지며 업무가 성취되는 과정에서 끊임없는 개선을 만들어 낸다. 그것은 협조적이어서 효과적이며, 효과적이려고 협조적이다. 랜디 윌리엄스의 케이레츠 포럼에서 보여주는 것 같이 해내는 문화는

1. 사람들은 '긍정적인 에너지'를 가지고 함께 신속하고 순조롭게 일한다.
2. 모든 회원이 참여하고 혜택을 받는다.
3. 모든 회원들이 기여하고 존중받는다.
4. 사람들의 상호작용은 혁신적인 결과를 낳는다.

이전 장에서 제시된 협업 촉매제, 1장에 제시된 코치 컨테이너COACH Container 및 다음 장에

제시된 다이나믹 팀 만들기Dynamic Teaming 개발 연습은 모두 해내는 문화를 창출하는 데 도움이 되는 강력한 방법들이다.

SFM 협업 촉매제: 그룹 확언 연습

SFM Collaboration Catalyst: Group Affirmation Exercise

> 스폰서십에는 그 사람이나 그룹 내에 이미 존재하지만 발휘되지 못한 것을 최대한 고무시키는 것에 대한 약속이 포함되어 있다. 본인이 가진 능력을 완전히 발휘할 수 있도록 그 사람의 잠재력을 추구하고 지원하고 보호하는 것을 포함한다.

생성적 벤처 커뮤니티의 해내는 문화에서 사람들은 서로를 믿고 꿈과 목표에 도달하게끔 각기 가진 서로의 능력들을 지지한다. 다음은 팀 구성원과 협업자 사이에 지원의 장field을 형성하기 위해 하는 팀코칭 세션이나 우리가 하는 성공 요인 모델링 프로그램에서 자주 쓰는 협업 촉매제이다. 그것은 내가 '무리 짓기'라고 부르는 것을 적용한 예다. 생성적 벤처 커뮤니티의 해내는 문화에서 사람들은 서로를 믿고 서로의 꿈과 목표에 도달하기 위한 서로의 능력을 확인한다. 다음은 팀 구성원이나 협업자 간의 장field을 만들기 위해서 성공 요인 모델 프로그램에서 종종 수행하는 협업 촉매제이다. 그것은 내가 얘기하는 '커뮤니티 구성'을 적용한 예이다.

이 프로세스는 성공 요인 모델링 제1권에 나오는 지지자, 스폰서 찾기 및 협력자 모집을 적용한 것이다. 또한 이 책의 1장에 기술한 공동 스폰서십 분야 육성 과정에 대한 훌륭한 후속 보완 작업이기도 하다. 스폰서십sponsorship이란 다른 사람들이 활동하고 성장하고 탁월해질 수 있는 여지를 만드는 것이다. 스폰서sponsor는 그룹에게 허용 가능한 자원(재정적 자원을 포함하나 그것에 국한되지 않는), 맥락, 연락처나 기술을 최대치로 제공한다. 스폰서십에는 그 사람이나 그룹 안에 이미 존재하지만 발휘되지 못한 것을 최대한으로 고무시키는 것에 대한 약속이 포함되어 있다. 본인이 가진 능력을 완전히 발휘할 수 있도록 그 사람의 잠재력을 추구하고 지원하고 보호하는 것을 포함한다.

이것은 종종 다음과 같은 간단하면서도 힘을 실어주는 확실하고 합당한 소통을 통해 이루어진다.

당신이 성공하는 것은 바람직하고 중요하다.

당신이 성공하는 것은 가능하다.

당신은 성공할 능력이 있다.

당신은 성공할 자격이 있다.

그룹 확언 연습은 이러한 메시지를 사용하여 그룹이나 팀 내 공동 스폰서십의 '장field'을 심화 및 향상시키는 방법이다. 보통 약 5명으로 구성된 그룹으로 한다. 그룹 구성원 한 사람이 기업가/발표자 역할을 하고 다른 구성원들은 '스폰서' 역할을 한다. 스폰서들은 발표자의 앞, 뒤, 왼쪽 그리고 오른쪽에 선다. 스폰서는 확언 리스트 중의 하나를 말해주는 역할이다.

1. 그룹은 COACH 상태에 들어가고 COACH 컨테이너를 만든다. 그런 다음 발표자는 자신의 프로젝트나 벤처에 대해 '엘리베이터 피치'를 한다. 그룹 구성원들은 질 높은 주의를 기울여 발표를 잘 듣고 발표자의 프로젝트나 벤처에 공명을 경험한다.
2. 한 번에 하나씩, 각 그룹 구성원은 발표자를 스폰서십하기 위해 고른 확언을 진실되고 확신하는 마음으로 크게 소리내어 말한다. '스폰서'가 자신이 고른 확언을 순수한 마음으로 말할 수 있음을 스스로 확신하는 것이 중요하다.
   추가적으로 스폰서 한 사람씩 확언을 소리내어 말할 때, 발표자를 중심으로 (시계 방향으로) 돌아가며 하고 다른 위치에서 각 확언을 반복할 수 있다. 스폰서가 처음 시작했던 곳으로 다시 돌아오면 끝이 난다.
   또 다른 옵션으로, 각 스폰서는 다른 사람들이 말할 때 자신의 확언을 동시에 3~4회 반복할 수 있는데, 순서와 상관없이 하고 싶을 때 언제든지 할 수 있다. 확언이 대여섯번 반복되고 나면 스폰서와 발표자는 침묵한다. 발표자가 확언을 듣고 받아들였다는 의미로 머리를 끄덕이기 전까지 그룹은 조용히 있는다.
3. 발표자는 자신의 프로젝트 또는 벤처에 대한 확신이나 변화 또는 느낀 점을 그룹과

공유한다.

4. 다른 구성원이 발표자가 되어서 1번부터 다시 반복한다. 모든 그룹 멤버가 발표를 할 때까지 반복한다.

간단하고 감동적인 집단 지지 예시는 짧은 비디오*를 통해 볼 수 있다. 비디오*에서는 작은 소년이 체조 시범 경기에 뜀틀을 뛰어넘으려고 한다. 아이는 자기 키보다 높은 뜀틀을 넘으려고 몇 번을 시도하지만 실패하자 낙담하게 된다. 그는 눈물을 닦으며 다시 시도할 준비를 하는데, 갑자기 소년이 속한 팀 전체가 자리에서 나와 그 주위의 원으로 모인다. 모두 그를 격려하고 응원한다. 팀원들의 자신감과 활력에 힘입어 소년은 다음 시도에서 뜀틀을 쉽게 넘어 관중들을 놀라게 한다.

다른 사람에 대해 확고하게 지지하는 신념은 우리의 프로젝트와 벤처를 실현하는 데 필요한 단계를 성취해나갈 수 있는 자신감과 동기 수준을 높여준다.

* 유튜브에서 "Flocking "example japan 이라고 검색하면 볼 수 있다.

스폰서

이것은 당신에게
가능한 일이에요
당신은 능력
있어요
발표자
당신은 그것을
성취할 (만한)
사람이에요.
그것은 당신에게
유익하고 중요해요

해내는 문화에서 협업에 대한 서로의 믿음은 성공을 향한 지원의 장을 창조한다.

생성적 협업을 가능하게 하는 생성적 관계 세우기

Building Generative Relationships that Lead to Generative Collaboration

어떻게 하면 아무것도 아닌 존재가 의미 있는 존재가 될까?

How to Go From Being 'Nobody' to Becoming 'Somebody'

생성적인 관계는 개인의 정체성을 크게 확장시키는 힘을 가지고 있다.

성공한 사람들은 자신을 지지해주고 새로운 사업 기회를 알려줄 수 있는 사람들로 이루어진 행운의 네트워크를 만드는 데 도움이 되는 친구나 동료 네트워크를 폭넓게 유지하고 꾸준하게 접촉한다.

무의미한 것으로부터 의미 있는 것을 만들어내는 능력은 관계 구축에 깊은 뿌리를 두고 있다. 생산적이고 협력적인 관계 수립은 생성적인 벤처 커뮤니티의 토대가 되는데, 특히 생성적 협업을 가능하게 하는 '생성적 관계' 형성이 그렇다. 1 + 1 = 3은 이러한 원리의 수적 표현이다. 우리가 지금까지 살펴본 협력 효과나 협업의 다른 어떤 형태보다 생성적 관계는 주요한 정체성의 확장을 일으키는 역할을 한다.

성공 요인 모델링 프로그램 코칭 세션에 참여한 사람들이 스스로를 '작은' 존재로 만들어 자신은 물론 자신의 꿈과 비전에 대한 추구마저 스스로 제한하는 것을 우리는 보았다. 사람들은 말한다. "나한테는 큰 비전이 있어. 하지만 내가 뭐라고? 그저 특별할 거 하나 없는 나이든 소시민일 뿐이야. 내가 뭘 달라지게 하겠어? 내가 스티브 잡스라면 뭔가 할 수 있었을 테지만 말이야."

실제로 성공한 기업가나 리더 대부분이 '특별할 거 하나 없는 사람'에서 시작한다. 예를 들어, 스티브 잡스는 한 대학생이 낳은 혼외자로 태어나서 노동자 계급의 가정에서 자랐고, 첫 학기에 대학을 중퇴했다. 그런 그가 어떻게 세계 최대의 첨단 기업을 키워냈고 그 기업의 최고경영자CEO가 되었을까?

물론 우리는 이미 '행운이라는 요소'의 중요성을 잘 알고 있어서 스티브 잡스 같은 성공적인 기업가를 쉽게 '운 좋은 사람'이라고 말한다. 관계 구축, 이것이 운이 좋게 될 '기회를 극대화'시키는 강력한 방법이다. 우리가 앞서 살펴보았듯이 성공을 이룬 그래서 소위 '운 좋은' 사람들은 자신을 지지해주고 새로운 기회를 알려줄 수 있는 사람들로 이루어진 행운의 네트워크를 만드는 데 도움이 되는 친구나 동료 네트워크를 폭넓게 유지하고 꾸준하게 접촉한다.

예를 들어, 스티브 잡스의 성공은 자신의 비전과 아이디어가 가진 영향력이 고객, 팀원, 이해관계자(혹은 투자자) 및 파트너와 같이 점점 더 큰 커뮤니티로 확장되는 중요한 관계 형성의 결정적인 경로를 구축할 수 있었던 그의 능력이 낳은 결과이다. 퍼스널 컴퓨터 사업을 글로벌 비즈니스로 만들겠다는 아이디어, '작은 씨앗'이었던 그의 아이디어를 자랄 수 있도록 해준 것은 그가 역피라미드라고 묘사했던, 생성적 협업을 이끌어내는 이러한 관계성 구축이었다. 생성적인 관계와 생성적인 협업이 하찮은 것을 중요한 것으로 만드는 가능성의 문을 연 것이다.

처음 시작할 때의 나는 서예를 좋아하는, 대학을 중퇴한 시리아계 이민자의 입양아... 그냥 그게 나였어요.
내가 스티브 잡스라면 뭘 좀 할 수 있었겠지만 나야 그냥 평범하니까

스티브 잡스 성공의 가장 큰 부분은 그의 핵심적 관계 구축 능력에서 나온 것이었다.

"도움을 청하면 나를 도와주지 않으려는 사람이 한 사람도 없었다"는 잡스의 언급(SFM 제1권)은 어떻게 '행운 네트워크' 구축으로 '행운'이라는 성공 요인을 증가시켰는지를 아주 잘 보여주는 말이다. 나아가 "사람들이 나에게 도움을 청하면 받았던 도움에 감사의 마음을 담아 돌려주려고 노력했다."는 그의 말은 해내는 문화와 생성적인 벤처 커뮤니티의 기반이 되는 태도를 잘 담고 있다. 이러한 관계성 구축에는 적극성이 필요하다. 그럼에도 "대부분의 사람들은 요청을 하지 않는다. 그리고 그것이 꿈만 꾸는 사람과 무언가를 하는 사람을 구분 짓는 것이다."라고 잡스는 말했다.

수소와 산소가 결합해서 물을 만드는 것처럼 생성적 관계와 생성적 협업은 우리를 단순한 한 개인을 넘어선 더 큰 사람으로 바꾼다. 스티브 잡스의 경우, 첫 애플 컴퓨터의 디자인을 맡았던 스티브 워즈니악Steve Wozniak과의 협업을 통해 자신은 더 이상 대학 중퇴자가 아닌 컴퓨터를 설계하는 사람이 되었다고 한다. 그리고 컴퓨터를 만들 수 있는 사람과의 관계를 통해서는 컴퓨터를 만드는 사람이 되었고, 법률이나 재무적 노하우를 가진 사람과의 관계를 통

해서는 '조그만 회사의 최고경영자'가 되는 등, 확장하는 관계 맺음이 나선형으로 커지는 것처럼 잡스의 정체성도 자신의 벤처와 프로젝트를 따라 함께 성장했다고 한다.

성공 요인 모델의 다층 나선형 협업구조

The SFM Collaboration Spiral™

생성적 관계의 효력은 상승하는 나선 형태로 표현할 수 있는데, 여기서 핵심적인 협력 관계는 기업가의 영향력 범위를 확장시키고 더 큰 비전을 향한 임무의 궤적에 맞춰 움직이게 하는, 프로젝트나 벤처 형식의 연속적인 기반을 만들도록 이끈다.

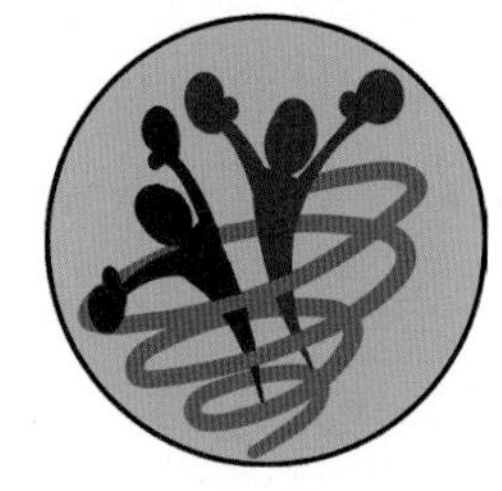

생성적 관계의 영향력은 상승하는 나선 형태로 나타나는데, 여기서 핵심적인 협업 관계는 프로젝트나 사업에서 연속적인 기반을 만들어 기업가가 자신의 영향력을 넓히고 보다 큰 비전을 향한 임무의 궤적을 따라 움직일 수 있도록 만들어 준다.

우리는 생성적 관계 형성을 적극적으로 추구하려는 자발적 의지와 그것의 중요성을 인지하는 이러한 능력이 기업가에게 가장 중요한 성공 요인의 하나가 된다는 것을 발견한 것이다.

대개의 경우, 우리는 혼자 힘으로 기업가로서의 여정을 시작한다. 내면에서는 어떻게 세상을 바꾸고 더 좋게 할 수 있을지에 관한 비전vision을 자각한다. 그리고 우리는 그 비전에 기여하는 것이 일종의 사명mission이라는 느낌을 받는다. 그것이 성장하고 통달하고자 하는 우리의 욕구와 흔적을 남기고자 하는 우리의 엠비션ambition과 만나면, 프로젝트의 씨앗 혹은 돌 스프의 '돌'이 태어나게 된다. 초창기에 우리는 이방인과 스프의 돌처럼 아이디어밖에 없는 '아무 것도 아닌 존재nobody'이다. 하지만 우리가 일관성과 열정을 가지고 다른 사람들과 우리의 비전과 미션에 대해 소통한다면, 결국 그것과 공명할 수 있는 사람을 찾게 된다. 이 사람이 또 함께 공명하며 핵심 자원을 제공할 수 있고 지원해 줄 수 있는 다른 사람들을 소개해주면 우리는 그야말로 '운 좋은' 사람이 되는 것이다.

이러한 관계는 목표 확장과 비전 실현을 향해 나아가도록 뒷받침하는 기반(플랫폼) 구축의 기초를 제공한다. 이 플랫폼은 물이 수소와 산소 원자 사이의 상호작용으로부터 생기는 것처럼 가능한 생성적 협업에서 생겨난다. 생성적인 협업에 참여하여 더 큰 비전을 위해 임무를 수행하게 되면, 우리의 정체성은 단순한 하나의 개인 이상으로 확장된다. SFM 제1권에서 강조했듯, 새끼쥐를 구한 어미쥐나 허드슨강의 기적을 만든 기장과 같이 미션과 관련한 다른 이들과의 상호작용은 행위자들이 단지 한 마리의 쥐, 한 사람의 기장을 넘어서는 새로운 정체성으로 확장하게 하는 요인이 된다. 그리고 다른 사람들은 더 이상 우리를 그저 한 사람의 개인으로 보고 응답하지 않는다. 그들은 우리를 더 큰 사회적 역할과 미션을 가진 사람으로 간주하고 회답한다. 우리 역시 분리된 한 개인의 '자아ego'가 아닌 더 큰 정체성의 '홀론holon'으로서 사물을 인식하고 그에 응답한다.

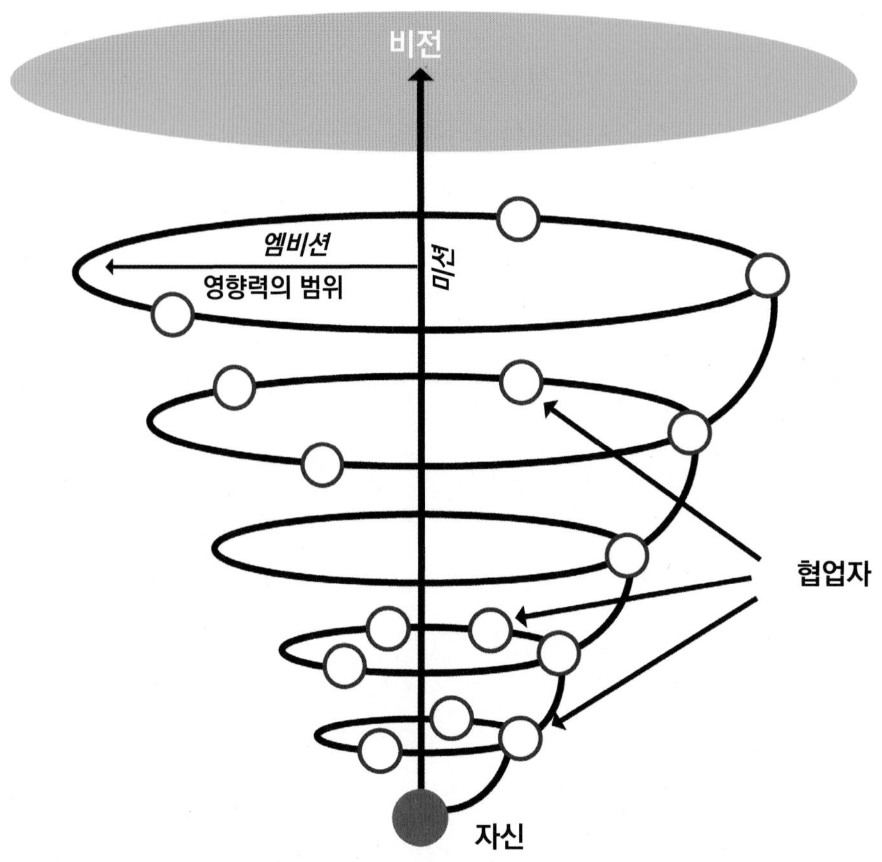

협업은 비전에 도달하고, 미션을 완수하기 위한 영향력의 범위를 증가시킨다.

간단한 예로, 책을 발간하는 과정에 참여하게 되면, 개인으로서의 협업자들이 저자, 편집자, 발행인, 영업 담당 등 더 큰 정체성으로 바뀌는 것과 같다. 하나 더 예를 들면, 마크 핏즈패트릭(SFM 제1권)은 대기업의 많은 영업 사원 중 한 명으로 판매를 시작했지만, 회사에서 소프트웨어 엔지니어와의 협업을 통해 '영업사원'에서 '소프트웨어 개발자'로 변화했고, 결국은 수백만 달러 규모 회사의 최고 경영자로 성장했다.

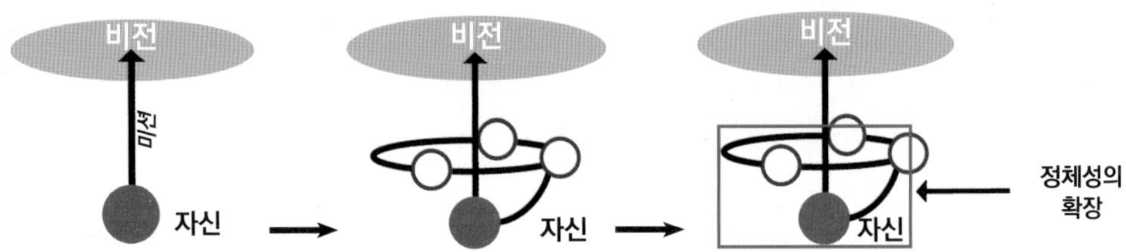

생성적인 관계는 지원과 협업 관계망(네트워크)의 문을 열어주고 우리의 정체성이 확장하도록 지원해준다.

우리가 비전을 발전시키고 미션mission과 엠비션ambition을 완수하게 해주는 플랫폼을 완성시키면, 우리가 세운 그 플랫폼의 영향 밖에 있는 새롭거나 확장된 비전이 생기는 것이 보통이다. 더 큰 모습으로 드러난 비전을 성취하기 위해서 성장과 통제력의 사이클과 관계 형성을 다시 시작해야 한다. 하지만 그럴 경우 대체로 분리된 '에고ego'인 한 개인의 정체성으로 도로 퇴보하여 원점에서 다시 시작하지 않는다. 그보다 우리는 이전에 확장되었던 정체성을 출발점으로 해서 새로운 플랫폼을 구축한다. 다시 말하면 내가 이미 '저자'가 되었다면 나는 그 '저자'라는 정체성으로 다음 플랫폼을 구축할 수 있다는 말이다.

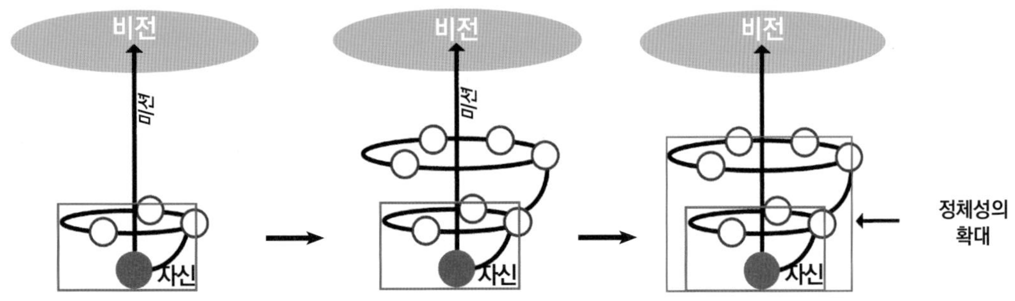

생성적 협업을 통해 플랫폼을 만들면 새로운 표현의 비전이 출현하는데 이는 우리의 목표와
정체성을 확장시킬 새로운 플랫폼을 창출하도록 우리를 이끈다.

큰 비전을 품었다면 당신은 확장하는 나선 모양으로 길을 만들며 몇 개의 연속적인 플랫폼을 구축하는 작업을 해야 한다. 나선의 중심에는 각각의 플랫폼이 계속 발전하고 확장하게 하는 기업가의 자기 인식, 자아 정체성이 자리하고 있는데, 이는 기업가가 자신의 궁극적인 비전에 도달하고자 한 개인으로서 끊임없이 탐색함으로써 이루어진다.

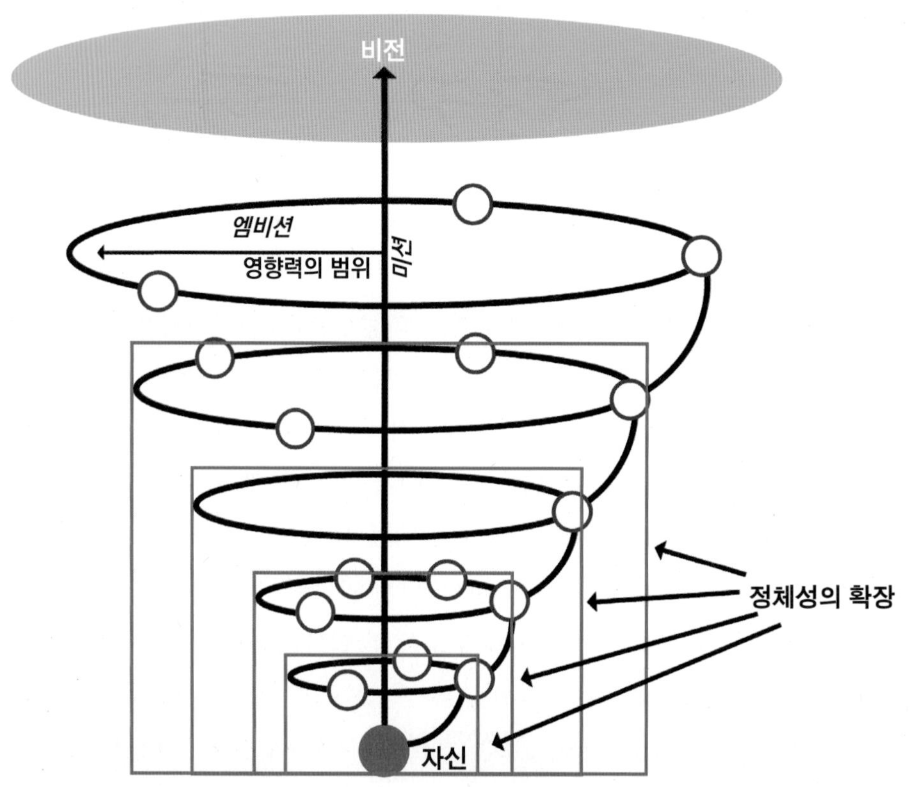

각각 새로운 수준의 협업과 영향력으로 인하여 그에 조응하는 정체성의 확장이 뒤따른다.

각 플랫폼에서 개인은 현재 정체성의 인지된 '틀box'을 넘어서 성장한다. 기업가가 이 '틀'에 의미를 부여하거나 자신과 동일시하게 되면, 그것은 흔히 기업가를 방해하는 쪽으로 작동한다. 각 플랫폼이 한계에 도달하거나 한계를 초과하게 되면 기업가는 비전과 미션, 엠비션을 성취하기 위해 새로운 잠재적 협업과 더 넓은 플랫폼을 향해 지속적으로 위를 봐야 한다.

개인이 발전시킨 협업 파트너십의 확장 단계와 스스로 인지하고 있는 자기 정체성의 상호작용 단계에선 종종 긴장을 발생시키기도 한다. 가령 한 사람이 다음 플랫폼으로의 도약을 가능하게 하는 협력적인 관계를 가지고 있을지라도 그가 다음 단계에서 필요로 하는 정체성을 수용하지 못한다고 느껴 지연될 수 있다.*

시간이 지나 정체성 수준에서 다음 플랫폼으로 가고 싶은 마음이 들 수도 있겠지만 그때는 협업 파트너가 필요한 플랫폼의 영향력을 제공하는 자리에 없을 수 있다.

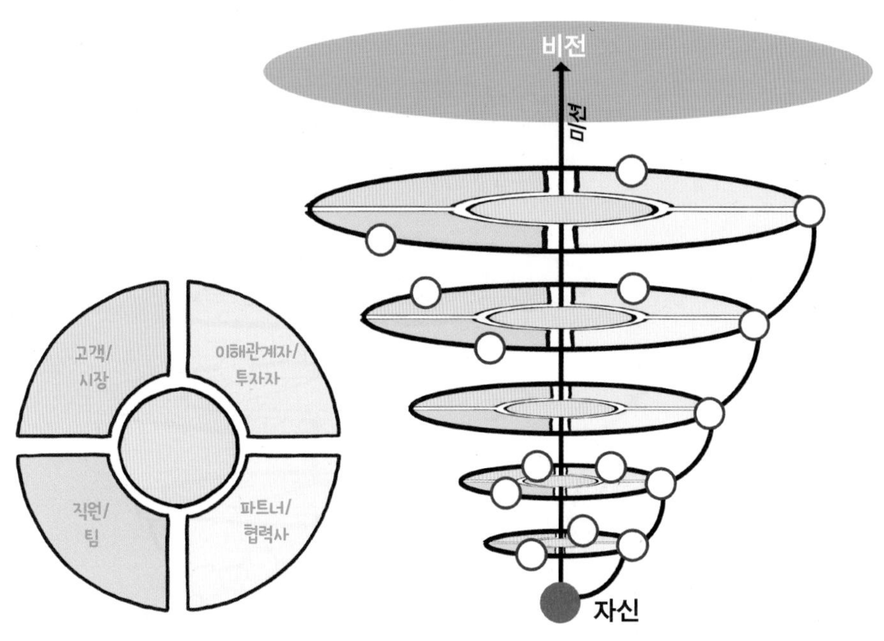

나선형 협업구조에서 연속적인 플랫폼은 새로운 혹은 확장된 성공 써클을 만드는 관계를 성립시킴으로써 구축된다.

* SFM 제1권에서 언급한 '당신의 동맹을 모아라', '정채성 매트릭스' 또는 이 장의 말미에 나오는 '꿈의 수호자들 연습'이 도움이 될 수 있다.

새로운 플랫폼의 구축

사실 플랫폼을 단단하게 구축하기 위해서는 기업가는 성공 써클에 있는 모든 다양한 차원의 사람들과 긴밀하고 공고한 관계를 구축해야 한다. 나선의 새로운 수준 각각은 보통 프로젝트(사업)나 창업의 형태로 구체화되고 새로운 고객, 팀원, 이해관계자, 파트너와 충분한 관계를 형성해야 하는 고유한 성공 써클을 만들 것을 요구한다.

만약 성공 써클Circle of Success을 구성하는 관계가 특정 플랫폼에서 충분히 튼튼하지 못할 경우, 나선의 다음 단계 창출을 충분히 뒷받침하지 못해 나선이 허물어지거나 무너질 수 있다.

각 플랫폼의 강도는 보통 성공 써클의 다양한 구성원들과 함께 만들어 가는 것인데, 대개 기업가가 얼마나 그들 사이에서 집단지성을 잘 촉진하고 참여하는가에 의해 결정된다. 이것이 고객, 팀원, 파트너, 이해관계자와 끊임없이 새로운 표준을 세우고, 모범 사례로부터 배우고, 열띤 브레인스토밍으로 대안을 만드는 일을 지속적으로 해야 하는 이유이기도 하다.

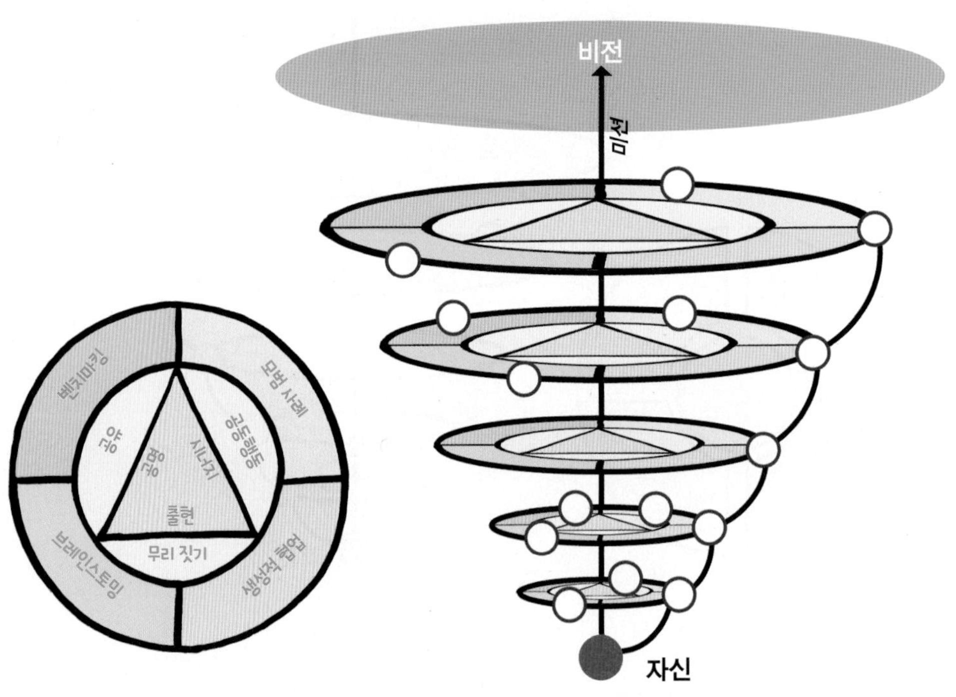

특정 플랫폼의 강도와 안정성은 집단지성과 생성적 협업을 유도하고 조장하는 능력의 결과물이다.

특정 플랫폼의 공고화를 결정하는 또 하나의 요인은 그 플랫폼(정체성, 신념과 가치관, 역량, 행위, 환경 등)과 연관된 성공 요인의 각기 다른 수준들을 조정하는 기업가의 능력이다. 이러한 관점에서 나선형 협업collaboration spiral의 각 단계를 기업가의 '이너 게임inner game'에 대한 계발과 준비 수준으로 볼 수 있다.

각기 새로운 플랫폼에서 기업가는 보다 새롭고 확장된 환경을 만나게 된다. 여기서 기업가는 자신의 행위의 범위repertoire of behaviors를 넓혀가고 다양화해야 하는 상황을 만나게 된다. 이는 결국 새로운 역량 계발과 그에 상응하는 신념과 가치, 즉 자신은 누구이며 자신이 하고 있는 일이 무엇인지에 대한 신념과 가치를 강화하고 깊이를 더할 것을 요구한다. 이러한 성공 요인의 농축과 정렬은 새로운 플랫폼에 연합된 정체성의 확장된 감각을 뒷받침하는데 필수적이다.

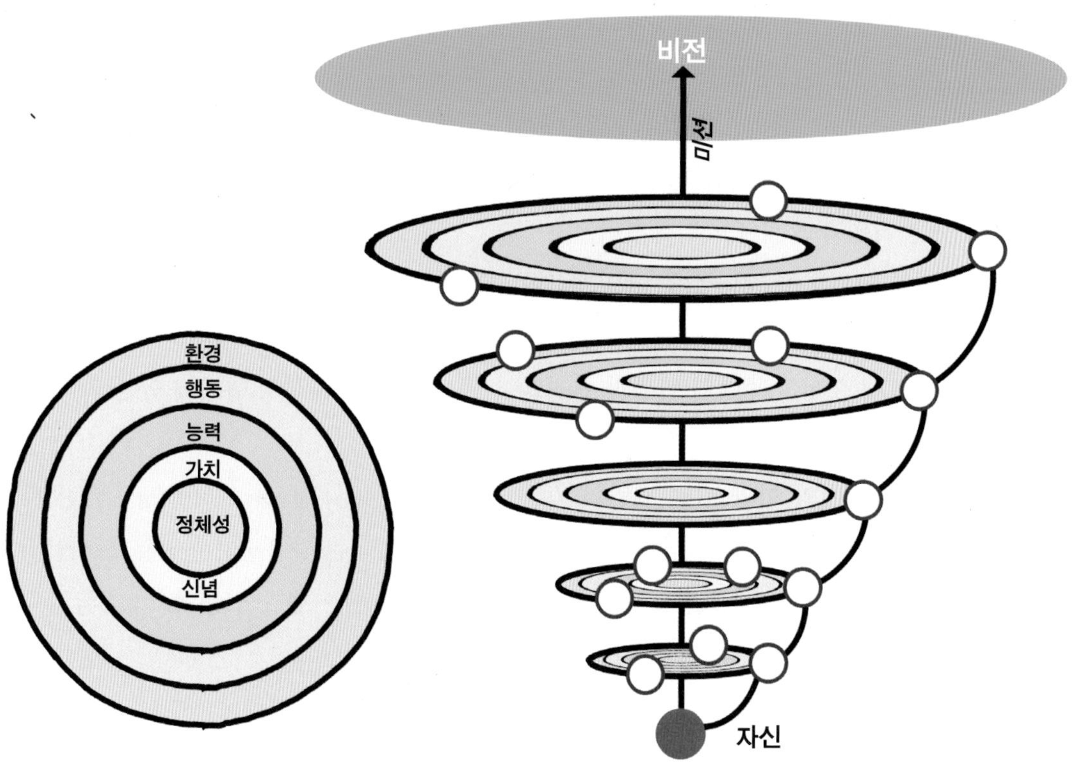

각각의 새로운 플랫폼은 환경이나 영향력 범위 안에서 필요한 성공 요인의 모든 단계에서 상황에 맞게 통제할 수 있는 조정 능력을 필요로 한다.

우리의 엠비션ambition이나 주변 상황이 우리가 아직 그 정체성과 영향력이 요구하는 신념, 가치, 역량과 행동 면에서 충분히 준비하고 다져지기 전에 정체성이나 영향력 측면에서 다음 단계로 도약하도록 강요받는다면 좋은 결과는 어렵고 자칫 처참한 결과가 될 수도 있다.

이러한 예로, 감당할 능력도 생기기 전에 부와 명성을 얻게 된 나이 어린 유명 인사를 생각해 보자. 우리는 많은 나이 어린 명사들이 자신들의 삶과 경력에 심각한 좌절이나 퇴보로 이끌 수 있는 상황에서 오는 요구와 스트레스를 감당하지 못하는 것을 보았다.

이러한 역학 관계는 스티브 잡스의 경력에서도 엿볼 수 있다. 짧은 기간에 매우 빠른 성장을 일으킨 후에, 잡스는 이해관계자들로부터 신뢰를 잃고 자신이 기반을 다진 애플사Apple를 떠나도록 강요받았다. 그리고 넥스트NeXT와 픽사Pixar를 통해 애플사의 운영에 필요한 모든 수준에서 성숙함과 통제력을 확보하고, 나선의 다음 플랫폼으로 나아갔다. 마침내 모든 수준의 성공 요인을 충분하게 발전시키고 자신의 정체성을 공고히 한 이후에 애플사로 복귀할 수 있었고 새로운 수준의 성공을 달성했다.

이처럼 견고하고 튼튼한 기초를 마련하지 않은 채, 성급한 확장으로 인해 고통이 발생되는 역학 관계는 개인뿐만 아니라 여러 수준의 성공 요인에 걸맞는 기반을 마련하지 못한 기업과 조직에도 발생한다.

다음 단계(수준)로 이동하기 전에 기업의 정체성과 영향력 수준이 요구하는 신념, 가치관, 역량, 행위 등 관련된 튼튼한 토대 마련이 매우 중요하다

요약하자면 다양한 수준의 성공 요인에 대한 개발, 통달 그리고 정렬alignment은 성공 써클Circle of Success의 중심이자 토대이며, 기업가의 비전vision, 미션mission, 엠비션ambition과 역할role을 통해 성공 써클의 여러 차원과 연결되어 있다. 실제로 나선형 협업에 있는 각 플랫폼들은 세 개 층으로 구성되어 있다고 할 수 있다.

(1) 기업가의 내면의 힘과 성공 요인의 각기 다른 수준(정체성, 신념과 가치관, 역량, 행동과 환경)에서의 정렬: 그 플랫폼과 각각의 영향력의 범위와 관련하여 이는 다음(2)의 형태로 드러난다.
(2) 집단지성과 생성적인 협업에 참여하고 그것을 조율하는 기업가의 능력. 이는 궁극적으로 (3)과 연관된 협업을 통해 구현된다.
(3) 성공 써클의 각 차원

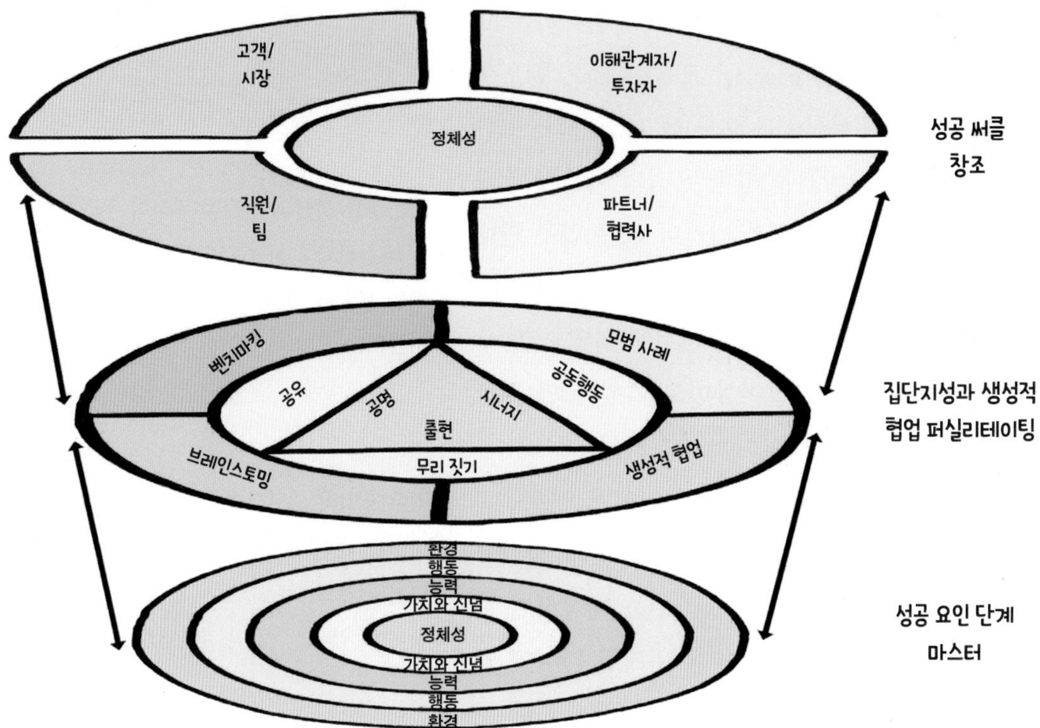

나선형 협업구조에서 개별적인 플랫폼의 공고함은 다음과 같이 기능한다.

(1) 적절한 성공 요인에 대한 기업가의 깊은 이해

(2) 집단지성과 생성적 협업에 참여하고 조율하는 기업가의 능력

(3) 강건한 성공 써클을 창출하는 데 필수적인 협업 관계 만들기

'수호자'와 '수문장(守門將)'

생성적 관계generative relationship는 견고한 플랫폼을 만드는 데 필요한 세 개 층 전부를 뒷받침해준다. 고객, 팀 구성원, 이해관계자, 파트너들에게 실질적으로 유용한 지원을 해줄 뿐만 아니라 생성적 관계에 참여하는 그들에게 안내guidance, 코칭coaching, 교육teaching, 멘토링mentoring 그리고 스폰서십sponsorship을 제공한다. 또한 새로운 플랫폼 각각은 비전을 향한 우리의 여정에서 다음 목적지를 나타내는 이정표가 되거나 혹은 입구 안내를 해준다고 할 수 있다. 또한 현재 우리가 안주하고 있는 안주 지대comfort zone 밖 미지의 새로운 영역으로, 우리를 성장하고 진화하게끔 밀어붙이고 지원과 안내 받을 방법을 찾게끔 요구한다. 여기서 수호자들guardians은 우리의 정신적, 물질적 스폰서들sponsors이자 멘토mentors들이다. 우리가 기술을 습득하도록 돕고, 자신감을 갖도록 돕고, 목표에 집중하도록 도와주는 핵심적인 관계를 개발시키도록 하는 개개인이다. 문지방 너머에 있는 그 영역이 우리에게는 낯선 새로운 것이기 때문에 우리는 앞으로 어떠한 유형의 스폰서십이 필요하고 누가 그런 수호자가 될지 모를 수 밖에 없다. 따라서 종종 뜻하지 않는 곳에서 수호자들이 나타날 것이다. 그래서 우리는 우리 여정의 모든 단계에서 언제든 지원과 안내를 받을 수 있는 열린 자세를 유지해야 한다.

수호자는 우리가 목적에 집중하고, 스스로를 믿고, 기술을 성장시키는 것을 도울 핵심적인 관계를 개발시켜 주는 스폰서이자, 멘토다.

수문장은 미션과 비전을 위하여 우리가 찾거나 필요로 하는 영향력의 수준과 관련된 새로운 네트워크의 '문을 열어 줄' 사람이다.

경우에 따라 수문장이 우리와 함께 하거나 지원해주지 못하는 상황에서 우리가 다음 단계로 이행하는 것을 붙잡으려고 할 수도 있다.

나선형 협업collaoration spiral의 관점에서 가장 중요한 생성적 관계 유형 중 하나는 '수문장gatekeeper'이라 불리는 것이다. 수문장은 우리의 비전과 미션에 진전을 가져오는 데 필요한 영향력 수준에 있어 완전히 새로운 관계망으로 가는 '문을 열어주는' 존재이다. 그들은 주로 우리가 진입하고자 하는 나선의 다음 고리와 연결되는 지점에 위치해 있으면서, 우리의 잠재력을 보고있다가 우리가 다음 플랫폼을 만들고 강화할 때 연결되어야 할 사람들이 우리를 신뢰하게끔 도와주는 역할을 한다.

필요한 관계를 찾아서 연결하고 성공적인 나선형 협업을 세우는 것은 랜디 윌리엄스의 케이레츠 포럼의 주요 목적 중의 하나다. 필자도 많은 기업들과 작업하면서 큰 조직들이 단단한 나선형 협업을 만들어가는 가운데 이를 지원해 줄 조직 내외부의 수호자와 수문장의 네트워크를 개발할 능력을 지닌 높은 잠재력의 관리자를 어떻게 공급할 것인지를 고민하도록 고무시키는 일을 했다.

매우 중요하게 다룰 부분인데, 우리는 비전, 미션, 엠비션의 정도와 범위를 봐서 나선의 다음 수준으로 이행할 준비가 됐는데, 수문장이 현재 수준의 우리가 다음 단계로 이동하는 것을 지원할 준비가 안 됐을 경우가 있을 수 있다. 마치 아이가 집을 나서는 것을 원치 않는 부모처럼 수문장gatekeeper이 우리가 다음 단계로 이행하는 것을 막으려고 할 수도 있기 때문이다.

모든 다른 유형의 장애물과 마찬가지로 기업가는 자신들의 발목을 잡을 수 있는 잠재적으로 제한적인 관계를 그대로 둬서는 안 된다. 만약 협업 관계에 있는 파트너가 더이상 협력적이지 않다면 비전을 향한 기업가의 전진에 도움이 되는 새로운 긍정적인 관계 형성을 위해 그 파트너를 회피하거나 뒤처지도록 그냥 둬야 할지도 모른다. 이것은 기업가로서 걸어가는 우리의 여정에서 경험할 수 있는 가장 힘들고 고통스러운 사건이 될 수 있다. 가슴이 쓰리고 아픈 스티브 잡스와 존 스컬리John Sculley의 관계가 아마 이런 대표적인 사례가 아닐까 한다. 잡스는 스컬리를 생성적인 관계라 생각하고 애플로 영입하였다. 그러나 스컬리는 비전이나 엠비션, 역할이 자신과 다르다는 이유로 잡스에게 등을 돌렸다. 이런 이러지도 저러지도 못하는 딜레마와 변수들은 비즈니스 관계에서도 그렇지만 개인적인 관계에서도 역시 일어날 수 있다.

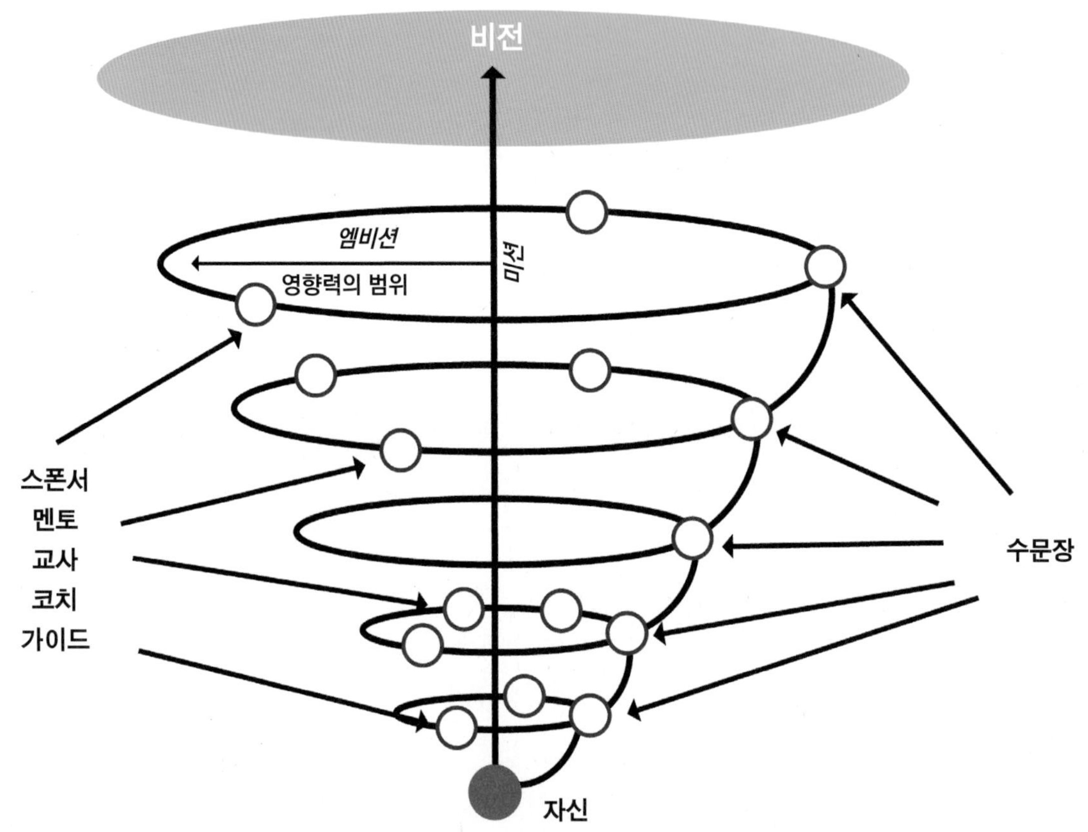

'수문장'과의 관계는 다음 단계의 영향력과 성취로 이어질 연결지점을 구체화해준다.

앞으로 나아가기 위해 어떤 관계를 끝내고자 하는 결정은 우리의 비전과 미션에 도움이 되고, 그것과 깊게 연결되어 있는 지점에서 이루어져야 한다는 점을 마음 깊이 새기는 일은 매우 중요하다. 코칭을 하면서 그리고 기업가의 한 사람으로서 내가 경험한 것을 돌아보면 그러한 결정을 내려야 하는 상황에서 엠비션ambition만으로 해결하려고 할 경우 거의 대부분 후회로 끝나는 것을 여러 번 보았다.

앞서 강조한 대로, 너무 빨리 앞으로 뛰어나가는 것은 위험이 따르게 마련이다. 그 플랫폼을 만들면서 다른 요긴한 관계들에 무슨 일이 생길 것에 대비하여 플랫폼을 그대로 잘 유지하도록 관계를 충분히 잘 다지는 것은 아주 중요하다. 앞 페이지 다이어그램에 보이는 나선상의 세 번째 고리 혹은 플랫폼을 예를 들어보면, 유일하게 의미 있는 관계로 '수문장gatekeeper' 이 있다. 이것은 전체 플랫폼이 자리를 잘 잡도록 하기에는 하나의 포지션에 너무 많은 짐을 지운 상태다. 만약 그 관계에 뭔가 문제가 생기면, 전체 플랫폼이 무너질 수 있는 것이다.

다이어그램의 꼭대기 층은 두 개의 핵심 관계가 성립된 것을 보여준다. 그러나 거기에는 그 핵심 관계를 정체성 확장이 가능할 만큼의 충분히 견고한 플랫폼으로 보강시킬 수문장이 아직 없다.

이 다이어그램이 묘사하는 상황에서 기업가는 그 수준에서 그런 일을 해줄 수문장을 신중히 찾아야 하는 것이다.

플랫폼을 만들면서 다른 요긴한 관계들에 무슨 일이 생길 것에 대비해 플랫폼을 그대로 잘 유지하도록 관계를 충분히 다지는 것은 아주 중요하다.

SFM 협업 촉매제: 성공적인 협업 모델링

SFM Collaboration Catalyst: Modeling Successful Collaboration

여러 가지 면에서 생성적인 관계generative relationship를 찾고, 나선형 협업구조collaboration spiral를 만드는 것은 대체로 '행운luck'이다. 그러나 우리가 앞서 살펴보았듯이 행운이라는 것은 준비와 기회의 만남이다. 이러한 생성적인 관계를 성공적으로 형성을 위해서는 두 가지 방법이 있다. 우선 우리만의 '숙제home work'를 해야 한다. 즉 우리는 자기 숙련을 위한 지속적인 훈련을 통하여 성공 써클의 중심을 잘 계발해야 한다. 성공한 기업인 마크 피즈패트릭Mark Fizpatrick이 강조한 바와 같이 '자신을 성장시킬 수 있는 발걸음take step to imporve yourself'이 중요하다. 그리고 이걸 잘 표현하는 오래된 격언이 있다. "학생이 준비되면 스승이 나타난다When the student is ready, the teacher appears."

두 번째로 준비해야 할 것은 생성적인 관계의 성공적으로 구축하는 것이 어떤 것인지 그리고 내가 추구하는 협업의 유형이 무엇인지를 명확히 하는 일이다. 좋은 출발 지점은 당신의 성공 요인 모델링을 몇 가지 찾아보는 것이다.

다음은 성공적인 협업에 대한 성찰을 도울 몇 가지 질문과 준칙이다. 다음의 안내를 훌륭한 생성적 관계의 특성을 규명하는 데 사용하라.

누구와 협업collaborate하였는가?, 당신의 협업 파트너는 어떤 배경을 가졌나?

협업은 어떤 맥락에서 이루어졌나? 당신이 하고 있는 협업의 환경이나 상황은 어떤 특징이 있는가?

중요하거나 꼭 필요한 협업을 만들기 위해 당신에게 닥쳤던 독특한 도전에는 어떤 것들이 있었는가?

어떠한 가치와 신념이 당신을 협업으로 이끌었는가?

상생관계를 확보하기 위해 당신은 어떠한 조치를 취했는가?

당신과 협업 파트너 사이에 주효했던 협력 효과는 무엇이었나? 협업 과정에서 당신이 활용 가

능했던 파트너의 보완적인 능력, 자원이나 경험적 지식은 무엇이었는가?

이것이 왜 성공적인 협업이었는가? 각각 혼자서는 할 수 없는 일을 함께 완수할 수 있게 한 요소는 무엇이었는가?

성공의 증거는 무엇인가?, 협업의 결과는 무엇인가?

성공 요인 모델링의 협업 촉매제: 생성적인 관계를 위한 준비

SFM Collaboration Catalyst:
Preparing for a Generative Relationship

성공적인 협업을 위해 당신이 수행했던 것을 모델링에 적용하여, 당신만의 나선형 협업이 다음 단계로 이행하기 위해 당신이 필요로 하거나 찾고 있는 협업의 유형이 어떤 것인지 분명히 하는 데 다음의 질문을 사용해 보라. 그리고 당신은 이 질문을 아직 존재하지 않는 잠재적인 협업의 특성 또는 협업자의 특징을 규명하는 데에 그리고 당신이 하고자 고려 중인 협업에 대해 성찰하는 데에 사용해보라.

다층형 나선 협업구조collaboration spiral**와 관련된 질문**

1. 현재 나의 플랫폼은 무엇이고, 현재 나는 누구인가?

플랫폼: ______________________________ .

정체성: ______________________________ .

2. 그 정체성에서 지금 나를 지원하고 있는 핵심 관계(수문장gatekeepers 및 수호자guardians와 관련된)에는 어떤 것들이 있는가?

3. 이 플랫폼platform과 정체성identity과 관련해 내가 가진 핵심적인 자원에는 어떤 것들이 있는가?

4. 나의 핵심적인 속성은 무엇인가(행동, 역량, 신념, 가치, 엠비션, 미션, 비전)?

5. 내 비전이 드러나는 다음 단계를 창조하기 위해 세워야 하는 다음 플랫폼은 무엇인가? 나의 확장된 정체성은 무엇이 될 것인가?

플랫폼: ______________________________.

정체성: ______________________________.

6. 그 플랫폼을 만들기 위해 내게 가장 필요한 것은 무엇인가?

7. 다음 중 그 플랫폼을 구축하기 위해 개발, 강화, 확대해야 할 개인적인 속성이나 기질은 무엇인가?(행위, 능력, 신념, 가치, 엠비션, 미션)

8. 새로운 플랫폼과 정체성을 만들도록 나를 도와줘야 할 핵심적인 관계(수문장과 수호자들)에는 어떤 것이 있는가?

나선형 협업구조와 관련하여 살펴봐야 할 또 다른 질문은 다음 플랫폼이나 정체성의 확장을 현재 지연시키고 있는 관계가 있는지 여부이다. 만약 있다면 어떻게 그것을 변형시키거나 뛰어넘을 수 있을까?

잠재적인 협업자와 관련한 질문

1. 현재 누가 나의 잠재적인 협업자인가?

____.

2. 정체성 측면에서 나의 잠재적인 협업자를 지원할 핵심 관계에는 어떤 것들이 있는가?

______________________ ______________________

______________________ ______________________

______________________ ______________________

이러한 관계가 나의 다음 플랫폼과 정체성을 구축하는 데 도움이 될 것인가?

3. 나의 잠재적인 협력자가 가진 자원은 어떤 것이 있는가? 그 자원 중에 어떤 것이 나에게 필요한가?

______________________ ______________________

______________________ ______________________

______________________ ______________________

4. 잠재적인 협력자에게 필요한 것은 무엇인가? 내가 가진 자원 중에 어떤 것이 그의 필요를 충족시킬까?

______________________ ______________________

______________________ ______________________

______________________ ______________________

5. 무엇이 잠재적인 협업자의 속성인가(행위, 능력, 신념, 가치, 엠비션, 임무, 비전)?

6. 우리가 협력 또는 협업 관계라면 누가 우리와 함께 할 것인가?

7. 혼자서는 완수할 수 없는 것을 함께 완수할 수 있게 한 것은 무엇인가?

성공 요인 사례,
매버릭 엔젤스 설립자 존 딜츠

Success Factor Case Example

John Dilts, Founder - Maverick Angels

당신의 미래가 당신을 이끌도록 하라

Let your future pull you forward..

이제 성공 요인에 대한 최적의 사례인 존 딜츠John Dilts를 살펴보고자 한다.

존은 성공 요인 모델링 프로세스의 공동 개발자이자, 딜츠 전략 그룹의 공동 창립자로서 그가 이룬 성과는 매우 크고 광범위하다.

1999년 35세의 나이로 존은 실리콘밸리 법률회사의 이름없는 평범한 직원에 불과한 존재였다. 그러나 채 4년이 지나기도 전에, 존은 어떻게 지역의 기업가 정신을 개발할 것인가에 대해 고심하는 중국 정부의 특별 고문을 맡아, 중국을 국제적인 경제 강국으로서의 현재 위치로 도약시키는 움직임의 핵심 역할을 담당하게 되었다. 존의 빠른 발전과 변신은 나선형 협업구조의 힘을 입증해주는 대표적인 사례다.

존 딜츠.
매버릭 엔젤스 창립자

존 딜츠는 실리콘밸리 법률회사의 평범한 직원들 중 한 사람에 불과했으나 4년이 채 되기도 전에 어떻게 지역의 기업가 정신을 개발할 것인가에 대해 고심하는 중국 정부의 특별 고문이 되었다.

존은 법률과 금융 계통에서 경력을 쌓았다. 마크 피즈패트릭(SPM 제1권 참조)처럼 존은 원래 아버지가 간 길(아버지는 1950년대 말 전기공학 전문가로 실리콘밸리 지역으로 이주해 온 변리사였다)을 뒤따랐다. 존은 샌프란시스코 대학에서 법학 학위를 취득하고 샌프란시스코만 지역의 다양한 법률회사에서 일했다. 그러나 그는 많은 법률 관행들을 완전히 수용하기 어려웠다. 본질적으로 승패를 가르는 소송의 성격 자체에 환멸을 느꼈다. 사실 존은 법과대학을 다닐 때에도 협상에 뛰어났었다. 존과 나는 자주 협업의 중요성과, 의뢰인과 의뢰인의 상대편 및 그 대리인까지 포함해 그들이 어떻게 차선책을 선택하게 만들 것인가로 자주 토론했었다. 당시 존은 당사자 모두 승-승할 수 있는 해결책을 이끌어내는 열정과 재능을 보여주었다.

그는 결국 상법(商法)이 단지 상대를 무너뜨리는 것이 아니라 무언가를 건설하는 것이기에 매우 매력적이라는 사실을 알아차렸다. 그가 일했던 실리콘밸리 법률회사는 인수합병과 기업공개 뿐만 아니라 창업을 스폰서십하는 기업을 대변하는 일도 하고 있었다. 여기서 존은 기업가와 잠재적인 투자자, 팀 구성원과 파트너 사이의 협상 테이블 양쪽 모두 앉아보며 이에 대한 많은 경험을 할 수 있었고, 그는 잠재적인 투자자와의 회의가 실망스럽게 끝난 경우, 잠재적 투자자가 "그들이 X를 언급했거나, Y를 보여주었으면 나는 더 흥미를 느꼈을 것이다."와 같은 말을 할 수도 있겠구나 하는 것을 알아차리게 되었다. 존은 의아해지기 시작했다. "왜 투자자들한테 그런 말을 하지 않는 걸까? 피드백에 응답할 기회도 얻고 조정할 기회도 얻을 텐데 말이야."

기업가와 투자자의 협상에 참여해본 경험을 통해, 투자자들은 하나의 아이디어, 하나의 제품, 특정 계획에는 좀체 투자하려고 하지 않는다는 것을 알았다. 투자자들은 기업가에, 그 일이 되도록 만들겠다는 기업가의 비전에, 미션에, 엠비션에, 열정에, 헌신에 투자하는 것이었다.

이러한 회의에 참석해 본 많은 경험을 통해 존은 기업가가 단순히 자신의 회사에서 생산하는 제품이나 회사 재무재정에 대한 계획을 설명하는 것보다 다른 사람들을 고무(鼓舞)시키는 방식으로 자신의 열정과 비전을 가지고 소통하는 능력이 얼마나 중요한지에 대해 점점 더 깨달아갔다. 그리고 투자가들은 하나의 생각, 하나의 제품, 하나의 계획에 좀처럼 투자하려고 하지 않는다는 것을 알게 되었다. 투자가들은 기업가에, 그 일이 되도록 만들겠다는 기업가의 비전vision, 미션mission, 엠비션ambition, 열정passion, 헌신commitment, 투자하는 것이었다. 투자자들은 하나의 상품이나 특정 계획에 투자하는 것이 아니라 빠르게 변화하는 환경 속에서 계획이나 상품 이상의 것을 얻게 될 사업 자체에 투자하기를 원했다. 물론 계획과 상품도 중요하지만 투자자들은 궁극적으로 사람에 투자했던 것이다.

타고난 능력과 승-승 협상의 열정을 가지고 존은 본질적으로 '무에서 유를 창조하느라' 고

전하는 신생 기업의 기존에 인식된 가치를 즉시에 높일 수 있는 적합한 파트너십이나 동맹 관계를 어떻게 구축하는지를 목격했다.

법률 회사 직원에서 자금관리자 그리고 벤처 기업 코치가 되다

이러한 경험은 존에게 특별한 형태의 '벤처 촉매제venture catalyst'에 대한 아이디어의 씨앗을 싹 틔우게 했다. 그 벤처 촉매제라는 것은 신생 기업이 성장을 가속화시키고 성공의 기회를 증가시키는 데 필요한 자금과 그 외 자원들을 투입할 개인이나 (펀드와 같은) 개인들의 합을 말한다. 존의 아이디어는 잠재력이 큰 소규모 신생 기업에 자금을 투자하고 그들을 지원하는 것에 그치지 않고, 그들 비즈니스를 성장시키는 데 필요하다고 생각되는 행동 기술과 관리 기술 측면에서 기업가를 코칭하는 것이었다. 이 아이디어는 결과적으로 생성적 벤처 커뮤니티에 관한 비전으로까지 발전하였다.

모든 것이 책상 아래 박스에서 시작되었다.

존은 실리콘밸리 법률회사를 떠나 초창기 벤처 펀드를 시작했다.

이와 같은 비전 실현을 위한 첫 단계로 존은 초창기 기술 기업 투자에 집중하는 벤처 펀드 설립을 꿈꾸기 시작했다. 그는 이 꿈이 '책상 아래(under the desk,역주: 의심의 여지없이 놀라운 것이지만 많은 사람이 알지 못해서 비밀인 채 남겨진 어떤 것)' 에서 형태를 잡아갔다고 이야기하기를 즐겼다. 그의 책상 아래 박스에는 그의 아이디어, 연락처, 계획에 관한 파일이 있었다. 그리고 그것은 기업 투자를 담당하는 회사 동료가 같은 생각임을 알고 공명하면서 빛을 보기 시작했다. 그들의 프로젝트에 대한 열정이 높아짐에 따라 존의 야망과 신념도 따라 높아졌고, 책상 아래의 상자도 점점 관심이 커지기 시작했다. 어느 순간, 존은 그것이 더 이상 부차적인 일이 아니라 중심이 되어야 한다는 것을 깨달았다. 이는 로펌을 떠나는 위험을 감수하는 것을 의미했다.

법률 회사 직원에서 벤처 창업 육성자로

그는 해냈다. 존과 파트너는 IPE라는 펀드회사를를 창립했는데 유한책임회사LLC로 그가 직접 경영 임원으로 일한 벤처 캐피탈 펀드였다. 그리고 그의 파트너는 백만 달러를 유치해, 인터넷 기반 시설, 응용 애플리케이션, 소프트웨어와 통신 관련 분야의 14개 신생 기업에 투자했다. 실리콘밸리 기준으로 백만 달러가 많은 돈은 아니었지만, 협업의 결과는 존의 정체성을 법률회사 직원에서 벤처 펀드 매니저로 바꾸어놓았다. 이것은 그의 비전에 다가가게끔 이끌 새로운 플랫폼을 세울 수 있게 해주었다. 펀드 매니저라는 그의 정체성은 법률 회사에서 만날 수 있었던 사람보다 훨씬 많은 사람을 만날 수 있게 해주었다. 거기에 존은 펀드 운용과 포트폴리오에서 우위를 점하도록 코칭해 주는 것 외에도, 딜츠Dilts 벤처를 설립하고 기업가나 신생 기업의 리더들을 코칭하기 시작했다. 이는 그의 정체성을 확장시켜 '벤처 코치venture coach'라는 정체성을 하나 더 추가하게 했다. 동시에 이러한 활동은 존의 관계 네트워크를 확장시켰고, 또한 존이 다양한 산업 분야를 포괄하는 실리콘밸리의 수많은 기술 기업의 임원으로 일할 수 있도록 이끌어 주었다.

국제적인 교육·훈련 전문가이자 컨설턴트로 영역을 확장하다

내가 가진 NLP와 모델링 관련 배경과 리더십 그리고 대기업이나 여러 기관에서 혁신 관련 일을 수행했던 경력 덕분에 존과 나는 효율적인 벤처기업의 촉매 역할에 필요한 코칭과 교육·훈련 도구에 대해 자주 토론했다. 또한 우리는 규모가 큰 조직에서 보다 훌륭한 기업가의 태도를 촉진시킬 수 있는 방법에 대해 의견을 교환하기도 하였는데, 이것이 SFM을 발전시키는 계기가 되었다. 펀드 매니저이자 기업 육성 전문가라는 존의 새로운 정체성은 몇몇 프로젝트에서 협업의 가능성을 열어주었다. 또한 존은 창의적인 승-승의 협상만 잘 하는 것이 아니라 대중 연설에도 뛰어났다. 그러한 협업이 성공한 결과가 바로 딜츠 전략 그룹Dilts Strategy Group이다. 우리 두 사람의 관계망의 결합은 확장해 나가는 영향력의 범위를 현저히 넓혀주었고 존의 정체성에 '국제적인 교육·훈련 전문가이자 컨설턴트'가 더 추가되었다.

우리 프로젝트 중에는 피아트 그룹Fiat Group 건도 있었다. 피아트Fiat는 1990년대에 급속한 성장을 이루었는데, 그 10년의 후반 2년 동안 1,000개의 기업을 인수하였다. 당시 피아트는 600명이 넘는 이사진으로 구성되어 있었는데, 그 지주회사 대표들은 그룹 내에서 회사 정체성에 대한 공감대 형성 및 공통의 문화와 리더십을 세워야 할 필요성을 느끼고 있었다. 나는 피아트 그룹 내 인적 자원 및 조직 개발 부서와 사내 대학인 피아트 이소보 경영대학ISVOR fiat의 고위 인사들과 일을 했는데 그들은 실리콘밸리에서 일어나는 일을 매우 흥미로워했고 그들 문화 속에 기업가 정신을 장려할 필요성을 깨닫기 시작했다.

펀드 운용과 기업 육성이 그의 이력에 추가되었다. 존은 딜츠 벤처를 설립하고 기업가와 신생 기업의 리더들을 육성하게 되었다.

존과 나는 서로의 인적 관계망을 결합하고 존의 영향력을 현저하게 키우며 국제적인 교육 훈련가이자 컨설턴트로서의 정체성을 확장시키면서 딜츠 전략 그룹을 설립해 협업을 시작했다.

국제적인 교육·훈련 기업의 최고 경영자가 되다

딜츠 전략 그룹과 피아트 경영대학ISVOR Fiat은 피아트 그룹 내에 높은 성과를 내는 리더들의 스킬과 특성을 규명할 목적으로 SFM 방법론을 적용하고자 협업을 시작했다. 이 협업은 SFM 리더십 모델(SFM 제3권 참고) 개발이라는 결과를 낳았다. 다음 단계는 피아트 그룹 내 계열회사에 리더십 모델을 공개하고 보급하는 것이었는데, 합작 벤처 기업인 피아트 이소보 경영대학ISVOR Dilts 리더십 체계는 이러한 보급 과정에 용이하도록 만들어졌다.

딜츠 전략 그룹과 이탈리아 자동차 제작업체인 피아트와의 협업과정에서 SFM을 리더십 개발에 적용하기 위해 국제적인 교육 · 훈련 합작기업을 만들었는데, 거기서 존은 최고 경영자가 되었다.

법률회사 직원에서 펀드매니저로, 다시 신생 기업 육성에서 국제적인 교육·훈련전문가 겸 기업 컨설턴트로 그리고 독특한 행위 모델링 개발자로 변화를 거듭한 존의 궤적은 이제 새로운 합작 기업의 최고경영자로 이어졌다.

기업 코치에서 국제적인 교육·훈련 회사의 최고 경영자로

여기서 중요한 것은 존은 자신이 개발한 다층 나선형 협업구조가 이뤄낸 결과와 마찬가지로 이름 없는 평범한 법률회사 직원에서 불과 몇 년 만에 손꼽히는 국제적인 리더십 개발 조직의 최고 경영자가 된 것이다. 하지만 아직 이 새로운 플랫폼은 존이 생성적인 벤처 커뮤니티 형성을 위한 그의 더 큰 비전을 완전히 성취하게 하지는 못했다.

국제적인 창업 투자 컨설턴트이자 경영대학 학장으로 변신하다

존은 서양의 경영관리 기법을 중국 본토에 도입하려는 중국계 여성과 협력관계를 맺었고 저장대학 내 경영대학 학장이 되어 결국 기업가 정신에 대한 중국 정부의 자문역할을 하게 되었다.

이소보 딜츠ISVOR Dilts의 최고경영자로 있는 동안 존은 미국에 사는 중국계 여성과 협력관계를 맺었는데, 그 여성은 서양의 경영 기법을 중국 본토에 도입하고자 하고 있었다. 그들은 미국과 아시아 간 국제 사업과 벤처 투자 진행이 용이하도록 할 목적으로 글로벌엔젤GlobalAngels이라는 기업을 세웠다. 이 협업은 존의 네트워크를 존이 가지고 있던 전문 지식을 갈망하는 커뮤니티에까지 더욱 확장시켜 주었다. 한번은 중국 방문길에 존의 파트너는 존에게 항저우에 위치한 저장대학(浙江大学, Zhejiang University) 사립 경영대학의 임원을 소개시켜 주었는데, 그들은 중국을 공산주의에서 자본주의로 전환함에 있어 필요한 젊은 전문 인력을 양성하고자 학교를 설립하였다.

이미 창업 기업의 법률자문, 창업 펀드 매니저이자 창업 육성 전문가, 국제적인 리더십 교육·훈련 기관의 최고 경영자, 그리고 미국의 경영관리 절차를 도입하려는 기업에서 일하는 중국 여성의 협력자로 성장한 그의 경력은 이제 경영대학의 학장으로 이어졌다.

중국 정부를 자문하다

얼마 지나지 않아 중국 정부가 지방 정부에 기업가 정신에 활기를 불어넣을 방법에 대한 조언자를 물색 중인 과정에서 그들은 자연스럽게 가장 신선하고 가장 진취적인 경영대학의 학장인 존을 염두에 두게 되었다. 다층적인 나선형 협력구조를 따라 성장한 존의 여정을 고려하면 그러한 역할을 수행할 가장 이상적인 후보자였고, 존이 생성적인 기업커뮤니티 비전을 성장하는 중국 경제의 추진력으로 활용하면서 그는 또다른 새로운 플랫폼을 마련하게 되었다.

존 딜츠의 정체성은 결국 최고 경영자에서 경영 대학 학장으로 그리고 중국 정부의 고문으로, 생성적인 기업 커뮤니티의 설립자로 확장되었다.

생성적 벤처 커뮤니티를 설립하다

그러나 이것이 존이 추구하는 비전의 궁극적인 실현은 아니었다. 2004년 초반 존은 랜디 윌리엄스를 만나서 그가 케이레츠 포럼에서 하는 일을 알게 되었다. 존은 그 구조에 깊은 감명을 받고 즉시 케이레츠 LA 지부를 만들었다. 그런데 존John은 SFM을 한 자신의 경력으로 봐서는 기업가와 창업 투자자 모두에게 도구, 코칭 및 지원을 제공하는 데 있어 더 많은 일을 할 수 있다는 것을 알았다.

2006년 존은 직접 매버릭 엔젤스라는 생성적 벤처 커뮤니티를 설립하였는데 창업 초기 단계에 있는 기업의 자금조달과 멘토링에 집중하였다.

2006년에 존은 직접 매버릭 엔젤스Maverick Angels라는 생성적인 창업 커뮤니티를 설립하였는데, 창업 초기 단계에서는 자금 지원 및 멘토링에 중점을 두었다. 매버릭 엔젤스 커뮤니티의 구조는 랜디 윌리엄스의 아이디어에 영감을 받았지만 멤버들의 성공을 돕는 데 SFM의 모든 원칙과 기법을 포함시켰다. 케이레츠 포럼과 유사하게 존은 훌륭한 아이디어를 가진 비전있는 기업가와 초기 투자자들이 함께 하는 창업 투자자 네트워크로서 매버릭 엔젤스를 설립했다. 네트워크에 참여한 기업가들은 이 책 SFM 제3권에서 다루는 도구나 연습, 코칭 형태로 지원을 받았다.

나아가 남부 캘리포니아, 유타, 그리고 유럽에 매버릭 엔젤스 지부를 세우고 큰 조직에서 교육·훈련 및 경영 자문으로 활동한 경력을 백분 활용해 지부에 협업 자문 부서를 만들었다. 목적은 기업의 성장을 돕기 위해 SFM을 기반으로 경쟁력 있는 혁신 추진 전략을 만드는 것이었다. 이 접근법은 성공한 기업가와 그 기업가가 경영하는 기업의 생태 환경을 전부 분석해서 만든 모형을 전략적 촉매제로 변환시켜 기업 성장을 돕고 있는 창업 투자 네트워크에 적용하는 것이었다. 존은 지속 가능한 혁신 전략을 지원하는 이러한 접근법을 크레프트Kraft, 암젠Amgen, 네슬레Nestlé, 워너브라더스Warner Bros, 소니Sony, 인테사 상파울로 은행Intesa Sanpaolo Bank 같은 글로벌 기업 내에 적용하는 일 역시 훌륭히 해냈다.

2010년 8월, 존이 너무 이른 나이에 급작스럽게 죽기 전까지 그는 아메리칸 아이돌American Idol이나 영국 갓 탤런트Britain's Got Talent의 포맷을 기초로 하여 몇몇 나라와 함께 기업주의와 생성적 창업 커뮤니티의 원칙을 홍보하는 내용의 텔레비전 쇼를 준비하고 있었다. 기업가들이 자신의 아이디어를 발표하면 경험 많은 투자자 또는 성공한 기업가와 같은 패널들이 조언하는 형식의 프로그램을 그렸다. 시청자들은 어떤 벤처 기업이 자금 지원을 받을지에 대해 투표하는 것이다. 이런 프로그램들은 이제 많은 나라에서 실현되었다.

지금도 생성적인 창업 커뮤니티라는 존의 비전은 야생마 연구소에 남아있는데, 투자 촉진을 유도하는 국제적인 컨설팅 기업으로, SFM 원칙을 활용하여 투자자를 모아 창업 기업을 성공으로 이끄는 멘토 역할을 하고 있다.

또한 존은 개인적으로 남부 캘리포니아에 있는 엘니도패밀리센터스El Nido Family Centers 같은 그룹에서 생성적 창업 커뮤니티를 만들기 위해 헌신적인 열정을 쏟기도 하였다. 엘니도El Nido는 불우하거나 위험에 처한 아이나 청년, 가족을 지원하는 조직인데, 존은 10대 청소년을 돕는 일에도 자발적으로 자신의 시간을 할애하고 헌신하였다. 돌 수프 이야기 속의 이방인처럼 존의 비전은 각자가 공통의 대의에 기여한다면 무엇인가를 공동으로 창조할 수 있다는 믿음을 그들에게 불어넣는 것이었다. 존의 장례식에서 엘니도의 국장은 존이 젊은이들에게 준 엄청난 시간이 어떻게 그들의 삶을 변화시켰는지에 대해 눈물을 흘리며 말했다.

'생성적 벤처 커뮤니티generative venture community'라는 존의 비전은 지금도 야생마 연구소wild horse labs에 남아있는데, 존의 부인 줄리 데이비스 딜츠Julie Davis Dilts가 야생마 연구소의 공동 창립자다. 야생마 연구소는 매버릭 엔젤스에서 진화한 것으로 투사 촉진을 유도하는 국제적인 컨설팅 기업이다. SFM 원칙을 활용하여 투자자를 모아 창업 기업을 성공으로 이끄는 멘토 역할을 하고 있다.

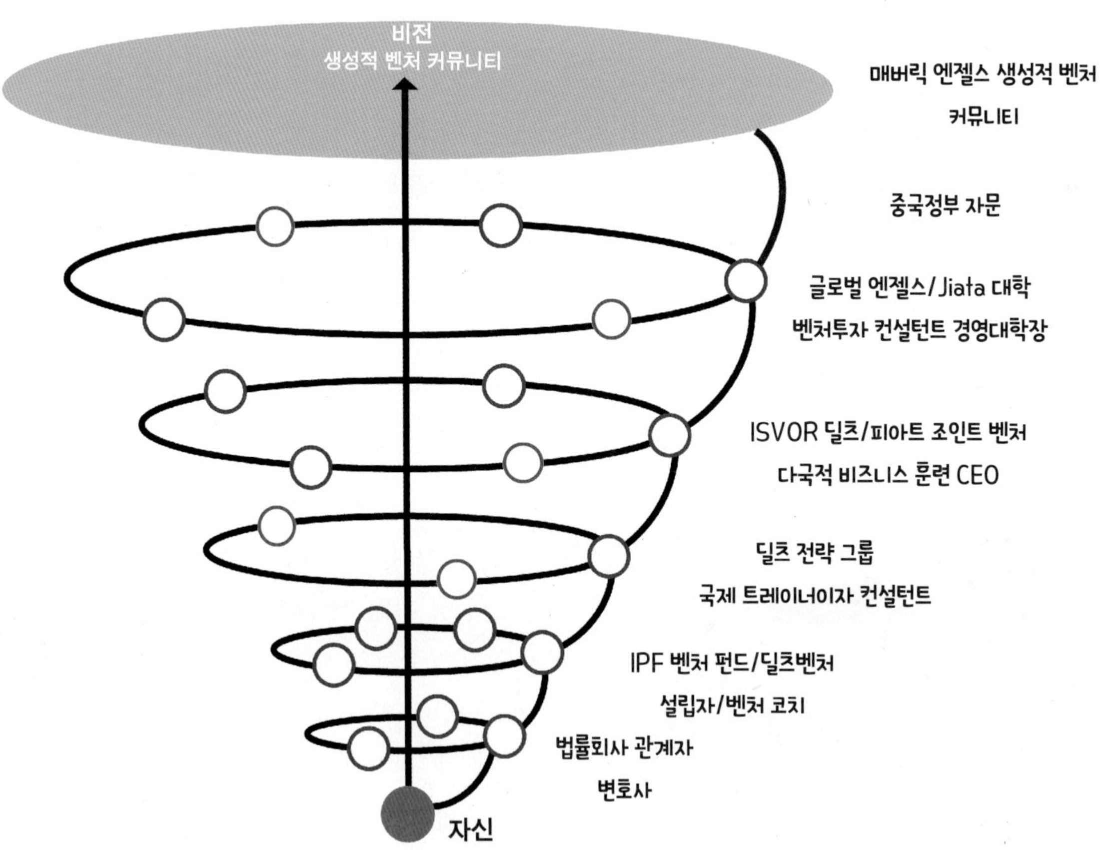

효율적인 나선형 협업구조를 만들어내는 존 딜츠의 능력은 실리콘밸리 평범한 법률회사 직원을 채 5년이 안 되는 시간 내에 중국 정부의 기업가정신에 관한 고문이자 국제적인 창업 커뮤니티 기업의 설립자가 될 수 있도록 이끌었다.

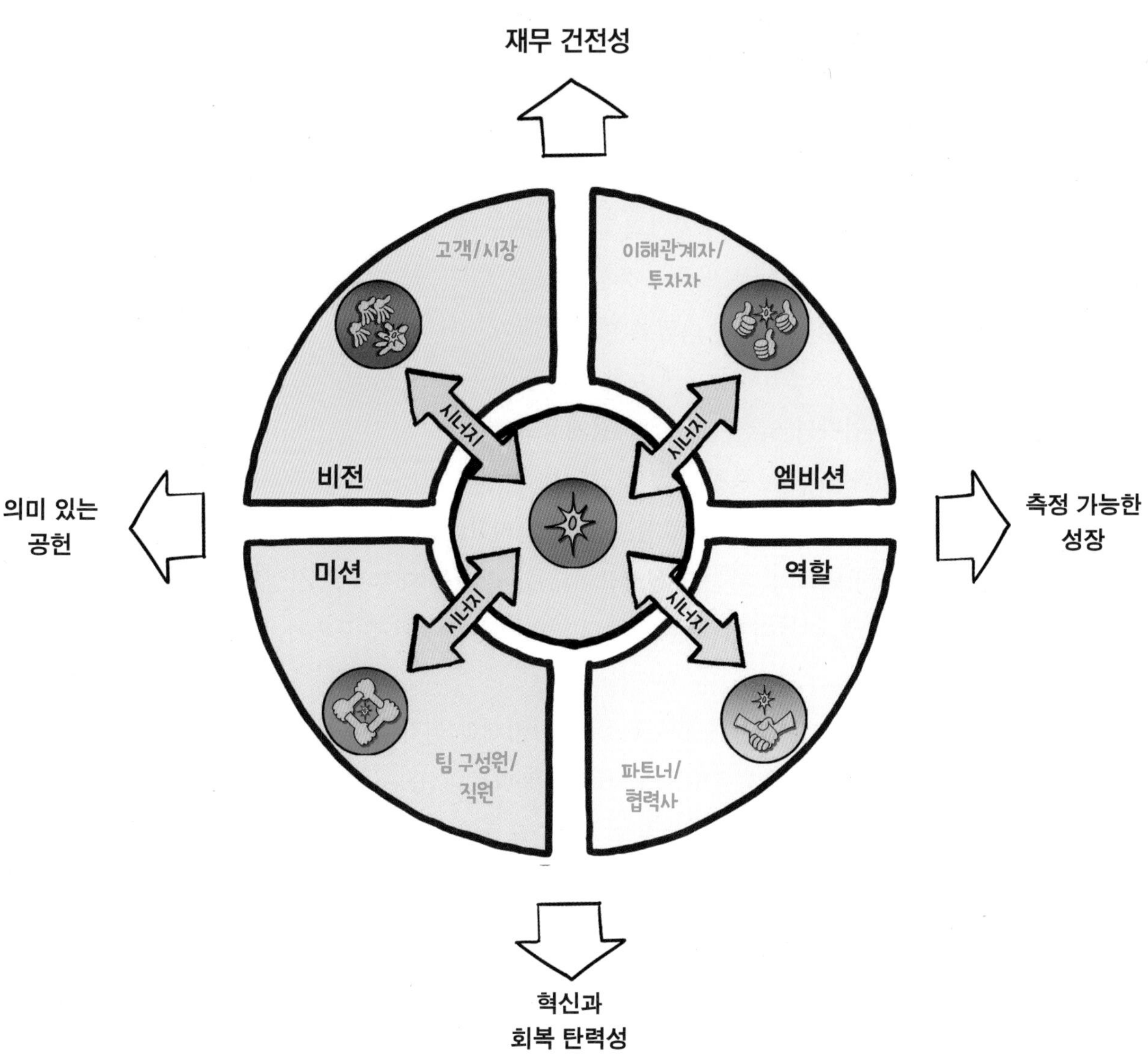

랜디 윌리엄스와 유사하게 존 딜츠는 창업 투자자와 같은 이해관계자와의 강력한 관계 형성을 통해 성공 써클의 중심에 있는 기업인의 역량을 키우면 성공 써클의 구성원 모두가 풍요롭게 될 것이라 믿었다.

요약: 생성적인 창업 커뮤니티 창출의 핵심 성공 요인

랜디 윌리엄스처럼 존 딜츠는 기업가와 이해관계자 사이의 협업 효과를 강화하는 데 엄청난 주의를 기울였다. '생성적인 창업 커뮤니티'라는 비전에서는 이해관계자가 금전적인 투자만이 아니라 지적 자본으로 지원을 하는, 즉 투자자를 넘어 스폰서이자 수호자가 되는 것을 의미했기 때문이다. 특히 존은 창업 투자자와 같은 이해관계자와의 관계 강화를 통해 성공 써클의 중심을 세움으로써 기업가와 다른 구성원들 역시 그만큼 협업 효과가 더 강화된다고 믿었다.

존 딜츠는 성공 써클의 다른 부분의 강인함, 명료함, 창의성은 성공 써클의 중심인 기업가의 강인함, 명료함, 창의성 그리고 열정과 비전에 달려있다는 것을 알았다.

그는 꿈을 가진 신세대 기업인이 더 나은 세상을 만들 수 있다는 것에 대해 한 치의 의심도 하지 않았다.

나아가 존은 기업가의 열정이나 강한 정체성도 핵심적인 성공 요인이라 믿었다. 특정 성공 써클의 다른 부분들의 강인함, 명료함, 창의성은 성공 써클의 중심인 기업가의 강인함, 명료함, 창의성 그리고 열정과 비전에 달려 있다고 보았다.

성공 써클에 의하면 측정 가능한 성장을 성취한 결과물 대부분은 사업의 확장, 이해관계자를 위한 가치 창출, 파트너 및 동맹 관계의 기업과의 상생관계 구축에 필요한 실질적인 행위를 통해 얻을 수 있다.

앞에서 언급했듯이, 존의 천재성은 승-승 협업에 대한 생각 속에 있었다. 기업가나 조직들이 쉽게 간과하는 협업에서 특별히 중요한 영역은 파트너십partnership이라는 것을 존은 알았다. SFM 제1권에 나오는 애플Apple과 마이크로소프트Microsoft 사이에 맺은 스티브 잡스의 파트너십이 보여준 것처럼 존은 파트너십을 매우 강력한 지렛대로 보았다. 존이 프로젝트 합류를 위해 어느 쪽의 추가적인 비용이나 다른 부담 없이 성과 좋은 큰 조직과 단순한 제휴 관계 협상만 해서도 신생 기업의 가치를 백만 달러 이상 높여 놓는 것을 나는 수차례 목격하였다.

매버릭 엔젤스와 엘니도에서 존이 했던 작업에서 알 수 있듯이 존은 생성적 창업 커뮤니티가 주는 이익을 전 세계로 파급시키는 일에 전념했다. 그는 꿈을 가진 차세대 기업인이 더 나은 세상을 만들 수 있다는 것에 대해 한 치의 의심도 하지 않았다.

다음은 기업가가 해내는 문화와 생성적인 창업 커뮤니티를 만드는 것에 대한 존이 가진 철학과 공식이다.

생성적인 창업 커뮤니티의 힘에 관한 성찰: '당신의 미래가 당신을 이끌도록 내맡겨라'

Reflections on the Power of a Generative Venture Community

'Let Your Future Pull You Forward'

당신의 미래가 당신이 나아가게 이끌도록 하라.

- 자신의 미래 자산을 인정하라. 그것들을 확인한 다음, 자신이 배운 도구와 모델을 가지고 그 미래 자산을 향해 자신의 방식대로 일하라.
- 열정을 가지고 헌신하면서 자신의 개인적인 생성적 힘은 물론 커뮤니티가 가진 힘과 자원도 이용하라.
- 자신의 아이디어가 가진 힘과 아이디어를 기다리고 있는 진정한 촉매제 안에 있는 자신의 신념을 인정함으로써 제한된 신념을 극복하라.
- 커뮤니티에 속한 다른 사람의 긍정적이고 건설적인 생각에 열린 자세를 유지하라. 그리하여 그들이 당신 아이디어를 필요로 하고 신뢰할 수 있게 승-승을 위한 예의를 지키는 속에서 당신을 지원하는 그들의 스폰서십을 허용하라.
- 자신을 가혹하게 평가하지 마라. 그리고 당신의 판단과 역량, 열정에 대한 이해가 부족하여 당신을 제지하는 외부인의 제한된 신념을 자신에게 허용하지 말라.
- 그런 일이 생긴다고 느껴지면, 진정한 자아를 따르고자 하는 열정의 힘에 집중하라. 그리고 이 커뮤니티에서 받은 스폰서십과 협업을 떠올려라. 그것이 진짜이다. 그것을 신뢰하고 기권하지 말라.
- 이것이 당신의 아이디어, 기술 그리고 커뮤니티의 생성적인 힘이 갖고 있는 가능성을 온전하게 실현시킬 것이다.

- 당신은 바로 이 독특한 힘을 세상과 나눌 의무가 있다. 정말 특별한 것이다.
- 당신의 개인적인 힘과 능력 그리고 커뮤니티 내에서 그것들을 추동시키는 열정, 그 힘에 스스로를 맡기면, 그 무엇도 당신을 막지 못할 것이다.
- 당신이 함께 만들어낸 생성적 힘의 미래 잠재력은 실로 무한할 것이다.

다행히도 당신은 제한된 신념에 대한 진실을 알았다. 그 신념이란 것들은 태생적으로 '제한적'이며 부정확하다. 같은 공간에 있는 다른 사람들이 당신을, 당신 아이디어를, 당신의 능력에 대해 더 많은 것을 본다. 그리고 사실 그들은 자신들이 본 것을 신뢰한다. 따라서 당신만의 개인 동굴 안에서 스스로에 대해 창조하는 허구가 아니라, 당신을 향한 그룹의 욕구와 지각이 지금 당신의 현실이 된다. 이 새로운 현실은 당신 미래를 위한 그리고 이 강력한 새로운 커뮤니티의 미래를 위한 발사대이다.

SFM 협업 촉매: 꿈의 수호자 연습

SFM Collaboration Catalyst: Dream Guardians Exercise

'무에서 유를 창조'하기 위한 핵심적인 요소는 당신의 비전을 이해하고, 비전 달성을 위한 당신의 능력을 알아보는 사람들로부터 받은 스폰서십과 응원이다. 이러한 스폰서십은 위에서 존 딜츠가 능숙한 웅변처럼 언급했던 것처럼 생성적인 창업 커뮤니티가 가지고 있는 본질적인 장점이자 이익이다. 우리 SFM 프로그램 그리고 팀이나 신생 기업과 했던 코칭 세션에서 참가자들을 초대해 완수하도록 하는 중요한 연습 중 하나가 '꿈의 수호자 연습dream guardians exercise'이라 부르는 것이었다. '꿈의 수호자는 우리가 장애물을 극복하거나 변형시키는 방법으로, 꿈에 도달하기 위해 필요한 자원을 식별하고 지원함으로써 다층 나선형 협업구조상에서 새로운 플랫폼 구축을 도와주는 존재들이다. 즉 수호자는 우리가 창의적인 방식으로 문제를 바라보고, 장애물을 극복하거나 변형시킬 다른 방법을 찾아내도록 도와준다.

이 연습은 발표자인 기업가 그리고 6명의 수호자로 구성된 7명이 그룹이 되어 활동할 때 가장 성공적이었다. 수호자들은 집중해야 할 요인들의 차원을 선택한다. 환경, 행위, 능력, 신념과 가치, 정체성과 정신(비전과 목적)이 그것이다.

꿈의 수호자 연습에서 팀은 환경, 행동, 능력, 가치와 신념, 정체성, 비전과 목적 등 다양한 차원에서 필요로 하는 자원과 잠재적인 장애물을 탐색하였다.

1. 구성원 모두가 COACH 상태에서 시작하며, 발표자는 자신이 가지고 있는 '불가능한 꿈impossible dream'이나 '웅대하고 대담한 목표Big Hairy Audacious Goal(BHAG)'를 수호자 그룹에 발표한다. 이것은 이 책, 도입부에 소개한 일종의 핵심 구술 요약인 엘리베이터 피치elevator pitch와 같이 간략하게 하는 것이 좋다. 또한 발표자가 다층 나선형 협업구조collaboration spiral에서 새롭게 구축하고자 하는 다음 플랫폼에 대한 설명을 포함시키면, 보다 유익한 연습이 될 수 있다.
2. 그런 다음 발표자와 수호자 그룹은 꿈을 향해 나아가고 새로운 플랫폼을 구축해나감에 있어 제지당하거나 장벽으로 작용할 수 있는 문제나 장애물의 유형들을 탐색한다. 팀원들은 환경, 행위, 능력, 가치와 신념, 정체성, 비전이나 목적 등 모든 수준에서 잠재적인 장애 요인을 탐색해야 한다.

3. 다음은 수호자들이 차례대로 자신이 집중하기로 선택한 차원에서 장애물에 접근해 문제를 처리할 수 있을 만한 자원들에 대해 발표자에게 질문이나 제안을 한다.

- 당신에게 주어진 환경을 살펴보았을 때, 이러한 장애물을 처리하거나 변형시키는 데 필요하다고 생각하는 자원은 무엇이고 혹시 가지고 있는 자원이 있는가?
- 당신이 할 수 있는 행위/행동을 살펴보았을 때, 이러한 장애를 우회하거나 변형시키기 위해 당신이나 혹은 다른 사람들이 취할 수 있는 행위/행동은 무엇인가?
- 당신이 혹은 팀이 가지고 있는 기술과 역량을 살펴보았을 때, 이러한 장애물을 처리하거나 변형시킬 수 있는 기술과 역량이 있는가?
- 이러한 장애물을 우회하거나 변형시키는 데 있어 당신 혹은 당신의 협업자들에게 도움이 될 만한 신념과 가치관에는 어떤 것들이 있는가?
- 장애물을 처리하거나 변형시키는 데 있어서 당신과 당신의 협업자들에게 도움이 될 만한 정체성(가령 미션이나 역할)에 연결된 관계가 있다면 그 관계를 분명히 하거나 강화시킬 수 있는 방법에는 어떤 것들이 있는가?
- 비전과 목적의 수준에서 당신과 당신의 팀이 깊은 연결을 지속하는 것이 가능하다면, 이러한 장애물을 우회하고 변형시키기 위해 출현할 가능성에는 어떤 것들이 있을까?

4. 발표자의 꿈과 관련된 모든 중요한 장애물이 식별되고, 모든 차원에서 자원을 탐색하고 해결책을 모색할 때까지 이러한 과정을 반복한다.

요약

돌 스프 이야기처럼, 무엇이 가능할지에 대한 비전을 가지고 모두가 기여하며 함께 일함으로써, 사람들은 처음에 아무것도 아니었던 것을 명백한 실질 가치를 지닌 멋진 무언가를 만들 수 있다. 이것이 우리가 SFM에서 말하는 '생싱적 벤처 커뮤니티'의 정수이다.

생성적인 커뮤니티generative community는 개인의 비전과 열정, 구성원의 기여를 통해 확장하고 번영하는 것이다. 동시에 개인의 성장과 커뮤니티의 성장 사이에 긍정적인 피드백 순환고리feedback loop가 연결된 방식으로 건설되는 것이다. 생성적인 커뮤니티는 새로운 개발을 가능하게 만드는 문화로 형성되는데, 이러한 문화는 개별 구성원들 사이에 공명, 출현, 시너지의 가능성을 촉진하기 때문이다. 이렇게 집단적인 '행운 요소luck factor'와 '무리 지성지능swarm intelligence'을 증가시킨다.

랜디 윌리엄스와 케이레츠 포럼의 성공 요인 사례에서 본 바와 같이, 이러한 원칙은 기업가와 잠재 투자자들이 서로의 성공 기회를 증가시키기 위해 상호 지원하는 생성적인 창업 커뮤니티를 만드는 데 적용할 수 있다. 나아가 그러한 커뮤니티는 관대함, 공유, 상호 지원을 증진시키는 승-승 가치에 기반한 '해내는 문화winning culture' 형성을 통해 세워진다.

그러한 문화는 마치 '수영'이라는 커뮤니티에 속한 사람들한테 '물'이 될 수 있는 장field을 만들어준다. 표현의 되든 안되든, 의식적이든 무의식적이든 그 문화의 가치들은 커뮤니티에 속한 사람들의 사고와 행동을 형성하고 방향을 잡는다. 해내는 문화는 긍정적 미래에 대한 기대감, 커뮤니티 내 구성원의 능력과 책임감, 그리고 자존감과 소속감을 높여 준다.

물론 모든 문화가 해내는 문화일수는 없다. 많은 문화들은 돌 스프 이야기나 원숭이 실험에 대한 우화처럼 결핍이나 위험의 인지로 인한 생존전략으로부터 형성되기도 한다. 사람들의 가능성, 자유, 허용에 대해 사람들의 의식을 제한하는 행동 패턴들은 의식적인 의도나 자각 없이 커뮤니티 구성원들 사이에 형성되고 퍼져나갈 수 있다. 처음에 그렇게 만들어진 문화는 새로운 대처가 필요한 상황으로 바뀌어도 마치 '생각 바이러스'처럼 제한된 의식을 계속 재생하며 새로운 생각을 하지 못하게 한다.

따라서 목적 지향적이고, 진취적이고, 미래의 가능성을 지향하고, 공유된 비전을 향한 전진을 도울 새로운 선택을 끊임없이 추구하는 기업가적 속성을 장려하는 일은 아무것도 아닌 것을 의미 있는 것으로 만들 수 있는 해내는 문화와 생성적인 창업 커뮤니티 건설의 핵심 전략이다.

해내는 문화 조성은 승-승하는 상호작용과 협업의 중요성을 강조하고 또한 긍정적 의도의 원칙하에 서로에 대해 행동하는 것을 포함한다. 이는 협력적이면서 효과적이다. 사람들은 변화하고, 성장하고, 더 유능해지기 위해 서로 돕는다. 그래서 과업을 달성하는 과정에서 지속적으로 성장하게 된다. 생성적인 창업 커뮤니티의 해내는 문화에서 사람들은 서로를 믿고 꿈과 목표에 도달할 수 있는 서로의 능력을 확언으로 표현한다. 그룹 확언group affirmation 연습 같은 과정은 각 개인의 성공 기회를 끌어올리도록 팀 구성원과 협업자들에게 힘을 실어줄 수 있는 지지의 장을 조성하는 데 도움이 된다.

생성적인 협업을 이끄는 생성적인 관계 형성은 아무것도 아닌 존재가 의미 있는 존재로 변화하기 위한 방법이다. 수소와 산소가 만나 물이 되는 원리처럼 생성적인 관계와 생성적인 협업은 거기에 참여한 사람들을 독립적인 개인들이 모인 일개 그룹에서 더 큰 의미 있는 무엇인가로 변화시킨다. SFM 다층 나선형 협업 모델은 어떻게 핵심적인 관계와 협업이 나선의 다음 상승곡선, 즉 우리가 가진 궁극적인 비전을 향한 우리 미션의 궤적을 따라 우리를 움직이게 하고 우리 영향력의 범위를 확장시키는 벤처 프로젝트 형태의 새로운 성공 플랫폼을 창출할 수 있는지를 잘 보여준다.

플랫폼은 생성적 협업 네트워크를 통해 만들어지는데, 그것은 우리가 성공 써클을 구축하고 그 플랫폼과 연결된 프로젝트나 벤처가 필요로 하는 각 성공 요인의 다양한 차원들(환경, 행동, 능력, 신념과 가치, 정체성)을 풍부하게 하고 강화하는 것을 도와준다. 새로운 플랫폼을 훌륭하게 구축하는 것은 우리가 지금까지 어떤 사람이었는지를 뛰어넘어 우리 정체성과 영향력의 범위를 확장시켜 준다. 또한 성공적인 나선 협업구조 건설을 위해 맺어야 할 가장 긴요한 관계는 새로운 관계 네트워크로 가는 관문을 열어줄 교사이자, 지혜로운 조언자이자, 스폰서이며 수문장으로서 일해 줄 '수호천사'와의 관계이다. 관계나 협업이 전부 생성적인 것은 아니다. 오히려 어떤 관계나 협업은 협력적인 것이었다가 제지하는 것으로 혹은 돌아가거나 멈추고 뒤에 남겨질 필요가 있는 것으로 변질되기도 한다.

성공적인 협업 모델링을 하려면 우리가 해왔던 성공적인 협업을 돌아보고 또한 우리가 원하는 협업의 유형이 어떤 것이고 '생성적인 관계'를 제대로 만드는 것이 무엇인지를 분명히 하기 위한 핵심 질문과 기준도 탐색해야 한다. 그러면 자신과 잠재적 협업자를 위해 준비한 핵심 질문들을 가지고 효과적인 나선형 협업구조 창출에 '행운 요소'를 증가시킬 수 있을 것이다.

SFM 공동 개발자인 존 딜츠의 사례는 짧은 기간에 실리콘밸리의 평범한 법률회사 직원에서 창업 펀드 매니저로 다시 창업 코치로, 다시 국제적인 리더십 개발 조직의 최고 경영자이자 컨설턴트로, 중국 지방정부에 기업자 정신을 전파하려는 중국 중앙 정부의 컨설턴트이자 중국 유수한 대학의 경영대학 학장으로 변신한 과정에 과연 나선형 협업구조가 어떻게 적용되었는지를 잘 보여준다. 이들 각 플랫폼들은 존의 생성적인 창업 커뮤니티에 대한 비전에 연계되는 표현이다. 존이 매버릭 엔젤스를 설립한 것은 "당신 미래가 당신을 이끌도록 내버려 두십시오."라는 존의 말이 더 많은 사람들에게 가능한 것이 되도록, 생성적인 창업 커뮤니티의 힘을 동력으로 장착할 수 있게끔 통찰을 나누고자 하는 그의 열망과 비전의 마지막 표현이었다.

생성적인 창업 커뮤니티가 작동하는 방법에 대한 사례로, 꿈의 수호자 연습은 우리가 나선형 협업구조에서 새로운 플랫폼 구축을 돕고, 또한 우리가 프로젝트를 이어가고 우리 꿈에 도달하는 데 방해되는 장애물을 극복하고 장벽을 바꾸는 데 필요한 자원을 식별하도록 해줌으로써 아무것도 아닌 것을 의미 있는 무언가로 바꿀 수 있도록 돕는다. 꿈의 수호자 그리고 생성적인 창업 커뮤니티는 '젠터프리너Zentrepreneur(참선하는 기업가)'의 '승가(僧伽, Sangha)'처럼 우리가 가야 할 길에서 벗어나지 않고 자신의 최고치를 이루도록 돕는 지지자 그룹인 것이다.

Chapter

05

역동적인 팀 만들기

Dynamic Teaming

팀워크는 공동의 비전을 향해 협력하는 능력이다. 또한 개인의 성취를 조직 목표에 향하도록 하는 능력이다. 이것은 평범한 사람들이 평범하지 않은 결과를 얻을 수 있도록 해 주는 원동력이다.

엔드류 카네기Andrew Carnegie

만약 당신이 배를 만들고 싶다면, 사람들을 모아 나무를 모으고 그들에게 임무와 일을 맡기기 보다는 그들에게 끝없이 광대한 바다를 갈망하도록 가르쳐라.

쌩떽쥐 베리Antoine de Saint-Exupery

만약 모두가 함께 전진한다면, 성공은 자연히 따라올 것이다.

헨리 포드Henry Ford

역동적 팀 만들기

Dynamic Teaming

효과적인 팀의 구성원들은 결과에 대한 책임을 공유하고 함께 노력하여 개별적인 노력의 합으로 가능한 것 이상의 것을 달성한다.

성공적인 벤처 창출과 건설은 우리에게 벤처 설립에 대한 꿈과 비전에 도달하는 과정에 다른 사람들의 지원과 에너지를 편입시킬 것을 요구한다. 오늘날의 비즈니스 환경에서 성공하려면 생성적 협업의 원칙에 입각한 효과적인 '팀워크'에 더 중점을 둘 필요가 있다. 이번 장에서는 '역동적 팀 만들기dynamic teaming'에 도움이 될 몇 가지 원칙과 과정에 대해 살펴볼 것이다.

두 마리의 노새가 함께 끌면 각자 끄는 무게보다 적어도 50% 이상을 더 많이 끌 수 있다.

팀은 일반적으로 '업무나 활동과 관련하여 구성된 다수의 사람'으로 정의할 수 있다. 좀 더 구체적으로는 '일정한 결과를 내기 위해 기술을 상호 보완하고, 공통의 목적을 가지고 상호 책무와 공동 책임을 나누는 소수의 사람'으로 볼 수도 있다. 여기서 팀이라는 단어는 고대 영어의 '끌다 혹은 당기다'라는 뜻의 'teon'이라는 단어에서 유래한 것이다. 'team'이라는 단어가 제일 처음 쓰여진 예는 '같은 마차나 마구에 연결된 둘 이상의 짐수레를 끄는 동물'을 묘사할 때였다. 따라서 'team'은 같은 방향을 향해 '함께 당기는pull together' 개인들의 집합으로 간주할 수 있다. 이러한 팀이 생성적인 효과를 낳는다.

성공적인 차세대 기업가에게는 빠르고 효과적인 팀 구성이 중요하다. 역동적인 팀 구성을 위해서는 각 팀 구성원이 팀의 목적, 역할, 책임과 팀 운영 원칙에 대해 명확히 알 수 있는 방식으로 다양한 역량과 개인적 특성이 통합되어야 한다. 효과적인 팀은 구성원들이 결과에 대해 책임을 공유하고 개개인의 노력, 그 총합 이상의 것을 성취할 수 있도록 함께 일한다. 앞서 얘기한 1,000명의 그룹이 낼 성과를 도출한 20명의 팀 사례에서 알 수 있듯이, '다양한 기술, 공통의 목적, 결과에 대한 상호 책무와 공동 책임을 지닌 소수의 사람'은 놀라운 성과를 거둘 수가 있다.

팀 구성의 생성적인 효과를 보여주는 구체적인 사례를 하나 들어보겠다. 노새 한 마리는 대략 자신의 몸무게 두 배의 무게를 당길 수 있다는 사실을 생각해봐라. 그 말은 만약 노새 한 마리의 무게가 1,000파운드(450kg)라면 그 노새는 약 2,000파운드(900kg)을 당길 수 있다는 뜻이다. 그러므로 각각 다른 짐수레를 끄는 두 마리의 노새가 끌 수 있는 무게는 약 4,000파운드(약 1,800kg)이다.

그런데 그 노새 두 마리를 한 팀으로 묶어 하나의 짐수레를 끌게 하면 최소 6,000파운드(2,700kg)의 무게를 끌 수 있다! 이 말은 노새 두 마리가 한 팀으로 일하면 각각의 노새는 갑자기 자신의 몸무게 두 배가 아닌 최소 세 배를 끌 수 있게 된다는 것이다. 이는 행동 차원에서 '1+1=3'의 원칙을 그대로 보여주는 명쾌한 사례이다. 노새 한 마리로는 불가능했던 일이 다른 노새와 협업하면 가능하게 된다는 것이다.

20마리로 구성된 노새 팀은 한 마리가 할 수 있는 무게의 거의 두 배를 끌 수 있다.

트랙터, 트럭, 기차가 생기기 전에는 노새 20마리가 한 팀을 이루어 73,200파운드(33.2톤)나 되는 무게의 수레를 끌 수 있었다. 노새 각각이 발휘하는 힘의 거의 두 배였다!

팀으로 일한 노새의 사례는 노새 한 마리 한 마리의 노력의 총합을 넘어 성과를 향상시키는 팀의 잠재력을 보여주기는 하지만, 진정한 '역동적 팀 만들기'의 사례는 아직 아니다. 노새들은 목표 달성을 위해 그들에게 수레와 연결하는 마구를 채우는 마부가 잡는 방향대로 가게 되어 있다. 하지만 역동적 팀 구성의 경우는 '공동의 목적을 공유하고, 상호 책무를 부담하고, 결과에 대해 공동 책임을 지는' 메타 리더십의 구조 속에서 구성원 전원이 공통의 비전을 공유하며 함께 협력한다.

기러기의 이동에서 배우는 역동적 팀 구성의 교훈

Lessons in Dynamic Teaming from Geese

'V'자 대형으로 날아가는 기러기들은 단독 비행에 비해 71%나 더 높은 비행능력을 발휘한다.

'역동적인 팀 구성dynamic teaming'에 관한 자연발생적 사례이자 우화로 기러기의 이동을 들 수 있다. 번식과 월동을 위한 철새의 이동은 경이로운 자연계의 불가사의 중 하나이다. 전 세계 29종 이상의 기러기 대부분이 해마다 이동하고, 그 중 몇몇은 일상적으로 놀라운 능력을 보여준다. 아시아의 Bar-headed Geese(납작 머리 기러기-오리과 조류)는 희박한 산소에 기온이 영하 60도로 떨어지는 해발 30,750피트(약 9,375m) 고도에 위치한 에베레스트산맥을 넘어서 주기적으로 이동한다. 눈 기러기Snow geese는 북미 대륙 북극 지역에서 중앙아메리카까지 시속 50마일(약 80km) 이상의 속도로 5,000마일(8,000km) 이상 되는 거리를 매년 왕복한다.

이러한 비범한 성과를 가능하게 하는 것은 새들의 역동적인 팀 구성 능력이다. 다음에서는 역동적인 팀 구성에 관한 비유와 해설을 제공해주는 '기러기의 교훈'에 대해 살펴보자.

각 기러기들이 날개짓을 하면 뒤따르는 동료를 위한 상승기류가 만들어진다. 뒤따르는 기러기가 앞 뒤 올바른 위치에 잘 자리 잡으면 맨 앞의 기러기 한 마리가 생산한 에너지를 탈 수 있다.

팩트 1

기러기들이 날개를 퍼덕일 때마다 뒤따라오는 기러기를 위한 상승기류를 만든다. 따라서 기러기 한 마리가 무리 내 기러기들 앞과 뒤에서 올바른 위치에 자리를 잘 잡으면 맨 앞의 기러기 한 마리가 생산한 에너지를 탈 수 있어 모든 기러기가 혼자 나는 것보다 더 적은 에너지로

날 수 있다. "V" 대형을 형성함으로써 무리 전체가 혼자 나는 것보다 71% 더 높은 비행능력을 발휘할 수 있다.

교훈

공동의 목적과 커뮤니티 의식을 공유하는 사람들은 서로서로 영감inspiration과 에너지를 교류하기 때문에 더 빠르고 쉽게 가고자 하는 곳에 도착할 수 있다.

팩트 2

어쩌다 기러기 한 마리가 무리에서 이탈하게 되면 단독 비행으로 인한 갑작스러운 항력을 느끼게 된다. 그러면 앞서 나는 기러기의 에너지를 타는 이점이 있는 대형의 무리 속으로 빠르게 복귀한다.

교훈

우리에게 기러기만큼의 분별력이 있다면 우리는 가고 싶은 곳으로 향하는 다른 사람들과 함께 하는 형태를 유지한다. 우리는 기꺼이 다른 사람들의 도움을 받고 또한 그 사람들에게 도움을 줄 마음이 있다.

해마다 하는 기러기의 이동은 '역동적 팀 구성'에 관한 훌륭한 자연발생적 사례이자 우화이다.

팩트 3

맨 앞의 새가 지치면 즉시 뒤로 가고 무리 꼭지점에서 비행하는 새의 힘을 타는 대형 유지를 위해 다음 새와 교대한다.

교훈

교대로 어려운 일을 하고 지도력을 공유하는 것은 가치가 있다. 기러기와 마찬가지로 사람들은 서로의 기술, 능력, 그리고 독특한 재능과 자원을 나누면서 서로 의지한다.

팩트 4

편대 비행하는 새들은 속도를 유지하며 앞으로 나가도록 독려하기 위해 끼루룩 끼루룩 소리낸다.

교훈

우리가 울리는 경적honking(역주: 서로 응원하고 격려하는 이야기, 파이팅! 이라고 외치는 함성 등을 은유적으로 표현한 것)은 격려encouraging가 됨은 확실하다. 격려가 있는 그룹에서의 생산은 훨씬 더 크다.

격려의 힘(마음 또는 핵심 가치를 지키기 위해 혹은 다른 사람들의 마음과 핵심 가치를 지지하기 위해)은 경적의 품질에 의해 결정된다.

팩트 5

한 마리가 아프거나, 다치거나 쓰러지면 다른 두 마리가 그 새를 도와주고 보호하기 위해 무리에서 이탈해 그 새를 따라 내려간다. 그 두 마리는 아픈 새가 죽거나 다시 날 수 있을 때까지 함께 머문다. 그러다가 다시 날 때는 다른 대형을 만들어 가거나 기존 무리를 따라잡는다.

교훈

만약 우리가 기러기만큼의 분별력이 있다면 우리는 힘든 시기에도 우리가 강할 때처럼 서로의 곁을 지킬 것이다.

아프거나, 다치거나, 쓰러지는 새가 생기면 두 마리가 아픈 새를 도와주고 보호하기 위해 무리에서 이탈해 아픈 새를 따라 내려간다.

무리 짓기와 프로세스의 힘

Flocking and the Power of Process

물론 무리 짓기를 하는 새가 기러기만 있는 것은 아니다. 찌르레기와 같은 새도 '멀머레이션murmuration'이라고 불리는 매우 정교한 패턴의 무리 짓기를 하는 것으로 알려져 있다(http://www.huffingtonpost.com/2013/02/01/starling murmuration-bird- ballet- video_n_2593001.html 참조). 이러한 무리 짓기 행동은 역동적인 팀 구성과 집단지성에 관한 아주 매혹적인 사례이다.

무리 짓기를 위한 새들의 움직임은 매우 복잡해 보이지만 사실 새들의 이러한 움직임은 몇 가지 되지 않는 간단한 절차 수칙(과정 지침)을 가지고 컴퓨터 상에서 인상적인 수준으로 재현하는 것이 가능하다. 움직임과 관련된 아래의 지침을 생각해보자.

- 각각의 새들의 움직임은 보통 무작위적이다.
- 같은 무리의 새들을 알아볼 수 있다.
- 새들은 다른 새들과 가까이 가려고는 하나 너무 가깝지는 않다.
- 새들은 무리의 전체적인 방향을 따른다.

이러한 단순한 원칙들은 각각의 새들이 통합된 '홀론holon' 역할을 할 수 있게 해 준다.

위에서 살펴본 무리 짓기 시뮬레이션 중의 하나로 '보이즈boids'라는 것이 있는데, 크레이크 레이놀즈

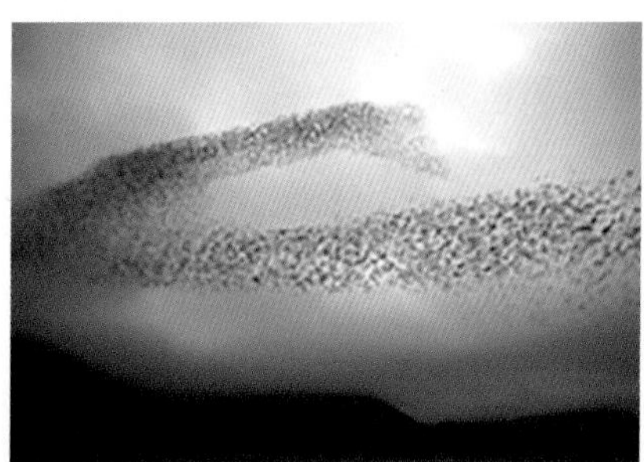

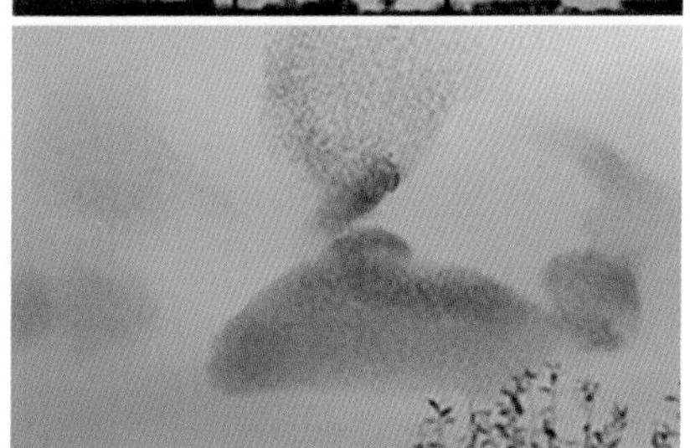
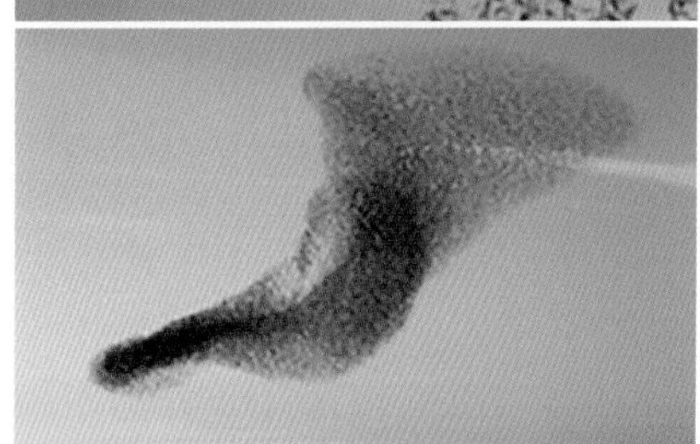

무리를 지어 날아가는 새들이 만드는 복잡한 패턴은 역동적인 팀 구성의 유형을 보여주는 하나의 사례이다.

Craig Reynolds가 협동하는 동물의 이동에 대한 연구를 통해 개발한 것이다. 하나의 '보이드 boid'는 몇 가지 기본규칙으로 구성되는데,

- 첫 번째 규칙-응집(무리에 속한 각 새들의 평균 위치에 맞추어 이동하도록 방향을 조정하라)
- 두 번째 규칙-분리(무리에 속한 새들이 한쪽으로 몰리지 않도록 방향을 조정하라)
- 세 번째 규칙-정렬(무리에 속한 새들의 머리가 평균적으로 어디로 향하는지에 맞춰 방향을 조정하라)

각각의 '보이드'는 자율적인 단위로 설계되었으나 각각은 그 보이드들이 하나의 협동하는 그룹(http://www.red3d.com/cwr/boids/applet/ 참조)으로 작동하는 공통된 규칙을 따르도록 되어 있다.

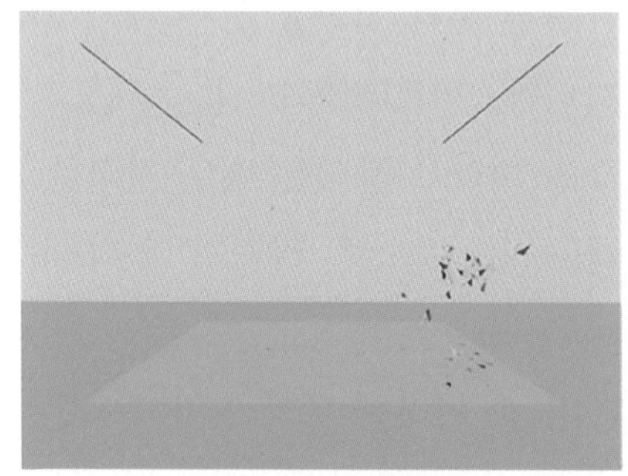

몇 가지 간단한 규칙들을 따름으로써 레이놀즈의 '보이즈'는 실제 새들의 복잡한 무리 짓기 행동 양상을 모의실험할 수 있다.

기트허브GitHub 시뮬레이션(http://black-square/Github.io/Bird Flock)은 무리 짓기 현상의 살짝 더 복잡한 3D 버전이다. 이 시뮬레이션은 레이놀즈Reynolds가 제시한 모델을 기준으로 해서 보강한 것이다.

- 새들은 각각 개별적으로 모방이 되며 자신만의 상태를 유지한다.
- 각 새에게는 동일한 절차 수칙이 적용되며 다음과 같이 우선순위가 정해져 있다.
  1. 고체 형태의 물체(새를 제외한)와 충돌을 피할 것
  2. 다른 새들과의 충돌을 피할 것
  3. 옆에 있는 새와 속도를 맞출 것
  4. 무리의 중심을 향해 날 것

기트허브의 무리 짓기 시뮬레이션

무리가 장애물을 만나면 구성원은 각각 현재 상황에 맞는 규칙을 적용하여 대처한다. 결과적으로 무리는 똘똘 뭉친 하나의 그룹으로서 장애물을 돌아 성공적으로 비행한다.

이러한 시뮬레이션들은 우리에게 집단지성과 역동

적인 팀 구성을 발전시키는 강력한 사례와 원리를 제공해준다. 재밌는 것은 새들의 무리 짓기 행동을 운용하는 규칙들이 이 책 2장에서 '생성적인 수행 상태generative performance state'의 개요를 설명하면서 소개했던 세 가지 주의 집중과 유사하다는 점이다.

1. 개인으로서 자신에, 그리고 자신만의 독특한 열정과 동기에 연결하라
2. 공통의 의도에 연결하라(자신의 팀원과 방향성을 공유함)
3. 자원의 '장field'에 연결하라(팀의 더 큰 홀론holon과 결합한 느낌)

미드웨이 전투에서 얻은 역동적 팀 구성의 교훈

Lessons in Dynamic Teaming from the Battle of Midway

제2차 세계대전 당시 태평양 전쟁의 전환점이 되었던 미드웨이 전투에서 일본군이 18대 1로 미국군을 수적으로 압도했다.

무리 짓기 행동이 새의 전유물은 아니다. 무리 짓기는 매우 중요한 목표를 달성하는 효과적인 방법이다. 내가 동료와 함께 저술했던 책 「알파 리더십Alpha Leadership」(2003)에서 언급했던 미드웨이 전투를 살펴보자. 미드웨이 전투는 2차 세계대전 당시 태평양 전쟁의 전환점이 되었던 전투이다.

1942년 6월 초 미 해군 정찰기는 9척의 전투함과 4척의 항공모함을 포함한 185척의 일본군 대형 함대 선단이 중앙 태평양 미드웨이섬으로 향하는 것을 목격했다. 이 함대는 진주만 공격의 대표 설계자이자 일본 해군 총사령관인 야마모토 이소로쿠Yamamoto Isoroku의 지휘 아래 하와이 침공의 전초 기지로 쓸 섬들을 확보하는 것이 주요 목적이었다.

미군 미드웨이섬 방어군은 겨우 10척(3척의 항공 모함과 7척의 순양함)의 함대와 섬에 배치된 전투기가 전부라 수적으로는 일본 함대가 훨씬 우세했다. 6월 4일 아침 일본 항공모함에서 발진한

전투기들은 미드웨이 공군 기지를 공격했고, 그와 동시에 미드웨이와 태평양 함대의 항공모함에서 발진한 미 전투기들이 체스터 니미츠chester W. Nimitz 제독의 지휘하에 일본 함대를 공격했다. 일본은 미드웨이 공군 기지를 공격해서 상당한 피해를 주었으나 미군의 어뢰 공격은 그보다 훨씬 파괴적이었다. 5분간 이루어진 단 한 번의 공격으로 3척의 일본 항공모함을 파괴했다. 전투결과를 종합해보면 일본군은 야마모토의 항공모함 4척 전부를 그리고 순양함 2척과 구축함 3척을 잃었지만, 미군은 선박 2척, 순양함 '요크타운'과 구축함 1척만 잃는 데 그쳤다.

수적으로 18대 1이라는 열세였음에도 불구하고 역동적 팀 구성을 이룬 미군의 역량이 전투를 승리로 이끌었다. 제2차 세계대전 당시 태평양 전쟁에서 전환점이 되었던 미드웨이 전투에서 일본 함대는 18대 1로 수적으로 미군보다 우세했다. 이틀간의 전투 동안 두 함대는 서로 보이지도 않을 정도의 거리를 유지했고 절대로 맞붙어 발포할 정도로 가까이 가지 않았다는 점이 주효했다. 우리가 4장에서 소개했던 비유로 말하자면 그 전투는 '개구리'의 반대 격인 '박쥐들'이 싸우고 이긴 것이었다.

미군은 미드웨이 전투에서 역동적인 팀 구성을 통해 일본군에게 승리했다.

미드웨이 전투의 승리는 압도적인 전력이나 탁월한 지휘관 때문이라기보다는, 약한 신호 포착을 가능하게 하는 민감성과 집단지성이 주도한 역동적인 팀 구성 덕분이었다.

한 가지 중요한 성공 요인은 집요하게 '약한 신호'를 잡아낸 니미츠 제독이다. 그는 일본군의 무선 통신을 집중적으로 감청했고 그 결과, 임박한 공격에 대한 신호를 일찌감치 알아차리고 조속히 전투를 준비할 수 있었다. 여기서 또 중요한 것이 전투가 실제 벌어지는 동안 무선 통신은 일본군보다 미군이 더 효과적으로 사용했다는 점이다. 그들이 공중 전투를 할 때 두 사령관과의 거리가 멀었다는 점은 두 사령관이 그들 부대를 직접 지휘하는 것을 아주 어렵게 만들었다. 하지만 일본군의 전통은 야마모토가 부대를 직접 지휘할 것을 시도하게 만들었고, 그것은 공중전투 중 무선통신을 통해 야마모토의 지시를 들어야 하는 일본 전투기 조종사들을 결과적으로 혼란에 빠트리는 꼴이 되었다.

니미츠 제독과 후방의 미 항모기동부대 사령관인 레이몬드 스프루언스Raymond A. Spruance 제독은 서로 완전히 다른 접근법을 취했다. 그들은 전투를 직접 지시하지 않고 대신 전투기 조종사들 사이의 간단한 의사소통 규칙을 만들었다.

1. 모든 무선 통신 채널을 다른 전투기에 개방된 상태로 유지할 것
2. 아래의 상황에 처한 경우에는 무조건 듣기만 하고 어떠한 말도 하지 말 것:
   a. 적의 전투기로부터 공격 받거나
   b. 적함을 공격할 수 있는 위치에 있을 때

이러한 규칙은 미 전투기들을 상공의 핵심 장소로 신속히 모일 수 있도록 하여 효과적인 '무리 짓기flock'를 가능하게 해 전투기들 사이에 강력한 자기 조직화 동력을 생성시켰다. 상당히 많은 숫자임에도 불구하고 미군 조종사들은 그들이 필요한 곳에 압도적인 기세로 날아갈 수 있었다. 이는 '역동적인 팀 구성dynamic teaming'의 훌륭한 사례다.

2장 초반에 소개한 1,000명분을 해낸 20명의 팀원 사례와 마찬가지로 미드웨이 전투는 우세한 전력이나 뛰어난 지휘관이 아닌, 집단지성과 신호를 포착하는 민감성이 주도한 역동적인 팀의 승리였다. 빠르게 이동하며 끊임없이 급변하는 상황에서 직접 지휘가 주는 한계를 깨닫고, 니미츠 제독은 자신의 팀원들에게 동등한 홀론으로서 활약하는 동안 개별적인 주도권을 스스로 사용할 수 있도록 자유와 신뢰라는 도구를 주었다.

역동적인 팀 개발

Dynamic Team Development

역동적인 팀 개발은 관계를 돈독히 하는 것과 과업을 분명히 하는 양 측면에서 활동하는 사람들, 그리고 과업을 협력적으로 완수하는 데 필요한 역량과 실행 방책들이 잘 맞물리도록 하는 것을 포함한다.

팀은 사람(함께 관련된) 관계와 과업(작업이나 기타 활동) 관계, 이 두 차원의 관계성에 따라 형성된다. 역동적인 팀 개발은 팀 개발의 이 양 측면을 모두 촉진facilitating하는 것을 포함한다. 이 말은 (1) 관계를 돈독히 하는 것이든 (2) 과업을 정의하고 명료하게 하는 것이든 이러한 것들을 강조하는 활동을 하는 사람들, 그리고 그 과업을 완수하는 데 필요한 역량과 실행 방책들이 잘 맞물리도록 한다는 것이다.

앞서 탐색해 본 협업 촉매제들은 역동적인 팀 개발에 중요한 토대이다. 가령 COACH 컨테이너를 만드는 과정은 팀원 간의 관계 강화를 촉진시켜 주는 역할을 한다. 그 외 성공 요인 모델링을 통한 모범 사례 탐색과 공유, 생성적 수행 상태의 개발, 인터비전을 통한 시너지 촉진, '2차 포지션' 분석과 3차 포지션을 통한 승-승win-win 협업을 만드는 것과 같은 협업 촉매제들은 모두 역동적인 팀 구성을 촉진하는 데 매우 유용하다.

본 챕터에서 다룰 역동적 팀 개발을 위한 몇 가지 핵심 요소는 다음과 같다.

- 공통된 비전 및 미션에 관련된 관계 속에서 공유한 가치를 명확히 하고 서로 다른 능력과 행동들을 정렬aligning한다.
- 역동적인 팀 구성 및 생성적 협력에 필요한 핵심 성공 요인을 정의하여 '커뮤니케이션과 창조성의 토대'를 구축한다. 이를 통해 팀 상호작용 시 이러한 성공 요인이 존재하는지 지속적으로 되돌아보는 실습을 개설한다.
- 여러 팀원들의 장점과 도전을 인정하면서 힘을 북돋아주고, 공통된 미션과 비전에 함께 공헌할 때 서로의 다른 점을 헤아려 활용할 수 있도록 팀원들을 돕는다.

따라서 이 장의 핵심 목표는 공통의 임무를 완수하기 위해 함께 창의적이고 효과적으로 일할 수 있는 역동적이고 생성적인 팀을 만드는 데 도움이 되는 도구와 기술을 제공하는 것이다.

내가 SFM 제1권에서 언급했듯이 기업가 정신과 기업가적 성공은 소기업이나 실리콘밸리 신생 기업에만 국한되지 않는다. 또한 신생 기업에 의해 적용된 많은 성공 요인들을 기존 조직의 기업가 정신을 더욱 효과적으로 장려하기 위해서도 적용할 수 있다. 이 시리즈의 목표 중 하나는 성공한 기업가를 모델로 삼은 원칙과 관행으로 큰 규모의 기업이나, 전통적 기업이 어떻게 혁신적으로 유지하고 변화라는 도전을 어떻게 더 잘 관리하는지를 보여 주는 것이다.

역동적인 팀 개발의 목적은 공통의 임무를 달성하기 위해 효과적이고 창의적으로 함께 일할 수 있는 역동적이고 생성적인 팀을 만드는 것이다.

성공 요인 사례 예제는 성공 요인 모델링 원칙과 일부 핵심적인 협업 촉매제의 적용이 어떻게 보다 크고 전통적인 조직의 맥락에서 기업가적 성공을 이룰 수 있는지 보여 준다.

성공 요인의 사례:
코마우 피코사의 맞춤형 생산팀

Success Factor Case Example:
Comau Pico Custom Products Team

척 듀덕Chuck Dudek, 데이브 레디스Dave Redys, 존 밴스John Vance, 그리고 마이크 머서Mike Mercer는 2002년 만만치 않은 도전을 받았다. 코마우 피코사Comau Pico에 새롭게 개설된 특별주문 성과팀의 일원이 되어 회사 재건의 핵심 역할을 맡았던 것이다.

1973년에 설립된 코마우 피코사(현재는 코마우 그룹Comau Group)는 자동차 생산 업계에서 용접 서비스로 견고한 입지를 구축하였다. 코마우 피코사는 제너럴 모터스General Motors, 포드Ford, 크라이슬러Chrysler 등 미국의 3대 자동차 회사를 위한 부티크 용접(특정 기계에 한정된 특수 용접) 서비스 회사로 어마어마한 성공을 이루었다. 경쟁자가 없는 전속 시장captive market에서 고품질 상품을 보유한 회사였다.

코마우 피코사의 새롭게 개설된 특별주문 성과팀의 일원으로서 그들은 회사 재건이라는 중추적 역할을 맡았다.

이 팀은 성공 써클 중심에서부터 시작했다. 우리가 누구인지를 지속적으로 재정립하면서 우리가 지금 가지고 있는 것과 과거에 가져보지 못한 것이 무엇인지를 탐색하였다.

관리자에서 사내 기업가로 전환

하지만 2000년대 초반 경 세계 시장에 상당한 변화가 왔다. 우선 코마우 피코사 고객들의 근본적인 패러다임이 변했다. 코마우 피코사에게 3대 자동차 기업은 더 이상 존재하지 않게 된 것이었다. 크라이슬러는 이제 다임러-크라이슬러가 되었다(결국은 피아트에 인수되었다). 시장은 변했고 코마우 피코사는 더 이상 전과 같은 수익을 내지 못하게 되었다.

회사는 새로운 제품을 만들고 새로운 고객을 찾아야 했다. 척, 데이브, 존, 그리고 마이크는 그러한 책임을 맡았다. 그들은 사실상 본질적으로 내부의 기업가가 되는 임무, '사내 기업가intrapreneurs'라 할 수 있는 임무를 부여받았다.

그들은 직관적으로 성공 써클circle of success의 중심에서부터 일을 시작했다. 척은 핵심을 이야기 했다. "우리는 우리가 누구인지 정체성을 지속적으로 다시 정립해야했어요." 그들은 또한 성공이 효과적인 생성적 협업에 달려 있다는 것을 직관적으로 이해했다. 그래서 그들은 함께 모였고 본질적으로 그들만의 인터비전 방식에서부터 시작했다. 그들은 "무엇이 성공인가?", "이제까지 우리한테 없었던 일이 무엇인가?"와 같은 질문으로 '브레인 덤프brain dump(역주: IT용어로 단순한 질문에 획일적으로 응답하는 것)'를 시작했다.

박스 밖에서 생각하기

그들은 자신들이 '기존의 박스에서 나와서 새로운 관점에서 생각해야 한다outside of the box'는 것을 알고 있었다. 기존의 사고방식으로는 자신들의 고객인 코마우 피코사의 재기를 이끌어낼 수 없었다. 성공 써클을 풍부하게 해야 했다. "우리는 아무도 가보지 못한 지도에도 없는 곳에 있었어요. 그래서 판매원들의 도움을 받기로 했습니다."라고 데이브는 말했다. 그리고 그들은 자신들이 가진 기술, 노하우, 여타 자원들을 새로운 용도로 활용할 수 있다는 것을 발견했다. 그들은 자동차 생산업계 외 다른 업종에서 복잡한 프로젝트를 수행하는 기업들, 가령 장비와 생산공정의 난해하고 까다로운 결합을 조율할 만한 역량을 내부적으로 갖추지 못한 기업들에 대해 프로젝트 관리 컨설팅을 제공할 수 있었다. 또한 그들은 정교한 제작에 어려움을 겪고 있지만 그 문제를 효과적으로 혹은 저렴하게 해결할 수 있는 도구가 부족하거나 혹은 그 도구들을 살만한 여유가 없는 소규모 기업들을 돕는 데 자신들이 가진 페인팅과 용접 관련 자원들을 쓸 수도 있었다.

그들의 비전은 그들이 가진 기술, 노하우, 여타 자원들을 새로운 용도로 재활용하는 것이었다. 그들은 "굴뚝이 있는 곳이면 어디든 찾아가자"며 새로운 고객들을 찾아다녔다.

척은 어느 순간 자신이 차를 타고 운전하고 돌아다니면서 굴뚝이 있는 곳을 찾아 헤맸다는 이야기를 했다. 그는 무작정 들어가 아이디어를 얻기 위해 그 곳에서 무슨 일을 하는지 물어보곤 했다.

이런 형태의 생성적 사고를 한 결과, 그들은 목표로 하는 시장의 주요 목록을 만들고 문서를 작성하고 그리고 그 새로운 시장에 도달하기 위한 프로세스를 설정하기 시작했다.

팀 구성

신규 인력을 채용하는 것보다 모든 것을 종합적으로 해결하기 위해 그들은 내부 직원들 중에서 팀을 만들기로 했는데 그것은 일종의 '사내 아웃소싱'이었다. 그들은 '왜 처음부터 다시 해야 하지?'라고 생각했다. 그들은 다 아는 것을 다시 하면서 쓸데없이 시간을 허비하고 싶지 않았기 때문에 회사 내부에서 '자원을 발굴'하기로 했다. 데이브는 말했다. "우리가 한 선택에 나름 이점이 있었어요. 우리는 같은 철학을 가진 사람들을 선택할 수 있었거든요."

그 팀은 자신들이 할 일이 '사내 아웃소싱'이라고 보았고 '서번트 리더십' 문화를 창조했다.

그들은 시장 전략을 수립하고 사업 계획(얻고자 하는 것이 '무엇'이고 '왜' 하려고 하는지를 구체화시킨)을 각 사업 단위별로 개발했다. 각 담당 관리자는 예산을 책정했고, 그런 다음 어떻게 할 것인지 특히 목표를 달성하기 위해서 어떻게 해야 할지에 대한 행동 계획을 구체화했다.

회사 재건을 위해서는 사업 구조를 '도구 제작making tools'에서 '계약 관리managing contracts'로 전환해야 한다는 것을 특별주문 성과팀은 파악하고 있었다. 지금까지 사업의 기본적인 접근 방식은 '먼저 일을 하고 정산하는 방식(경기가 끝날 무렵에 점수를 기록하는 것 같은)'이었다. 변화한 새로운 사업 방식은 프로젝트 관리에서 계약 관리로의 전환을 요구했다. 이는 실행 능력에 추가적으로 경쟁 능력도 필요하다는 의미였다.

회사는 사업의 기술적 측면과 영리적인 측면을 잘 엮어 조화를 이루도록 해야 했다. 이에 대해 마이크 머서는 "기술자들이 사업가처럼 생각할 줄 알아야 했어요."라고 말했다. "개인 한 사람 한 사람이 모두 자신의 책무를 이해하고 그것을 해낼 기회를 찾아야 했어요."

'협업 촉매제' 만들기

그들은 착수 회의를 열어 비전과 세부 계획들을 설명하고 구성원의 승인을 받는 것으로 출발했다. 팀을 구성하고 지원하기 위해서는 '기술직과 생산직 사이의 벽을 허무는' 열린 접근 방식으로 다가가야 했다. 이렇게 함으로써 생성적으로 협업할 수 있는 그들의 능력 범위를 더욱 확대시키는 것을 도울 수 있었다.

더불어 사업 방식의 전환을 훌륭히 진행하게 해 줄 '협업 촉매제collaboration catalysts'도 필요했다. 그들은 매주 월요일 오전 7시 30분에 주간 회의를 열었다. 계약 관리 프로세스 습득을 원활하게 하기 위해 팀 전체가 구매 주문서를 검토했고, 계약 범위에 대해 검토하고, 관계 관리 차원의 이슈들도 함께 검토했다.

그 외에도 월 1회 내부 직원회의를 열어 일명 '특강 강사'-보통은 '모범 사례'와 아이디어를 발표해 줄 다른 팀의 팀원-를 모시기도 했다. 월례 회의의 핵심 목표는 영업과 관련된 전반적인 현황을 설명하고 해당 분기에 대해 이야기 나누고 주요 관계와 공급업체들에 대해 검토하는 것이었다.

이 팀은 '계약 관리 대 기계 제작'에 초점을 맞춘 기업가처럼 생각하는 엔지니어로 역할을 전환하였다.

비전과 임무를 완수하기 위해 팀은 '기술직과 생산직 사이의 벽을 허무는' 열린 접근 방식을 취해야 했다.

매월 프로젝트 매니저, 이사진, 재무관리자 등이 참여하는 경영진 회의를 통해서, 업무 전반을 세부적으로 검토하였는데, 이 회의의 목적은 "당면한 문제가 무엇인가?", "어느 방향으로 가고 있는가?", "무엇을 하고 있는가?"와 같은 질문을 통해 '계획을 세우는' 작업을 하는 것이었다.

서번트 리더십 문화 창조

그들의 모토는 '자신을 관리자가 아니라 조력자로 보세요'이다. 이는 '서번트 리더십'의 원칙에 기초한 문화이다. 섬길 줄 아는 리더는 '다른 사람의 일을 더 쉽게 만들어 주는' 것이 일인 사람이다. 존 밴스는 섬김 리더십인 서번트 리더십은 '열린 관계이고 사업에 힘을 실어주는 방법'이라고 표현했다. "사람을 기분 좋게 만드세요. 그러면 그들은 미친 듯이 일할 것입니다." 그는 덧붙였다.

코마우 피코사의 특별주문 성과팀은 "일을 해내는 것만이 아니라 경쟁하라"는 엠비션을 설정했다. 그리고 2년이 안 되어서 코마우 피코사는 역사상 가장 많은 주문량을 기록하게 되었다.

코마우 피코사Comau Pico 특별주문 성과팀의 생성적인 협업 전략은 '파이를 더 크게 만드는 데making the pie bigger' 매우 효과적이었다. 그들의 노력은 코마우 피코사 거래의 절반을 차지할 정도로 성장했고, 2002년이 끝나갈 무렵 코마우 피코사는 역사상 공장 가동률이 가장 높았다.

유명한 오토바이 제조업체인 할리 데이비슨Harley-Davidson과의 관계는 그들의 성공을 보여주는 좋은 사례이다. 2년 만에 사전접촉 없이 전화 영업으로만 천오백만 달러(약 180억 원)나 되는 주문 전화를 받은 것이다.

코마우 피코사 특별주문 성과팀 사례에 대한 고찰

코마우 피코사 특별주문 성과팀의 사례는 SFM의 성공 써클을 효과적으로 운영한 사례 중 하나다. 팀은 되짚어 숙고해보며 원의 중심을 다시 설계(자신들이 누구인지를 재정의하는)하며 고객과 회사의 다른 구성원과의 관계 속에서 자신들의 역할을 '재검토'할 수 있었고, 팀의 경쟁력을 향상시킬 수 있었으며, 사내 협력관계를 구축하고 다른 그룹들, 부서들과 동맹관계를 맺을 수 있었으며, 이해관계자(모회사의)를 위한 새로운 가치를 창출할 수 있었다. 특히 주목할 만한 사실은 그들은 회사의 이해관계자들로부터 기존의 핵심 자원들을 받아 활용하고 새로운 고객들로부터 관심과 수익을 창출하는 등의 활동을 통해 지금까지와 다른 탄탄한 재정상태에 도달할 수 있었다는 것이다.

이 역시 생성적 협업과 역동적 팀 구성의 훌륭한 사례임이 분명하다. 특별주문 성과팀의 팀원들은 기존의 협업이라는 박스 밖에서 생각하고 자기 자신들을, 자신들의 도구들을, 함께 일해왔던 방식들을 완전히 다른 시각으로 바라봄으로써 전례 없는 새로운 무엇인가를 만들기 위해 함께 일해야 했다. 이러한 일은 협업의 기본 수준에서 고용 당시 주어진 그들의 과업을 완수하기 위해 하는 일을 하면서 할 수 있는 일들이 아니었다. 그들은 자신들이 가진 기술과 자원들을 결합시키고 적용할 혁신적인 방법을 발견할 새로운 '그룹 마인드'를 창조해야만 했다.

특별주문 성과팀 구성원들은 기존 협업의 관념을 벗어나 자기 자신들을, 그들의 도구들을, 함께 일해왔던 방식들을 완전히 다른 시각으로 바라봄으로써 전례 없는 완전히 새로운 무엇인가를 만들기 위해 함께 일해야 했다.

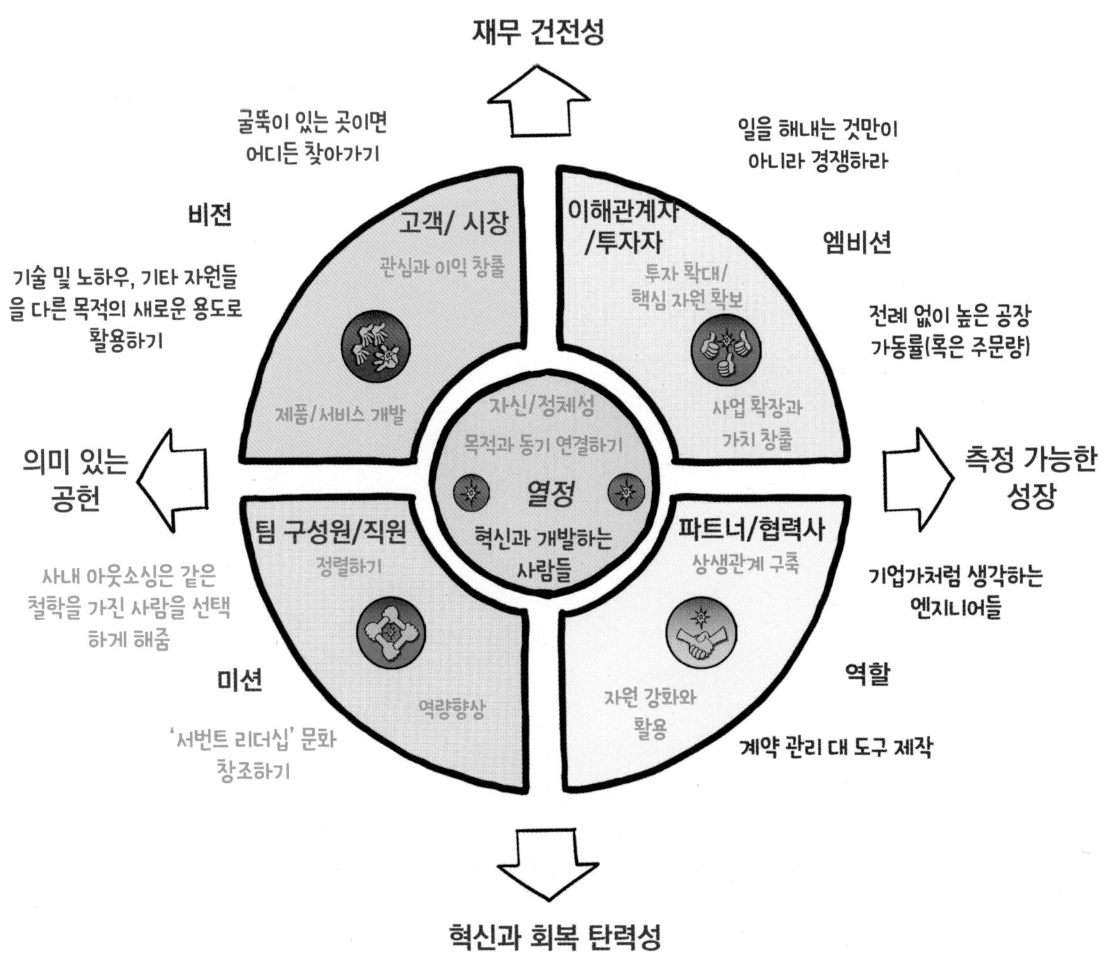
재무 건전성
굴뚝이 있는 곳이면
어디든 찾아가기
일을 해내는 것만이
아니라 경쟁하라
비전
고객/ 시장
관심과 이익 창출
이해관계자
/투자자
투자 확대/
핵심 자원 확보
엠비션
기술 및 노하우, 기타 자원들
을 다른 목적의 새로운 용도로
활용하기
전례 없이 높은 공장
가동률(혹은 주문량)
제품/서비스 개발
자신/정체성
목적과 동기 연결하기
사업 확장과
가치 창출
의미 있는
공헌
열정
측정 가능한
성장
팀 구성원/직원
혁신과 개발하는
사람들
파트너/협력사
정렬하기
상생관계 구축
기업가처럼 생각하는
엔지니어들
사내 아웃소싱은 같은
철학을 가진 사람을 선택
하게 해줌
미션
역할
역량향상
자원 강화와
활용
계약 관리 대 도구 제작
'서번트 리더십' 문화
창조하기
혁신과 회복 탄력성

코마우 피고사의 성공 써클

비전
고객/시장
* 굴뚝이 있는 곳이면 어디든 찾아가기
* 기술 및 노하우, 기타 자원들을 다른 목적의 새로운 용도로 활용하기
KNOW HOW!
엠비션
이해관계자/투자자
* 일을 해내는 것만이 아니라 경쟁하라
* 전례 없이 높은 공장 가동률(혹은 주문량)
MOTOR HARLEY-DAVIDSON CYCLES
내가 당신을 어떻게 도울 수 있을까요?
미션
팀 구성원/ 직원
* 사내 아웃소싱은 같은 철학을 가진 사람을 선택하게 해줌
* '서번트 리더십' 문화 창조하기
역할
파트너/ 협력사
* 기업가처럼 생각하는 엔지니어들
* 계약 관리 대 도구 제작
ENTREPRENEUR
열정
우리가 전에 가지지 못했지만
지금 가진 것에는 뭐가 있지?

코마우 피고사의 성공 써클

특별주문 성과팀의 경험은 '협업 촉매제collaboration catalysts' 유형의 훌륭한 사례이다. 영업 사원들과 한 '브레인 덤프brain dump'와 브레인스토밍은 인터비전의 자연스러운 형태이다. 고객들과 조직 내 다양한 부서의 직원들 간에 존재하는 필요한 것과 자원들 사이에서 연결점을 찾아냄으로써 그들이 자원 발굴이라 부르는 작업을 내적·외적으로 모두 적용시키기도 했다. 이는 그것들을 가장 필요로 하는 곳에 사용 가능한 그 자원들을 가지고 가서 함께 일하는 효과적인 '무리 짓기flocking'의 가능성을 만들어낸다. 우리는 이 챕터 뒷부분에서 자원 발굴에 대한 깊이 있는 프로세스를 다룰 것이다.

코마우 피코사 특별주문 성과팀이 개발하고 적용한 기타 협업 촉매제는 다음과 같다:

- '비즈니스의 기술적 측면과 상업적 측면'을 결합하여 목표와 자원들에 시너지 일으키기
- 기술자들, 생산직 사람들, 마케팅하는 사람들이 모여서 상호작용하며 그들 사이의 벽 허물기
- 공통된 철학을 가진 사람들을 알아보고 함께 일하는 협업 규준 공유하기
- 관계 관리 이슈들을 점검하고, 다른 팀과 모범 사례를 공유하고, 핵심적인 관계와 공급업체들에 대해 검토하기 위해 기간을 달리하는 정기 회의를 열어 성공 써클의 주요 영역으로 간주되는 반복적인 소통 구조 확립하기
- 다른 사람의 일을 쉽게 만들어 주는 것이 내 일의 일부라는 마인드 셋을 강조하여 동반자적 '서번트 리더십'의 자세 촉진하기

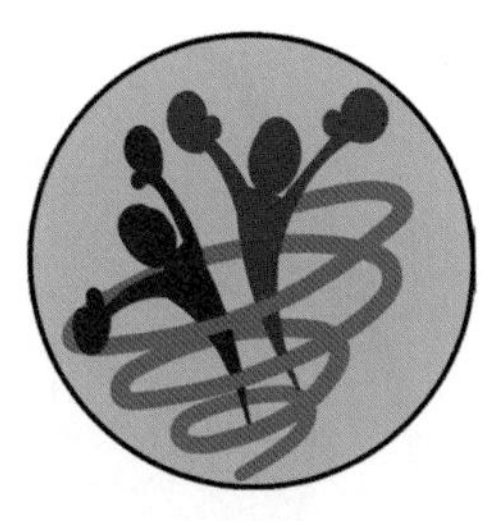

코마우 피코사의 특별주문 성과팀의 경우 '협업 촉매제'의 서로 다른 유형들에 대한 다양하고 훌륭한 사례를 제공해준다.

코마우 피코사 특별주문 성과팀의 경우 SFM 집단지성 모델의 서로 다른 영역이 역동적인 팀 구성을 조성하기 위해 어떻게 결합되는지를 보여주는 몇 가지 훌륭한 사례들을 제공해 준다. 특별주문 성과팀

구성원들은 혁신적인 옵션들을 구상하여 새로운 시장을 정의하기 위해 브레인스토밍을 했다. "무엇이 성공인가?", "우리한테 전에는 없었던 것이 뭐가 있지?"와 같은 질문을 하며 벤치마킹했다. 그리고 매달 경영진 검토 회의를 통해 집단 표준 설정을 꾸준히 했다. 특별주문 성과팀원들은 매달 다른 팀과 성공 전략을 교환할 수 있게 다른 팀원을 초청강사로 불러 스텝 회의를 했고 거기서 모범 사례를 공유했다. 또한 전에 없는 독특한 어떤 것을 끌어내기 위해 기술직과 생산직 사이의 벽을 허물어 생성적 협업을 장려했다.

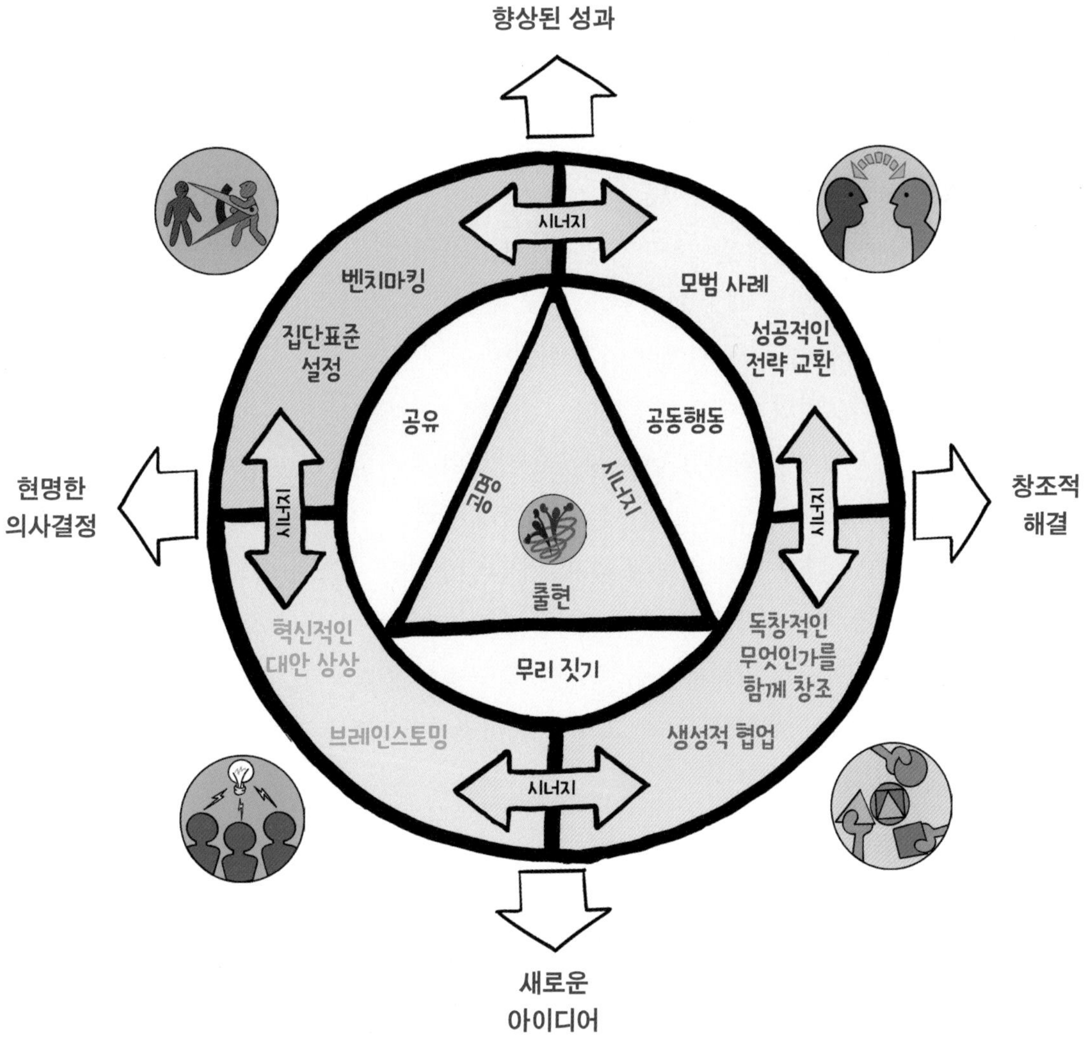

코마우의 특별주문 성과팀은 역동적 팀 구성에 있어 집단지성 관련 모든 프로세스에 시너지를 창출하는 훌륭한 사례를 제공해준다.

SFM 협업 촉매제: 역동적 팀 구성을 위한 회의 구성 양식

SFM Collaboration Catalyst:
Dynamic Teaming Meeting Format

효과적인 회의 양식은 '질서 있는 흐름'을 만들기 위해서 회의 구조와 나눔, 시너지 그리고 출현 현상에 열린 기회 사이의 균형을 잘 잡아야 한다.

회의는 가장 보편적인 협업 촉매제의 하나다. 특히 시너지와 출현 현상이 일어나고 그것이 유지되기 위해서는 몇 가지 유형의 일관된 상호작용과 피드백이 필요하다.

특히 회의의 빈도와 조직(구성)이 중요할 수 있다. 나는 많은 프로젝트와 기업 경영에 관여하면서 인터넷에서 국제적인 온라인 팀으로 일할 때도 많았는데, 프로젝트나 벤처의 긴급성, 복잡성 및 진행 단계에 따라 회의 빈도는 격월, 월간, 주간으로 심지어 매일(또는 하루에 여러 번)하는 등 범위가 매우 다양했다.

물론 회의에서 무엇이 다뤄지고 어떤 구성으로 회의를 진행할지는 얼마나 많은 시너지, 출현, 집단지성과 생성적 협업이 발생하는지에 따라 달라질 것이다. 회의에 구조가 없다면 회의는 혼란스럽고 비효율적일 수밖에 없고, 너무 정형화된 구조의 회의는 상호작용을 제한하여 시너지와 출현 현상의 발생 기회를 막을 수 있다. 새들의 무리 짓기에서 살펴봤듯이 '질서 있는 흐름'을 만들기 위해서는 이 둘 사이의 균형이 중요하다. 아래 예문은 스티브 잡스Steve Jobs가 '조화로운 혁신'을 위해 그의 팀을 어떻게 운영했는지에 관한 내용으로 숙고해볼 만하다.

우리는 매주 월요일에 사업 전반에 걸친 현황을 검토한다. 지난주 판매 실적을 살펴보고, 개발 중인 모든 제품들, 개발에 어려움을 겪고 있는 제품, 우리가 만들 수 있는 양을 넘어 수요가 높아지는 제품 등을 검토한다. 진행 중인 모든 것들을 살펴본다. 우리는 이 일을 매주 한다. 회의 의제의 80%를 지난주와 같은 것으로 하고, 매주 진행 현황을 점검한다. 애플에는 복잡한 절차가 많지 않으나 이 회의는 모두가 합심한 상태를 유지하기 위해 하는 몇 안 되는 일 중 하나이다.

스티브 잡스가 해왔던 주간 팀 미팅은 '열린 구조'를 기본 틀로 했기 때문에 모두가 합심하여 동일한 이해와 목표를 지향하기에 충분한 프로세스가 있었지만 자발성과 유연성을 가로막을 정도로 세분화된 것은 아니었다. 변혁적인 춤인 5 리듬®5Rhythms®의 창시자인 가브리엘 로스Gabrielle Roth는 "자유로운 영혼이 되려면 연습하라"고 강조한다.

주간 회의에 대한 잡스의 설명과 같이 우리는 우리가 코치하는 기업가와 리더를 위한 다음과 같은 간단한 미팅 형식을 제안한다.

1. 당신이 주관하게 될 회의와 참가하는 사람(혹은 참가해야 할 사람)에 대한 간략한 설명을 하라
2. 이 회의의 목표나 원하는 결과물은 무엇인가, 즉 의제는 무엇인가?
3. 회의 목표(의제의 세부항목 다루기) 달성을 위해 무엇을 할 것인가? 회의가 진행되는 동안 회의 목표 달성을 위해 사용할 특정 수순이나 활동에는 무엇이 있는가(예: 토론, 발표, 거수 표결 등)? 물론 이것은 다양한 유형의 협업 촉매제에 해당한다. 이 책 이번 챕터와 다음 챕터에서 많은 가능성에 대해 소개할 것이다.
4. 회의 중에 다루어야 할 문제가 되는 분야나 어려움은 무엇인가? 최대한 효과적으로 대처할 수 있도록 귀하의 미팅 양식에 넣을 수 있는 특정 수순이나 활동에는 무엇이 있는가? 이 또한 이 챕터와 이 책의 *후반부에서 기술하는 내용 역시 협업 촉매제의 여러 유형 중 한 영역이다.*
5. 이러한 목표가 달성되었는지 여부를 알기 위한 피드백으로 사용할 수 있는 방법에는 어떤 것이 있는가? 목표(세부 의제)가 달성되었거나 적절하게 처리되었다는 근거는 무엇인가?

팀원, 고객, 이해관계자 또는 동업자 등 누구와의 회의인지 여부와 상관없이 위 질문이 매우 유용한 활동이 되는 것을 경험하였다. 심지어 회의 의제에 대해 공지하거나 발표하지 않더라도 위와 같은 회의 구성은 효과적인 협업 준비에 도움이 될 것이다.

세부 의제를 다루는 것은 기본적인 협업만으로 쉽게 할 수 있는 일이나, 다른 것들은 더 높은 수준의 집단지성과 생성적 협업이 필요하다. 이번 챕터의 다음 부분에서 매우 역동적이고 강력한 수준의 생성적 협업이 이루어지도록 공명과 시너지, 출현 현상을 증가시키는 데 필요한 원칙과 절차, 협업 촉매제에 대해 좀 더 깊이 있게 다룰 것이다.

SFM 촉매제: 자원 발굴

SFM Collaboration Catalyst: Resource Mining

코마우 피코사 특별주문 성과팀 사례에서 볼 수 있는 성공 요인 중 하나는 사람들이 목표와 자원에서 시너지를 창출하고 공동의 협업 규준을 세울 수 있도록 열린 의사소통을 적극 활용했다는 점이다. 데이브 레디스가 강조했듯, 효과적인 생성적 협업을 완수하고자 한다면 같은 철학을 가진 사람들을 선택하는 것이 중요하다.

또한 협업의 가능성을 풍부하게 하기 위해 기존의 생각의 틀에서 나와 서로 다른 필요한 것과 자원들을 서로 보완·결합시킬 방법을 모색하는 것 역시 중요하다. 우리는 이 과정을 자원 발굴resource mining이라 부른다.

자원 발굴의 목적은 협업에 필요한 것, 자원, 규준의 측면에서 잠재적 협업원들 간에 중첩되는 영역이나 시너지를 일으킬 영역을 찾도록 그룹을 돕는 것이다.

1. 먼저, 아래 빈칸에 회사명 또는 참여하고 있는 프로젝트 명칭을 적어보라.

프로젝트/회사명: ______________________________

2. 필요한 것과 자원을 분석하라. 서로에게 필요한 자원을 공급할 수 있는 능력은 모든 유형의 효과적인 협업의 기본이다. 앞에서 강조하였듯이 개인 차원에서 성공의 기본적인 규준이 되는 것은 본인 성취에 도움을 준 다른 이들로부터의 기회와 자원을 감사히 여기는 마음, 그리고 본인의 자원을 타인과 공유하면서 느끼는 관대함이 될 수 있다. 이 또한 성공적인 승-승 협업의 기초가 된다. 감사함은 다른 사람으로부터 내가 필요로 하는 것을 제공받았을 때 생긴다. 관대함은 다른 사람이 필요로 하는 것을 기꺼이 제공하려는 자발성이다.

프로젝트/기업 니즈 평가 작업 계획표

Project/Venture Needs Assessment Worksheet

아래에 표에 회사나 참여 중인 프로젝트의 비전, 미션, 엠비션 달성하는 데 '있어야 하는 자원', '가지고 싶은 자원', '있으면 좋은 자원'으로 구분하여 목록을 작성하라.

있어야 하는 것 비전, 미션, 엠비션을 성취하는 데 필수적인 것
가지고 싶은 것 비전, 미션, 엠비션을 달성하는 데 중요한 것
있으면 좋은 것 이것이 가능하다면 비전, 미션, 엠비션을 더 좋게, 더 쉽게 달성할 것이다

성공 요인 점검목록

Success Factor Checklist

아래의 점검목록을 사용하여 자신의 프로젝트 혹은 벤처에 적절할 것으로 보이는 성공 요인의 모든 차원을 다루었는지 확인하라. 또한 이 목록은 다른 사람에게 제공할 수 있는 자신의 잠재적인 자원을 탐색하는 데 사용할 수도 있다.

필요한 요인

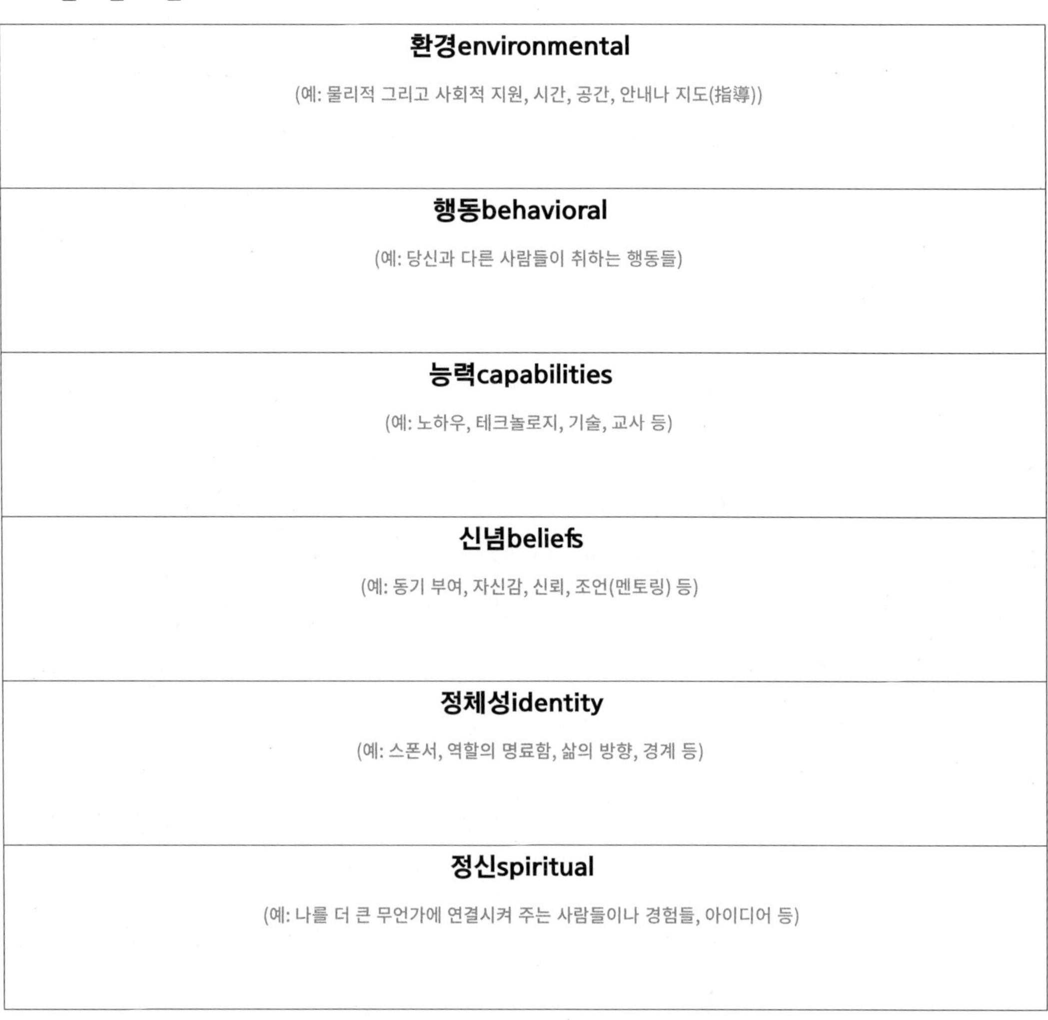

환경environmental (예: 물리적 그리고 사회적 지원, 시간, 공간, 안내나 지도(指導))
행동behavioral (예: 당신과 다른 사람들이 취하는 행동들)
능력capabilities (예: 노하우, 테크놀로지, 기술, 교사 등)
신념beliefs (예: 동기 부여, 자신감, 신뢰, 조언(멘토링) 등)
정체성identity (예: 스폰서, 역할의 명료함, 삶의 방향, 경계 등)
정신spiritual (예: 나를 더 큰 무언가에 연결시켜 주는 사람들이나 경험들, 아이디어 등)

자원 발굴 작업 계획표

Resource Mining Worksheet

이제 아래 칸에 자신이 필요로 하는 핵심 자원을 간략하게 기입하라. 그리고 자신이 다른 사람들에게 제공 가능하다고 판단되는 자원들을 목록화하라.

필요한 것들 NEEDS	자원들 RESOURCES

협업원이 될 가능성이 있는 사람과 함께 있다면, 자신이 가진 자원과 필요로 하는 것에 관한 목록을 공유하면서 잠재적 협업원이 가진 자원과 그들이 필요로 하는 것을 함께 나눌 것을 요청하면 된다. 이는 당신이 다른 사람이 성공하도록 돕고 보완할 수 있는 영역을 확인하는 것을 도와줄 것이다.

이러한 작업을 하면서 필요로 하는 것을 추가로 발견하거나 제공 가능한 자원을 새로 발견할 수도 있다는 것을 염두에 두라. 만약 발견이 되면 잊지 말고 목록에 추가하라.

3. 잠재적 협업원과 어떤 부분에서 협업을 할 것인지 확인하기 전에 자신의 협업 규준을 만들라. 내가 왜 협업을 원하는가? 기꺼이 협업에 참여하고자 할 때 구체적으로 이 협업을 통해 나는 무엇을 얻고 제공받는가? (예를 들어, "활용 가능한 자원의 증가", "즐거운 일이 될 것", "의지가 될 것", "공헌할 수 있는 기회" 등)

협력기준 협업 규준

4. 잠재적 협업원 두어 명을 모으라. 그리고 자신의 협업 규준을 공유하면서 시작하라. 자신의 핵심적인 협업 규준, 특히 공통되는 것을 표시하고 확인하라. 이것들이 당신이 할 협업의 '최저선'이다.

   당신은 이 단계에서 협업에 대한 어떤 아이디어가 떠오를지 모른다 하더라도, 그 아이디어가 어떤 것이든 간에 그것은 이 특정 규준을 충족시켜야 한다는 점은 잘 알 것이다. 예를 들어, 당신과 잠재적 협업원은 이 협업이 '재정적으로 수익이 나는 것' 혹은 '재미있는 것'이어야 한다는 점을 함께 결정할 수 있다. 이는 아마도 특정 자원을 활용해야 할 것이고 정해진 기한 내에 해야 할 것이다. 이는 당신이 이 일이 어떻게 될지 모른다 하더라도 당신이 하고자 하는 협업의 특성은 충족되어야 한다는 말이다.

5. 다음은 각각 자신이 필요로 하는 것과 자신이 보유한 자원에 대한 목록을 읽고, 발표가 끝나면 그룹 멤버 중의 누군가가 필요로 하는 것과 그 외 다른 사람들이 가진 자원들 중에 중복 가능성이 있는 것을 찾는다.

   작업이 끝나면 당신은 모든 그룹 멤버들 사이에 시너지와 협업이 일어날 가능성이 있는 영역들을 알아보고 확인할 수 있어야만 한다.

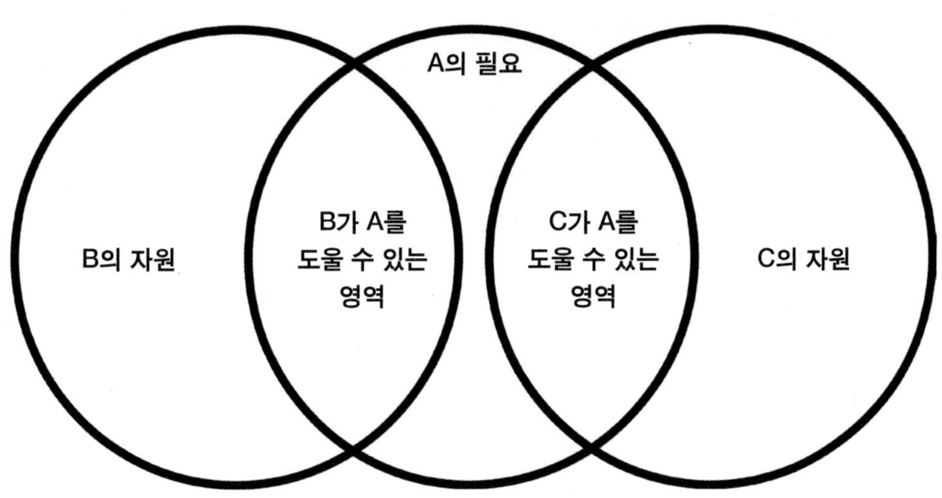

필요로 하는 자원과 보유한 자원 간의 협력 효과 찾기

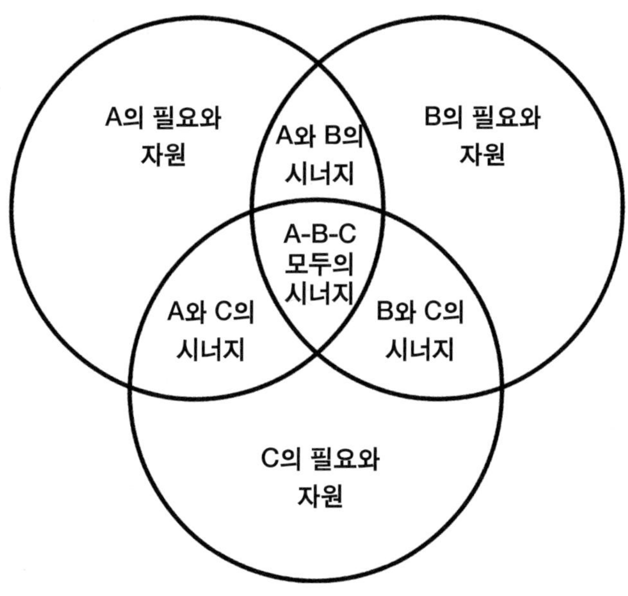

자원 발굴은 시너지 영역 찾기를 포함한다.
자원 발굴은 잠재적인 협업자가 필요로 하는 자원과 가지고 있는 자원 간에 협력 효과를 얻을 수 있는 영역을 찾는 것이다.

6. 마지막 단계는 협업의 가능한 영역이 협업 규준에 부합하는지 확인한다. 프로세스를 시작하면서 표시하고 확인한 협업 규준이 부과한 제약 조건에 맞춰 시너지 효과를 미세하게 조정해야 할 수도 있다.

구체적으로 들어가면 하나의 그룹의 입장이 되어, 자원 발굴 과정에 생각해낸 제안들을 하나씩 점검하고, 규준들을 살펴보고, 또한 잠재적 협업이 그 규준을 만족시키는지 검토해야 한다. 그게 됐다면 다음으로 넘어가라. 그런데 만약 특정 규준을 만족시키지 못한다면 즉시 그 생각은 버려라. 대신 그 규준에 맞도록 아이디어를 바꾸거나 더해야만 하는 것이 무엇인지를 구체적으로 규명하도록 하라.

협업 규준에 부합하지 않는 최초의 제안을 점진적으로 수정하여 맞추어 가도록 하라. 각각 개별적인 협업 규준에 전부 부합될 때까지 시너지 가능한 각 영역들이 당신 규준에 맞는지 계속 점검하라.

비전에서 행동으로 이동하기

Moving from Vision to Action

사업을 성공적으로 이끄는 벤처를 만들기 위해선 비전을 세우는 능력이 필요하다. 또한 그 비전을 구체적인 행동방식으로 연결하여 확고히 하고 조종하는 능력이 요구된다. 성공 요인 모델링에서 이러한 경로는 벤처나 프로젝트 창립을 지원하는 다양한 차원의 성공 요인들로 만들어진다. 다음과 같다.

- 비전vision: 관련된 모든 자원과 활동들에 '정신(精神)'을 부여하는 혹은 가장 높은 차원의 목적을 부여하는 이미지나 꿈을 말한다—'누구를 위한 것인가', '우리의 에너지, 기술, 활동들을 방향짓는 것이 무엇인가'라는 질문에 대한 답.
- 미션mission: '정체성'과 역할에 대한 이해, 그리고 비전과 관련하여 사람들을 깨우는 것을 말한다—비전 실현에 있어서 '우리는 누구인가' 혹은 '어떤 사람이 되어야 하는가' 라는 질문에 대한 답.

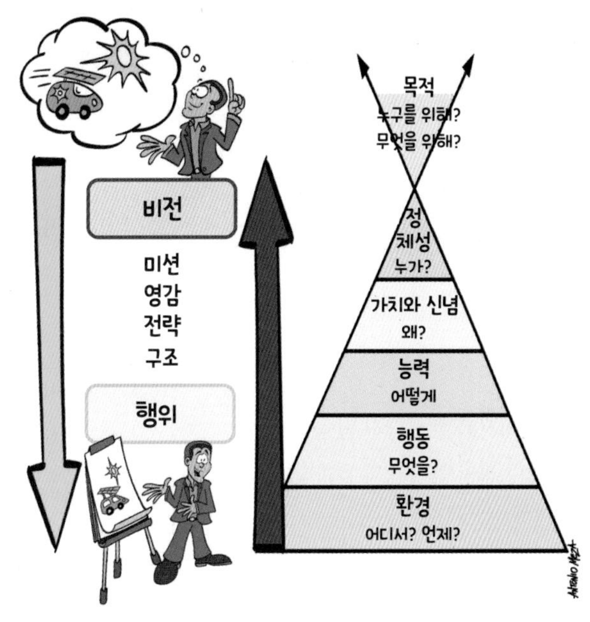

비전에서 행동에 이르는 경로는 만들기 위해서는 성공 요인들이 다양한 차원에서 수립되고 정합되어야 한다.

- 영감inspiration: 그것을 성취하도록 동기를 부여하는 비전과 미션으로 표현되거나 완수되는 '가치와 신념'을 말한다—'왜 우리가 이 특별한 비전과 미션을 수행해야 하는가'에 대한 답.

- 전략strategy: 비전을 구현하고 미션을 달성하는 데 필요한 '능력'과 기술들을 말한다 — '어떻게 우리는 우리의 미션을 완수할 것인가'라는 질문에 대한 답.
- 구조와 계획structure and plan: 운영 계획, 혹은 비전과 미션 그리고 가치를 표현하는 특정 프로젝트나 계획을 구성하는 구체적인 '행동'과 '환경'을 말한다—'미션을 완성하기 위해 구체적으로 우리가 무엇을 할 것인가' 그리고 '언제, 어디서(무엇을 하는지의 맥락에서) 프로젝트나 계획에 착수할 것인가'라는 질문에 대한 납.

SFM 협업 촉매제: 공통되는 비전 안에서 역할 정렬하기

SFM Collaboration Catalyst: Aligning Roles Within a Common Vision

공통의 비전을 향해 당신 팀을 정렬하는 것은 역동적인 팀 구성과 효과적인 성공 써클 만들기에 가장 중요한 성공 요인 중 하나이다.

공통의 비전을 향해 팀 전체를 정합하는 것은 역동적 팀 구성과 효과적인 성공 써클 만들기에 가장 중요한 성공 요인 중 하나이다. 특정 환경 내 개인들의 활동과 목표는 기업의 목표와 전략에 부합해야 하고, 결국 이러한 목표들은 더 큰 환경에서 기업 문화와 미션과 조화를 이루어야 한다.

신생 기업에서는 팀 구성원들이 '일인 다역wear many hats을 하는 일'이 흔하다. 새들의 무리 짓기 사례에서 살펴본 것처럼, 각 팀원은 다른 팀원들과 상호작용하고 협력하면서 자신의 역할을 스스로 구조화하는 일종의 리더십 포지션에 있게 된다. 궁극적인 지침을 제공해 주는 '직무 해설집'은 없기 마련이다. 따라서 역동적 팀 구성의 주요 성공 요인은 사람들이 다른 팀원들과의 관계 속에서 자신들의 활동을 분류하고 정합하도록 돕는 데 있다.

아래 팀 정렬 작업지Team Alignment Worksheet는 이를 위한 것이다. 각 팀원들은 각 질문에 모두 답해야 한다. 이 과정은 각 팀원들이 전체 팀의 비전과 미션을 이해하고 있는지 확인하는 질문으로 시작한다. 팀이 정렬하기 위해서 이 설문에 대한 답변이 팀의 비전과 미션에 대한 다른 팀원들의 이해와 일치되는 것은 아주 중요하다.

그리고 각 팀원들은 팀의 비전과 미션을 지원하기 위한 일을 하고자 하는 맥락 속에서 자신의 역할, 가치, 우선시 하는 것 그리고 믿음, 가정, 역량, 과업에 대한 자신의 이해를 분명히 한다. 그런 다음에 각 팀원은 다른 팀원들에게 자신의 답변을 읽어주고, 이 답변을 들은 다른 팀원들은 공유한 비전과 미션에 관한 개인의 역할과 활동에 대한 그들 자신의 이해를 기반으로 답변들을 점검한다.

팀 정렬 작업지

1. 우리의 공동 비전은:

---

2. 우리의 공동 미션은:

---

3. 공동 비전과 미션에 관한 나의 역할은:

---

4. 그 미션을 수행하고 그 역할에 있을 때 나의 가치 우선순위:

---

5. 그 미션을 수행하고 그 역할에 있을 때 당연하다고 믿는 것은:

---

6. 미션 완수에 참여하기 위해 나는 다음의 능력을 사용할 것이다:

---

7. 이러한 나는 그 과업을 수행하기 위해 다음의 능력을 사용할 것이다:

---

8. 다음과 같은 맥락에서 그러한 과업을 수행할 것이다:

팀원들은 구성원들이 생각한 답변이 명쾌하지 않거나 부정확한 것들에 대해 더 분명하게 이해하기 위해 다른 사람에게 질문하고 싶을 수도 있다. 그 팀원이 필요한 지원을 받을 수 있을 정도로 그들 활동에 따른 그들의 과업과 우선시 해야 할 것들이 충분히 정의되고 구조화되어 있는지를 확실하게 검토할 필요가 있다.

SFM 협업 촉매제: 역동적인 팀 구성의 성공 요인 모델링하기

SFM Collaboration Catalyst: Modeling Dynamic Teaming Success Factors

비전에서 활동으로 이어지는 경로가 규명되고 팀원들이 정렬을 이뤘을 때, 팀원들이 경로를 따라 나아갈 수 있고 또한 현재 주어진 기회들을 완전히 개척해 나갈 수 있는 여건을 조성하는 것이 중요하다. 여기에는 팀 구성과 생성적 협업이 요구하는 핵심 성공 요인을 규명함으로써 가능한 '소통과 창의성의 기반' 수립이 포함되고 또한 팀 상호작용 과정에서 이러한 성공 요인들의 존재와 정도에 대한 계속적인 재고를 실행할 제도 도입도 포함된다.

이것을 자신이 다니는 회사에 적용하기 위해서는 우선 이러한 뛰어난 팀의 특성과 운영 방식에 대해 살펴볼 기회를 줄 '역동적이고 생성적인' 팀을 알아보고 확인한다. 다음 질문에 대해 답변을 생각해 보라.

역동적인 팀의 팀원들이 상호작용하는 방식, 즉, 팀이 어떻게 리드되고, 그리고 어떻게 일을 하는지를 보고 당신에게 가장 인상적이었던 것은 무엇인가?

이 팀과 이 팀의 리더십을 대표하는 행동과 자질은 무엇이었나?

- 사람들은 무엇을 함께 했나?
- 사람들은 어떻게 서로를 대했나?
- 사람들은 어떻게 의사소통 했나?
- 거기엔 의사소통의 기반이 있었나?
- 어떻게 창조성이 평가되고 증진되었나?
- 그 팀, 팀원들 그리고 팀의 리더십은 구성원들의 관계성과 성과 수준에 가장 영향을 미치는 자질로서 어떤 자질들(내·외부적)을 갖추고 있나?

이 책을 통하여 우리가 탐색했던 환경, 행동, 능력, 신념, 가치, 정체성/미션 및 비전/목적이라는 성공 요인의 모든 차원들을 고려해야 함을 잊지 말라.

이제는 이 팀과, 당신이 (1) 평균적인 팀 그리고 (2) 비효율적이고 퇴행적인 팀의 일원이었던 개인적인 경험을 가지고 운영되는 방식 면에서 두 팀을 비교하는 것이다. 우리 팀에 대해서 그리고 어떻게 일을 했는지에 대해서 똑같은 질문으로 점검하라(또한 다른 방식이나 시간이 지남에 따라 다른 수준(생성적으로, 보통으로, 퇴행적인)으로 일하는, 당신이 관여한 적이 있는 특정 팀으로 이 연습을 해볼 수도 있다).

'차이를 만드는 차이'에는 어떤 것들이 있나? 다음 작업지의 빈칸을 채워 보라.

역동적인 팀 협업모델 작업지

	생성적인	평균	퇴행적인
비전/ 목적			
정체성/ 미션			
가치/ 신념			
능력			
행동			
환경			

평균적인 팀에는 부분적이고 퇴행적인 팀에는 사라졌거나 이름뿐이나, 역동적이고 생성적인 팀에만 유일하게 존재하는 것은 무엇인가?

(a) 퇴행적 (b) 평균적 (c) 생성적인 팀에서 관계의 강도 그리고/또는 과업 수행에 영향을 더 많이 또는 더 적게 주는 것 같은 요인의 차원에는 어떤 것들이 있는가?

당신이 성찰한 것을 본질적인 성공 요인들 5~9개로 요약 가능한지 알아보라.

이미 팀을 이루고 있다면, '집단지성'의 한 형태로 팀 차원에서 이 활동을 함께 해보는 것은 상당히 강력한 경험이 될 것이다. 보통 맨 먼저 자신의 답변을 스스로 살펴보고, 그 중에서 가장 좋은 서너개의 답변을 각자 고른 다음 '벤치마킹' 인터비전 프로세스의 한 유형으로 이 답변들을 팀 차원에서 공유한다. 팀 구성원들은 더 깊은 의미 그대로 단어에 지나치게 집중하지 않고 그들의 답변과 그 언어가 가리키는 경험 사이에서 공명을 찾는 것이다.

SFM 협업 촉매제: 역동적인 팀 구성 점수표 만들기

SFM Collaboration Catalyst: Making a Dynamic Teaming Scorecard

역동적인 팀 구성과 생성적인 협업을 위한 핵심 성공 요인을 확인하고 정의했으면 '점수표'를 작성하여 팀에 필요한 '하부구조' 유형을 공식화하는 것이 좋다.

아래 점수표 예시를 잘 보라. 역동적 팀 구성의 핵심 성공 요인은 표 왼쪽 줄에 나열되어 있다. 각 성공 요인의 정도를 나타내는 단계 표시는 '낮은 단계'와 효율적인, 생성적인 성과에 해당하는 '높은 단계' 사이에 1에서 5까지로 나타냈다(1+1=3).

성공 요소	낮은 수준	1+1=-1	1+1=0	1+1=1	1+1=2	1+1=3	높은 수준
1. 프로젝트 목적	애매모호한	1	2	3	4	5	명확한
2. 토론	폐쇄적인	1	2	3	4	5	개방적인
3. 상호작용	회피하는	1	2	3	4	5	적극적인
4. 지원	혼자만	1	2	3	4	5	서로간
5. 기술활용	부족한	1	2	3	4	5	충분한
6. 친밀도	낮은	1	2	3	4	5	높은
7. 진행속도	느린	1	2	3	4	5	빠른

프로젝트를 수행하거나 팀 내 상호작용을 하는 과정에서 만나는 다양하고 중요한 중점사항에 대해 이 점수표를 사용하기 위해, 팀원들은 아래 질문에 대한 답변을 숙고하며 이러한 성공 요인들의 현재 상황과 그 수준에 대해 잠시 멈추고 돌아본다.

1. 프로젝트의 목적

프로젝트의 목표와 우선순위에 대해 얼마나 명확히게 알고 있는가?

2. 토론

현재 당신이 직면하고 있는 문제에 대해 논의할 때 그리고 다른 팀원의 개선해야 할 영역이나 강점을 평가할 때 당신은 얼마나 열려 있고 정직한가?

3. 상호작용

서로 간의 상호작용과 소통 면에서 얼마나 자주 하고 충분히 하고 있는가?

4.지원

당신은 다른 사람들이 과업을 잘하도록 돕는가? 그렇지 않으면 자신의 개인 과업에 대부분 집중하는 편인가?

5. 기술의 사용

자신의 기술을 공유한 목표 도달에 얼마나 충분히 쏟아붓고 있는가?

6. 친밀도

다른 사람들과 서로 어느 정도로 친밀한가?

7. 속도

공유한 목표와 목적을 이루어갈 때 당신은 그 속도를 어떻게 파악하는가?

팀 구성원들은 그들의 강점과 가장 개선 가능하다고 생각되는 영역에 대해 숙고하면서 이러한 다양한 질문과 그에 상응하는 성공 요인들에 관해 매긴 수치를 생각하고 비교한다.

우리 팀의 역동적인 팀 구성 점수표 만들기

Creating Your Own Dynamic Teaming Scorecard

생성적 그룹과 팀에 대해 자신이 모델링한 것으로 자신만의 역동적 팀 구성 점수표를 만든다고 할 때, 점수표 예시에 추가로 넣을 만한 나만의 성공 요인이 있다면 무엇인가?

역동적 팀 구성과 생성적 협업에 필요하다고 자신이 규명한 핵심 성공 요인 리스트를 만들 때 아래 표를 사용하라. 표에 있는 각 요인의 낮은 단계와 높은 단계를 표시하라.

성공 요인	낮은 수준	1+1=−1	1+1=0	1+1=1	1+1=2	1+1=3	높은 수준
1.		**1**	**2**	**3**	**4**	**5**	
2.		**1**	**2**	**3**	**4**	**5**	
3.		**1**	**2**	**3**	**4**	**5**	
4.		**1**	**2**	**3**	**4**	**5**	
5.		**1**	**2**	**3**	**4**	**5**	
6.		**1**	**2**	**3**	**4**	**5**	

이제 각각의 성공 요인을 기준으로 하여, 당신과 당신의 팀이 종합적으로 어떤 수준으로 일하는지를 평가하는 데 도움이 될 만한 질문을 작성하시오.

1. ______________________

2. ______________________

3. ______________________

4. ______________________

5. ______________________

6. ______________________

다시 말하지만 팀 구성원들이 그룹 활동으로 자신들만의 점수표를 만드는 것은 집단지성의 측면에서 상당히 도움이 된다. 이 활동을 할 때 나는 각 팀 구성원들에게 자신이 가장 공명한 성공 요인을 고르라고 한 후, 그들에게 그 성공 요인으로 '챔피언'이 되라고 자주 권유한다. 예를 들어, 8명으로 구성된 한 팀에서 각 팀원은 각각 성공 요인을 하나씩 제시하고 핵심 질문을 보여주고 그런 다음 그룹의 다른 참여자와 함께 그것에 대해 높고 낮은 단계가 어떤 것인지 함께 정의내리는 것이다.

역동적 팀 구성 점수표 예시

한 예로 아래의 역동적 팀 구성 점수표는, 대형 투자 펀드를 출범시키면서 꾸려진 구성원들을 내가 코칭했을 때 그 팀원들이 만든 점수표이다. 이 회사는 2004년에 6명이 5,000만 유로를 가지고 투자 펀드를 시작했다. 4년 만에 그 회사는 직원이 60명으로 늘었고 투자액은 60억 유로가 넘었다!

성공요소	**낮은 수준**	1+1=-1	1+1=0	1+1=1	1+1=2	1+1=3	**높은 수준**
1. 변화 개방성	수동적인	**1**	**2**	**3**	**4**	**5**	활발한
2. 계획하기	조직적이지 않은	**1**	**2**	**3**	**4**	**5**	조직적인
3. 의사소통	애매모호한	**1**	**2**	**3**	**4**	**5**	분명한
4. 상호작용	무계획적인	**1**	**2**	**3**	**4**	**5**	공동작용의
5. 스킬 향상	현실에 안주하는	**1**	**2**	**3**	**4**	**5**	야망있는
6. 주인의식/헌신	신경쓰지 않는	**1**	**2**	**3**	**4**	**5**	신경쓰는
7. 존중/인정	대단하지 않은	**1**	**2**	**3**	**4**	**5**	고도의
8. 교류/관대함	막연한	**1**	**2**	**3**	**4**	**5**	체계적인

1. 변화/유연함에 열려 있음

새로운 도구에 대해 학습하고 다른 팀원들의 지식이나 관점을 도입해 새롭게 하는 것을 존중하는 면에서 팀원들은 얼마나 진취적인가?

2. 계획하기

팀이 팀의 장기목표와 중장기 목표에 집중을 유지할 수 있도록 얼마나 잘 조직화되어있는가?

3. 소통

팀원들 간의 의사소통은 얼마나 명확한가?

4. 상호작용

팀 구성원 간의 상호작용은 얼마나 협동적이고 생성적인가? 지식과 아이디어의 창의적인 공유 면에서 팀은 피상적인 수준을 넘어서 얼마나 잘 되고 있는가?

5. 스킬 역량강화 기술 향상

팀 구성원들은 자신의 기술을 사용하면서 그 기술을 향상시키고 통합시키는 데 얼마나 열정적인가?

6. 주인의식과 헌신

팀 구성원들이 팀 비전에 도달하고 하나의 팀이 되는 것에 얼마나 적극적으로 참여하는가? 팀 구성원들은 굳이 상기시킬 필요 없이 끝까지 잘 따라가는가? 팀 구성원들은 하나의 팀이 되는 것에 시간을 투자하는가?

7. 존중과 인정

팀 구성원들이 상호작용할 때 서로를 얼마나 존중하고 인정하는가?

8. 교류/관대함

꼭 그럴 필요가 없어도 팀 구성원들은 서로 협력하고 도울 의지가 충분한가? 팀 구성원들이 다른 팀원들의 발전을 위해 얼마나 체계적으로 시간을 투자하는가?

요약

역동적 팀 구성은 그룹 멤버가 서로의 역량과 개인적 특성을 보완하고, 결과에 대한 책임을 공유하며, 개별적인 노력의 합으로 가능한 것보다 더 큰 것을 함께 성취하기 위한 팀워크(종종 자연발생적인)의 한 형태이다. 역동적 팀 구성은 협업이 얼마나 생성적일 수 있는지 보여 주는 좋은 사례이다(예:1+1, 3).

새들의 무리 짓기는 역동적인 팀 구성에 관한 몇 가지 좋은 사례이자 비유이다. 예로 들면, 기러기들은 고유의 이동 패턴으로 인해 매년 수천 마일을 날아야 한다. 함께 비행하며, 무리 동료들이 제공하는 상승 기류가 주는 혜택으로 혼자 나는 새보다 71% 더 멀리 날아갈 수가 있다.

찌르레기 종의 새가 보여주는 복잡한 '찌르레기떼murmuration' 패턴들도 무리 짓기와 유사한 사례이다. 응집, 분리, 정렬과 같은 간단한 규칙을 따름으로써, 개별 새들이 모인 집단은 함께 움직이고, 통합된 홀론처럼 행동함으로써 함께 반응하고 함께 장애물을 피할 수 있다.

유사한 일련의 규칙들은 미 전투기 조종사들이 미드웨이 전투에서 주효하고 믿기 힘든 승리를 거두는 데 적용되었고 이 승리는 2차 세계대전 태평양 전쟁에서 전환점이 되었다. 소통과 행동에 대한 간단한 규칙을 결정하고 따르는 것으로, 미 전투기는 공중에서 신속히 긴요한 영역에 집결하여 효과적으로 '무리 지을' 수 있었다. 일본군이 수적으로 우세했음에도 불구하고 미군 조종사들은 가장 큰 영향력 발휘가 가능한 곳을 선점함으로써 압도적인 힘을 행사했다.

역동적 팀 개발에는 공통의 미션과 비전에 기여함에 있어 가장 큰 영향력을 생산하고자 '무리 짓기'를 할 수 있는 기업 활동에 참여하는 팀을 위한 여건 조성도 포함된다.

코마우 피코사 특별주문 성과팀의 성공 요인 사례는 어느 한 그룹이 역동적 팀 구성을 촉진하기 위한 기업 활동에 참여할 때 쓰일 수 있는 다수의 협업 촉매제들을 잘 보여 준다. 여기에는 협력을 통한 목표 선정, 다른 역할의 사람들 사이를 갈라놓는 장벽과 장애물 무너뜨리기, 협업을 위한 규준 공유하기, 성공의 원 내 핵심 영역으로 간주되는 반복적인 소통구조 확립하기, 섬기는 서번트 리더십servant leadership과 동반자적partnering태도 증진하기가 포함된다.

역동적인 팀 회의dynamic team meeting 양식은 팀 구성원, 고객, 이해관계자/주주 또는 파트너와 함께 하는 회의를 조직하는 데 쓰일 수 있는 간단한 프로세스를 개략적으로 볼 수 있다. 역동적인 팀 회의는 그러한 회의를 계획하고 실행하는 데 충분한 구조를 제공하기도 하지만, 무엇보다 공명, 시너지, 출현이 발생할 수 있도록 하는 유연성과 자율성을 허용한다. 역동적인 팀 구성을 위한 강력한 협업 촉매제는 잠재적 협업원이 자신들이 필요한 것과 가지고 있는 자원들, 그리고 자신들의 협업 규준을 확인하고, 개방적으로 공유하는 자원 발굴이다. 이는 강력하고 유익한 협력 관계를 구축하는 데 필요한 상호 보완 영역을 찾는 데 도움이 된다.

공통의 비전과 팀 정렬 워크시트 내 역할 정리 프로세스는 팀 구성원이 공유한 가치를 확인하고 공통의 비전과 미션에 부합하는 능력과 활동을 정합시키는 데 도움이 된다.

역동적인 팀 구성의 성공 요인 모델링 절차는 역동적 팀 구성과 생성적 협업에 필요한 핵심 성공 요인을 규명하고 역동적 팀 구성 점수표를 만드는 것은 효과적인 '소통과 창의성의 하부구조' 확립에 도움이 된다. 이는 프로젝트와 팀 상호작용의 주요 국면에서 이런 중요한 성공 요인들의 존재에 대한 계속적인 숙고가 가능한 실행 계획을 세우는 데 쓰일 수 있다.

Chapter

06

군중의 지혜 활성화하기

Activating the Wisdom of Crowds

누가 지혜로운 사람인가? 모든 이로부터 배우는 사람이다.
누가 강력한 사람인가? 자신의 열정을 지배하는 사람이다.
누가 부유한가? 만족하는 사람이다. 그는 누구인가? 누구도 아닌 존재.

벤자민 프랭클린Benjamin Franklin

위대한 전진은 사람들이 자신의 진실을 말하고 다른 이의 진실을 들을 만큼 충분히 담대할 때 일어난다.

케네스 H. 블랜차드Kenneth H. Blanchard

지혜는 함께 앉아 상대방을 바꾸려는 의도 없이 서로의 차이점에 대해 진실하게 토의할 수 있을 때 발견할 수 있다.

그레고리 베이트슨Gregory Bateson

군중의 지혜 활성화하기

Activating the Wisdom of Crowds

지혜의 개발

열정, 비전, 사명 및 엠비션 이외에도 성공적이고 지속 가능한 벤처기업을 창출하는 데 필요한 마인드 셋과 관련된 또 다른 중요한 요소는 일정 수준의 지혜이다. 지혜의 사전적 정의는 '지식, 경험, 이해, 상식 및 통찰력을 사용하여 생각하고 행동하는 능력'이다. 마인드 셋mind-set의 이러한 면면들은 '어떤 행동을 해야 하는지에 대한 최적의 판단'을 얻는 데 쓸 수 있다. 따라서 지혜는 개인이나 집단으로 하여금 더 좋고 더 많은 생태학적 선택과 결정을 하게 하는 넓고 균형 잡힌 시각을 갖는 것에 관한 것이다.

지혜의 개발

지혜를 개발하는 것은 사람, 목표와 상황에 대한 이해, 그리고 최적의 행동 방침을 결정하기 위해 사람들이 어떻게 상호작용하는지와 관련이 있다. 또한 주어진 상황에 지혜를 적용하려면 지속적인 지식 추구 역시 필요하다.

작가이자 와튼대학교 교수인 아담 그랜트Adam Grant는 2013년 11월 '현명한 사람처럼 생각하는 법'이라는 기사에서 더 큰 지혜의 개발에 필요한 단계를 다음과 같이 설명한다.

1. 경험에서 얻은 교훈을 신중하게 숙고하라
2. 세상을 흑과 백이 아닌 회색 음영으로 보라

3. 자기 이익과 공익 사이에 균형을 유지하라
4. 현재 상황에 도전하라
5. 판단보다는 이해를 지향하라
6. 즐거움보다 목적에 집중하라

벤자민 프랭클린Benjamin Franklin의 "누가 현명한가? 모든 사람에게서 배우는 사람이다." 라는 말은 지혜에는 다양한 관점을 모으고 통합하는 과정이 포함됨을 의미한다. 시스템 이론가 그레고리 베이트슨Gregory Bateson는 지혜를 "함께 앉아서 상대를 바꿀 생각 없이 서로의 차이점에 대해 솔직하게 이야기하는 것"이라고 이야기 한다.

그랜트와 프랭클린, 베이트슨의 견해를 종합해 보면, 지혜를 개발하는 데 필요한 몇 가지 원칙과 지침을 개략적으로 설명할 수 있다.

- 지혜는 경험 그 자체에서 나오는 것이 아니라 다른 관점에서 경험을 통해 무엇을 배웠는지 사려 깊게 성찰하는 것에서 출현한다.
- 지혜는 미묘한 차이와 다양한 관점을 포용함으로써 생긴다. 그랜트가 지적한대로 지혜의 목적은 '판단하기보다는 이해하는 것'이다.
- 현명한 사람들과 그룹들은 기꺼이 그 규칙들에 대해 의문을 제기한다. 지혜는 언제나 그랬던 것을 받아들이는 대신에 더 나은 길이 있는지 묻는 것이다.
- 지혜wisdom는 '에고ego'와 '소울soul' 사이의 균형을 잡도록 하는 기능이다. 즉 '자기 이익을 공동의 이익'에 맞추는 것이다. 그것은 사람들이 다른 사람들이 그들 자신의 목표goals와 엠비션ambition을 발전시키는 데 도움이 되는 길을 찾도록 격려하고 지원하는 데서 나온다.

현재 상황에
도전하라
판단보다는
이해 지향하기
즐거움보다는 목적에
집중하기

지혜의 개발

지혜는 더 큰 그림과 더 큰 목적에 지속적으로 집중하는 데서 나온다. 그레고리 베이트슨이 '더 큰 마음large mind' 또는 '장 지성field intelligence'이라 부르는 것에 연결해야 한다.

분명히 지혜는 집단지성을 통해 크게 향상된다. 사실, 현명한 의사결정을 내리는 것은 집단지성을 촉진하고 적용한 결과물의 기본적인 것이다.

군중의 지혜

The Wisdom of Crowds

자신의 책 '군중의 지혜The Wisdom of Crowds'(2005)에서 제임스 슈로위키James Surowiecki는 다음과 같이 대담한 주장을 한다.

> **바른 상황에서 집단은 놀라울 정도로 지적이고, 종종 집단에서 가장 똑똑한 사람들보다 더 똑똑하다. 집단이 현명해지기 위해 특별히 지적인 사람들이 집단을 지배해야 할 이유는 없다. 한 집단에 속한 대부분의 사람들이 특출나게 박식하거나 합리적이지 않더라도 그 집단은 총괄적으로 현명한 결정을 내릴 수 있다.**

실제로 슈로위키는 '똑똑한' 직원과 '똑똑하지 않은' 직원들이 섞여 구성된 그룹은 항상 '똑똑한' 직원들 만으로 구성된 그룹보다 나았다고 주장한다. 슈로위키에 따르면 집단적 결정은 개인적인 정보에 주로 의지하여 독립적인 결론에 도달한 다양한 의견을 가진 사람들이 모였을 때 좋은 결정에 가장 근접해진다.

슈로위키는 무리지어 다니는 새들의 지능적인 행동(5장 참조)과 식량원에 이르는 최단 경로를 찾는 개미 식민지의 능력(4장 참조)을 자연에서 볼 수 있는 '군중의 지혜'라고 설명한다. 그 외에도 군중의 지혜를 구현한 것이 시장의 자기 수정self-correcting 성향과 오픈소스 컴퓨터 코드의 개발(Linux처럼)이라고 말한다. 그가 든 다른 사례는 2003년의 사스SARS 전염병에 대한 해결책 발견이다. 해결책은 하나의 전담조직이 내놓은 것이 아니라 전 세계 여러 다른 병원 및 대학에서 수행한 연구 및 데이터 결과였다. 그것은 더 큰 집단지성에서 자연스럽게 출현했다.

슈로위키가 제시하는 군중의 지혜에 대한 또 다른 명백한 증거는 수량을 추정하는 것이다. 상징적인 예로 슈로위키는 과학자이자 선구적인 심리학자인 프란시스 갈튼Francis Galton의 일화를 인용한다. 갈튼은 큰 황소의 무게를 가장 가깝게 추측한 사람에게 상을 수여하는 가축품평회에 참가했다. 900명 이상의 사람이 이에 도전을 했고, 갈튼은 모든 사람들의 추정치를 더하고 평균을 냈다. 그리고 놀라운 사실을 발견했다. 개인들의 추측은 넓은 범위에 편차가 심했으나, 집단의 평균은 개인들이 했던 모든 추정치 중 가장 정확한 추정치 보다도 실제 체중에 더 가까웠고, 심지어 가축 전문가가 별도로 예측한 것보다도 더 가까웠다는 사실이었다.

집단적 결정은 개인적인 정보를 기반으로 독립적인 결론에 도달한 다양한 의견을 가진 사람들이 모였을 때 좋은 결정에 가장 근접해진다.

군중의 지혜에 관한 간단하면서 명백한 증명은 수량을 추정해보는 것이다. 추정치의 집단 평균은 언제나 실제 수량에 가장 가깝게 나온다.

슈로위키는 어떤 유형의 수량을 추정할 때 똑같은 현상이 발생한다고 주장한다. 예를 들어, 사탕이 가득 담긴 항아리를 가져다 놓고 사람들에게 사탕의 개수를 각자 추측해서 써보라고 요청한다. 그리고 그 결과를 모아서 합산하면 평균은 거의 사탕의 실제 개수에 가장 가깝게 나온다는 것이다.

나는 정기적으로 이 실험을 집단지성 훈련프로그램에서 해보는데, 언제나 일관된 결과가 나오는 것이 인상적이다. 그룹이 추정한 평균치는 늘 정답에 가장 가까운 추정치의 하나이다.

아래 차트는 세미나 그룹 중 한 곳의 실제 사례이다. 보다시피, 각각의 추정치는 놀라울 정도로 다양하다. 40가지의 추측 중에서 가장 적은 개수가 150이고 가장 높은 개수가 5,000이다. 이렇게 차이가 난다는 것은 우리 개인의 인식과 판단이 얼마나 다른지를 보여주는 강력한 증거이다. 그러나 모든 추정치의 평균 개수(884)는 실제 사탕 수(836)에 매우 근접하다. 2개의 개별 추정치만이 평균보다 실제 사탕 수에 더 가까웠다.

이 예는 그룹의 멤버 전원이 빠짐없이 참여하는 것이 얼마나 중요한지도 보여준다. 가령 개별 추정치에서 가장 높은 수나 가장 낮은 수를 버리면 평균은 병 안에 있는 실제 개수에서 훨씬 더 멀어질 것이다. 모든 사람들의 공헌은 완전한 군중의 지혜를 얻기 위해서 꼭 필요한 것이다.

각각의 추정치

1000	1384	737	300
1515	522	623	1250
480	1253	150	603
2708	252	623	1205
600	500	800	480
1062	321	288	816
190	3251	540	325
850	400	1263	5000
280	1124	417	500
222	350	780	424

평균: 884.85
실제 사탕수: 836

군중의 지혜에 대한 사례의 하나인 수량 추정하기.
그룹의 평균 추정치는 실제 값에 항상 가장 가깝다.

현명한 군중을 길러내기 위해 필요한 조건들

분명히, 모든 집단과 군중이 현명한 것은 아니다. 실제로, 완전히 똑같은 그룹이라 하더라도 상호작용하는 조건에 따라 현명할 수도 그렇지 않을 수도 있다. 사실 집단의 지혜를 방해하는 큰 요인 하나가 '생각의 일치'나 '집단적 사고'이다. 생각을 일치시키고 합의하는 것은 그룹의 지혜를 키우는 것이 아니라 다른 가능한 대안이나 아이디어 탐색을 오히려 제한한다. 자신의 의견을 그룹에 '맞추려고' 혹은 지지나 승인을 받으려고 사람들은 쉽게 다른 사람들의 말이나 생각에 좌우된다.

군중의 지혜를 가장 방해하는 것 중의 하나가 생각의 일치 혹은 '집단적 사고'이다.

앞에서 본 사탕 개수를 추측하는 실험의 경우, 추측하는 사람이 처음에 다른 추정치가 있다는 사실을 모른 채 독자적으로 추측하는 것이 중요하다. 만약 당신이 똑같은 실험을 했는데 그 실험에서 사람들에게 자신의 추정치를 다른 사람이 들을 수 있도록 큰 소리로 차례로 말하게 한다면, 앞사람의 추정치는 뒤따른 다른 사람들에게 영향을 준 것이다. 추정치 내 편차는 아마 훨씬 작겠지만 평균치는 실제 값에서 아주 멀어져 버릴 것이다. 게다가 그룹에서 영향력 있는 구성원의 추측은 무의식적으로 다른 사람들의 추측을 좌지우지할 가능성도 있다.

그룹의 상황에서 사람들은 자신이 가진 지식과 아이디어에 주의를 기울여 결정내리지 않고, 그룹의 다른 사람들이 알고 생각하고 승인한다고 생각하는 것을 기준으로 자신의 결정내려버린다.

제임스 슈로위키는 현명한 군중을 만드는 4가지 조건을 의견의 다양성, 독립성, 분권화 그리고 집합한 개인들의 결론을 집단적 결정으로 전환시키는 공정한 방법이라고 규명한다.

그룹이라는 맥락에서 사람들은 자신이 가진 지식과 아이디어에 주의를 기울이지 않고, 그룹의 다른 사람들이 알고 있다고, 생각했을 것이라고, 또는 승인하는 것이라고 생각하고 결정을 내리기 시작한다. 특히 자신의 진짜 생각이 그룹에 논란을 일으키고 평지풍파를 일으킬 것 같으면 아예 표현을 하지 않게 될 수 있다. 사실 이것은 유행이나 폭도들, 파시즘에 기반한 다른 그룹들처럼 그룹 내 사람들이 동일하게 생각하고, 행동하고 따라야 한다는 압력이다.

슈로위키는 동질 집단이 자신이 잘하는 일에는 탁월하지만 새로운 대안들을 조사하는 능력이 점차 줄어들고 있다고 지적한다. "그들은 일하기 급급해서 새로운 것을 탐구할 시간이 없습니다." 다양성은 서로 다른 관점을 보태는 데 그치지 않고 개인들이 진짜로 자신이 생각하는 것을 더 쉽게 말할 수 있도록 함으로써 공헌할 수 있다.

슈로위키는 현명한 군중을 만드는 네 가지 조건을 다음과 같이 간추렸다.

1. 의견의 다양성(사람들은 넓은 범위의 다양한 관점들을 대표한다)
2. 독립성(사람들의 의견은 주변의 다른 사람들의 의견에 의해 결정되지 않는다)
3. 분권화(사람들은 현지의 정보에 전문성이 있고 그것을 이용할 수 있다)
4. 집단화(개인들이 내린 결론들이 집단 결정으로 전환되는 데에는 편향되지 않은 매커니즘이 존재한다)

공동의 비전이나 목적을 갖는다는 것은 구성원들이 자신의 목표와 엠비션을 추구하면서 동시에 집단의 이익이 되는 방법을 찾고, 또한 공동의 이익과 자기 이익 사이의 균형을 이룰 가능성을 만들어내는 것으로, 현명한 집단을 만드는 핵심 요소이다.

이러한 조건이 충족되면 그룹의 지혜가 홀론holon으로 나타날 수 있다.

군중의 지혜가 어떻게 작용하는지에 대한 슈로위키의 견해는 정치 경제학자인 애덤 스미스Adam Smith의 자유 시장 안에서 사람들의 행동을 이끄는 '보이지 않는 손invisible hand'을 연상시킨다. 스미스에 따르면, 사람들이 자신의 이익을 위해 이성적으로 행동할 때, 그들은 "눈에 보이지 않는 손에 의해 그들이 의도하지 않은 목적을 추구하게 된다."는 것이다. 이는 의도 없이, 모르는 사이에 그들은 사회의 이익을 증진시킨다는 것이다. 스미스는 개인들이 의식적으로 사회의 이익을 촉진하려고 할 때보다 오히려 자신의 이익을 추구함으로써 더 효과적으로 사회의 이익을 촉진하는 경우가 많다고 주장했다.

스미스의 '보이지 않는 손'에 대한 개념은 경험에서 얻은 교훈을 사려 깊게 반영하는 현명한 개인들을 만들어내는 어떤 동일한 패턴들에 의해 촉진된 '더 큰 마음larger Mind' 또는 장 지성field intelligence의 한 예이다. 즉, 심판보다는 이해하려는 목적으로 미묘한 차이와 다양한 관점을 포용하는 것, 대안을 모색하고 더 나은 경로가 있는지 묻는 것, '목적'에 초점을 맞추고 공동 이익과 자기 이익 사이의 균형을 발견하는 것이 그것이다.

이러한 이유로 나는 현명한 그룹을 만들기 위한 핵심 부분으로 슈로위키의 목록에 사람들이 공통의 비전이나 목적을 가지는 것의 중요성을 추가할 것이다. 이것은 집단의 구성원들이 자신의 목표goals와 엠비션ambition을 추구하면서 동시에 자신의 이익과 보편적인 선(에고ego와 소울soul) 사이의 균형을 이루고 집단에게 가치를 줄 수 있는 방법을 발견할 가능성을 창출한다.

구글의 완벽한 팀 탐구

Google's Quest for the Perfect Team

슈로위키가 제시하는 주요 요점들은 완벽한 팀을 만드는 방법을 찾기 위해 구글Google에서 실시한 5년간의 연구 조사 결과에 그대로 나온다. 오늘날 놀라운 성공을 이룬 많은 회사들처럼 구글 역시 '직원 성과 최적화employee performance optimization'라고 하는 개인 근로자 분석과 개선만으로는 부족하다는 것을 깨달았다. 조직 활동이 점차 글로벌화되고 복잡해지면서 기업이 성공하는 데 필요한 대부분이 점점 더 팀을 기반으로 하는 것이다. 실제 하버드 비즈니스 리뷰Harvard Business Review에 게재된 최근 연구를 보면, 지난 20년간 관리자와 직원이 협업 활동에 소비한 시간이 50% 이상 증가했고 많은 기업에서 직원들이 동료 직원과 의사소통에만 하루의 3/4 이상을 소비한다는 것을 알 수 있다.

SFM의 한 유형을 위해 구글은 5년간 수십억을 들여 집단적 I.Q가 어떻게 팀을 성장시키는지 알아내기 위해 다른 성과 수준을 보이는 팀 내 사람들의 특질과 행동 패턴에 관한 데이터를 모았다.

대화를 주고받는 분배의 평등은 '집단 I.Q.'를 향상시키는 중요한 성공 요인 중 하나이다.

그래서 구글은 완벽한 팀 만들기에 집중하게 되었다. 실행능력의 서로 다른 차원들을 보이는 팀 내 사람들의 특질과 행동 패턴들을 기반으로 데이터를 모으는 데 수백만 달러를 썼다. 슈로위키가 예견한대로 눈에 띄는 차이를 만드는 팀의 구성이나 구조에 대한 명백한 근거를 찾아내는 것은 거의 불가능했다. "우리는 180개나 되는 회사 내 모든 팀을 전부 살펴 보았어요."라고 구글 인사부 관리자인 아비어 듀비Abeer Dubey는 말했다. "저희는 엄청난 데이터를 보유하고 있었지만, 차이를 만드는 어떤 특정 성격 유형이나 기술, 배경의 조합을 보여주는 것은 아무것도 없었습니다. 방정식에서 '누구' 부분은 전혀 문제가 되지 않아 보였습니다." 가령 거의 비슷한 구성원들로 구성된 두 팀이지만, 효과성 면에서 근본적으로 다른 차원을 보여준다는 것이다.

이 때문에 연구원들은 어느 한 명의 구성원의 지성과 인성과는 별개로 팀 내에 출현하는 '집단적 I.Q' 즉, 우리가 '그룹 마인드group mind'라고 부르고 있는 이 개념을 공식화하기에 이르렀다. 우리는 이 집단적 I.Q가 그룹의 '지혜'에 대한 척도가 되리라 본다. 물론 "그룹은 어떻게 집단적 I.Q의 개발을 촉진할 것인가?"가 제일 중요한 질문이다.

구글 연구원들이 다양한 그룹을 추적하여 모든 좋은 팀이 공유하는 것으로 보이는 두 가지 특성을 알아냈다. 첫 번째는 연구자들이 '대화를 주고받는 분배의 평등'이라고 언급한 현상이었다. 좋은 팀에서 팀원들은 대략 거의 같은 비율로 말했다. 그 말은 팀에 기여할 수 있는 기회가 모든 개인에게 동등했다는 말이다. "말할 기회가 모든 사람에게 주어지기만 하면 팀은 잘 해냈습니다."라고 이번 연구의 주요 저자 아니타 울리Anita Woolley는 결론지었다. "그런데 만약 특정 한 사람이나 소그룹만 계속 말하는 식이었다면 집단지성은 감소했을 것입니다."

두 번째로는 좋은 팀의 팀원들은 모두 높은 수준의 '사회적 민감성social sensitivity'을 보였는데 이는 그들이 다른 사람들의 목소리나 표정, 그리고 여타 비언어적 단서들을 토대로 그들이 어떻게 느끼는지를 이해하는 데 능숙했다는 뜻이다. 이 능력은 공감과 '감성 지능emotional intelligence'을 말한다. 이것은 우리가 '2차 포지션second position'이라고 하는 즉, 다른 사람의 관점을 취할 수 있는 능력과도 관련된다.

'말할 수 있는 동등한 기회conversational turn-taking'와 '사회적 민감성social sensitivity'과 같은 특질의 결합은 '심리적인 안전함psychological safety'이라는 것을 만들어 준다. 심리적인 안전함은 '누군가가 말한 것 때문에 팀이 난처해지거나 혹은 팀이 거부하거나 처벌하지 않는다'는 자신감이다. 이는 사람들이 그들 스스로가 편안한 존재라고 생각하는 서로 간의 신뢰와 상호 존중을 특징으로 하는 팀 분위기를 묘사하고 있다. 구글 데이터에서 심리적인 안전함은 다른 요소보다도 팀워크를 만드는 핵심이었음을 알 수 있다.

심리적인 안전함은 사람들이 순수한 자기 생각과 느낌을 공유하고 자신의 사적인 정보를 밝힐 수 있는 정직한 자기 노출self-disclosure로도 커질 수 있다. 예를 들면, 내가 하는 마스터마인드 그룹 같은 데서 그룹을 돌며 직접 대면하는 세션을 열어 각 구성원들에게 다음 문장을 완성하게 하는 것이다. "대부분의 사람들이 나에 대해 모르는 것 중 하나는…." 사람들이 자신에게 의미 있고 사적인 것을 공유했기 때문에 다른 사람에게도 똑같이 할 수 있는 기회를 준다.

구글의 데이터를 보면 심리적인 안전함은 팀워크를 만드는 데 그 어떤 것보다 중요하다는 것을 알 수 있다.

구글 연구에서 출현한 다른 요인이 업무의 의의를 인지하는 것의 중요성이었다는 것은 전혀 놀랍지 않다. 효과적인 팀의 구성원들은 자신이 하는 일이 어떻게 구글의 더 큰 미션에 부합하는 것인지를 알았다.

사회적 민감성과 공감 능력, 감성 지능은 집단적 I.Q를 향상시키는 또 다른 중요한 성공 요인이다.

지금까지 본서에서 다루었던 원칙들로 봐서는 심리적인 안전함과 업무의 의의가 결합한다는 것은 팀원들이 전체에서 분리한 개인으로 존재하는 동시에 더 큰 홀론의 일부로서 행동할 것을 허용하고 장려하는 것임이 분명해 보인다.

그룹 구성원들이 자신이 하는 일이 구글의 더 큰 미션에 어떻게 부합하는지를 아는 것 역시 중요했다.

군중의 지혜를 촉진하는 6단계

Six Steps for Activating the Wisdom of Crowds

SFM의 원칙들을 기반으로 스티븐 길리간 박사와 나는 현명한 생성적 협업을 효과적으로 만드는 6가지 단계를 정의했다.

동료인 스티븐 길리건Stephen Gilligan 박사와 함께한 집단지성 워크숍과 생성적 변화에 대한 연구에서, 우리는 효과적이고, 현명하고, 생성적인 협업을 만들어내는 일련의 단계에 대한 윤곽을 잡았다. 이는 군중들의 지혜를 끌어내는 슈로위키의 기준과 완벽한 팀을 찾으려 했던 구글 연구의 결론을 통합한 것이다. 요컨대 단계들은 다음을 포함한다.

1. 코치 컨테이너COACH container 생성하기
2. 공동의 의도/목적을 확인하기
3. 생성적인 수행 상태를 개발하기
4. 여러 가지 관점을 모으면서 목표나 문제에 집중하기
5. 존중과 호기심 상태의 관점을 일관되게 유지하기
6. 새로운 아이디어와 가능성이 출현하도록 허용하기

처음 네 단계는 이미 이 책에서 탐색했던 협업 촉매제collaboration catalysts로 입증이 된다. COACH 컨테이너 생성과 그룹의 의도 확인에 대해서는 제1장에서 다루었다. 생성 수행 상태 만들기, 여러 관점 모으기와 목표와 문제에 집중하기는 제2장에서 다루었다.

존중과 호기심 상태에서의 관점을 일관되게 유지하려면 확실히 구글 연구자들이 심리적인 안전함psychological safety이라고 언급한 것을 만드는 일이 필요하다. 지혜는 대체로 처음에는 역설적이고 모순적으로 보이는 것에서 출현한다. 다음의 협업 촉매제는 그룹이 존경과 호기심 상태의 관점을 일관되게 유지하고 새로운 아이디어와 가능성의 출현을 허용하도록 돕는 데 쓰일 수 있다.

군중의 지혜 활성화를 위한 6단계

SFM 협업 촉매제:
크러쉬 상태에서 코치 상태로 이동하기

SFM Collaboration Catalyst: Shifting from CRASH to COACH State

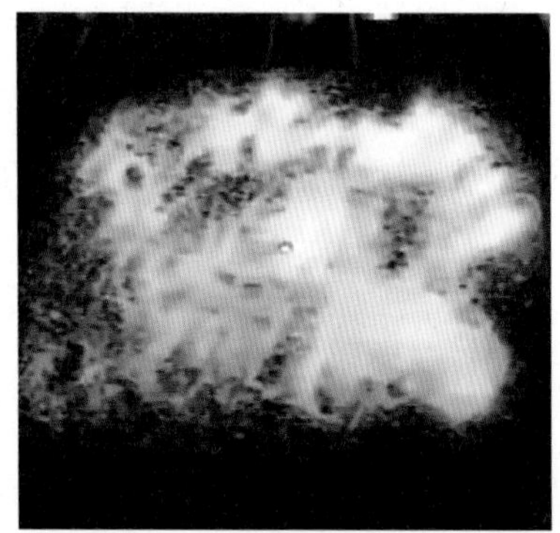

크러쉬 상태

versus

코치 상태

이 책에서 언급된 단어 중에 심리적인 안전함psychological safety은 코치 컨테이너COACH container의 결과물이라고 말할 수 있다. 사람들이 자신의 중심에서 안정되어 있고, 개방적이며, 깨어있고, 서로와 스스로가 연결되어 있고, 자원이 풍부한 상태와 호기심으로 지금 존재하는 것이 무엇이든 취할 수 있다고 느낄 때 사람들은 자기 자신으로 존재하고 자신이 생각하는 그대로 말해도 안전하다고 느낀다. 그 반대는 사람들이 크러쉬CRASH 상태에 있을 때 생긴다. 위축되어 있고, 수동적이고, 지나치게 분석적이고, 단절을 느끼고, 상처받는 상태는 집단지성과 군중의 지혜를 활성화하는데 치명적이다.

제1장의 금속판에 진동하는 모래의 비유에서 알 수 있듯이, 그룹의 심리적, 감정적 상태가 일종의 진동장을 형성한다고 할 수 있다. 사이매틱스cymatics(역주: 소리와 진동의 효과를 볼 수 있게 하는 연구) 실험은 궁극적으로 모래가 어떻게 편제될지는 진동장이 결정한다는 것을 보여주었다. 그룹이나 팀 상황에서 보면 모래는 그들이 하는 논의나 과업의 내용에 해당한다. 금속판은 그들이 상호작용하는 환경이다. 진동 수준은 생성적 수행 상태의 질에 해당될 것이다. 그룹이 크러쉬 상태가 되어버리면 창조적이거나 혁신적인 것은 생산되지 않는다. 하지만 완전히 똑같은 그룹 구성원 그대로 그리고 토의하거나 작업하는 내용 역시 완전히 똑같아도 생성적인 코치COACH 상태에 들어가면 새로운 아이디어와 가능성의 출

현은 훨씬 더 많아질 것이다.

그룹이 '크러쉬CRASH' 상태에 있으면 상호작용에 비언어적 '대소동'이 일어났다는 의미이다. 대화의 속도는 빨라지고, 호흡은 멎게 되고, 리듬은 흩어지고, 사람들은 자신의 중심에서 벗어나 안정감을 잃는다. 그리고 사람들이나 그들이 주고받는 말 사이에는 뭔가 들어갈 수 있는 '여백'이 없다.

다음은 그룹 구성원들이 '사회적 민감성social sensitivity'을 실천하고 몇 가지 간단한 비언어적 '안내 신호conductor signals'로 코치COACH 상태로 다시 돌아오게끔 서로를 도울 수 있도록 지원하는 연습이다.

코치 컨테이너를 유지하게 돕는 비언어적 신호의 사례

1. 그룹은 더욱 창조적 협업이 가능한 영역을 확인한다(예: 예산 관련 논의).
2. 그룹 구성원들은 (1) 속도늦추기 (2) 잠시 멈춤 (3) 호흡하기 (4) 중심잡기를 나타내는 비언어적 신호를 함께 정한다. 이 신호를 정하는 목적은 그룹의 코치 상태와 생성적 수행 상태를 더욱 강화하도록 돕거나 혹은 그 상태로 다시 돌아오도록 돕기 위한 것이다.
3. 그룹은 코치 상태를 만들고, 선택한 주제와 관련해 창의적으로 협업할 공통된 의도를 세운다.
4. 그룹 멤버 중 누군가가 크러쉬CRASH 행동(위축됨, 반응적임, 지나치게 분석적임 등)을 보이는 것을 누군가 한 사람이 알아차리면, 알아차린 그 구성원은 그가 본 행동에 적합한 비언어적 신호를 어떤 시점을 골라 그룹에 표현할 수 있다.
5. (그러면) 그룹 멤버들은 상호작용을 계속하기 전에 먼저 그 신호에 집단적으로 응답한다.
6. 매 10~20분마다 그룹은 잠시 멈추고 그들이 상호작용하고 있는 자신들의 '장field'

의 질이 어떤지 살피고 또한 모든 구성원이 자신의 의견을 말할 기회를 가졌는지 확인한다.

이런 식의 '의식적인' 활동은 그룹 구성원이 지속적으로 깨어있도록 하는 '사회적 민감성social sensitivity'과 '균등한 발언 기회conversational turn-taking'와 같은 역동성을 부여하도록 돕는 아주 강력한 방법이다. 이것은 그룹의 상태에 대한 책임을 각 그룹 구성원들에게 맡기는 것이다. 그러한 협업 촉매제의 궁극적인 목적은 이러한 역동성이 자연스럽고 자발적인 그룹 상호작용으로 통합되도록 하는 것이다. 우리는 몇 차례의 의도적인 활동 후에, 이를 통해 그룹이 심리적인 안전함에 대해 훨씬 민감해지게 될 수 있다는 것을 알게 되었다.

테트라 레마로 잠재적 갈등을 바꿔버리기

Transforming Potential Conflicts through the Tetra Lemma

이 장의 첫 페이지에서 나는 "지혜는 함께 앉아서 상대방을 바꾸려는 의도 없이 서로의 차이점에 대해 진실된 마음으로 이야기 나눌 수 있을 때 발견할 수 있다."는 그레고리 베이트슨의 주장을 인용했다. 복합적이고 모순적인 관점들을 유지하는 것은 가장 획기적이고 가장 생성적이면서 '창의적인 해결책'을 창조한다.

하지만 구성원들 간에 서로 다르고/다르거나 표면적으로 모순된 관점들이 충돌하면 그룹은 쉽게 크러쉬CRASH 상태에 처한다. 흑과 백 대신 회색의 음영으로, 판단하기보다 이해하려고 하며, 신중하게 숙고하려는 것이 아니라 누가 옳은지 다투게 되는 것이다. 합의점을 찾으려고 하고 동의를 강요하게 된다. 각 개인들 역시 그룹과 마찬가지로 자신의 견해를 변호하고 다른 사람의 의견을 공격하거나 비판하기도 한다. 이런 상태에서 그룹의 지혜와 협업의 창의성이 크게 줄어드는 것은 말할 필요도 없다. 테트라 레마Tetra Lemma는 그러한 상황을 새로운 무언가가 출현할 수 있는 기회들로 바꿔놓는 연습이 가능하도록 그룹을 돕는 협업 촉매제이다.

서로 다른 '진실' 혹은 관점들 사이에 생기는 갈등은 그룹 내부의 딜레마이다. 테트라 레마는 충돌하는 각각의 입장에서 '긍정적 가치positive value'를 감지하고 그것을 통해 통합적인 '메타 트루meta-truth'가 출현하는 것을 허용하게 하는 접근법이다. 'Tetra'는 숫자 4에 해당하는 그리스어이다. 'Di'은 숫자 2이다. 'Lemma'는 그리스어로 차지하고 있는 특정한 지점이나 위치를 말한다. 따라서 딜레마는 말 그대로 '두 개의 입장'이라는 뜻이고, 테트라 레마는 '네 개의 입장four positions'이라는 뜻이다. 테트라 레마의 네 가지 입장은 다음과 같다.

복합적이고 모순적인 관점들을 유지하는 것은 가장 획기적이고 가장 생성적인 '창의적 해결책'을 창조한다.

테트라 레마는 그러한 상황을 새로운 무언가가 출현할 수 있는 기회로 바꿔놓는 연습을 통해 그룹을 돕는 협업 촉매제이다.

1. X는 참이다.
2. X의 반대는 참이다.
3. X와 X의 반대 모두 다 참이다.
4. X와 X의 반대 어느 것도 참이 아니다.

확실히 대표적인 딜레마는 특정 입장이나 관점이 반대일 때 발생한다. 그룹 구성원 한 사람이 "우리는 지원, 시간, 자원 등이 더 많이 필요하다."고 주장하고, 다른 구성원이 "아니다. 우리는 지원, 시간, 자원 등이 충분하다."고 주장하면 그룹은 전형적인 딜레마에 봉착한다. 딜레마는 앞의 예처럼 항상 정반대의 경우만 뜻하는 것은 아니다.

한 그룹 구성원이 "행동을 취해 성장하는 것이 중요하다."라고 말하고 다른 누군가는 "우리가 이미 하고 있는 것을 좀 더 안정적이게 할 필요가 있다."라고 말할 수 있다. 여하튼 테트라 레마 프로세스는 (1) '우리는 X가 더 많이 필요하다' (2) '우리는 X가 충분하다' 또는 (1) '성장이 중요하다' (2) '우리는 우리가 있는 곳에서 더 안정적이어야 한다'라는 각각의 입장에 여지를 준다. 각 관점이 지닌 진리와 가치가 고려되고 존중된다. 각 관점은 가치와 긍정적 의도를 지닌 것으로 사료될 것이다.

테트라 레마에서 처음의 두 포지션은 전형적인 딜레마 유형을 만든다.

테트라 레마의 세 번째 포지션은 처음 두 포지션 양쪽의 타당성을 모두 용인한다.

'처음 두 포지션이 모두 참이 아니다'라는 테트라 레마의 네 번째 포지션은 이제껏 고려된 적이 없는 생각지도 못한 가능성의 여지 혹은 장을 열어준다.

테트라 레마의 세 번째 입장은 어느 정도 수준에서는 두 입장이 동시에 참이라는 것이다. 우리는 'X가 더 필요하다'와 우리는 'X는 충분하다' 또는 '성장하는 것은 중요하다'와 '우리가 있는 곳에서 더 안정적이어야 한다'. 이것은 NLP에서 말하는 전형적인 '메타 포지션'이다. 메타 포지션 혹은 제3의 입장은 다중 관점들을 통해 다양한 관점의 공간을 창조하기 때문에 흔히 '지혜'의 포지션이라고 하기도 한다. 이 세 번째 입장은 어떤 형태의 협상이나 갈등 해결이든 사실상 꼭 필요하다.

테트라 레마Tetra Lemma의 네 번째 입장이 제일 흥미롭고 특이하다. 네 번째 입장은 그 어느 입장도 궁극적으로 '참'이 아니라는 마인드 셋을 가지는 것이다. 즉, 'X가 더 많이 필요한 것도 아니고 X가 충분한 것도 아니다' 두 명제 다 참이 아니라는 것이다. '성장하는 것이 중요한 것도 아니고 우리가 있는 곳에서 더 안정적이어야 하는 것도 아니다' 즉, 둘 다 아니라는 것이다. 이 네 번째 입장은 고려된 적도 없을 뿐더러 생각조차 하지 못한 가능성의 여지나 장을 열어준다. 여기에서 무언가 정말 기발하고 새로운 것이 잠재적으로 출현할 수 있다.

여러 가지 면에서, 테트라 레마는 우리가 제2장과 3장에서 살펴본 네 가지 지각적 입장을 반영한다. 세 번째 입장에는 동등하고 중립적으로 목격한 두 가지 관점이 있다. 네 번째 입장은 '장field' 입장이다. 테트라 레마에서, 네 번째 입장은 가능성의 장이다.

스테판 길리건StephenGilligan과 내가 이 과정을 그룹에 사용할 때, 모든 구성원이 각각의 마인드 셋 전부를 경험하도록 하기 위해 그룹 구성원에게 여러 입장들을 물리적으로 네 개의 다른 지점으로 분류하게 하고 각각의 지점에 돌아가며 서보게 했다. 그런 다음 4가지 입장 전부를 동시에 취하는 COACH 상태로 통합하고자 네 개의 지점 한가운데에 다섯 번째 지점을 추가했다. 이 곳은 본질적으로 선택 가능한 하나의 입장이다. 모든 다른 관점들이나 일부 관점들은 그 중 어떤 관점에도 부속되지 않고 고려될 수 있다.

SFM 협업 촉매제: 테트라 레마 그룹 프로세스

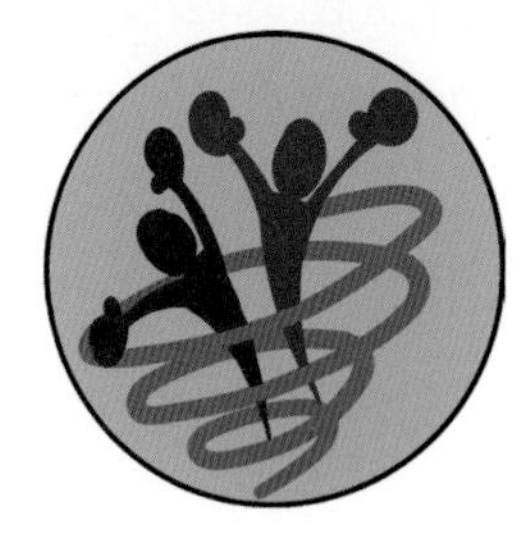

테트라 레마를 반복적으로 연습하는 것은 생성적인 방식으로 서로 다른 관점을 다루고자 할 때 그 서로 다른 관점들이 개발 중인 자원의 하나로 통합되도록 그 프로세스를 도울 것이다.

1. 어떤 식이든 갈등 혹은 크러쉬CRASH 상태가 빚어지는 그룹 내에서 충돌하거나 모순이 되는 관점이나 의견에 의해 만들어지고 있는 그룹 딜레마를 확인한다.
2. 테트라 레마Tetra Lemma를 다이아몬드 모양(다이어그램에서처럼)으로 배치한다. 딜레마가 되는 두 입장을 서로 마주 보게 하고 세 번째와 네 번째 입장을 그 둘 사이에 놓고 마주 보게 한다. 네 입장들 한 가운데에 통합된 코치COACH 상태를 놓는다.
3. 그룹 구성원들은 모든 입장에 다 서보기 위해 다섯 가지 위치 각각을 밟아본다. 그때 구성원 각각은 모두 그 입장에 연결된 마인드 셋을 취하는 것이다.

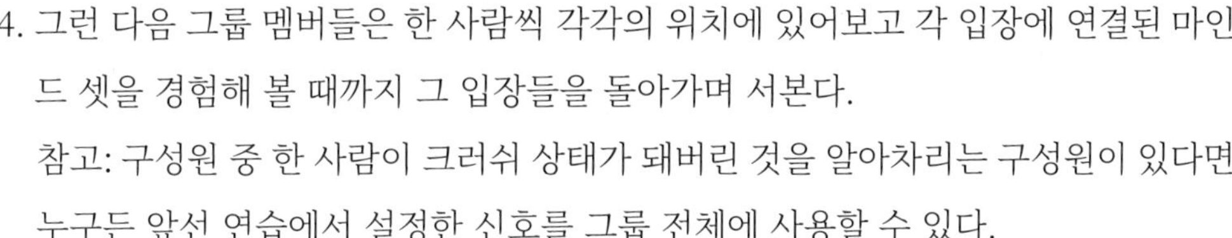

4. 그런 다음 그룹 멤버들은 한 사람씩 각각의 위치에 있어보고 각 입장에 연결된 마인드 셋을 경험해 볼 때까지 그 입장들을 돌아가며 서본다.
   참고: 구성원 중 한 사람이 크러쉬 상태가 돼버린 것을 알아차리는 구성원이 있다면 누구든 앞선 연습에서 설정한 신호를 그룹 전체에 사용할 수 있다.

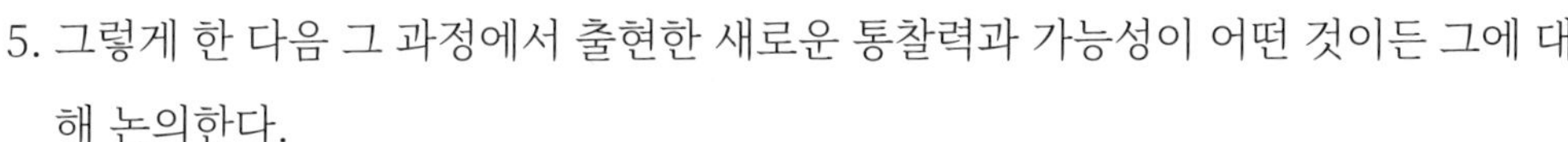

5. 그렇게 한 다음 그 과정에서 출현한 새로운 통찰력과 가능성이 어떤 것이든 그에 대해 논의한다.

앞서 했던 연습과 마찬가지로 그런 구조화된 방식으로 그룹이 테트라 레마를 경험해보는 것은 다양한 관점을 생성적인 방식으로 다루려고 할 때 그 다른 관점들이 개발 중인 자원의 하나로 통합되도록 돕는다.

물론 테트라 레마를 개인 차원에서 연습하는 것 역시 가능하고 유용하다. 그룹 프로세스처럼 4가지 입장을 각각 배치하고 한가운데에 코치 상태COACH state를 놓으면 된다. 각각의 자리와 그 자리와 연결된 마인드 셋에 자신을 놓아보는 일은 자신이 속한 팀이나 그룹 내의 다수의 관점에 대한 존경심을 가지고 더욱 풍부하고 더욱 현명한 관점을 가질 수 있도록 당신을 도울 것이다.

다음의 성공 요인 사례 연구는 여러 입장과 관점을 현명하게 유지하고 통합할 수 있는 것이 얼마나 중요한지에 대한 훌륭한 사례이다.

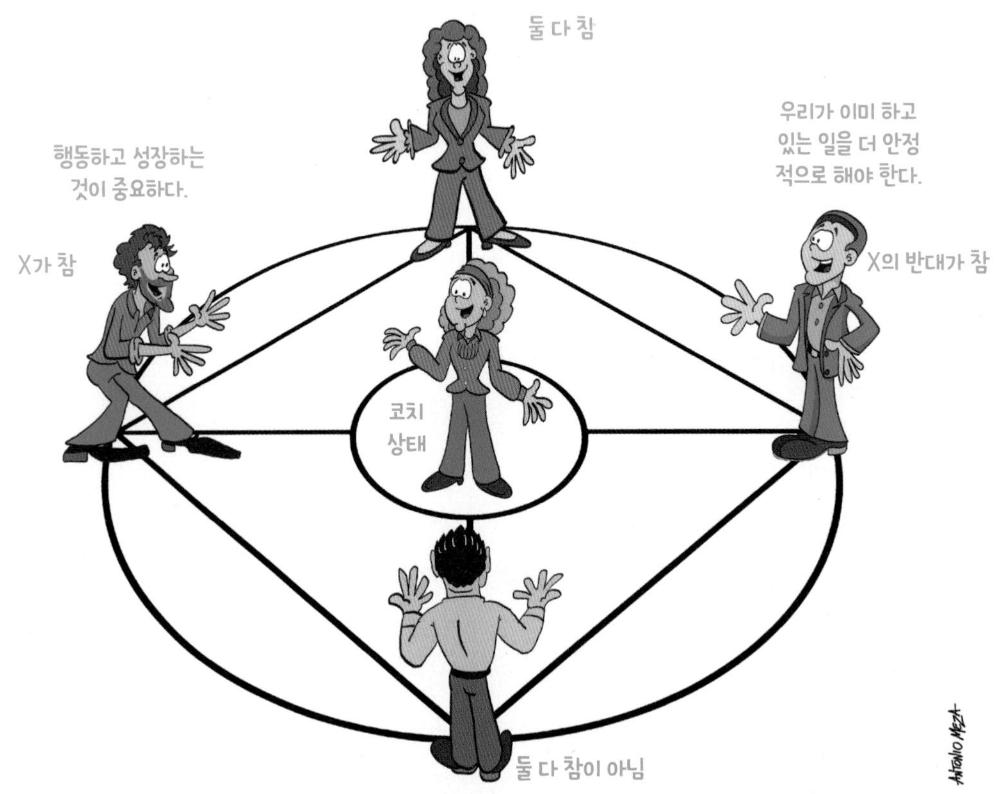

테트라 레마 그룹 프로세스는 잠재적으로 충돌하는 관점들을 통합하는 연습에 관한 것이다.

드류 딜츠: 미국 평화 봉사단 베닌 모링가 농장과 양봉 프로젝트

Success Factor Case Example Drew Dilts: United States Peace Corps
Benin Moringa Farm and Bee Keeping Project

생성적인 임파워먼트

임파워먼트에 대한 열정

성공하는 기업가들은 해결하고자 하는 문제를 알고 더 좋은 방법을 찾기를 꿈꾸기 때문에 새로운 제품이나 서비스를 만들기 위한 탐색을 시작한다. 그들에게는 '소명calling' 즉, 새롭고 다른 무엇인가를 창조하기 위한 열정이 있다. 소명과 개인적인 열정을 느끼는 것은 기업가들이 위험을 감수하고 직면하는 많은 도전에 집중할 수 있도록 해주는 동력이 된다.

드류 딜츠

드류 딜츠Drew Dilts는 어린 나이부터 더 좋은 세상을 만들려고 하는 강한 충동을 자각하고 있었다. 또한 자신에게 어떤 종류의 불멸성에 대한 근원적인 욕망이 있음을 알게 되었다. 자신의 육체적 존재와 상관없이 자신의 미션을 추구하며 살아가려고 하는 자기 자신의 일부가 느껴지길 바랐다. 이는 그의 삶에서 성취할 수 있는 것에 한정된 것이 아닌 더 먼 곳까지 도달하는 영향력을 스스로 허용해 주었다.

드류 딜츠는 생성적 힘의 분배라는 개념을 '사회 발전에 기여하는 리더가 된다는 자신감과 기술을 가지고 사람들에게 힘을 분배하면 똑같은 생성적 방식으로 차차 그들 주변으로 힘이 분배되는 것'이라고 정의한다.

더 나은 세상을 만드는 것과 자신의 육체적 존재를 넘어서 삶이 이어지도록 할 자신의 미션을 가지는 것, 이 두 가지 욕구의 통합은 그의 내면에 그가 '생성적인 임파워먼트generative empowerment'라 부르는 열정을 만들어냈다. 드류의 설명이다. "사회 발전에 도움이 되는 리더가 될 수 있다는 자신감과 기술로 많은 사람들에게 '힘의 분배'를 하게 되면 그의 주변 사람들에게도 똑같이 생성적인 방식으로 그 힘이 다시 분배되게 됩니다. 그러면 저는 혼자 할 수 있는 것보다 더 많은 것을 완수하는 '생성적인 힘의 분배generative empowerment' 세력을 창조할 수 있지요. 이 세력은 전염성이 있고 지속 능력이 있고, 세계의 발전에 결정적으로 중요합니다. 그 힘을 풀어줌으로써 저는 제가 없더라도 제 미션이 계속되고 있다는 것에 만족하며 매일을 반추할 수 있을 겁니다." 드류는 비생성적인 해결책은 "당신이 죽을 때 죽는 것", "당신이 멈출 때 멈추는 것"이라고 말한다.

샌디에고 대학에서 경영학과 국제관계학 학사 학위를 받은 후 2012년에 미국 평화봉사단에서 자원봉사를 하도록 이끈 것은 생성적 힘의 분배에 대한 열정이었다. 그는 아프리카의 가장 가난한 나라 중 하나인 서아프리카 베닌Benin에 경제 발전을 촉진하도록 배정되었다. 여기에서 생성적 힘의 분배에 대한 그의 열정은 '협업적이고 창의적이고 힘을 분배하는 방식으로 심각한 사회 문제를 성공적으로 다루는 커뮤니티들'이라는 비전의 모습으로 형태를 드러냈다.

고객에게 새로운 비전 제시하기

고객들은 기업가의 소명과 비전의 주요 수혜자이다. 기업가들이 제품, 서비스, 그리고 궁극적으로 벤처 사업을 발전시키는 것은 고객과의 관계를 통해서이다. 지속 가능한 성공을 거두기 위해서는 '마인드 공유'도 시장 점유도 충분히 이루어지면서 기업이 탄탄하게 버틸 만큼 수익을 창출하고 수입도 확보해야 한다.

드류의 생성적 힘의 분배에 대한 열정은 그를 미국 평화협회의 자원봉사자로 이끌었고, 그는 아프리카 서부 베닌에 근무하게 되었다.

중앙 베닌에 위치한 글라조우에Glazoue 타운을 근거지로 하는 드류의 주 고객층은 타운에 사는 사람들과 타운 밖의 작은 농촌 커뮤니티에 속한 베닌 주민들이다. 많은 소규모 마을들은 완전히 고립되어 있고 마을 사람들은 원조 기구에서 일하는 극소수의 백인 외에는 외부 사람들을 본 적도 없다. 수 백년전부터 살아온 그대로 전기도 들어오지 않는 흙집에서 살고, 하나 있는 우물이 마을의 유일한 식수원이다. 가구당 하루 4달러 이하로 근근이 살아간다. 드류는 그 마을의 많은 아이들 배가 불룩한 것은 영양실조 때문임을 알아차렸다. 보통 충분히 음식을 먹는다 해도 아이들이 먹는 음식에 단백질과 기타 영양소들이 부족하기 때문이다.

상대적인 가난과 영양실조라는 복합적인 문제에 직면해 드류는 '지역 내 천연자원을 이용해 영양실조와 싸울 협업적이고 자율권이 있고 꾸준한 소득 창출 프로젝트를 실행한다'라는 비전을 세웠다.

상대적인 빈곤과 영양실조라는 복합적인 문제에 직면해 드류는 '지역 내 천연자원, 즉 모링가 나무와 양봉을 통합하여 영양실조와 싸울 협업적이고 자율권이 있는 꾸준한 수익 창출 프로젝트를 실행한다'라는 비전을 세웠다.

지역에 관한 오리엔테이션에서 드류는 이 지역에 자생적으로 자라는 모링가라는 나무가 있다는 것을 알게 되었다. '기적의 나무'로 불리는 모링가moringa는 잎에 비타민과 미네랄이 풍부하고 9개의 필수 아미노산을 모두 함유하고 있어서 완벽한 단백질 공급원이 되는 매우 희귀한 식물 중 하나이다. 함유량을 보면 말린 모링가 잎으로 만든 가루에는 비타민A가 당근보다 4배나 많고 칼슘은 우유의 4배, 비타민은 오렌지의 7배, 칼륨은 바나나의 3배나 되고 철분은 시금치보다도 많다.

자신의 비전에 지역에 대한 그의 지식을 끌어와 드류는 모링가와 양봉 농장을 만들어 내면서 새로운 사업 아이디어를 구체화시켰다. 이 사업은 교잡 수분으로 수익을 올리는 모링가 나무를 재배하는 것과 거의 항상 끊임없이 꽃을 피우는 모링가 나무 근처라면 꿀 산출량이 배가 될 양봉을 결합한 것이었다. 양봉 작업으로 얻는 꿀 역시 비싸고 질 나쁜 설탕보다 더 달고 좋은 감미료로 마을 사람들에게 공급하는 것이었다.

농장에서 생산한 꿀과 모링가 가루가 마을의 가족들에게 영양적 측면에서 혜택을 주었을 뿐 아니라 자체 소비량 이상으로 생산된 꿀은 가까운 지역과 이웃한 나라에 판매하여 추가 소득까지 안겨주었다.

그런데 이 벤처 사업을 시작하면서 드류가 맞닥뜨린 도전은 '고객'들이 '영양'이라는 개념을 전혀 이해하지 못한다는 것이었다. 자신들이 먹는 음식 성분에 대한 분석과 관련해서는 그들 문화적 역사에서도 전통적인 교육에서도 찾아볼 수 없었다. 드류가 "비타민 C가 면역 체계에 도움을 줘요."라고 설명이라도 할라치면 그들은 전혀 이해하지 못하고 이렇게 묻는다. "비타민이 뭐에요?", "면역 체계가 뭐에요?"

한술 더 떠 마을 사람들은 부풀어 올라 터질 것 같은 아이들의 배를 정상적이고 심지어 바람직하다고까지 생각했다. 그것이 그들에게는 "잘 먹는다."는 의미였기 때문이다. 사람들이 이해할 수 있도록 드류는 배가 정상적인 아프리카 아기들 사진을 구매해 마을 사람들에게 보여 주어야 했고, 쉽게 이해할 수 있는 방식으로 영양 개념을 설명할 방법을 찾아야 했다. 그는 집을 짓는 것에 비유해 설명하려고 (말 그대로 지팡이 하나를 만들어) "몸은 집이고 음식은 집을 짓는 것"이라고 말했다. 그 집의 '기초'를 드류는 '제작자' - 고기, 단백질 종류- 라고 불렀다. 집의 '벽들'은 '활력 공급자'-옥수수, 쌀, 감자 등-가 세우는 것이고, 지붕은 '보호자' 즉, 과일과 야채가 만들어준다고 설명했다. 이 비유를 들고 나서 드류는 매 끼니 때마다 먹는 것은 '집'이어야 한다고 강조하고, "지붕이 없는 집에서 가족을 살게 하고 싶어요? 벽이 없는 집, 기초가 없는 집에?"라고 마을 사람들에게 말했다.

드류의 비전은 가난이나 영양실조 같은 사회적 문제를 협업적인 방식으로 처리할 수 있는 커뮤니티를 만드는 것이었다.

드류가 사업을 시작하면서 해결해야 할 몇 가지 문제가 있었는데 그것은 지역 주민들의 영양에 대한 이해 부족과 해외 원조에 대해 학습된 의존이 있다는 점이었다.

사업을 시작하면서 드류가 만난 도전은 그뿐만이 아니었다. 마을 사람들은 "답은 백인들의 가슴과 마음 안에 있어요."라고 믿고 있었다. 그래서 그들은 언제나 지침과 해결책을 찾아 밖으로 눈을 돌렸다. 드류는 외국인 개발 인력과 현지인 근로자와의 상호작용에서 개발 인력이 현지인의 발전에 도움이 되지 않는 경우가 많다는 사실 또한 알게 되었다. 자신들끼리 해결하기 어려운 어떤 문제를 만나면 마을 사람들은 외국인 개발 인력들을 정말로 그 문제에 대한 유일한 해결책을 쥐고 있는 전지적인 해결사로 여겼다.

많은 베닌 사람들의 경제는 사실상 주 수입원인 원조에 의존하고 있다는 것이 드류에게 명백해졌다. 그리고 지역에서 가장 훌륭하고 명석한 사람들은 새로운 사업을 시작하기보다는- 사업을 끌고 나가기 힘든 상황에서- 정부나 원조 단체에서 나오는 수입이 있는 NGO에 가려고 한다는 것을 알았다.

이러한 상황을 바꾸기 위해 드류는 평화 봉사단이 고용한 현지 말을 사용하는 지역 마을 출신의 마테Marthe라는 베닌 여성의 도움을 받기로 했다. 마테는 믿을 수 있었고 또 백인이 아니었기 때문에 마을 사람들에게 역할 모델과 멘토가 될 수 있었다. 마테는 마을 사람들에게 자신들 말로 설득력 있게 말했다. "여러분들은 지금보다 더 잘 할 수 있어요. 여러분들이 그럴 수 있다는 걸 저는 알아요. 저도 여러분 중의 한 사람이잖아요?"

팀원들을 정렬하고 동기 부여하면서 맞닥뜨린 도전들

팀원들은 사업의 미션을 완수하고자 기업가와 가장 긴밀하게 일하는 사람들이 모인 그룹이다. 성공하려면 기업가는 사업의 미션을 달성하기 위해 협동하여 함께 일할 능숙한 개인들로 이루어진 팀을 이루고 성장시켜야 한다.

드류는 모링가 농장과 양봉장을 만들고 운영하기 위해 현지 주민들로 구성된 팀이 필요했다.

드류는 모링가 농장을 만들고 양봉 작업을 할, 마을 사람들로 구성된 팀이 필요했다. 농지에 쓸 땅을 깨끗이 정리하고 울타리를 만들고 모링가 씨를 심고 양봉장을 시작해야 했다. 모링가 농장 팀은 남자 1명, 여자 16명으로 꾸려졌고, 양봉 담당 10명은 모두 남자였다. 이러한 노동 분배는 드류가 씨름해야 할 베닌 문화에 존재하는 뿌리 깊은 성 불평등을 반영하는 것이었다.

드류는 현지인들 사이에서 마을이나 부족, 가족 간의 유대감은 매우 강한 반면, 그룹으로 함께 일하는 경우는 드물다는 것을 발견했다.

그리고 마을의, 부족의 그리고 가족 간의 유대가 아주 강하지만 지역 간에 혹은 사람들이 그룹이 되어 함께 일하는 경향은 별로 없다는 점을 알게 되었다. 시간에 대한 그들의 문화적 관계와 역동적이고 예기치 못한 가족 약속들로 봐서, 팀원들은 같은 시간에 나타나지도 않고 정해진 날에 같은 양의 시간을 일하지도 않아서, 팀원 개개인의 작업 스케줄은 무질서해지기 십상이었다.

사업의 수익이 모두에게 공평하게 분배될 것이었기 때문에 사람들은 특히 여성들이, 일을 절반밖에 하지 않는다고 생각하는 팀원들을 손가락질하고 비난하며 서로를 대하는 것을 드류는 지켜보았다. 이는 역시나 일부 팀원들을 "내가 얼마나 일을 하든 상관없이 모두가 같은 액수의 돈을 받으면 내가 왜 더 힘들게 일해야 하는 겁니까?"라는 태도로 이끌었다.

모링가 농장에서 동료 평화 봉사단 단원과 마을 사람 두 명과 함께 한 드류

드류의 해결책은 각 팀원에게 자신의 구획을 할당하는 것이었다. 이것은 일종의 자치권을 집단 내 개인에게 부여하고 그들에게 자신들이 노력한 직접적인 결과를 볼 수 있게 해주었다. 팀 구성원을 부분적인 이해관계자로 전환시킨 것이다. 그들은 자신의 구획에 대한 자부심과 책임감을 가졌고 다른 사람들이 하는 일을 자신의 '핑계거리'로 삼을 수 없게 되었다. 이러한 움직임은 실제로 마을 사람들을 분리된 개인이면서 동시에 그들 자신보다 더 큰 무언가의 일부인, 더욱더 진정한 홀론으로 만드는 데 기여해 주었다.

드류는 각 팀원에게 자신의 구획을 할당하기로 결정했다. 이것은 각 개인에게 집단 내의 자율권을 부여하고 그들의 노력의 직접적인 결과를 볼 수 있게 했다.

재미있는 것은 개인이 자신의 개별 구획을 가지는 것이 집단지성을 더욱 발전시키도록 자극하기도 한다는 점이었다. 서로 대조해 보게 되고 자연스럽게 '모범 사례best practices'도 공유하게 되었다. 그것은 사람들이 서로를 모델링하며 자극을 받고 서로를 격려하도록 해주었다. 각자 자신의 구획을 가지자 팀 구성원들은 누가 눈에 띄고, 누구 구획이 잘 되고 있고, 차이를 만드는 차이가 무엇인지를 볼 수 있게 되었다. 누구 한 사람의 구획이 다른 사람의 구획보다 더 많은 생산이 이루어지고 있으면 사람들은 깨달았다. '내가 아마 열심히 해야 하는데 하지 않았던 곳에서 차이가 났구나. 그 부분을 하면 나도 할 수 있겠구나.'

사업의 미션은 팀원들이 마을의 건강을 중심으로 정렬하고 각 구획 담당자들 사이에서 '모범 사례'를 나누고 '벤치마킹'을 촉진한다는 것이었다.

수익이 공유되었기 때문에 팀 구성원은 '우리 모두가 더 열심히 일하고 더 똑똑하게 일한다면 모두가 더 많은 돈을 벌 수 있다'라고 깨닫기 시작했다. 누가 하든 약간씩의 성장은 전부, 모든 사람들을 위한 긍정적인 변화를 기하급수적으로 만들어낸다. 예를 들어, 어떤 사람이 나무에 물을 주는 혁신적이고 효과적인 방법을 새로이 개발했다고 상상해 보자. 만약 구획이 없고 농장 전체에 걸쳐 모두가 동시에 함께 일하는 경우라면 이 혁신적인 물 주기 기법의 혜택을 받는 나무는 개발자가 물을 주는 나무가 유일할 것이다. 그러나 구획 시스템을 가진 경우라면 모든 사람이 기술의 이점을 보고 자신들 구획에 모범 사례를 적용할 수 있으므로 한 구획의 나무에서 다른 17개의 구획에 있는 나무들로 모범 사례의 혜택을 확대할 수 있다.

반드시 자신의 담당 벌통이 있어야 하는 양봉작업원 같은 경우, 집단 내 자율권이라는 이와 같은 개념이 이미 자리 잡고 있었다.

모범 사례

벤치마킹

이해관계자를 선정하고 납득시키기

이해관계자Stakeholders는 결정에 영향력을 가진 프로젝트나 기업과 관련된 개인 혹은 그룹을 말한다. 내린 결정의 결과 그리고 의도한 결과로 인해 긍정적 혹은 부정적으로 영향을 줄 수 있다. 또한 기대하는 결과에 도달하는 과정에 방해도 될 수 있고 도움도 될 수 있다. 그와 동시에 결과의 질에 확연한 영향을 미칠 수 있는 자원과 기술을 가지고 있을 수도 있다. 이해관계자는 보통 사업이 성공하는 데 필요한 (금전적 투자 같은) 핵심 자원의 열쇠를 쥐고 있는 개인이나 그룹이다.

팀 구성원에게 자신의 성공에 대한 지분을 주는 것 외에도, 어떤 외부 이해 당사자를 그의 벤처 사업에 참여시킬 것인지 선택하는 것은 드류에게 중요한 결정이었다. 일반적으로 권한을 부여 받은 커뮤니티에 대한 그의 비전을 감안하면, 드류는 핵심적인 자원을 외부에서 공급 받을 필요성을 최소화하기를 원했다. 드류는 억만 장자가 아닌 다른 사람에게 수천달러를 기부할 수 있는 벤처 기업을 만들고 싶어 했고, 개인적으로 그 돈을 자신의 계좌에서 뺄 필요가 없는 곳에 갔다.

궁극적으로, 자원의 공급은 지역 사회로부터 60%가 왔고, 평화 봉사단과 USAID 식량 안보 기금으로부터 40% 가 왔다. 지원 기관들은 울타리 자재와 양봉 기구들을 확보하기 위해 자금을 제공했다. 토지, 노동, 씨앗, 물자 수송을 포괄하는 지역 사회 자원은 지역적으로 스폰서십을 받았다. 시민 사회에서, 스폰서들은 언제나 재산을 확보하고 그들의 지위를 얻은 사람들이다. 스폰서들은 지역 사회의 복지에 기여하는 행동이나 선물의 형태로 '스폰서십'을 함으로써 지역 사회의 구성원들로부터 충성과 존경을 받는다.

드류의 엠비션은 지역 사회로부터 가장 기본적으로 필요한 핵심 자원을 확보하고, 모링가 농장 프로젝트가 장기적으로 자체 운영이 가능하도록 만드는 것이었다. 사업에서 가장 중요한 이해관계자는 지역 '스폰서'와 외부의 원조 기구들이었다.

토지 확보를 위해 로비가 가능한 지위에 있는 지역 스폰서 루시엔Lucien의 도움을 받아 사업에 필요한 3헥타르를 확보할 수 있었다. 베닌 시골 지역에는 정부의 공식적인 토지관리 부처도 부동산 중개인도 없다. 대신 누구에게 땅의 권리가 있는지를 결정하는 지역 공무원인 델레구Delegu가 있다. 루시엔은 드류의 프로젝트가 어떤 가치가 있는지 델레구가 납득할 수 있도록 했고 농장에 쓸 마을에 인접한 땅을 얻을 수 있었다. 그 대가로 루시엔과 델레구 모두 양봉 작업원이 되었고 필요한 장비와 벌통을 얻었다.

모링가 농장 프로젝트와 관련하여 드류의 핵심역할은 '자율권을 부여받은 챔피언'이 되어 지역 양봉협회나 건강센터와 파트너가 되는 것, 건강센터나 종자은행에서 필요한 핵심 자원을 획득하게 하는 것이었다.

주요 파트너와 동맹 관계 구축하기

파트너십과 동맹은 기업가가 자원을 확장하거나 자원의 효율을 증가시키거나 투명도를 높이는 데 도움이 되는 상생(승-승)의 관계이다. 가장 훌륭한 파트너십은 잠재적 파트너의 역할을 서로 보완하고 그들이 지닌 자원들 간에 효과적인 시너지를 창출하는 데 있다.

모링가 농장과 양봉 사업이 잘 운영되려면 몇몇 핵심

적인 파트너십 구축이 상당히 긴요했다. 지역의 양봉 협회의 협력으로 드류의 양봉 작업팀은 절반 가격으로 필요한 장비를 구할 수 있었다. 또한 지역의 보건센터와 자생식물 종자은행과의 동맹을 통해 농장을 시작하기에 충분한 양의 종자를 구할 수 있었다. 이들 동맹 없이 농장에 충분한 양의 모링가 씨앗을 구하기에는 종자가 너무 비쌌는데, 종자은행과의 파트너십으로 드류는 일을 해결할 수 있었던 것이다. 즉, 은행은 농장을 시작할 수 있도록 종자를 제공해주고, 농장은 이 '빌려온' 종자로 나무를 키워 씨앗이 생산되면 그때 종자은행에 빌려온 종자를 갚아 다시 채워 넣어 종자은행이 운영을 지속하도록 하는 방식이었다.

비전의 힘

비전은 사람들이 속한 더 큰 시스템에 대한 관점과 관련이 있다. 우리가 설정한 대로 비전은 '미래가 어떻게 될지에 대한 정신적 이미지'이다. 비전은 팀에게 전체 방향을 제시하고 그들이 왜 상호작용하는지 즉, 누구를 위해서인지 혹은 이 사업이나 경로가 애초에 왜 만들어졌는지 그 목적을 규정한다.

드류에게 비전은 기업 활동의 기초이다. "아주 중요합니다.", "비전이 전부입니다."라고 하면서 드류는 설명을 이어간다. "기업가 정신은 뭔가 새로운 것을 만드는 것입니다. 그것은 아직 어디에도 존재하지 않습니다. 당신은 비전으로 완전무장해야 합니다."

드류 딜츠는 비전은 기업가적 활동의 토대라고 말한다. 기업가 정신은 아직 존재하지 않는 새로운 것을 창조하는 것이다. 모두가 비전으로 무장해야 한다.

드류는 가장 강력한 비전은 패러다임이 전환된 미래의 상태를 시각화하는 것이라고 강조한다. 드류가 강조한 대로 그에게 도전은 '사람들이 새로운 개념을 완전히 납득하고 동참하도록 돕는 것이었다.' 모링가 나무와 양봉 사업에서의 드류의 비전은 '큰 농장을 만들어 단순히 나무를 키우겠다는 것이 아니라 모든 사람이 각자의 구획에서 모링가 나무를 키우고 양봉을 하는 통합적인 시스템이었고 거기서 더 나아가 개인 판매가 아닌 공동 판매를 하는 것'이었다.

자율성과 집단성의 조합이 결정적이었다. 앞서 설명한 이유로 여성들이 자신의 구획을 가지고 사업에 참여하는 것은 꼭 필요했지만 개인적으로 땅을 마련하기는 어려웠을 거라고 드류는 말했다. 커뮤니티 전체가 해야 했다. "여성이 혼자서는 못했을 거에요." 그는 딱 잘라 말했다.

또한 모링가와 꿀을 커뮤니티 차원에서 판매하는 것은 마을 사람들이 더 많은 돈을 지불할 더 큰 규모 혹은 더 부유한 구매자를 유치하는 데 도움이 되었다. 그룹 차원의 마케팅은 더 좋은 가격에 거래할 수 있도록 해주어 소비하고 남는 작물을 개인 차원으로 판매했을 때의 2배를 벌 수 있게 해주었다. 이것이 홀론이 되었을 때의 힘을 정확히 보여주었다.

물론, 큰 규모의 부유한 구매자들에게 판매하는 것과 마을 주민들의 영양 개선을 위해 적당한 가격으로 지역 주민들에게 판매하는 것 사이의 균형을 잘 이루게 하는 것 역시 상당히 중요했다.

그럼에도 드류가 제안한 접근 방식은 마을 주민 입장에서는 아주 새롭고 낯선 것이었기 때문에 이 낯선 것에 대한 참여를 주민들이 확신하도록 만들기 위해 드류는 다방면으로 창의성을 발휘하는 노력을 기울여야 했다. 기업가로서 성공하기 위해서는 "자신의 비전 그리고 함께 하고자 하는 사람들과의 연결, 관계를 완전히 깊이 이해해야 합니다.", "함께 일하는 사람들의 마음을 움직일 만한 핵심을 중시하면서 그들에 대해 잘 알고 있어야 합니다."라고 드류는 강조한다.

주민들이 참여를 확신하도록 만들기 위해 드류는 많은 창의적인 노력을 기울였다. 기업가로서 성공하기 위해서는 "자신의 비전 그리고 함께 하고자 하는 사람들과의 연결, 관계를 완전히 이해해야 한다.", "함께 일하는 사람들의 마음을 움직일만한 포인트를 중시하면서 그들에 대해 잘 알고 있어야 한다."고 강조한다.

드류는 마을의 가장 큰 동기는 마을의 행복에 대한 자긍심이라는 것을 발견했다. 그는 '강하고, 건강한 커뮤니티'라는 비전에서 공명을 창조할 수 있었다.

가령 이 마을에서 물질적 부(富)는 큰 동기가 되지 않았다. 사람들은 전기나 수도도 없는 진흙 오두막에서 아주 단순한 생활을 했다. 드류는 마을 사람들의 가장 큰 동기가 커뮤니티의 행복에 대한 자긍심이라는 것을 알았다. "마을이 강하고 건강한 마을로 자리 잡기를 바랍니까?" 그는 물었다. "여기 이웃의 아이가 죽는 것을 보고 싶은 사람 있습니까?(불행히도 이런 일은 드물지 않게 일어났다)", "너무 약해서 죽어가는 아이를 본 적 있습니까? 당신이 만약 어떤 일을 해서 그런 아이를 도와주고 동시에 돈도 벌 수 있다면 어떻겠습니까?" 이어서 드류는 강조했다.

"엄청난 노력을 들이지 않고 이 나무만으로 마을을 더 강하고 건강하게 그리고 돈도 벌 수 있게 할 수 있습니다. 정말 좋지 않습니까?" 그는 "저의 큰 비전에 대한 희망의 빛을 마을 사람들에게 보여 주고, 그런 다음 비전에 대한 타협 없이 유연하고 전략적으로 비전을 달성할 방법을 찾아야 했어요(예: 마을에 좋은 일을 하면서 동시에 돈도 버는)."

정체성 수준에서 완전히 변하기

정체성은 자신의 역할이나 미션에 대한 이해와 관련 있다. 이러한 요소들은 사람이나 그룹이 자신을 어떤 존재로 인식하고 다른 사람에 의해 어떤 존재로 인식되는지 결정하는 일을 한다. 기업의 정체성은 제품, 서비스 또는 직무상의 고유한 특성과 관련된 것이고 이는 제품이나 회사를 경쟁사와 구별되도록 한다. 즉, 브랜딩, 브랜드명이나 브랜드 이미지 부여작업 같은 것이 있다.

"비전은 사람들의 정체성을 재구성한다." 드류가 한 말이다. 모링가와 양봉 농장의 경우 최종 결말은 마을을 '생성적으로 힘을 분배하는 커뮤니티'라는 새로운 정체성을 가지도록 하는 것이었다. 드류는 이러한 정체성의 변화에 빗대 오래된 격언을 들려주었다. "사람에게 물고기 한 마리를 잡아주면 하루를 먹을 수 있지만, 물고기 잡는 법을 가르쳐 주면 평생을 먹고 살 수 있다." 한 걸음 더 나아가 드류는 이렇게 강조한다. "당신이 어떤 사람에게 물고기를 어떻게 잡을지 다른 사람들에게 가르치는 방법을 알려주면 당신은 그 커뮤니티를 영원히 먹고 살게 돕는 것이다." 드류의 비전으로 마을 사람들은 '물고기 잡는 어부'에서 '문제 해결 커뮤니티를 튼튼하게 받쳐주는 사람들'로 완전히 바뀌게 될 것이다.

드류 딜츠는 "비전은 사람들의 정체성을 다시 만든다."고 말한다.

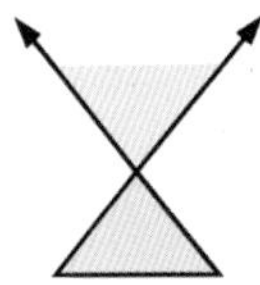

드류의 비전으로 마을 사람들의 정체성은 '문제 해결 커뮤니티를 튼튼하게 받쳐주는 사람들'로 완전히 바뀔 것이다.

비전과 사업이 모양이 잡혀가면서 정체성과 관련된 다양한 이슈가 드러났다. 드류는 자신의 팀이 '그들의 이야기를 다른 마을과 공유하면서 부가적으로 발생하는 문제들을 해결하려고 노력하는 경제인'으로서 농장을 운영하기를 바랐다. 이렇게 그들은 '자율적인 권한의 옹호자'가 될 수 있었고 "쉽고 빠른 답을 찾기보다 우리 스스로 문제를 해결하는 것이 정말 좋습니다."라고 진심으로 말할 수 있게 되었다.

드류에게 첫 번째 도전은 여성들이 자신들을 독립된 경제인으로 여기게 하는 것이었다. 베닌 여성들은 스스로를 평등한 존재로 보지 못했다. 드류는 마을 여성들이 스스로를 종속된 존재로 치부하는 경향이 있다고 지적했다. 여성들은 재산은 물론 이 나라의 주요 교통수단인 오토바이조차 자신의 것으로 소유하지 못했다. 일반적으로 여성은 걸어서 갈 수 있는 곳만 갈 수 있었다. 여성들은 말한다. "스폰서는 돈과 교육을 쥐고 있으니 중요한 사람이죠. 우리야 가난한 여자들일 뿐 아무것도 아니에요." 개인적인 자긍심을 가져 본 적이 없어서 여성들에게는 부족이나 마을의 자긍심을 끌어다 써야 했다. 드류가 여성들에게 자신이 어떤 존재라고 생각하느냐는 질문을 하면서 탐색에 들어갔을 때, 마을 여성들은 자신의 미션을 '자녀와 커뮤니티의 건강과 복지'로 알고 있다는 것을 알았다. 그 말은 여성들은 근본적으로 스스로를 더 큰 '홀론holon'의 공헌자로 본다는 의미였다. 앞서 언급했듯 이것을 드류는 '사업'을 일으키기 위한 기반으로 활용했다.

마을의 남자들은 다른 정체성을 가지고 있었다. 드류는 그들이 지위에 맞는 더 큰 '자존심'과 욕구가 필요하다는 것을 깨달았다. 남자들은 다른 사람들이 이 프로젝트와 마을을 어떻게 보고 있는지를 더 의식했다. 예를 들어, 남자들에게는 상황이 '적절하게' 보이는 것이 중요했다. 드류는 경쟁하는 마을 중 하나가 양봉을 시작했고, 우수한 양봉업자로 명성을 얻고 있다는 사실에 주의를 끌었다. 그러자 라이벌 의식으로 인해 남자들은 "우리 마을이 최고의 양봉을 해야 합니다."라고 주장하기 시작했다.

핵심 가치와 신념으로 배우고 살아가기

신념과 가치는 특정한 능력과 행동을 지지하거나 억제하는 강화를 일으킨다. 신념과 가치는 특정 방향을 취하는 이유와 사람들을 행동하게 하거나 견디도록 하는 깊은 동기와 관련이 있다. 가치 그리고 그와 관련된 신념은 사건이나 의사소통이 어떻게 해석되고 의미 부여되는지를 결정한다. 그래서 신념과 가치는 동기 부여와 문화의 열쇠라 할 수 있다.

"가치와 신념은 사람들이 개인적인 결정을 할 때 그 결정이 비전에 긴밀하게 이어지게끔 안내해 준다."라고 드류는 말한다.

드류는 단언한다. "가치와 신념은 결정적으로 중요한 게 확실합니다. 특히 미래에 그렇습니다." 그는 또 "가치와 신념은 사람들로 하여금 비전과 긴밀하게 이어지는 개인적 결정을 내리도록 이끌어 줍니다."라고 주장한다. 예를 들어, 그의 팀원들이 모링가 나무와 함께 재배할 다른 작물을 선택한 이유를 설명할 때 드류는 '아 팀원들이 납득했구나'라고 생각했다. 팀원들이 "이런 작물들은 살충제가 필요 없습니다."라고 설명한 것이다. 이어서 그들은 "우리는 당신이 살충제에 나쁜 화학물질이 들어 있고, 우리가 작물을 재배하는 목적은 건강을 증진시키는 것이라고 말한 것을 기억하고 있습니다."라고 말했다. 드류는 덧붙여 말했다. "공유한 가치와 신념은 대다수의 사람들이 다른 사람들과 비슷하게 가도록 도와줍니다. 가령 16명 중 12명이 '살충제 반대'라는 목소리를 내면 남은 4명도 그렇게 따라가기가 쉽다는 것이지요."

그의 팀원들이 모링가 나무와 함께 재배할 다른 작물을 선택한 이유를 설명할 때 드류는 '아 팀원들이 납득했구나'라고 생각했다. 팀원들이 "이런 작물들은 살충제가 필요 없습니다."라고 설명한 것이다. 이어서 그들은 "우리는 당신이 살충제에 나쁜 화학물질이 들어 있고 우리가 작물을 재배하는 목적은 건강을 증진시키는 것이라고 말한 것을 기억하고 있습니다."라고 말했다.

마을의 건강 개선 외에도 모링가 농장 사업의 핵심 가치는 자급자족과 자율 권한이었다. 드류는 마을 사람들이 '우리는 스스로 할 수 있고, 해야만 한다'는 신념을 진정으로 받아들이고 "어떻게 하면 외부에 도움을 구하지 않고 우리 스스로 뭔가 창조적으로 할 수 있을까(예: 나무를

드류의 미션에서 중요한 부분은 마을 사람들이 '거의 모든 문제는 드러나 있기 때문에 우리는 해결책을 찾을 수 있다'고 하는 핵심 신념을 가지고 살아가도록 돕는 것이었다.

어떻게 일직선으로 심을 것인가)?"라는 질문을 끊임없이 하기를 바랐다. 이런 좋은 예가 울타리와 말뚝에 쓸 나무를 외부에 나가서 사오는 대신 훨씬 적은 비용으로 마을 사람들이 모아온 사례와 같은 것이다.

드류의 미션에서 중요한 부분은 마을 사람들이 "거의 모든 문제는 드러나 있기 때문에 우리는 해결책을 찾을 수 있다."고 하는 핵심 신념을 가지고 살아가도록 돕는 것이었다. 그는 프로젝트가 성공하려면 마을 사람들이 자신들이 하고 있는 일과 그들이 그 일을 할 수 있다는 믿음을 진심으로 가져야 한다는 것을 알았다. 드류는 강조한다. "사업이 미래에 성공하는 것은 사람들이 스스로 성장할 수 있다는 믿음에 달려 있습니다. 이것은 일시적인 프로젝트에서 꾸준히 계속 갈 기업으로 탈바꿈하는 것을 의미하죠."

지금 단계가 그런 단계라고 드류는 설명한다. "마을 사람들은 영양에 대해 교육을 받아왔고 방법과 재료를 가지고 있습니다. 이제는 외관을 갖추는 일이나 열심히 일하는 것보다 더 중요한 게 밖으로 나가 스스로 일을 해야 합니다." 또 "이제부터 해야 할 것이 진정한 '기업가'의 모습이죠. 마을 사람들은 이런 부분을 단순히 그들 스스로만 믿어서는 안 됩니다. 다른 마을도 납득시켜야 합니다."라고 덧붙였다. 앞에서 언급한 현지 여성 마테가 책임감과 의무에 대한 감각을 마을 사람들에게 심어주기 위해 모델이자 멘토로 아주 긴요했던 것이 바로 이 부분에서였다.

드류의 관점에서는 신념과 가치가 특정 사업의 결과보다도 궁극적으로 더 중요한 것이었다. 일단 사람들이 자신을 믿게 되면, "재해가 발생하고 농장이 망가지더라도 사람들은 다른 해결책을 찾아낼 것입니다. 만약에 그 사업의 최종적인 결과로 사람들이 우리가 해결하고자 씨름하는 이슈에 대해 알고 있고 권한이 부여되었다고 느낀다면, 그렇다면 그건 대성공인 거죠." 드류는 말했다. 이는 "사람들이 영양과 협업 전략에 대해 눈을 떴고 영양상 좋은 것과 나쁜 것이 어떤 것인지 알고 하나의 커뮤니티로서 그에 대해 무언가 할 수 있다는 것을 안다는 말이잖아요." 그는 계속해서 자신의 생각을 명료히 했다. "모링가만이 유일한 해답도 아니고 완벽한 답도 아닙니다. 자기 자신을 믿는 사람들이 이룬 커뮤니티는 의식적으로 자각하고 성찰함으로써 더 좋은 다른 해답을 찾을 수 있을 겁니다."

핵심 역량 확대

역량은 성공으로 이끄는 정신적 지도, 계획, 전략 및 기술에 관한 것이다. 그것들은 행동을 어떻게 선택하고 검토할 것인지 방향을 잡는다.

사람들이 스스로를 믿게 되면 재해가 발생하고 농장이 망가진다 하더라도 사람들은 다른 해결책을 찾을 것입니다.

새롭고 도전적인 사업을 할 경우, 갈등 해결은 기업가에게 있어 상당히 결정적인 역량이라고 드류는 말한다. "새로운 것을 시작할 때 당신에게 기댈 곳은 없습니다. 갈등은 정면으로 맞서야 하고 빨리 해결해야 합니다. 그 갈등이 중요한 이해관계자와 사이에 있는 것이라면 특히 더."

그 새로운 사업을 시작하는 데 결정적인 능력은 갈등 해결이다. "갈등을 정면으로 마주하고 갈등을 재빨리 해결해야 한다. 그 갈등이 중요한 이해관계자와의 사이에서 일어난 거라면 특히 더 그렇다." 드류는 말한다. 그는 마을 사람들과 모링가 농장으로 쓸 땅에 머물던 유목민 가족과의 사이에 있을 수 있는 잠재적 분쟁을 처리해야만 했다.

예를 들면, 모링가 농장에서 드류는 농장 프로젝트에 필요한 토지 3헥타르를 확보했다. 그리고 팀은 토지 개간을 시작했고 하다 보니 풀라니족Fulani 가족이 그 땅에 살고 있는 것을 알게 되었다. 풀라니족은 중앙 아프리카 전역에서 소떼를 몰고 이동하며 다니는 유목민족이다. 보통 한 장소에서 소를 방목하며 1년이나 2년 정도 머물고 다시 다른 지역으로 이동한다.

베닌에서는 유목민 풀라니족과 폰족Fon(이 나라에서 가장 큰 부족) 사이에 종종 격렬한 갈등 상황이 벌어지고는 한다. 풀라니족은 유목민이기 때문에 그들은 토지를 소유하지 않는다. 그런데 그들의 소떼가 지나가면 그 땅의 농작물이 짓밟히기 때문에 농사를 짓는 폰족과 자주 팽팽한 긴장 상황이 벌어지게 되는 것이다.

마을 사람들 일부는 그 풀라니족 가족을 쫓아내고 싶어했고 그들에게 이동하라고 요구하길 원했다. 하지만 드류는 그들이 소수 부족이라 하더라도 확장된 커뮤니티의 일부라고 느꼈고 일종의 '이해관계자'라고 보았다. 게다가 그 사람들은 가족인데다 우리 사업의 목적은 '전체 커뮤니티'의 복지를 지원하는 것이었다. 그것 말고도 가족을 쫓아내는 것은 마찰(역사적으로 쭉 있어 왔던 갈등)을 조장하고 큰 혼란을 초래할 것이라고 느꼈다. 그는 나쁜 에너지를 만들고 좋지 않은 평판을 남기면서 새로운 사업을 시작하기를 원하는 것이 아니라는 것을 분명히 했다. 드류는 '우리는 그 부분에 대한 방법을 찾을 수 있다'는 믿음을 가지고, 딜레마dilemma를 테트라 레마tetra lemma로 바꾸어 승-승할 수 있는 해결책을 어떻게 발견할 것인지 탐색하기 시작했다.

드류는 "우리가 여기서 하려는 것이 무엇인가?"라는 질문을 계속하는 것을 잊지 않았던 것이 중요했다고 했다. 이는 사업과 관련해서 계속적으로 더 큰 비선과 목적으로 연결되도록 하는 데 도움이 되었다. "우리가 부족 간의 갈등을 부추기려고 하지 않았다는 것, 그리고 우리는 그 가족을 쫓아내기를 바라지 않는다는 것, 그것은 확실했어요." 질문은 다시 "어떻게 우리는 비전을 훼손하지 않고 그 일을 잘 처리할 수 있을까?"로 돌아왔다.

드류가 모링가 농장지역에서 발견된 풀라니족 가족 오두막을 조사하고 있다.

기업가의 다른 핵심 능력은 사회적/정서적 지능이다. 이것은 고객, 팀 구성원, 이해관계자가 무엇을 걱정하고 무엇을 원하는지를 아는 것이고 어떻게 그것에 맞춰 프로젝트를 진행할 것인지를 파악한다는 것을 의미한다. "무엇이 효과가 있고, 무엇이 바뀌어야 하고, 무엇이 준비되어 있고 그렇지 않은지를 잘 알고 있는 것이 중요하다."고 드류는 강조한다.

드류는 주민들에게 먼저 1.5헥타르에서부터 농장을 시작하라고 설득했다. 이렇게 한 것은 성공 확률을 증가시키면서 프로젝트가 안정적으로 자리잡도록 할 기회와 작은 규모에서 먼저 모든 도전적인 과제들을 처리할 기회를 주었다. 동시에 풀라니족 가족들이 그들의 자연스러운 주기에 맞춰 이동할 시간을 줄 수 있었다.

이 풀라니족에 관한 사례는 하나의 시스템이 작동 중인 상황에서 더 큰 시스템에서 오는 소위 '장field 표시기'에서 오는 '피드백'을 민감하게 알아차리는 능력에 대해 잘 보여준다. 드류는 풀라니족 사건은 지나친 야망을 갖지 말라는 '신의 계시' 같았다고 말한다. 혁신적인 사업을 시작하면서 드류는 "무엇이 효과가 있고 무엇이 바뀌어야 하고 무엇이 준비되었고 무엇이 준비되지 않았는지를 잘 알고 있는 것이 중요하다."고 강조한다. 이것은 섬세한 기술이다. 이는 '에너지energy'와 당신의 '직관instincts'에 깨어 있는 상태까지 포함하는 것이다. 덮어놓고 무조건 믿으라는 맹목이 아니라 당신의 직관을 나침반으로 삼으라는 말이다. 드류는 이러한 에너지와 직관에 대한 자각은 '연구와 실사research and due diligence'가 결합되었을 때 가장 효과적이라고 말한다.

드류는 성공하는 기업가에게 보완적으로 필요한 또 다른 능력은 사회적/정서적 지능이라고 주장한다. 이 능력은 다른 사람들이 사업에 대해 어떻게 생각하고 있는지를 알아차리는 것, 그리고 "무엇이 사람들에게 (이 일을 할) 동기를 줄까?"라고 묻는 것을 포함한다. 앞에서 마을의 핵심 동기가 '돈'이냐 '영양실조'냐라고 했던 것은 이를 보여주는 좋은 예시이다. 드류는 이해관계자와 팀 구성원들이 원하는 것을 잘 조율하는 것이 중요하다고 역설한다. "그걸 잘 하려면 기업가가 주의 깊게 살피고, 부지런해지고, 함께 일하고 있는 곳의 문화를 알고, 현지인들과 함께 시간을 보내야 합니다. 당신은 그 곳을 조사만 해서는 안 됩니다. 그곳의 문화를 알아야 합니다."

이는 이해관계자가 무엇을 걱정하고 무엇을 원하는지를 안다는 것이고 어떻게 그에 맞춰 프로젝트를 진행할 것인지를 파악하고 있다는 것을 의미한다. "기쁨과 만족을 주는 방식으로 프로젝트를 실행하면서 전략적으로 되는 것이 중요합니다."라고 드류는 지적한다. "때로는 이것이 '그들과 타협하는 것'을 의미하기도 합니다."

예를 들면, 베닌 마을의 사람들이 '영양'의 개념은 이해하지 못했지만 이들이 마시는 약과 '특수한 치료법'(부두교voodoo가 이 나라의 주 종교이다)은 좋아한다는 것을 드류는 관찰을 통해 알았다. 그는 사람들에게 이렇게 말했다. "매일 모링가 가루 2스푼을 먹으면 여러 질병을 피할 수 있을 거예요." 그들은 호기심을 가지고 열정적으로 반응했다. "거짓말은 하면 안됩니다. 다만 마을 사람들이 이해할 수 있는 방식으로 프레임을 만드세요."

또 다른 사례는 농장의 작업 일정에 대한 시간 프레임을 설정했던 경우이다. 베닌 문화에서 좌절감을 느끼게 만드는 것 중의 하나가 '사람들이 약속을 해도 나타나지 않는다는 것과 잊어버린다는 것'이었다. 특정 시간을 마감으로 하고 기한을 두거나 어떤 기간을 설정하려고 하는 것은 거의 불가능한 요구 같았다. 대신에 드류는 주간 일정표를 사용했다. 이것은 시간의 문화적인 관계성에 맞추는 데 필요했던 융통성을 주는 것이어서, 그와 팀이 했어야 하는 일을 제 때에 했는지 확인할 수 있을 정도의 체계가 충분히 되었다.

행동 변화에 대한 강력한 결과

행동 요인은 성공에 도달하기 위해 취하는 구체적인 조치들이다. 특히 성공하려면 무엇을 해야 하고 무엇을 완수해야 하는지를 말해주는 것이다.

“행동 계획은 필수적인 단계입니다.” 드류가 가진 비전의 맥락에서 성공은 행동 변화에서 측정된다. 계속해서 그는 설명한다. “목표는 특정 프로젝트 결과보다는 궁극적으로 행동의 변화를 가져오는 것입니다. 아마 다른 사업은 행동 변화보다 비즈니스 결과를 더 중시할 겁니다. 하지만 이러한 맥락에서 결과는 행동 변화라는 더 먼 미래 목표를 뒷받침할 때만 중요하지요. 저는 농장의 결과 차원에서 성공을 고려합니다. 왜냐하면 그 결과가 행동 변화를 촉진하기 때문이죠.”

생성적 임파워먼트를 이루기 위해서는 “성공은 행동 변화로 측정한다.”고 드류는 말한다. ‘말없이 시각적으로 상기시킬 수 있고 또 사람들이 정상적으로 하기는 하나 주의를 쏟지 않는 것에 관심을 가지도록 하기 위해, 서면 기록이나 참여한 것에 대한 다른 증거물이 있는 것이 중요하다’는 것을 알아차렸다.

이어서 드류는 “모든 사람의 행동은 말보다 중요하고 심지어 금전적인 결과보다도 더 중요해요. 만약 돈을 이제 벌기 시작했다면 이것이 행동 변화를 촉진하게 될 겁니다. 특정 프로젝트가 잘 되는지, 사람들이 권한을 부여받았다고 느끼고 있는지, 자신의 프로젝트를 시작하는 데 권한을 가졌는지, 누가 이런 것들을 신경 쓸까요?”

기업가로서 드류는 ‘비전과 관련하여 프로젝트의 질을 떨어뜨리는 행동은 받아들일 수 없다’고 믿고 있다(예: 전체 목적이 영양을 개선, 향상시키는 것인데 화학 물질이나 농약을 사용하는 경우). 그런 반면에 드류는 앞서 언급했듯이 프로젝트의 가치와 목적을 손상시키지 않는 선에서 문화를 고려해 시간 계획은 유연하게 대처해야 한다는 것을 알았다. 시간이나 예상되는 일을 분명하게 고려하는 것은 베닌 문화에는 없었기 때문이다.

이와 관련해 드류는 ‘서면 기록이나 참여했다는 다른 증거물이 있는 것이 중요하다’는 점을 알아차렸다. 드류는 “말은 하지 않고 시각적으로 볼 수 있는 기록, 그리고 사람들이 정상적으로 하기는 하지만 주의를 쏟지 않는 것에 주의가 가도록 하는 것이었습니다.” 이것은 사람들이 책임감을 느끼도록 만들었다. 팀원들이 ‘아이고 내가 이번 주에 일을 많이 못 한 것 같아’라고 느끼며, 자신이 뒤처지고 있다는 것을 깨달으면 당혹함을 느끼는 것이다. 동시에

"봐, 나는 거기 참여했었어"라고 말할 수 있길 바라는 다른 에고를 충족시켜줬다.

드류의 행동 단계에서 중요한 또 다른 이슈는 자신의 행동과 관련이 있다. "그들의 행동에 변화를 가져오려면 나는 어떻게 행동해야 할까?"하고 스스로에게 물었다. "나는 나가서 프로젝트를 성공시킬 수 있다고 확신했어요. 마을 사람들이 수행하는 프로젝트의 모든 단계들을 직접 지시할 수도 있었어요. 하지만 그것은 목적을 좌절시킬 수도 있었지요." 한편 그는 또 "사람들이 제가 참석하는 것을 요구할 때 유연하게 대처하는 것도 중요했어요."라고 말했다. 제가 나가는 것이 꼭 필요하다고 생각하지 않았지만 제가 함께 하는 것이 모든 사람들을 그곳에 모으는 가장 좋은 방법이라는 것이 밝혀졌지요. 즉, 동기 부여된 사람이 다른 사람들이 일하도록 영향을 주는 방법이었던 거죠."

> 드류의 행동 단계에서 중요한 또 다른 이슈는 자신의 행동과 관련있었다. "그들의 행동 변화를 가져오려면 나는 어떤 행동을 해야 하는가?"

어떻게 드류가 자신의 행동을 조정해서 마을 사람들의 자주성과 '생성적 힘의 임파워먼트'를 고무시켰는지에 대한 이 훌륭한 사례는 마을 어린이들을 위한 전략이기도 했다. 베닌에서 아이들은 늘 '백인yovo'에게 돈을 달라고 한다고 드류는 설명한다. (백인에게 모든 돈과 모든 답이 있다는 믿음을 키우는) 돈을 주는 행위 대신 또는 아이들을 '골칫거리'로 무시하는 대신 드류는 아이들을 농장 프로젝트 돕는 일에 동참시켰다.

베닌의 더운 기후 때문에 사람들은 물을 많이 마신다. 대부분 물을 작은 비닐 봉지에 담아 마시고 봉지를 길가에 버려서 상당한 양의 보기 흉한 쓰레기를 만든다. 드류는 모링가 프로젝트에서 모링가 씨앗을 싹틔우는 데 그 비닐 봉지들을 활용할 수 있겠다는 생각이 들었다. "봉지 윗부분을 떼어 내고 바닥에 구멍을 뚫어 흙과 씨앗 낱알을 넣으세요. 봉지에 담아서 사용하면 씨앗을 줄 맞춰 심기 쉽고 물주기도 편합니다. 더군다나 이걸 하는 데는 땅도 필요 없어요." 그는 시멘트로 된 작은 뒤뜰에 900개의 봉지가 들어간다는 것도 발견했다.

드류는 아이들에게 공짜 돈을 주는 대신에 봉지 100개를 가져오면 50 베닌 프랑(약 10센트)을 주었다. 이것은 쓰레기를 줄이는 동시에 농장 프로젝트를 돕는 일이었다. 아이들 입장에서는 돈을 받는 것은 같았지만 자신이 가치 있는 일을 함으로써 돈을 받았으므로 '돈을 벌었다'는 느낌도 함께 받았다.

비전을 환경에 적용하기

환경적 요인은 개인과 조직이 성공하기 위해 알고 있어야 하는 것과 반응해야 하는 실질적인 기회나 제약 조건을 결정하는 외부 사정과 특징이다. 환경 요인은 행동을 취해야 하는 때와 장소와 관련이 있다.

궁극적으로 "결국 환경 요인이 우리는 그 일을 한 모든 이유였습니다."라고 드류는 주장한다. "환경 요인이 비전(영양, 자기 권한부여와 협업에 대한)을 만들어주지는 않았지만, 어떻게 비전이 드러나야 하는지는 결정해 주었습니다." 라고 자세히 설명하듯이 농촌 환경이라는 상황으로 인해 농업 프로젝트를 선택했고, 마을의 영양실조가 큰 문제였기 때문에 모링가 나무를 선택했다. "모링가는 영양가가 높고 병충해에 강하며 토양 조건이 까다롭지 않아서 우리는 모링가를 선택했어요. 모래에서도 자라거든요. 물 공급이나 토질 면에서 많은 다른 농작물들은 우리가 키우는 데 제약이 있다는 것을 알고 있었어요." 양봉은 장비를 할인받을 수 있었고 모링가 농장과는 시너지 효과가 좋았기 때문에 선택했다.

"환경 요인이 비전을 만들지는 않지만 비전이 어떻게 드러날지를 결정한다."고 드류는 말한다. "비전은 환경 요인을 초월하지만 비전을 향한 전체적인 접근방식에 영향을 준다."

그리고 땅을 얻을 수 있었기 때문에 농장을 선택했다. 드류는 델리구가 모링가 농장을 지지한다는 것을 알았고, 마을 사람들을 위해 프로젝트에 필요한 땅을 기꺼이 줄 것이라고 믿었다. 만약 토지를 얻을 수 없었다면 "우리는 아마 일일이 마을 사람들을 찾아다니며 마당에 모링가 나무를 심으라고 권유했겠지요"라고 이야기 한다.

환경은 농장을 하는 데에는 도전이었다. 땅을 개간해야 했고 건기에 일을 시작했다. 비가 오지 않았고 마을에는 관개 시설도 없었다. 비가 오지 않는 바람에 프로젝트는 2주 반을 연기했다.

드류는 '비전은 환경 요인을 초월하지만 환경은 비전에 대한 전체적인 접근 방식에 영향을 미친다'고 결론지었다.

결론

드류의 사례는 그의 나선형 협업Collaboration Spiral에서 주요한 '플랫폼platform'을 어떻게 만들었는지 명확하게 보여준다.

1. 관련 성공 요인을 숙달하는 것
2. 견고한 성공 써클을 창조하는 데 필요한 협력적 관계를 구축할 역량을 갖는 것
3. 집단지성과 생성적 협업에 참여하고 촉진할 수 있는 능력을 갖추는 것

드류 딜츠는 SFMSuccess Factor Modeling 시리즈의 제1권과 제2권에서 살펴본 여러 원칙들을 적용하여 성공 써클을 구축했다. 그는 SFM 책에서 정의한 성공 요인의 다양한 차원 즉, 이 책의 도입부에 요약되어 있는 비전, 정체성, 가치와 신념, 역량, 행동과 환경에 대해 직관적이고 깊은 이해가 있었다. 드류는 자신의 비전을 실질적 행동으로 전환시키는 데 필요한 성공 요인의 모든 차원들을 잘 인지하고 조정하고 통합하고 효과적으로 다룰 줄 알았다.

드류는 또한 독특하고 유익한 프로젝트를 창안하고자 자신의 비전을 고객에게 적용하고, 지역 사회의 건강과 복지 향상이라는 공통의 사명을 중심으로 팀을 정렬하고, 필요한 자원을 확보하기 위해 이해관계자들의 엠비션을 활용하고, 그리고 비용을 줄이고 승-승하는 동맹을 유지하기 위해 파트너와 협업하는 데 자신의 소임을 다하면서 성공 써클Circle of Success의 사분면의 각각을 개발하기 위해 체계적으로 작업했다.

더불어 드류는 내가 이 책에 제시한 많은 핵심개념을 직관적으로 적용했다. 그의 생성적 힘의 분배에 대한 열정 즉, 세상을 개선하고 본인 개인의 삶을 넘어선 자신의 미션을 이루고자 하는 그의 소망은 에고ego와 소울soul의 통합의 훌륭한 본보기이다. 이는 분리되고 독립된 개인으로서 또한 더 큰 전체의 한 부분으로 참여하는 자신에 대한 올바른 이해를 잘 보여준다.

드류 딜츠의 모링가 농장 성공 써클

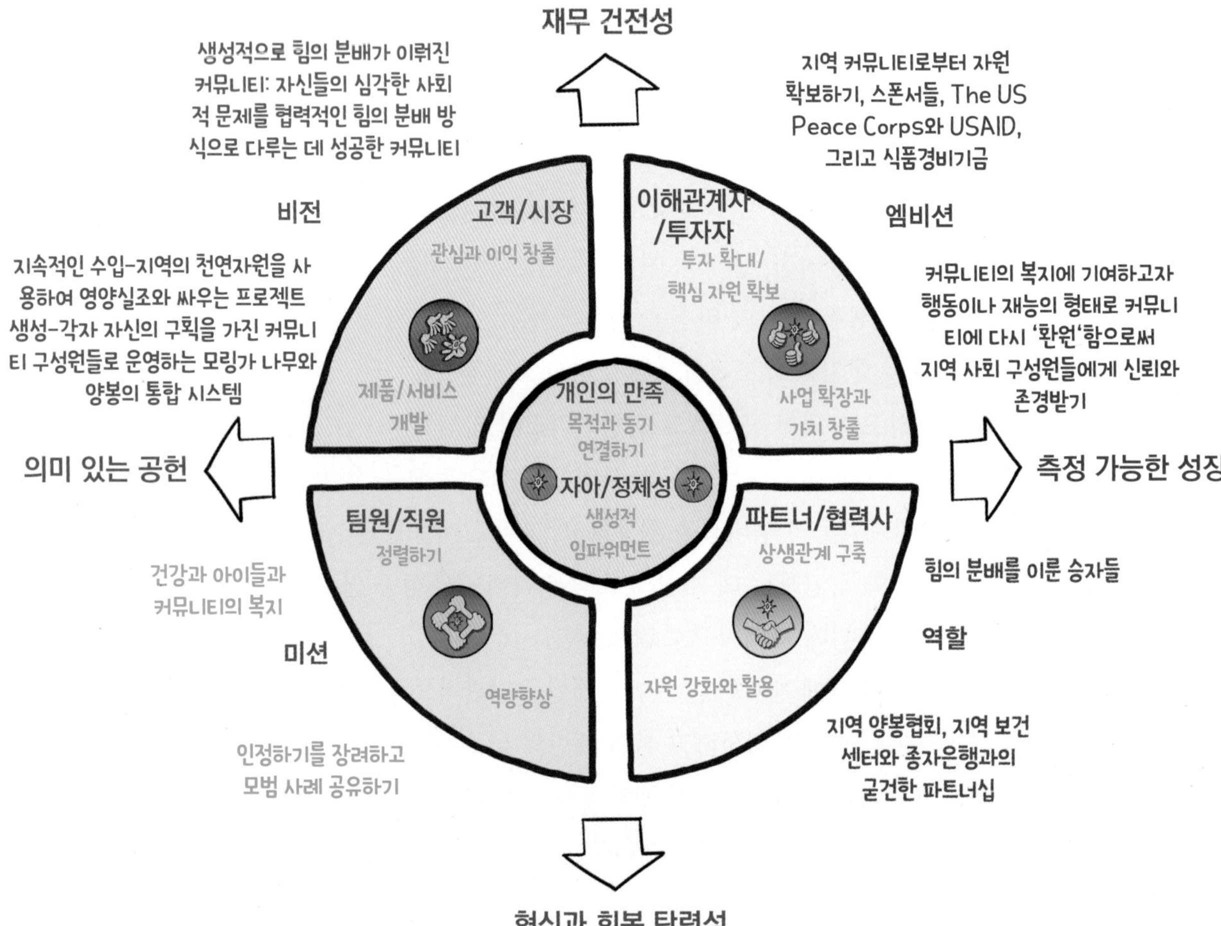
재무 건전성
생성적으로 힘의 분배가 이뤄진 커뮤니티: 자신들의 심각한 사회적 문제를 협력적인 힘의 분배 방식으로 다루는 데 성공한 커뮤니티
지역 커뮤니티로부터 자원 확보하기, 스폰서들, The US Peace Corps와 USAID, 그리고 식품경비기금
비전
고객/시장
관심과 이익 창출
제품/서비스 개발
이해관계자/투자자
투자 확대/핵심 자원 확보
사업 확장과 가치 창출
엠비션
지속적인 수입-지역의 천연자원을 사용하여 영양실조와 싸우는 프로젝트 생성-각자 자신의 구획을 가진 커뮤니티 구성원들로 운영하는 모링가 나무와 양봉의 통합 시스템
커뮤니티의 복지에 기여하고자 행동이나 재능의 형태로 커뮤니티에 다시 '환원'함으로써 지역 사회 구성원들에게 신뢰와 존경받기
개인의 만족
목적과 동기 연결하기
자아/정체성
생성적 임파워먼트
의미 있는 공헌
측정 가능한 성장
팀원/직원
정렬하기
역량향상
파트너/협력사
상생관계 구축
자원 강화와 활용
건강과 아이들과 커뮤니티의 복지
미션
힘의 분배를 이룬 승자들
역할
인정하기를 장려하고 모범 사례 공유하기
지역 양봉협회, 지역 보건 센터와 종자은행과의 굳건한 파트너십
혁신과 회복 탄력성

드류 딜츠의 모링가 농장 성공 써클

비전
고객/시장

* 생성적으로 힘의 분배가 이뤄진 커뮤니티: 자신들의 심각한 사회적 문제를 협력적인 힘의 분배 방식으로 다루는 데 성공한 커뮤니티

* 지속적인 수입-지역의 천연자원을 사용하여 영양실조와 싸우는 프로젝트 생성-각자 자신의 구획을 가진 커뮤니티 구성원들로 운영하는 모링가 나무와 양봉의 통합 시스템

엠비션
이해관계자/투자자

* 지역 커뮤니티로부터 자원 확보하기, 스폰서들, The US Peace Corpser USAID, 그리고 식품경비기금

* 커뮤니티의 복지에 기여하고자 행동이나 재능의 형태로 커뮤니티에 다시 '환원'함으로써 지역 사회 구성원들에게 신뢰와 존경받기

미션
팀 구성원/직원

* 건강과 아이들과 커뮤니티의 복지

* 인정하기를 장려하고 모범 사례 공유하기

역할
파트너/협력사

* 힘의 분배를 이룬 승자들

* 지역 양봉협회, 지역 보건센터와 종자은행과의 굳건한 파트너십

열정
생성적 힘의 분배
(임파워먼트)

'생성적으로 힘이 분배된 커뮤니티'라는 드류의 비전은 '홀론holon', '홀로그램holologram', '과업 중요도task significance' 개념을 훌륭하게 표현한 것이다. 각 구성원은 더 큰 전체를 위해 기여하고 더 큰 전체가 성공함으로써 개인은 혜택을 받는다. '지역의 천연자원을 활용하여 영양실조 극복 프로젝트를 작동시켜 협업적이며, 개별적으로 권한이 주어진 방식으로 지속적으로 수입을 창출한다'라는 드류의 아이디어는 개인, 가정, 마을, 커뮤니티 그리고 궁극적으로 국가에 이르는 복합적인 홀론의 차원에서 복합적인 성공을 이루어냈다.

드류의 성공 중 큰 부분이 이해관계자와 고객 그리고 팀 구성원들 간에 시너지를 창출해내는 능력이 낳은 결과이다. 커뮤니티 구성원들이 각자 자신의 구획을 가지는 방식의 모링가와 양봉의 통합 시스템 개발은 시너지의 각기 다른 유형들의 창출과 확장을 보여주었다. 모링가 나무와 양봉은 환경적인 차원에서 시너지를 확장시켰다. 모링가 나무들 사이에서 수분이 이루어져 벌꿀 생산량은 두 배가 되었던 것이다. 이것은 점차적으로 커뮤니티의 건강을 증진시켰고 작물 수확량을 늘렸으며 마을에 추가적인 소득을 가져다 주었다.

드류는 팀 구성원들에게 자신들이 하는 활동이 매우 중요한 일임을 강하게 주지시켜, 아이들과 지역 사회의 건강 개선과 복지 향상이라는 미션을 중심으로 팀 구성원들이 정렬할 수 있도록 했다. 구성원들 각각이 자신의 구획을 할당받고 집단 내 개인의 자율권을 창출함으로써 드류는 홀론으로서 사람들이 가지는 현실의 두 가지 속성을 직접적으로 활용했다. 분리된 개인으로서 자부심과 책임감을 심어주는 동시에 집단적 표준 설정과 모범 사례 교환을 통해 커뮤니티 차원에서 집단지성을 양성했다. 게다가 마을 주민들이 초과 수확한 모링가 가루와 꿀을 인근 마을에 공동 판매함으로써 개인적으로 판매할 때보다 더 높은 가격으로 팔 수 있었다.

성공한 개인으로서 물질적인 부와 재산을 소유하고 있어 땅을 기증할 수 있는 델리구Delegu 같은 지역의 스폰서나 종자은행, 운송 체계 그리고 프로젝트에 필요한 다른 중요한 자원들을 위해 외부의 핵심 이해관계자들을 설득하는 드류의 능력 또한 성공의 또 다른 주요한 요인이었다. 그는 커뮤니티의 복지에 기여할 수 있는 행위의 형태로 사람들에게 '환원함'으로써 커뮤니티의 구성원들로부터 더 큰 충성심과 존경을 받을 수 있다고 그들을 설득할 수 있었다. 이렇게 개인의 성공과 커뮤니티의 성공 사이에 승-승의 순환고리win-win loop를 강화시킨다.

'힘의 분배를 이룬 승자들'이라는 역할을 이 사업에 포함시킴으로써, 드류는 지속적으로 비용 감소가 이루어지도록 지역 양봉협회, 지역 보건센터와 종자은행과 파트너십을 맺고, 프로젝트 실행할 수 있도록 했다.

요약하자면 드류 딜츠의 베닌 모링가 양봉 프로젝트는 성공적이고 혁신적인 사업을 하는 데 필요한 것으로 이 책에서 정의한 성공 요인을 적용한, 명백하고 강력한 사례를 제공해 준다. 구체적인 내용과 정황은 다를지라도 드류가 따라간 프로세스는 획기적인 비전을 현실화하는 데 필요한 분명한 뼈대를 갖추었다.

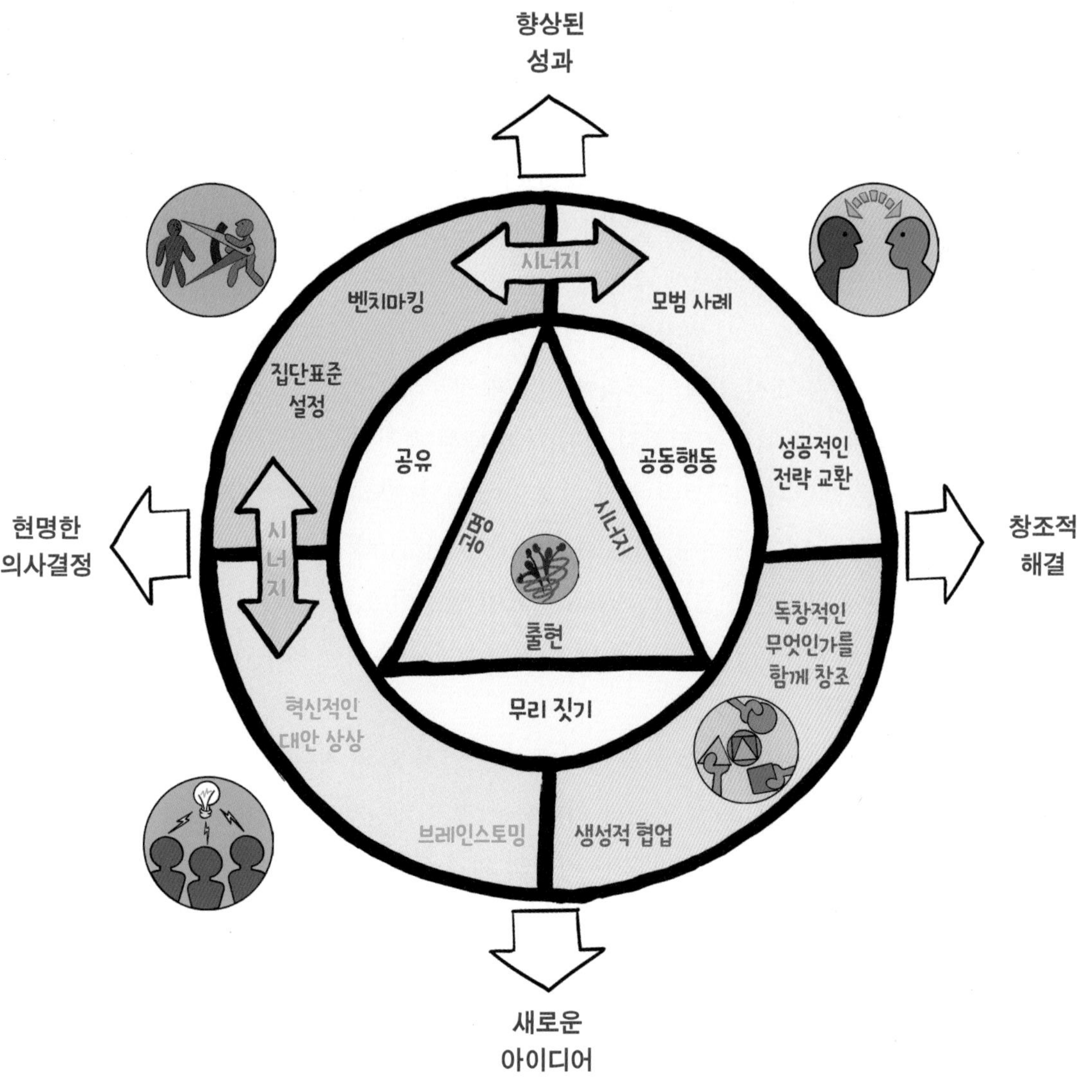

요약

지혜는 '지식, 경험, 이해, 상식 및 통찰력을 사용하여 생각하고 행동하는 능력'이다. 그것은 사람이나 그룹이 더 나은 생태학적 선택과 결정을 내릴 수 있도록 해주는 넓고 균형 잡힌 시각을 갖는 것을 포함한다. 지혜를 개발하려면 사람, 목표 및 상황에 대한 이해 그리고 최적의 행동과정을 결정하기 위해 어떻게 상호작용할 것인지에 대한 이해가 필요하다. 이는 다양한 관점을 이끌어내고 통합할 수 있는 능력이 전제가 되어야 한다. 보다 현명한 결정을 내리는 것은 집단지성을 양성하는 주요한 이점과 결과 중 하나이다.

군중의 지혜란 적절한 환경 하에서 집단은 무리 중에서 가장 똑똑한 사람보다 더 놀랄 만큼 지혜롭고 현명할 수 있는 현상을 말한다. 제임스 슈로위키에 따르면 집단 결정은 개인들이 스스로 가지고 있는 개별 정보에 우선해 독립적인 결론에 도달한 다양한 의견들을 가진 사람들로 집단이 구성되었을 때 가장 좋은 의견에 가깝다. 이러한 조건하에서 집단을 이끄는 '보이지 않는 손'과 같은 것이 최적의 결과에 이르게 하는 집단 지혜의 한 유형이 나타난다.

병에 든 사탕의 개수를 맞추는 것처럼 어떤 양에 대해 추정할 때 집단의 추정치 평균은 일반적으로 거의 모든 개인 추정치보다 훨씬 실제 양에 가깝다는 사실은 아주 간단하면서도 설득력 있는 집단지성에 대한 예이다. 다른 예로는 리눅스Linux와 같은 오픈 소스 컴퓨터 코드의 개발과 2003년에 있었던 전염병인 SARS 치료법 발견이 있다. 그것은 어떤 단일한 중앙 조직의 개입 없이 세계의 다양한 병원과 대학 연구소에서 수행한 연구와 수집된 자료를 통해 이루어진 결과였다.

집단의 지혜를 방해하는 주된 것 중의 하나가 의견 일치 혹은 '집단적 사고'이다. 집단의 지혜를 향상시키려 하지 않고, 의견 일치나 타협하는 것은 가능한 다른 대안이나 아이디어를 탐색할 기회를 제한하는 일이다. 사람들은 자신의 의견에 찬성을 구하거나 확인을 받으려고 하거나 혹은 의견을 맞추려고 다른 사람이 하는 말이나 생각에 잘 흔들린다. 따라서 다음의 사항을 갖추는 것이 중요하다.

1. 의견의 다양성(사람들은 넓은 범위의 다양한 관점들을 대표한다)
2. 독립성(사람들의 의견은 주변의 다른 사람들의 의견에 의해 결정되지 않는다)
3. 분권화(사람들은 현지의 정보에 전문성이 있고 그것을 이용할 수 있다)
4. 집단화(개인들이 내린 결론들이 집단결정으로 전환되는 데에는 편향되지 않은 메커니즘이 존재한다)

그리고 그룹이 공통된 비전이나 목적을 공유하는 것도 중요하다. 이것은 그룹 구성원들이 자기 이익과 공동의 선(즉, '에고ego'와 '소울soul')과 균형을 잡고 자신의 엠비션ambition과 목표goal를 발전시키는 동시에 그룹에 득이 되는 길을 찾을 가능성을 만들어낸다.

완벽한 팀을 찾기 위한 구글의 연구 결과, 그룹의 '집단적 I.Q'를 높일 수 있는 몇 가지 조건을 추가로 찾아냈다. 서로 다른 수준의 성과를 내는 팀들의 특징과 행동 패턴에 대한 데이터를 모으는 데 수백만 달러의 비용과 수천 시간을 들이고 나서 구글 연구자들은 다른 성과를 이뤄내는 팀 간에 구성적인 차이는 거의 없다는 결론을 내렸다. 다만 매우 중요한 핵심이 되는 행동 패턴을 찾아냈는데, 그것은 '대화 참여 기회의 균등한 분배equality in distribution of conversational turn-taking'와 '사회적 민감성social sensitivity' 즉, 목소리의 톤이나 표정 등 다른 비언어적 단서들을 통해 다른 사람이 어떻게 느끼는지 알아챌 수 있는 능력이다.

구글 연구자들은 이러한 특징이 '심리적인 안전함'과 '사람들이 자신의 모습 있는 그대로 존재하는 상태에서 서로 신뢰하고 존중하는 팀 분위기'를 만든다는 결론을 내렸다. 구글의 데이터에 따르면 자신들이 하는 일이 구글의 큰 비전에 얼마나 부합하는지 업무 중요도에 대한 인식이 있는 상태에서, '심리적 안전함psychological safety'은 팀이 업무를 효과적으로 해내는 데 가장 결정적인 요소였다.

군중의 지혜를 이끌어내고 그룹의 집단적 I.Q를 향상시키기 위해 다양한 환경을 만들어 내는 것은 아래의 '군중의 지혜를 활성화시키는 6단계'로 요약해 볼 수 있다.

1. 코치 컨테이너COACH container를 만들어라
2. 공통된 의도나 목적을 확인하라
3. 생성적인 성과를 낼 수 있는 상태를 만들어라
4. 다양한 관점을 통합해 목표나 문제에 집중하라
5. 모든 관점을 존중과 호기심을 갖고 수용하라
6. 새로운 아이디어와 가능성들을 받아들여라

이 책에서 제시한 다수의 프로세스와 실습과 더불어, 이러한 단계들은 두 가지 중요한 협업 촉매제가 뒷받침한다. 그 하나는 '크러쉬CRASH' 상태에서 '코치COACH' 상태로 전환하는 것

이다. 이것은 그룹 구성원들을 COACH 상태에 머물게 돕고 또한 한층 깊은 '사회적 민감성'과 심리적 안전함을 창조할 목적으로 그룹이 공유할 비언어적 신호를 만드는 것을 포함한다.

다른 하나는 테트라 레마Tetra Lemma 그룹 프로세스이다. 이것은 서로 다르고 빈번히 모순되는 관점들을 더 큰 깨달음과 지혜에 이르는 기회로 바꾸는 의식화된 구조를 만들어 심리적으로 안전함을 느끼도록 지원하는 협업 촉매제이다.

미국평화봉사단에서 드류 딜츠가 했던 베닌의 모링가/양봉 프로젝트에 대한 성공 요인 사례 연구는 이 책 초반부에서 살펴본 생성적 힘의 분배/권한 분배를 만드는 다양한 성공 요인들을 어떻게 적용하는가에 관한 풍부하고 명확한 사례를 제공한다. 생성적 힘의 분배는 집단지성의 한 형태이다. 즉, 사회의 발전을 위해 리더가 될만한 능력과 자신감을 가진 사람들에게 권한을 부여하면 그 다음에는 차례로 주변의 다른 사람들이 똑같은 생성적 방식으로 권한을 분배하는 것이다. '지역의 천연자원을 활용하여 영양실조를 극복하고자, 협업적이면서도 개별적으로 권한을 분배하여, 지속적인 수입을 창출한다'라는 드류의 비전은 개인, 가정, 마을, 커뮤니티 나아가 국가라는 홀론들의 복합적인 차원에서 복합적으로 성공을 거두었다.

결론

I GET BY WITH A LITTLE HELP FROM MY

인간은 시간과 공간에 제한되어 있는 부분인 우리에게 우주라고 불리는 전체의 한 부분이다. 인간은 의식이 가지고 있는 시각적 망상에 의해 자신과 생각, 감정을 다른 것과 분리된 것으로 경험한다. 이 망상은 우리를 개인적 욕망에 한계를 두게 하고, 가까운 사람을 사랑하는 것을 제한하게 하는 일종의 감옥이다. 우리의 미션은 모든 생명체와 자연 전체를 그 아름다움 그 자체 안에서 포용할 수 있도록 자비심의 원을 넓힘으로써, 이 감옥으로부터 우리 자신을 해방시키는 것이어야 한다.

알버트 아인슈타인Albert Einstein.

나는 친구들의 작은 도움으로 살아간다.

존 로렌John Lennon과 폴 메카트니Paul McCartney

결론

세계는 빠르게 변하고 있고, 점점 더 복잡해지고 있다. 한 개인의 지성과 에너지의 한계는 세계 경제, 국가 안보, 지구 환경, 커뮤니티의 건강, 집단 정체성 등과 관련된 문제들을 해결하려고 노력하는 차세대 기업가와 리더들만큼 뚜렷하다. 만약 우리가 어떤 중요한 일을 이루려면 잘 알려진 비틀즈의 노래 가사처럼 '친구들의 작은 도움a little help from our friends'을 받아야 한다. 만약 우리가 큰 의미를 지닌 일을 이루려면, 직접 만난 적이 없는 사람들을 포함하여 많은 이들의 도움이 필요할 것이다.

우리와 우리의 모험이 현대 세계에서 살아남고 번영하려면, 파괴적인 혁신을 해내고, 생성적 커뮤니티를 육성하고, 역동적인 팀워크를 촉진하고, 군중들의 지혜를 발산하고, 생성적인 기를 불어넣는 노력을 가속화하는 등 집단지성의 창조적 힘을 발휘할 필요가 있다.

이 책을 통해 우리는 문제를 해결하고 변화를 관리하며 새로운 가능성을 창출하기 위해 집단지성을 육성하는 원칙과 실천을 적용하는 다양한 방법을 모색해 왔다. 우리는 둘 다 별개이고 독특한 개인이며 동시에 연속적으로 더 큰 '홀론holon'의 일부라는 근본적인 사고방식에서 출발하여, 공유, 공동행동, 무리 짓기와 같은 기본적인 프로세스를 통해 그룹과 팀에서 어떻게 공명이 일어나게 하고, 시너지를 만들며, 출현을 일으키는지 그 방법을 살펴보았다. '성공 요인 사례 연구'와 'SFM 협업 촉매제'를 통해 벤치마킹, 모범 사례 공유, 브레인스토밍 그리고 생성적 협업의 작용이 어떻게 서로 조합하여 향상된 성과를 달성하고, 현명한 결정을 내리고, 새로운 아이디어를 내고, 창의적인 해결책을 도출할 수 있는지 살펴보았다.

우리는 또한 공동의 비전과 목적을 공유하는 것, 일의 중요성에 대해 정확히 인식하는 것, 그리고 다양한 지각적 입장을 수용할 수 있는 능력을 개발하는 것과 같은 다른 주요 성공 요인을 통해 집단지성의 행동과 결과가 어떻게 강화되고 풍요로워질 수 있는지 살펴보았다.

SFM 성공 써클과 결합하면 집단지성의 원칙과 실천은 성공적이고, 확장 가능한 프로젝트나 벤처를 만들 기회를 크게 가속화하고 증가시킨다. 향상된 성과는 우리가 재정 건전성을 달성하도록 돕는다. 현명한 결정은 우리가 의미 있는 기여를 할 수 있도록 지원하고, 새로운 아이디어는 변화하는 혁신을 창출하는 데 필수적이다. 그리고 창의적인 해결책은 측정 가능한 성장을 만들어 내는 우리의 능력을 촉진한다.

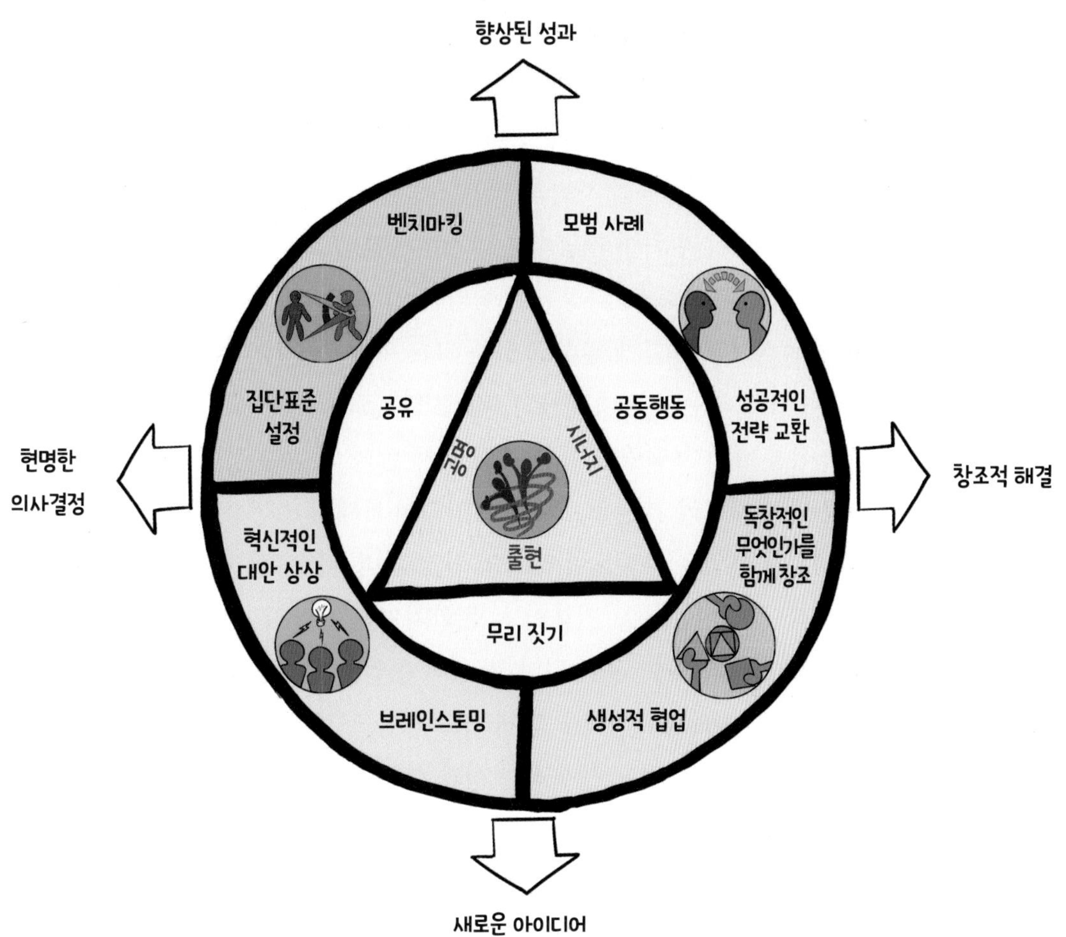

SFM 집단지성 모델은 사고방식의 기본적 특징과 주요 행동 및 결과를 요약하고
이는 집단지성의 원리를 적용하는 것과 관련이 있다.

주요 테마 검토

이 책의 목적은 그룹, 프로젝트, 벤처의 성공 가능성을 높이기 위해 집단지성과 생성적 협업이 지원되고 적용될 수 있는 여러 가지 다양한 방법을 제시하고 검토하고 탐구하는 데 있었다.

제1장에서 우리는 사업 기회를 확대하고 새로운 시장을 창출하기 위해, 즉 공유할 '더 큰 파이bigger pie'를 만들기 위해 어떻게 집단지성이 벤처와 기업에 적용되어 자원을 공유하고 활용할 수 있는지를 정립했다. 또한 어떻게 집단지성이 기업가적 노력에 적용될 수 있는지를 보여주는 강력한 예로, 각 구성원의 사업과 개인 기술을 강화하기 위해 브레인스토밍, 교육, 동료 상호책임 및 지원을 결합하여 제공하는 마스터마인드 그룹들의 사례를 제시했다. 마스터마인드 그룹의 촉진자는 그룹이 다양한 유형의 협업 촉매제에 참여할 수 있도록 돕는다. 협업 촉매제는 어떤 식으로든 함께 일하고 있는 그룹 구성원들 사이에서 어느 정도의 공명, 시너지 또는 출현을 일으키는 과정이다. 코치 컨테이너COACH Container 만들기, 공동 스폰서십의 "장field" 육성, 성공 요인 모델링을 통한 모범 사례 탐색 및 공유 등이 그 예이다.

제2장에서는 집단지성의 기본 프로세스가 어떻게 확대되어 생성적 협업을 이룰 수 있는지 탐구하였다. 생성적 협업은 사람들이 각자의 열정과 비전을 공유하고 상승시키는 집단적 비전의 결과로 나타난다. 이는 비누 거품이 서로 합쳐지는 것과 유사하다. 두 개의 수소 원자와 한 개의 산소 원자가 결합하여 물이 된다. 생성적 협업에서 사람들은 서로를 자극하여 '상자 밖에서 나오는outside of the box' 생각을 하게 하고 새롭고 전례 없는 것들을 성취할 수 있도록 서로를 지지한다. 생성적 협업은 생성적인 성과 상태를 창조하기, 비전을 서로 나누기 그리고 타인의 입장을 살펴보기 등의 협업 촉매제를 통해 강화된다.

제3장에서 보여드린 바와 같이 생성적 협업은 파괴적인 혁신에 필수요소다. 파괴적 혁신은 새로운 시장을 창출하고 고객과 기업 모두에게 큰 변화를 가져오는 시장이다. 파괴적인 혁신은 현재 존재하는 것 이상의 비전을 가진 가상 커뮤니티를 만드는 성공 써클의 서로 다른 부분의 구성원들 사이의 가치와 정체성의 시너지에서 나온다. 일반적으로 고객 내 얼리 어답터early adaptor와 고객 내 개척자pioneers 간 협업에서 파괴적인 혁신이 나타난다. 그들은 또한 종종 벤처기업과 함께 하는 기존의 관행을 깨려고 하는 사람들과 선구적인 파트너들 사이의 열린 혁신과 생성적인 협업을 요구한다. 이러한 가상 커뮤니티는 새로운 기회와 가능성과 관련된 약한 신호를 식별하고 행동할 수 있는 '박쥐'의 집단과 그 가능성이 명백해질 때까지 단

순히 기다리는 '개구리'의 집단으로 비유할 수 있다.

네 번째 포지션(집단 또는 '우리' 포지션)은 가상 커뮤니티 내에서 협력자 간의 강한 유대관계를 구축하고 생성적 관계 분야를 형성하기 위해 필요하다. 네 번째 포지션은 업무상 중요성에 대한 공명 파악과 같은 협업 촉매제를 통해 육성할 수 있으며, 집단 창조 촉매제를 통해 상호간에 생성적 상호작용을 촉진할 수 있다. 협력자들은 열정적인 아이디어를 찾고 공유하도록 격려함으로써 미래의 경향과 관련된 약한 신호들을 식별한다.

제4장의 주제는 집단지성과 생성적 협업을 적용하여 생성적 벤처커뮤니티를 육성하는 것이었다. 창조적 벤처 커뮤니티는 구성원들이 서로의 벤처에 기여할 뿐만 아니라 개인적으로 성장할 수 있도록 서로 지지하는 커뮤니티를 말한다. 따라서 개인의 성장과 성장 사이에는 긍정적인 피드백 루프loop가 존재한다. 생성적 커뮤니티는 긍정적인 미래에 대한 기대감, 커뮤니티 구성원들 내부의 능력과 책임감, 자기 가치와 소속감을 고취하는 해내는 문화winning culture를 조성한다. 창조적 벤처 커뮤니티의 해내는 문화에서 사람들은 서로를 믿고 꿈과 목표에 도달할 수 있는 서로의 능력을 긍정한다. 그룹 확언group affirmation 또는 꿈의 수호자들Dream Guardians 연습과 같은 협업 촉매제가 힘을 실어주는 "장field"을 만드는 데 도움이 될 수 있다.

영향력 범위를 확장하고 궁극적인 비전을 향한 사명의 궤적을 따라 움직이는 SFM 나선형 협업the SFM Collaborating Spiral은 핵심 관계와 협력을 확립하는 것이 어떻게 프로젝트나 벤처의 형태로 연속적인 플랫폼의 상승곡선을 만들 수 있는지를 보여주는 모델이다. 플랫폼은 우리가 강력한 성공 써클circle of success을 구축해서 그것이 강화되고 풍요로워지도록 돕는 생성적 협력 네트워크를 통해 구축된다. 다양한 수준의 성공 요인(성공, 행동, 능력, 신념 및 가치관, 정체성)이 해당 플랫폼과 연결된 프로젝트 또는 사업에서 효과적일 필요가 있다. 새로운 플랫폼의 성공적인 구축은 우리가 지금까지 규정해온 우리의 정체성을 넘어 영향력을 확대시킨다.

역동적인 팀워크는 그룹 구성원들이 서로의 역량과 개인적 특성을 보완하고, 결과에 대한 책임을 공유하고, 각자의 노력의 합계 이상을 달성하기 위해 함께 노력하는 팀워크의 한 형태라는 것이 제5장의 주요 주제다. 역동적인 팀dynamic team 개발은 기업가적 활동을 하는 팀들이 비전과 미션이라고 하는 공통 임무 수행에 영향을 주고자 함께 '무리 짓기'할 수 있는 조건들을 만드는 것을 포함한다. 자원 발굴과 같은 협업 촉매제, 공통 비전 내에서 역할 조정 및 역동적 팀 구성 성공 요인 등은 역동적인 팀을 구성하고 생성적인 협업에 필요한 핵심 성공 요인을 정의하고 벤치마킹하여 효과적인 협업 인프라를 구축하는 데 도움이 된다.

제6장은 군중의 지혜를 활성화하는 데 필요한 조건을 살펴보았다. 군중의 지혜는 올바른 상황에서 집단이 '가장 똑똑한 개인보다 더 똑똑한' 놀라운 지혜와 지성을 보이는 현상을 말한다. 현명한 집단은 다양한 의견을 가진 사람들이 그들 개인의 전문 정보를 충분히 활용하면서 독립적인 결론에 도달하는 경향이 있다. 물론 여기서 그룹 멤버들은 공통된 비전이나 목적을 공유하는 것이 중요하다. 구글의 완벽한 팀에 대한 연구결과를 보면 팀 구성의 모습은 여타조직과 큰 차이가 없었다. 대신, 팀원들 간의 특정한 주요 행동들, 예를 들어 중요한 일처리를 함에 있어서 '발언 시간의 공정한 분배' 또는 '사회적 민감성'과 같은 것들은 팀의 효율성에 매우 중요한 것으로 발견되었다.

공통된 비전과 사명을 위해 다양한 관점을 허용하고 통합하는 능력은 생성적인 임파워먼트를 위한 가능성을 만들어낸다. 생성적 임파워먼트는 '기술과 자신감을 가진 사람들에게 사회 발전을 위한 리더가 될 수 있도록 힘을 실어주는 것'과 같은 집단지성의 한 형태이다.

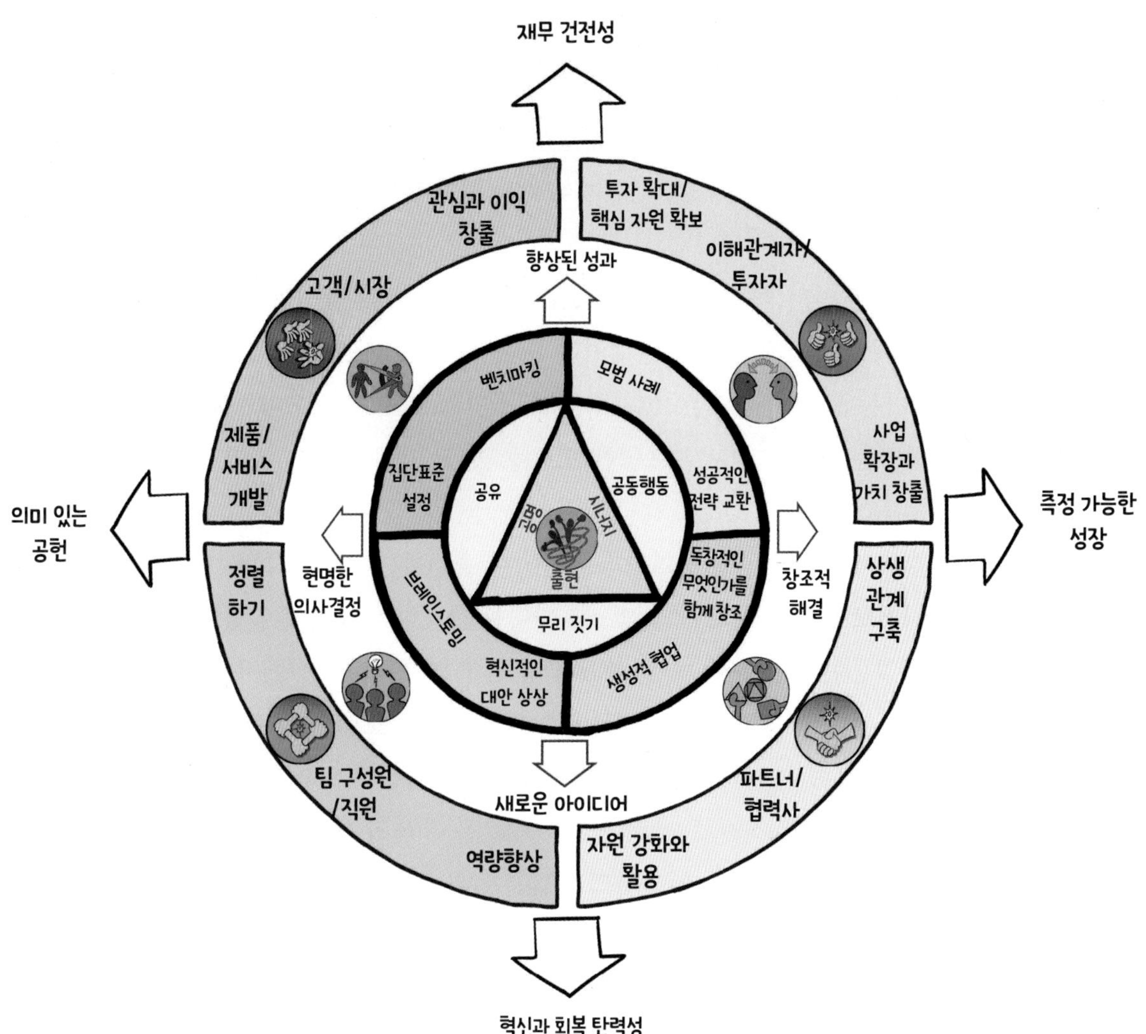

집단지성의 원칙과 실천은 효과적인 성공 써클을 구축하는 우리의 능력을 크게 향상시킨다.

집단지성의 힘의 결론적 예

집단지성의 근원적인 행동 즉, 벤치마킹, 모범 사례 공유, 브레인스토밍 그리고 생성적 협업의 근본적인 작용은 성공적이고 확장 가능한 벤처기업의 토대라는 것은 분명해 보인다. 이러한 활동들은 이 책에 제시된 것과 같은 협업 촉매제를 통해 촉진될 수 있다. 그러나 집단지성을 촉진하는 행동과 협업 촉매제와 생성적 협력의 현상은 집단지성을 중시하고 개인, 팀, 조직을 모두 같은 하나의 큰 홀론holon의 일부로 보는 사고방식하에서 자연스럽게 흐른다는 것을 기억해야 한다.

이것의 좋은 예가 온라인 여행사 익스피디아Expedia에서 내 딸 줄리아 딜츠Julia Dilts가 한 업무 경험이다. 인터넷이 아직 걸음마 단계였던 1996년 마이크로소프트의 소규모 사업부로 출범한 익스피디아는 트래블로시티Travelocity, 호텔스닷컴Hotels.com, 오비츠Orbitz와 같은 세계에서 가장 주목받는 여행 브랜드를 포함한 포트폴리오로 세계 유수의 온라인 여행사로 성장했다.

당시 하와이 대학에서 여행산업 경영학과를 졸업한 줄리아는 2014년 11월 호놀룰루 사무실에서 마켓 매니저로 일하기 시작했다. 익스피디아는 급속한 확장기에 있었고 숙박은 그들 사업에서 가장 수익성이 좋은 분야 중 하나였다. 하와이 익스피디아 그룹은 이 지역의 대형 호텔 체인점들과는 이미 제휴를 맺었기 때문에 그들은 소규모 호텔과 다른 유형의 숙박시설을 찾아 제휴를 맺고자 했다. 줄리아는 이러한 사업확장을 촉진하기 위해 고용되었다.

익스피디아의 고객은 본질적으로 파트너였다. 새로운 유형의 숙박시설 목록을 작성하기 위해서는 필요한 여러 단계가 있다. 줄리아의 역할은 목록에 오를 새로운 부동산의 주인들과 '전면에 나서' 접촉하는 것이었다. 그리고 나서 그녀는 가격 책정, 온라인 리스트 작성, 수익 배분율 등을 협상하기 위해 여러 다른 지원 부서들과 협력해야 했다.

이는 회사 내에서 비교적 새로운 활동이었고, 상당한 수의 새로운 숙박시설의 리스트가 포함되었기 때문에 줄리아는 작업의 진행 상황은 물론 다른 지원팀들과 어떻게 조율되고 있는지 이해하고 정리하려고 노력했었다. 일을 시작한 지 불과 몇 달 밖에 되지 않았으나 줄리아는 자신이 발굴한 숙소의 정리가 복잡한 여러 단계 중 어디에 있는지를 분명히 하려고 애를 쓰고 있었다. 그녀는 한 번도 만난 적이 없는 미국 본토(Expedia 본사가 있는 시애틀)의 다른 팀과 협업하며 새로운 숙박시설 목록작성과 관련된 다양한 과업 진행 상황을 한눈에 살펴볼 수 있는 스프레드시트를 만들기도 했다.

다음 주 호놀룰루 팀의 주례 회의에서, 줄리아의 상사, 알레산드로 모세이Alejandro Moxey 하와이 시청 관리 국장이 여러 가지 새로운 부동산의 현황에 대해 질문했는데, 그 이유는 다양하고 새로운 숙소를 가능한 한 빨리 온라인에 올리기 위해서였다. 줄리아는 시애틀의 콘텐츠 팀과 협력하여 만든 스프레드시트를 발표하면서 응답했고, 각 클라이언트의 현재 상태를 단 한 번의 뷰로 보여줄 수 있었다.

알렉산드로는 줄리아의 노력을 알아채고 "정말 대단합니다. 우리가 당신을 채용할 때 기대한 것이 바로 이런 것입니다."라고 말했다. 그는 줄리아에게 동료들과 함께 스프레드시트를 만들어낸 과정을 요약한 핵심 내용을 보내 달라고 부탁했다. 줄리아는 모든 과정을 돌아보고 시애틀에 있는 동료들의 의견을 모아 다른 직원들도 그대로 따라할 수 있는 표준화 되고 일반화된 작업 과정을 단계별로 정리한 후 보냈다.

자료를 받은 알레산드로는 이를 전세계 마케팅 관리 부사장인 자신의 상관에게 전달했다. 부사장은 보고서의 가치를 알아차리고 북미 전역의 마케팅 관리자 이상의 모든 직원들에게 요약본을 보내어 자신들 지역 내 신규 시장을 관리하는 일처리 관행을 합리화하도록 돕기로 결정했다.

그 결과 지역에서 근무하는 신입사원의 효과적인 노력이 회사 전체로 퍼져 줄리아를 만나본 적이 없는 동료 직원들이 효율적인 업무수행과 높은 성과를 창출할 수 있게 되었다. 그녀의 지성과 노력의 수혜였다.

이 예에는 몇 가지 의미가 있다. 우선 알레산드로 국장은 조직에서 몇 달 밖에 근무하지 않은 젊은 신입사원의 의견을 쉽게 낮춰보거나 경시할 수 있었다. 게다가 그가 자신의 역할이 중요하고 유용하다고 생각했다면, 알레산드로는 줄리아의 메시지를 그대로 전달하지 않고 마치 자신의 아이디어인 것처럼 가져다 사용할 수도 있었다. 많은 조직에서 흔히 일어날 수 있는 일이다.

하지만, 알레산드로는 줄리아와 동료들의 노력과 협력적 기여를 직접 인정했다. 마찬가지로 그 지역의 부사장도 그녀의 기여를 인정했다. 줄리아와 그녀의 동료는 그들이 한 업무에 대해 인정을 받았고 이름을 알리게 되는 혜택도 얻었다. 회사는 회사 내의 다른 사람들에 의해 복제될 수 있는 효과적인 프로세스인 확산을 통해 혜택을 얻었으며, 알레산드로도 줄리아의 개인적인 노력이 조직의 더 큰 시스템에 공헌할 수 있다는 가치를 알아준 리더로 알려지는 혜택을 보았다.

말할 필요도 없이 줄리아는 이러한 일련의 일들은 매우 타당성이 있다고 느꼈고, 이 일을 통해 계속해서 최선을 다하고 회사에 가능한 한 많은 기여를 할 수 있는 강한 동기 부여를 받았다.

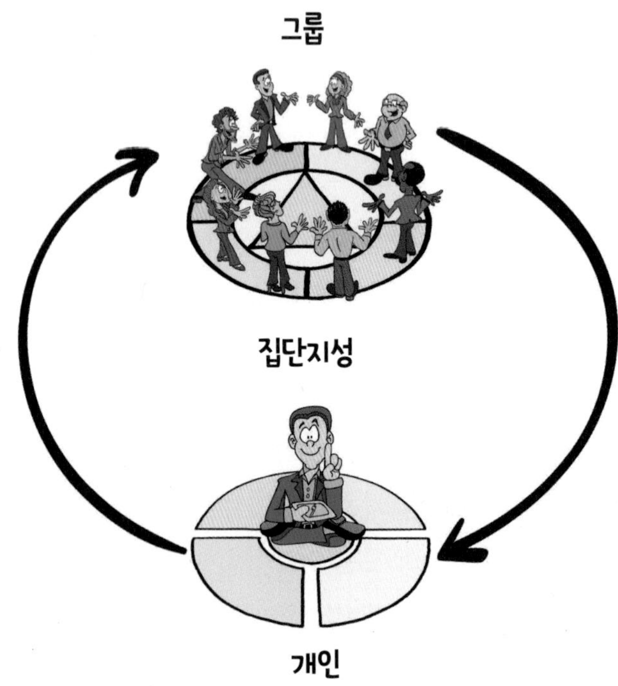

마무리 성찰

익스피디아와 함께 한 줄리아의 사례는 우리가 이 책 전반에 걸쳐 강조해 온 근본적인 원리를 보여준다. 개인의 노력과 기여는 더 큰 시스템의 효과와 성능에 도움이 된다는 것이다. 그러한 개인의 기여들이 차례로 다시 개개인에게 혜택으로 돌아올 때, 당신은 증가하는 집단적 성공의 패턴을 만들어낼 '선순환'을 갖게 된다.

이 경우 협업의 예는 여러 가지가 있었다. 첫째로 줄리아는 동료들이 관여하고 있는 비즈니스 프로세스를 보다 명확하게 이해하기 위해 벤치마킹하고 동료들과 브레인스토밍을 하기 위한 노력이었다. 다음 협업의 예는 줄리아의 팀 내에서 모범 사례를 공유하는 것이었다. 집단지성의 세 번째 사례는 알레산드로가 부사장은 물론 전 지역에 모범 사례를 배포한 것이다.

익스피디아와 같은 기업들이 해내는 문화winning culture를 구현하고, 협력하는 사고방식을 확립하며, 생성적인 임파워먼트를 장려함으로써 성장하고 번창했다고 해도 과언이 아니다.

성공 요인 모델링의 관점에서, 집단지성에 기반한 해내는 문화는 독특하고 독립적으로 생각하는 개인으로서 그리고 동시에 더 큰 홀론holon의 일부로서 우리 자신의 균형과 통합에서 나온다. 알버트 아인슈타인Albert Einstein의 다음과 같은 이야기는 이러한 균형과 통합의 관계를 아주 분명하게 포착하고 있다.

> **어느 개인이, 태어날 때부터 홀로 남겨진다면, 우리가 상상하기 힘든 정도로 짐승 같은 원시적인 모습이 생각과 감정속에 남아 있을 것이다. 개인은 자신이 어떤 사람인지와 같은 자기다움의 덕을 보는 것이 아니라, 오히려 요람에서 무덤까지 자신의 물질적이고 영적인 존재에 지시하는 위대한 인간 사회의 일원으로서 그 의의를 갖고 있다.**
>
> **커뮤니티에서 한 인간의 가치는 그의 감정, 생각, 행동이 얼마나 그의 동료들의 이익을 증진시키는 쪽으로 향하는가에 달려 있다.**
>
> **우리는 이 문제에 있어서 그가 견지하는 입장에 따라 그를 좋다 또는 나쁘다고 부른다. 첫눈에 보기에 한 사람에 대한 우리의 평가는 전적으로 그의 사회적 자질에 달려 있는 것 같다.**
>
> **그러나 그런 태도는 잘못된 것일 것이다. 우리가 사회로부터 받는 물질적, 정신적, 도덕적인 모든 귀중한 것들은 수많은 세대를 거쳐서 특정한 창조적 개인으로 거슬러 올라갈 수 있다는 것은 분명하다. 불의 사용, 식용 식물 재배, 증기 기관 – 각각 한 사람에 의해 발견되었다.**
>
> **오직 개인만이 생각할 수 있고, 그러니 오직 개인만이 사회를 위한 새로운 가치를 창출할 수 있다 – 아니 심지어, 커뮤니티의 삶이 준수하는 새로운 도덕적 기준을 세우기까지 한다. 창의적이고 독립적으로 사고하고 판단하는 인격 없이는 사회의 상향적 발전은 커뮤니티의 자양분이 없는 개인의 인격의 발전만큼 생각할 수 없다.**

아인슈타인의 논평이 암시하듯이, 건강하고 창의적이고 지적인 그룹, 팀 또는 조직은 구성원의 개별적인 비전, 아이디어, 열정을 통해 확장되고 추진된다. 개인의 성장과 그룹, 팀 또는 커뮤니티의 성장 사이에 긍정적인 피드백 고리가 존재하도록 구조화된다. 집단지성은 개인과 그룹 사이에 이런 유형의 생성적으로 강화되는 피드백 고리를 만든 결과로 나타난다.

그리고, 우리가 우리의 성공 요인 사례에서 보았던 것처럼, 조직에서 이러한 생성적으로 강화되는 피드백 고리를 완성하려면 고도의 감정 지능과 의식 리더십이 필요하다. 이것이 바로 의식 리더십과 회복 탄력성에 관한 SFM 시리즈 다음 권의 주제다.

집단지성 찬사

집단지성은 모으는 것이 아니다.

그것은 혼들의 만남,

심장과 마인드가 있는 혼.

아이를 키우려면 마을이 필요하다.

씨앗이 나무가 되려면 물, 태양, 바람, 고요, 비옥한 흙이 필요하다.

그러니 스스로에게 질문해보라. "내가 이 집단에서 어떤 역할을 할까?"

"어떻게 하면 당신만의 독특한 기여를 환영할 수 있는 공간을 창조할 수 있을까?"

스스로에게 물어보라. "얼마나 기쁜 마음으로 아무도 들어보지 못한 너의 노래를 즐길 것인가?

"개인과 집단의 춤을 버무르고, 홀론holon에서 홀론holon까지의 합무(合舞), 홀론을 통한 합무란 무엇인가?

나는 너에게 최고의 것을 가져다 준다.

너는 내 안에서, 우리 안에서, 최고를 끌어낸다.

그리고 우리는 모여서 믿을 수 없는 큰 힘이 된다. 접시 위의 모래가 개개의 합보다 훨씬 더 풍부한 소리로 울려 퍼지는 것처럼.

스스로에게 물어보라. "우리를 함께 일깨우는 진동은 무엇인가?"

그리고 접시 위의 모래처럼 이렇게 하나가 되는 것이 얼마나 아름답고 의미 있는지 바라보라.

집단지성은 우리 모두를 위해 당신들 중 최고와 내 최고 중의 최고가 만나는 것이다.

우리 모두는 각자 서로 소중하게 생각하고 그 의도와 목표를 뒷받침할 생생한 헌신을 가지고 있기 때문에 우리는 이 기업에서 동등한 파트너이다.

위계와 자유 사이의 이 춤에서, 그 파워는 포용, 동의 그리고 투명성을 유지하는 과정에 놓여있다.

우리가 우리의 슈퍼 파워를 써클 안으로 가지고 올 때 무엇이든 가능하다!

그리고 나는 개인인 너와 내가 공명을 일으킬 때 무엇이 가능한지 정말 궁금하다.

도로시 오거 Dorothy Oger

2015년 8월 20일 캘리포니아 주 산타크루즈

후기

이책을 통해 여러분이 SFM 시리즈와 SFM 집단지성 모델을 탐색하는 것을 즐겼기를 바란다. SFM 모델의 원칙과 기술에 대해 더욱 깊이 있는 탐구와 학습 그리고 다양한 도구들의 사용에 대한 관심이 있으신 분들께 다음의 것들을 소개한다. 다양한 자원과 도구가 제공되는 곳이다.

Dilts Strategy Group

딜츠 전략 그룹은 기업교육, 컨설팅 그리고 코칭에서 SFM 모델을 활용할 수 있는 다양한 방법과 도구를 개발하고 제공하고 있다. 우리 사회의 사회적, 경제적, 정신적 발전을 위해 SFM을 기반으로 한 연구개발을 지원하고 있으며 교육훈련을 보급하고 있다. SFM을 활용한 기업특강, 워크숍, 전문가 양성을 진행하고 있다. SFM을 공식적으로 알리고 훈련할 수 있는 인증받은 전문가 정보 및 다양한 교육프로그램에 대한 정보 등은 홈페이지 www.diltstragegygroup.com 를 방문하면 된다.

Journey to Genius

저자는 NLP는 물론 성공 요인 모델링 SFM에 대한 많은 글을 썼고 오디오를 제작했다. 모짜르트Mozart, 월트디즈니Walt Disney, 레오나르도 다빈치Leonardo Da Vinci 등을 모델링한 책과 오디오를 만날 수 있다. 관련된 정보는 www.journeytogenius.com 에서 확인하면 된다.

NLP University

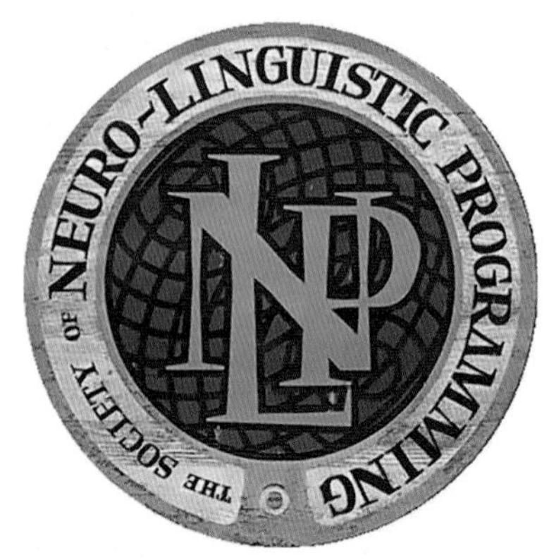

저자는 NLP University의 공동 설립자이자 책임자이며 마스터 트레이너로 활동하고 있다. NLP가 탄생한 캘리포니아 산타크루즈에 위치한 NLP University는 교육, 의료, 비즈니스, 교육, 컨설팅, 코칭 등 다양한 분야에서 NLP의 표준을 만들고 이를 나누고 있으며, 국제공인 NLP전문가를 양성하고 인증하고 있다. 자세한 정보는 www.nlpu.com을 방문하면 보다 자세한 정보를 얻을 수 있다.

Dilts Strategy Group

안토니오 메자Antonio Meza와 저자는 이 책을 저술하면서 보다 재미있고 시각적으로 풍부한 내용을 담기 위해 다양한 만화그림을 활용했다. SFM에 나오는 다양한 일러스터등은 홈페이지를 방문하면 찾을 수 있다. www.successfactromodeling.com. 그리고 SFM을 활용한 다양한 제품은 http://society6.com/successfactormodeling에서 구입할 수 있다. 만약 안토니오 메자와 함께 작업을 하고 싶다면 www.antoons.net을 방문하면 된다.

Conscious Leaders Mastermind

의식리더동맹Conscious Leaders Mastermind은 저자와 미첼Mitchell Stevko(실리콘밸리 사업가들을 지원하고 돕는 최고의 전문가) 그리고 올가 박사Dr. Olga(러시아 출신 의학박사)가 설립한 회원제 클럽이다. 의식 리더십을 실천하는 세계에서 가장 성공적인 사람들의 7가지 핵심 전략을 함께 나눈다. 누구에게나 개방되어 있는 클럽이 아니기에 가입하기 위해서는 신청서를 내고 심사를 받아야 한다. 관심이 있는 분은 www.consciousleadersmm.com 을 참고하면 된다.

Logical Levels Inventory

Logical Levels Inventory는 SFM을 포함한 다양한 리더십 진단도구를 개발하고 제공한다. 특히 온라인 기반의 진단을 통해 빠르고 정확한 정보를 제공한다. SFM의 진단과 활용에 관심이 있다면 홈페이지 www.logicallevels.co.uk 를 방문하면 된다.

Quantum Awakening School

Q&A
QUANTUM AWAKENING
SCHOOL

퀀텀어웨이크닝스쿨은 한국교육컨설팅코칭학회 부속기관으로 개인과 조직의 변화 및 성장에 대한 연구 및 교육훈련프로그램을 개발 · 제공하고 있다. NLP University의 공식파트너affiliated partner이자 공식copyright user으로서 국제공인 NLP전문가 과정을 운영하고 있다. 또한 Dilts Strategy Group의 공식 한국파트너로서 SFM을 활용한 다양한 교육 및 코칭과정을 운영하고 있으며 DSG인증 <SFMIII 의식 리더십과 회복탄력성Conscious Leadership & Resilience> 전문트레이너 및 코치를 양성하고 있다. 자세한 내용은 www.qnaschool.com을 방문하면 된다.

부록 A: 지속적인 성공 요인 모델링 프로젝트

Appendix A: Ongoing Success Factor Modeling Projects

이 책의 서문에서 언급한 것처럼, 2015년을 시작하면서 성공 요인 모델링Success Factor Modeling에 대한 꾸준한 연구개발을 새롭게 선언했다. 길리 로이Gilles Roy의 스폰서십으로 2021년 프랑스의 아비뇽에서 "조직에서의 집단지성Collective intelligence in organzations" 그리고, 파리에서 REPERE의 후원으로 "차세대 기업가정신Next generation Entrepreneurship"대회를 개최할 것이다.

집단지성 모델링 연구

최근의 경제환경에서 기회를 잘 활용하고 도전을 잘 하기 위해 팀과 조직에서 어떻게 집단지성을 도출하고 잘 활용하는지에 대한 발전된 아이디어와 최근 경향을 정리하고 나누는 데 목적이 있다. 자세한 내용은 www.intelligence-collective.net 을 참고하라.

46 Boulevard Raspail
84000 Avignon, France
contact@vision-2021.com
www.vision2021.com

차세대 기업가정신

최근의 경제 환경에서 기회를 잘 활용하고 도전을 잘 하기 위해 어떻게 하는지를 차세대 기업가정신의 관점의 차원에서 최신 경향을 정리하고 나누는 것이 목적이다.

78 Avenur de General Michel Bizor
75012 Paris, France
commercial@institut-repere.com
www.institut-repere.com

부록 B: 관계의 장으로서 집단지성에 대한 고찰

Appendix B: Reflections on Collective Intelligence as a 'Relational Field'

물리학에서 장은 공간 내부로 확장하는 '힘의 선'으로 정의된다.

금속 쇄선(碎線)은 막대자석이 만든 '힘의 선'을 드러낸다.

집단지성 및 생성적 협업의 관점에서 관계의 장(場)이자 생성의 장(場, field)이라는 개념은 성공 요인 모델의 근간이 된다. SFM 관점에서 볼 때, '상호작용하는 공간'은 본질적으로 개인의 집합으로 형성된 시스템 내부에서 상호작용이라는 관계로부터 출현하는 역동적인 성격의 '진동'이라 할 수 있다. 장(場)에 대한 이러한 관점에 집중하게 되면, 관계라는 것은 사람들 사이에서 생성된 '제3의 실체'라고 할 수 있다. 수소와 산소가 결합하여 물이라는 제3의 실체를 생산하는 방식과 유사한데, 이 관계는 관련된 개인의 사고, 감정 및 경험에 의해 생산되고 영향을 주는 컨테이너와 같은 커다란 용기(容器)와 유사할 수 있다.

물리학에서 장field은 중력, 전자기력 또는 유체 압력과 같은 물리적 속성을 가진 공간의 한 영역으로 정의되며, 이 영역의 모든 지점에서 결정 가능한 값을 가진다. 또한 널리 분산된 우주 공간을 통한 에너지 이동과도 연관된다. 예를 들어, 라디오 신호와 같은 전자기장은 일반적으로 모든 방향으로 확장되어 일정 범위 내에서 물체에 영향을 미치는 '힘의 선'으로 표현된다. 그래서 힘의 선이 갖는 밀도는 장의 영향력의 정도를 나타내는 강도(强度)를 결정하게 된다.

장은 매우 제한적이거나 확정적인 공간에만 존재하는 물체인 '미립자particle'의 반대 개념이다. 장field은 미립자에 비해 감지(感知)하기 어렵고, '사물things'이나 '개체objects'보다는 감지하기 쉬운 일종의 에너지 또는 이동하면서 만들어지는 관계라 할 수 있다. 장field은 '미립자' 즉, 물체나 개인 사이의 관계에 의해 생성되어, 물체와 개인 간의 행위나 활동 자체에 다시 영향을 미치게 된다.

예를 들어, 중력장은 우주에 있는 모든 물체 사이의 흡인력(吸引力) 함수이기 때문에 중력의 당기는 힘은 물체가 서로를 끌어당기지 않으면 존재할 수 없다. 예를 들어, 두 물체(예: 두 행성) 사이에 생성된 중력장은 해당 대상의 영향 범위에 들어가는 다른 대상(예: 우주선 또는 유성)의 동작에 영향을 미치게 된다.

그리고 진동 스피커 위의 물과 옥수수 전분 실험과 진동하는 금속판에서 위의 모래 패턴을 만들었던 사이매틱스 실험은 이러한 장field의 영향을 보여주는 또 하나의 사례다. 그러한 자연적 현상은 집단지성과 생성적 협력에 대한 우리의 이해에 (직접적이고 은유적인) 중요한 영향을 끼쳤다.

마인드와 지성은 상호작용으로 출현하는 장(場, feild)의 기능이다

사회 과학자이자 시스템 이론가이기도 한 그레고리 베이슨Gregory Bateson은 다음을 강조했다.

적당하게 복잡한 인과적 순환이나 적당한 에너지 관계를 가진 사건이나 물체의 조화는 확실하게 인식적 특성을 보여주게 될 것이다. 그것은 "절차 정보" 비교하고...그리고 항상성 최적화 경향이나 특정 변수 최대화 경향 중 의 하나로 불가피하게 자기 교정될 것이다.

그레고리 베이슨이 주장하는 핵심은 충분한 공명과 시너지가 있는 모든 시스템은 더 높은 수준의 통합에 도달할 수 있는 관계의 장을 만들고, 스스로 조직하는 지성의 특성을 보여줄 것이라는 점이다. 이것은 피터 러셀Peter Russell이 지구적인 두뇌The Global Brain(1983, 1995)라는 개념에 적용한 원리이기도 한데, 러셀은 진화를 단위 입자를 원자에서, 분자, 세포, 조직, 자의식을 가진 유기체, 궁극적으로 의식이 있는 커뮤니티에 이르기까지 보다 커다란 유기체 시스템으로 커져가는 점진적인 집단화로 보았다.

사람의 조화에 대한 그레고리 베이슨의 주장도 집단지성을 생산하는 성공 요인으로서의 공명, 협력 효과 및 출현현상의 중요성에 대한 우리의 통찰과 거의 일치한다. 핵심은 상호작용의 적절한 복잡성과 집단지성이 출현할 수 있는 적절한 에너지 관계를 얻는 것이다. 이러한 조건이 충족되면 개별적인 개인이 응집력 있는 집단으로 변모하여 그 부분의 합보다 더 큰 팀을 만들게 된다.

사실, 더 큰 시스템이나 장field의 일부가 될 때의 느낌은 거의 모든 사람의 주관적인 경험이기도 하다. 우리는 종종 '팀의 기운team spirit'에 대한 느낌을 말하는데, 이것은 우리를 포함하나 그보다 큰 그룹의 일원이라는 느낌일 것이다. 그런 경험은 우리 자신과 다른 사람들 사이의 상호작용에서 발생하는 '관계 영역'에 대한 감각에서 출현한 것으로, 더 커다란 물질적이고 정신적인 홀론holon을 형성한다.

집단적 사고방식의 특징

그러한 상호관계 영역에 참여하게 되면 개별적이거나 집단적으로 생각과 감정에 영향을 받게 된다. 상당한 강도를 가진 관계의 장이라면 개별적인 그룹 구성원의 사고방식과는 완전히 다른 특성과 물성을 가진 집단적 사고방식이 만들어질 것이다. 심리학자인 르 봉Le Bon (1895)에 따르면 심리적 집단이 보여주는 가장 놀라운 특징은 다음과 같다. 집단을 구성하는 어떤 개인이든지 자신만의 삶의 방식, 직업, 개성, 또는 지성이 같든 다르든, 그룹 안에서 집단적 사고가 형성되는데, 고립된 개인인 상황과는 다른 느낌, 사고, 행동을 만든다. 즉, 개인이 그룹에 속하지 않았다면 밖으로 표현되지도 않았고, 행동으로 옮기지 않았을 어떤 생각이나 느낌이 있게 된다.

심리적 집단은 이질적 요소들로 형성된 잠정적인 것인데, 마치 사람의 몸을 구성하는 세포가 짧은 순간 결합했지만 그 결합으로 인해 개별적인 세포가 갖고 있는 특성과 매우 다른 생명체를 구성하는 것과 정확히 일치한다.

르 봉의 '집합 마인드collective mind'에 대한 탁월한 생각은 제임스 서로위키James Surowiecki의 '군중의 지혜wisdom of crowds' 개념이나 '집단지성collective I.Q.'이 팀을 구성하는 개인의 성격 유형이나 기술 또는 배경에 관한 정보와 관련이 없다는 구글의 발견과 상통한다. '개인이 그룹에 속하지 않았다면 밖으로 표현되지도 않았고, 행동으로 옮기지 않았을 어떤 생각이나 느낌'에 대한 르 봉의 언급은 창의력과 혁신에 있어 집단지성이 강력한 영향을 미칠 수 있다는 것을 보여준다. 개인이 서로 고립되어 있을 때는 나타나지 않던 것이 건강한 인간관계와 상호작용의 결과로 더 큰 지성이 출현하게 되는 것이다. 그레고리 베이슨은 다음과 같이 주장했다.

개인의 사고방식이 내재적이기는 하지만 몸 안에만 있는 것은 아니다. 그것은 외부 메시지와의 연결 통로에 내재되어 있는데, 개인적 사고방식은 단지 하위 체제로서 외부의 커다란 마인드mind가 있기 때문이다.

그레고리 베이슨은 우리의 개인적인 마인드mind는 우리 몸과 신경계가 우리를 둘러싼 주변 세계와 상호작용한 결과로서 장field의 형태로부터 출현한다고 주장한다. 나아가 그것은 타인의 지성과 개인의 사고방식 간의 상호작용의 효과로부터 출현하는 '더 큰 마인드'라는 것이다.

그레고리 베이슨이 말하는 '더 큰 마인드the larger mind'는 밀턴 에릭슨Milton H. Erickson의 '직관intuition', '창조적 무의식creative unconscious', 또는 칼 융Carl Jung의 저서 '집단 무의식collective unconscious'이 의미하는 것일 수 있다. 또한 루퍼트 쉘드레이크Rupert Sheldrake가 '형태 장morphic field'이라고 부른 것도 마찬가지다. 쉘드레이크는 배아의 발달과정에서 기도를 통한 치유와 '백 번째 원숭이the hundredth monkey' 현상을 통해 이를 설명하고 있는데, 백 번째 원숭이 현상은 구성원의 일부가 다른 구성원의 변화를 만들고, 전체로서의 그룹이 직접적인 물리적 접촉 없이 변화하는 현상을 말한다. 이것은 제1장에서 제시된 '홀로그램hologram'개념과 유사한 것으로, 전체가 각 부분에 어떤 식으로든 포함되어 있으며 그 부분은 전체를 다시 만들 수 있다는 것이다.

쉘드레이크 모델의 핵심은 형태 공명의 과정으로, 이 모델은 장과 그것의 구성요소 간의 상호작용이 서로 영향을 주고받는 순환구조라는 점이다. 이러한 순환구조에서는 개별 요소 간 상호작용의 유사성이 높을수록 공명, 즉 새로운 것을 만들고, 특정한 형식으로 강화시키거나 유지시키는 작용도 커지게 되는데, 특정한 형식은 커다란 장field에 포함되어 있을 것으로 보이는 생각이나 행위를 말한다.

'더 큰 마인드'와 연결하기

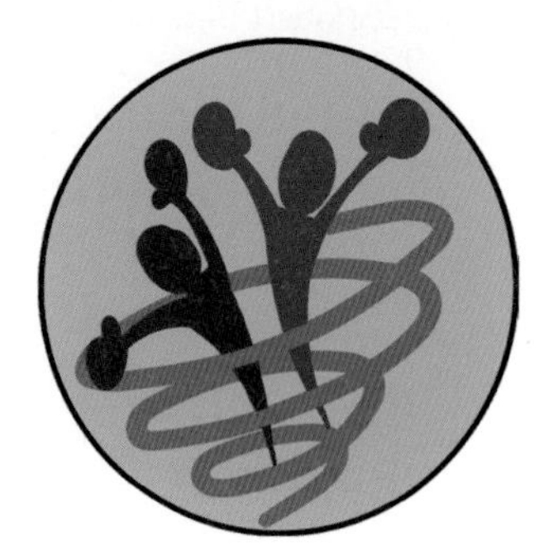

셀드레이크는 형태 공명의 과정이 현저히 쉽게 조율되는 안정적인 형태 장을 만든다고 전제한다. 예를 들면, 단순한 유기체가 스스로를 보다 복잡한 유기체로 동조화시키는 것과 같은데, 이러한 모형은 다윈의 진화론과는 다른, 선택과 변화라는 진화론에 자기 진화가 추가된 것이라고 한다.

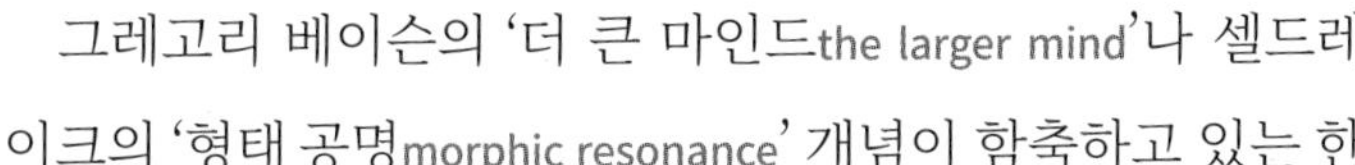

그레고리 베이슨의 '더 큰 마인드the larger mind'나 셀드레이크의 '형태 공명morphic resonance' 개념이 함축하고 있는 한 가지는 개인의 사고방식보다 더 커다란 지성에 다가갈 수 있는 가능성이다. 결론적으로는 개인으로 고립된 상황에서 결코 출현할 수 없었던 잠재되어 있는 생각이나 통찰이 집단의 일원이 됨으로서 자연스럽게 출현할 수 있다는 것이다. 이것은 그 개인이 아무리 많은 시간을 생각했더라도 고립된 개인의 상태에서는 발생할 수 없는 것이다. 결국 개인이 수년간 개인적으로 생각하고 추구했더라도 성취하지 못했을 그 어떤 것이, 특정한 조건에서 타인과의 상호작용을 통해 쉽게 얻을 수 있다는 것이다.

그러나 그레고리 베이슨이 지적한 대로 멘탈mental의 특성은 전체가 만드는 조화에 내재한다는 것을 기억해야 한다. 우리가 커뮤니티에서 분리될 경우 우리는 커뮤니티가 보유한 지성에 접근할 수가 없다. 따라서 우리는 개인으로서 내 안의 것을 출현시키는 것은 좀 더 커다란 홀론holon에 있는 지성을 얻기 위해 우리는 자신을 타인과 연결시켜야 한다(예를 들면: 코치 상태COACH state를 만드는 것처럼).

일례로 '늑대아이'처럼 다른 사람과의 상호작용 없이 자란 아이는 언어를 배우지 못한다. 사실 이렇게 유기된 아이는 직립보행을 하거나 좋아하는 것에 관심을 표현하는 등의 인간적인 행동에 어려움을 겪을 수밖에 없다. 나아가 일정한 나이가 지난 경우에는 정신적인 장애는 물론, 언어를 익히는 것도 감당하기 어려운 일이 될 것이다. 그러나 둘 이상의 아이가 어른과 같은 외부의 영향 없이 그들끼리 성장한다면 언어적인 상호작용이 없더라도 자연스럽게 자신들의 언어를 만들어내게 될 것이다.

결국 타인과의 상호작용, 공명, 협력 효과는 더 커다란 집단이나 부분을 포함한 전체인 홀론 내부에 지성이나 잠재적인 생각과 역량을 일깨우고 뿜어낼 것이다. 애플의 잡스와 워즈니악Wozniac, HP사의 휴렛Hewlett과 패커드Packard 등 성공한 기업인이 생성적인 협업을 통해 기업의 성공을 이루었음은 명확하다. 성공 요인 모델링 또한, 두 사람 존 딜츠John Dilts와 로버트 딜츠Robert Dilts의 창의적 협력의 결과물이다.

참고문헌

1장

- *Gives and take: Why Helping Others Drives Our Success*, Adam Grant, The Penguin Group, New York, NY, 2013
- *Think and Grow Rich*, Napoleon Hill, Combined Registry Company, Chicago, Illinois, 1937, ISBN 1-60506-930.
- *From Coach to Awakener*, Robert Dilts Meta Publications, Capitola, CA, 2003.

2장

- *Adam Grant: Be a Giver Not a Taker to Succeed at Work*, Dan Schawbel, Forbes.com, April 9, 2013.
- *Yanni Live at the Acropolis*, Private Music, 1994.

3장

- Misez sur les ruptures de marche ("Betting on Disruptive Innovations"), Benoit Sarazin
- Alpha Leadership: Tools for Leaders Who Want More From Life, Deering, A., Dilts, R. and Russell, J., John Wiley & Sons, London, England, 2002.
- Success Factors of Disruptive Innovations, Robert Dilts & Benoit Sarazin, 2008.
- The Fellowship of the Ring, J. R. R. Tolkien, Ballantine Books, New York, NY, 1965.
- The Lord of the Rings: The Fellowship of the Ring, Film by Peter Jackson, New Line Cinema, 2001.
- Strategies of Genius Volume I,Dilts, R.,Meta Publications, Capitola, CA, 1994.

4장

- *Stone Soup*, Marcia Brown, Simon & Schuster, New York, NY, 1979.
- History of Post-it@ Notes, http://www.post-it.com/3M/en US/post-it/contact-us/about-us/.
- Swarm Intelligence, http://enwikipedia.org/wiki/Swarm_intelligence
- Keiretsu Forum, http://www.keiretsuforum.com/about/
- Edward B. WIor, https://enwikipedia.org/wiki/Edward_Burnett_Tylor

- *Stephenson, G. R.* (1967). *Cultural acquisition of a specific learned response among rhesus monkeys. In: Starek, D., Schneider, R., and Kuhn, H. J,* (eds.), *Progress in Primatology, Stuttgart: Fischer, pp. 279-288*
- *From Coach to Awakener*, Dilts, R., Meta Publications, Capitola, CA, 2003.

5장

- http://en.wikipedia.org/wiki/Team
- "Lessons from Geese", Robert McNelish,, 1972
- http://www.team-building-bonanza.com/inspirational-short-story.html
- http://www.suewidemark.com/lessonsgeese.htm
- http://en.wikipedia.org/wiki/Flock_%28birds%29
- http://en.wikipedia.org/wiki/Flocking_(behavior)
- http://www.huffingtonpost.com/2013/02/01/starling-murmuration-bird-ballet-video_n_2593001.html
- Murmuration:http://vimeo.com/31158841
- "Boids",Craig Reynlods,1987;http://www.red3d.com/cwr/boids/applet/
- GitHub flocking simulation(http://black-squre.github.io/BirdFlock/)
- Alpha Leadership: Tools for Leaders Who Want More From Life, Deering, A., Dilts, R. and Russell, J. John Wiley & Sons, London, England, 2002.
- Steve at Work, Romain Moisescot; allaboutstevejobs.com,2012
- Visionary Leadership Skills, Dilts, R., Meta Publications, Capitola, CA, 1996

6장

- https://en.wikipedia. org/wiki/wisdom
- http//www.dailygood.org/story/607/how-to-think-like-a-wise-person-adam-grant/
- The Wisdom of Crowds, James Surowiecki, Anchor Books, New York, NY,2005.
- What Google Learned From Its Quest to Build the Perfect TeamCharles Duhigg, NYTImes. com, 2/28/2016-http//www.nytimes.com/2016/02/28/magazine/what-google-learned-from-its-quest-to-build-the-perfect-team.html?emc=eta1&_r=0

결론

- https://en.wikipedia.org/wiki/Expedia_(website)
- http://www.expediainc.com/about/history/
- *The World As I See It, Einstein, A., Citadel Press, Secaucus, N.J., 1934.*

부록

- Steps to an Ecology of Mind, Bateson, G., Ballantine Books, New York, New York, 1972.
- The Global Brain Awakens, Russell, P., Global Brain, Inc., Palo Alto, CA, 1995.
- The Crowd: A Study of the Popular Mind, Le Bon, G., Digireads.com Publising, 2008 (1895)
- A New Science of Life: the hypothesis of formative causation, Sheldrake, R., J.P. Tarcher, Los Angeles, CA, 1981
- NLP II: The Next Generation, Dilts, R. and DeLozier, J. with Bacon Dilts, D., Meta Publications, Capitola, CA, 2010

색인

ㅇ

ㅈ

ㅊ

ㅋ

ㅌ

ㅍ

ㅎ

저자소개

로버트 딜츠 Robert B. Dilts

로버트 딜츠

Email: rdilts@nlpu.com
Homepage: http://www.robertdilts.com

로버트 딜츠Robert Dilts는 1970년대 말부터 선도적인 행동기술 트레이너이자 경영컨설턴트로 세계적인 명성을 얻고 있다. 특히 신경언어프로그래밍NLP: Neuro-Linguistic Programming 분야의 주요한 연구개발을 하고 있으며 탁월한 전문성으로 전 세계 다양한 개인과 조직에게 코칭, 컨설팅 그리고 NLP훈련을 제공해오고 있다.

그의 동생 존 로버츠John Robert와 성공 요인 모델링Success Factor Modeling의 기술과 원칙을 개척하였고, 어떻게 그것이 리더십, 창의성 및 소통을 더욱더 잘 할 수 있게 하고 팀을 발전시키는지에 대한 많은 논문과 책을 출간하였다. 그의 저서 「비전 리더십 스킬Visionary Leadership Skills」은 로버트가 역사 속의 리더 및 기업 지도자들을 폭넓게 연구하여 '사람들이 소속되고 싶은 세상을 만드는 데 필요한 도구와 기술'을 제시하였다. 책 「알파 리더십Alpha Leadership」을 통해서는 스트레스를 줄이고 만족감을 고취시키는 가장 최신의 효과적인 리더십 훈련을 제공하였다. 「코치에서 어웨이크너까지From Coach to Awakener」에서는 클라이언트가 다양하고 다른 학습과 변화의 수준에서 목표를 달성할 수 있도록 돕는 도구와 경로를 코치들에게 제공했다. 「영웅의 여정The Hero's Journey」은 자신만의 깊은 소명을 어떻게 연결시키며 이를 통해 자신의 이미지를 개선하고 고착화된 습관과 제한된 신념을 뛰어넘을 수 있는지를 다루었다.

그는 애플, 마이크로소프트, 휴렛패커드, IBM, 더 올드 뮤추얼, 소시에테 게네랄, 뱅크 오브 아메리카, 더 월드뱅크, 알리탈리아, 텔레콤 이탈리아, RAI 이탈리아, 루카스필름스 주식회사, 언스트 & 영, Kneyear 등 기업을 지도했으며 후원을 받았다. 또한 그는 국제코칭연맹 ICF, HEC 파리, 국제연합, 유럽품질경영포럼, 세계보건기구, 밀턴 에릭슨 재단, 하버드 유니버시아드 등 코칭, 리더십, 조직학습, 변화관리 등에 대해 폭넓게 강의했다. 그는 ISVOR Fiat Management School의 부교수로 15년 이상 근무하면서 리더십, 혁신, 가치관, 체계적 사고에 관한 프로그램을 개발하는 데 도움을 주었다. 2001년부터 2004년까지 ISVOR Fiat(Fiat Group의 법인 대학)와 합작한 ISVOR Fiat(ISVOR DILTS Leadership Systems)의 수석 연구원 겸 이사회 의장을 역임하여 글로벌 규모의 대기업에 광범위한 혁신적 리더십 개발 프로그램을 제공하였다.

딜츠 전략 그룹Dilts Strategy Group의 공동 설립자인 로버트는 또한 학습 전략과 행동 변화를 강조하는 컴퓨터 소프트웨어와 하드웨어 응용 프로그램을 개발한 회사인 '행동 공학'의 설립자 겸 CEO였다. 그는 또한 스티븐 길리건 박사와 함께 국재생성변화협회의 공동 설립자이기도 하다. 로버트는 산타 크루즈의 캘리포니아 대학에서 행동 기술 학위를 받았다.

안토니오 메자 Antonio Mesa

안토니오 메자

안토니오 메자는 그가 기억할 수 있을 때부터 만화를 그려왔으나, 작가로서의 삶은 최근에 시작되었다. 맥시코의 파추카 원주민인 안토니오는 NLP 트레이너이다. 그는 파리 3대학에서 영화학 석사학위와 프랑스 다큐멘터리 영화학으로 학위를 받았다. 그는 로버트 딜츠와 스테판 길리건에게 Generative Coaching 자격을 취득했고, 또한 딜츠 전략 그룹과 NLP University에서 SFMSuccess Factor Modeling 코치 자격을 받았다.

그는 마케팅 조사, 광고, 브랜등, 기업 이미지, 영화 산업 그리고 시나리오작가 등의 분야에서 경력을 쌓아왔다. 멕시코, 프랑스, 벨기에 등에서 그의 사진전이 열리기도 했다. 그는 멕시코에서 만화영화 스타트업 기업을 운영했었고, 프랑스로 이주하고 나서는 창의적 사고와 집단지성을 전문으로 하는 컨설턴트, 코치, 트레이너로 일하고 있다.

Email: hola@antoons.net
Homepage: http://www.antoons.net
Photo by: Susanne Kischnick

그의 NGO단체 고객으로는 유럽 AIDS 치료그룹EATG, OXFAM, 유럽 HIV/AIDS 펀트그룹, Open Society FoundationsOSF 그리고 유럽 공공건강연합EPHA 등이 있다. 그는 ESCP유럽과 같은 경영대학이나 그리고 IABC International Association of Business Communicators 같은 국제기구에서 다양한 훈련을 제공하고 있다.

안토니오는 국제 토스트마스터스 회원으로서 노련한 대중 연설가다. 2015년에는 59구역의 국제 스피치 콘테스트에서 남서부유럽을 아우르는 최우수연사상을 받았으며 국제 강연

대회 4강에 오르기도 했다. 그의 만화와 일러스트는 다양한 책으로 출간되기도 했는데, 판테 아사스(파리2)출판사에서 나온 장에릭 브라나와 공동 저술한 책 3권, 파리의 엘리프스에서 출간한「영국법 단순화」,「미국정부 단순화」등이 대표적이다.

만화가로서의 기량과 트레이너로서의 실력을 발휘해 세미나, 컨퍼런스, 브레인스토밍 세션 등에서 그래픽 촉진자로서 협업하고, 애니메이션 영상을 제작해 복잡한 정보를 재미 있게 설명하기도 한다. 안토니오는 로버트 딜츠와 협력하여 성공 요인 모델링 시리즈 세 권의 삽화를 그렸다.

이 성 엽

아주대학교 교수, Ph.D

이성엽

‘개인과 조직의 변화와 성장’을 화두로 가슴 뛰는 하루하루를 보내고 있는 우리나라 성인교육학 분야의 대표적인 전문가다. ‘오랜 현장 경험이 있더라도 치열한 공부와 반성적 성찰이 없다면 위태롭고, 반면 현장의 땀냄새, 숨소리와 멀어진 채 연구실에만 틀어박혀 있는 것은 공허하다’는 믿음으로 성인학습의 장인 기업교육과 평생교육 현장을 온몸으로 뛰어다니는 것을 게을리하지 않고 있다.

KB국민카드와 KB국민은행에서 인사부 과장, 인재개발원 HRD전략책임자, KB평생학습기업추진 TF팀 팀장 등으로 10여 년간 근무했다. 직장생활을 하던 2003년 Australian Executive Award수상자로 호주정부의 후원을 받아 The University of Sydney에서 한국인 최초로 Coaching전문가 과정을 마쳤으며, 한국코치협회 창립멤버로 참여하여 우리나라에 코칭을 알리는 데 일조했다.

Email: hicoach@ajou.ac.kr
Homepage: www.coach.kr

고려대, 단국대, 선문대, 숙명여대, 인하대, 중앙대 등에서 인적자원개발, 조직개발, 경력개발 등을 강의했으며, ㈜휴넷의 사외이사 등 주로 기업의 인재육성분야의 현장가로 활동하였다.

역자의 강연은 국가정보원, 기획재정부, 국가인재개발원, 국민권익위원회, 중앙선거관리위원회, 한국철도공사, 한국토지주택공사, 국민은행, 신한은행, 우리은행, 하나은행, LG전자, 삼성전자, SK텔레콤, 현대자동차, 하이닉스반도체, 대한항공, 아시아나항공, CJ

E&M, CJ제일제당, DAUM커뮤니케이션, NHN네이버 등 많은 기업에서 뜨거운 반응을 일으켜왔으며, 그가 개발한 리더십 과정은 코오롱그룹, 금호아시아나그룹, 미래에셋생명, 한국후지제록스, 하이닉스반도체 등의 기업에선 승진자 필수과정으로 운영되기도 했다.

지금도 성인학습현장의 땀냄새를 잊지 않기 위해 퀀텀어웨이크닝스쿨, 루트컨설팅 등 비전과 열정으로 인재육성을 위한 교육현장에서 땀 흘리며 노력하는 조직을 지원하고 있다. 또한 삶 속에서의 평생학습을 실천하는 공동체를 꿈꾸며, 그 일환으로 수원시 평생학습가들의 모임 '와글와글 포럼'의 단장을 맡아 3년간 봉사하기도 했으며, 지금은 마음훈련 학습공동체 〈수심단〉에서 시민들과 함께 생활속에서의 인문 · 천문 공부와 더불어 묵상훈련을 실천하고 있다. 이러한 다양한 실천활동으로 2020년엔 민주시민교육 국가유공자로 대통령표창을 받았다.

2010년부터 아주대학교 교수로 재직중이며 '평생교육및HRD'를 전공하는 석/박사 학생들을 지도하고 있다. 현재는 아주대학교 평생학습중심대학추진본부 본부장, 아주대학교 글로벌미래교육원 원장, 한국교육컨설팅코칭학회 회장, 한국성인교육학회 부회장, 한국인사관리학회 부회장, 한국초월영성학회 이사, 한국휴먼디자인학회 부회장, 중앙선거관리위원회 민주시민교육자문위원, 한중협회교육위원장 등으로 학교와 사회에서 봉사하고 있다.

최근 10년 동안은 공자가 이야기한 文質彬彬(문질빈빈)하는 마음으로 人文과 天文을 함께 살피면서 자아초월 및 코칭 분야의 전문가를 육성하는 일에 정성을 쏟고 있으며, 특히 노자, 장자사상과 주역 그리고 영성분야의 통합적 연구에 관심을 가지고 있다. (사)한국상담학회 수련감독전문상담사이자 국제공인 NLP Master Trainer로서 미국 NLP University와 공동으로 NLP전문가 육성을 하고 있다. 또한 국제코치연맹ICC: International Coaching Community의 인증코치이자 트레이너로 ICC인증 국제코치 훈련을 하고 있으며, SFMSuccess Factor Modeling 프로그램의 공인 트레이너로서 이 책의 저자 로버트 딜츠Robert Dilts와 함께 의식 리더십 및 회복탄력성Conscious Leadership and Resilience 워크숍을 진행하고 있고, 의식 리더십 전문교수를 육성하고 있다.

저서로는 「이미 완전한 당신, 어웨이크너」, 「낯선 길에 서니 비로소 보이는 것들」, 「성인경험학습의 이해」, 「인적자원개발론」, 「일자리와 교육리더십」, 「코끼리여 사슬을 끊어라」, 「성인학습과 코칭」, 「교육성과관리와 HRD시스템 구축」 등이 있으며, 역서로는 「NLP로 신념체계 바꾸기」, 「타임파워」, 「팀장3년차」, 「사하라 여행, 내인생의 터닝포인트」, 「빅토리」 등이 있다.

실리콘밸리의 최고 기업은 어떻게 협업하는가

초판발행 2020년 12월 5일
초판2쇄발행 2021년 7월 5일

지은이 Robert B. Dilts
옮긴이 이성엽
펴낸이 노 현

편 집 조보나
기획/마케팅 이선경
표지디자인 BEN STORY
제 작 고철민·조영환

펴낸곳 (주) 피와이메이트
서울특별시 금천구 가산디지털2로 53 한라시그마밸리 210호(가산동)
등록 2014. 2. 12. 제2018-000080호
전 화 02)733-6771
f a x 02)736-4818
e-mail pys@pybook.co.kr
homepage www.pybook.co.kr
ISBN 979-11-6519-027-9 03370

* 잘못된 책은 바꿔드립니다. 본서의 무단복제행위를 금합니다.
* 역자와 협의하여 인지첩부를 생략합니다.

정 가 25,000원

박영스토리는 박영사와 함께하는 브랜드입니다.